行政审批制度
改革发展与创新路径研究

RESEARCH ON THE REFORM DEVELOPMENT
AND INNOVATION PATH OF
ADMINISTRATIVE APPROVAL SYSTEM

孙彩红　著

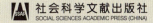
社会科学文献出版社
SOCIAL SCIENCES ACADEMIC PRESS (CHINA)

目　录

前　言

　　行政审批既是一个老问题，又是一个新问题。我国古代已有行政审批的雏形。西周、春秋时期，政府就对盐和一些金属实行不同程度的控制经营，"盐铁专卖成为历史上禁榷制度之始。汉武帝时期在产盐和产铁的地方，分设盐官和铁官进行管理，可以说这是行政审批管理机构的雏形"。①政府对这些物资经营的控制权和配置权，还起着维护皇权和统治阶级利益的作用，并不是现代意义上的行政审批。

　　从世界视野观察，透过现象看本质，行政审批制度并不是中国独有的，任何国家都有类似的管理手段，不过名称有差异，而且随着历史发展、环境变化会有不同的表现形式、进行不同的改革和调整。在很长历史时期内，行政审批（有些国家称为行政许可，学术界还有将国外的审批称为管制或规制的表述）是国家管理经济社会的重要手段，可以调节社会资源分配、限制市场竞争、设定工作准入门槛、保障社会基本安全。

　　从中国视域审视，新中国成立以来，行政审批及其制度经历了不同的历史阶段。新中国成立后，国家逐步建立起高度集中的计划经济体制，资源的最终配置权掌握在国家手中，政府对企业经营活动实行微观管理和直接管理。在这种状况下，行政审批成为计划经济体制下政府管理经济社会的基本手段，能够实现对经济社会资源的分配。不可否认，在特定历史时期和历史条件下，我国行政审批制度在经济发展、社会事务管理中发挥了应有功能。改革开放以来，随着社会主义市场经济体制的确立，原来行政审批制度的一些弊端日益显现，过大的审批范围、过多的审批事项、过繁的审批环节和方式以及审批中的寻租与腐败行为等，对经济体制改革、市

---

① 丁茂战主编《我国政府行政审批治理制度改革研究》，中国经济出版社，2006，第11页。

场体系发育、经济发展以及对外开放产生了束缚和负面影响。上层建筑要适应经济基础的发展，政府管理经济的方式也要变革。20 世纪 80 年代，国家从经济和国营企业领域开启了行政审批制度改革试点，一些地方也在探索和尝试改革，我国进入改革政府与市场、与企业关系的时期。然而，市场与政府两种资源配置方式，"既不是要在完善的市场与不完善的政府间的选择；也不是在不完善的市场和完善的政府间的选择；相反，它是在不完善的市场和不完善的政府以及二者之间不尽完善的组合间的选择"。① 所以，行政审批制度作为政府履行经济社会管理职能的重要途径之一，需要不断调整与改革。

特别是 2001 年以来，中国政府开启了全面推进行政审批制度改革的进程。从取消和调整行政审批事项、改革和精简行政审批程序，到设立行政审批服务中心、加强审批权力监督等，再到实施《中华人民共和国行政许可法》，改革不断推进。2013 年，中国政府开始了新的历史阶段的简政放权、放管结合改革，进而发展成为"放管服"三位一体的立体化改革战略，行政审批制度改革更是成为中国行政体制改革的重要领域和关键环节，而且在实现经济高质量发展、优化营商环境、在错综复杂的国际经济形势下增强国际竞争力的过程中具有战略性地位。行政审批制度改革是完善社会主义市场经济体制和优化营商环境的必然要求，是实现政府治理体系和治理能力现代化战略目标定位的现实之需，是重塑政府治理体系与建设法治政府的必由之路，更是在世界格局中提高我国国际竞争力的更高要求。

由此，对行政审批制度改革这一主题的研究，抓住了中国特色社会主义行政体制改革和发展的重大理论与现实问题，具有重要现实意义。行政审批制度改革的历史发展进程和经验值得总结。同时不可否认，行政审批制度改革过程中依然存在一些尚未解决好的问题，值得我们深入研究。坚持研究这一主题，还因不断的实地调研进一步激发了笔者的研究兴趣，扩展和深化了笔者的研究思路。2014～2019 年，笔者自己或与创新项目组和

---

① 〔美〕查尔斯·沃尔夫：《市场或政府——权衡两种不完善的选择/兰德公司的一项研究》，谢旭译，中国发展出版社，1994，前言。

课题组一起对浙江、江苏、甘肃、山东、山西、湖北、北京、四川、广东等地区近20个地市和县（市、区）进行调研，从不同侧面了解了行政审批制度改革的实践进展和问题，这为本研究的开展和向前推进奠定了坚实的实践基础。而且，近些年笔者对这一主题研究取得的一些科研成果获得了包括省部级别在内的不同等级的奖项，这也在很大程度上增强了笔者继续坚持研究的信心和动力。

对行政审批制度改革这一主题研究的理论层面的价值，主要体现在研究视角和分析框架上。已有关于行政审批和行政审批制度改革的研究为后续研究提供了借鉴与思考。本书主要针对已有研究中的不足和未开垦空间，从行政学及政府治理权力结构框架角度进行研究，对行政审批制度改革和制度创新体系的剖析更加立体化。本书运用权力关系框架评估现有行政审批制度改革，涉及政府内部以及政府与外部主体的权力结构关系的变化和改革结果。在此基础上，本书研究的重点为行政审批制度改革的实践演变过程和进展逻辑，进而主要从行政审批事项改革统计，政府与市场企业主体、政府与社会组织主体、政府与公民主体之间的权力关系角度剖析行政审批制度改革进展情况；同时对与行政审批权力调整密切相关的政府职能转变、政府组织机构改革以及优化营商环境等展开分析，对今后行政审批和监管的关系进行思考，力求更立体化地展示行政审批制度改革在权力结构关系上的变化。

本书研究重点当中具有创新性的内容包括：行政审批制度改革的历史演进逻辑与调整思路；对行政审批事项改革数量、不同领域类型分布及其所涉不同部门的统计特征分析；对政府与三类外部主体之间权力关系改革的分析；对地方权力清单制度实施及其运行逻辑的分析；对地市级层面的行政审批局机构设置及特征的统计分析以及局限性分析；提出审批作为事前监管的本质和统筹整合监管链条，突出了审批与监管统合以及监管的多元主体共治；借鉴国外管制和监管改革的相关经验与理念。从国务院历年取消的行政审批事项的特征可见，行政审批制度改革经历了大刀阔斧推进阶段、平稳推进阶段、啃硬骨头的攻坚阶段。尤其到了啃硬骨头的攻坚阶段，部门取消或下放审批权力的动力减弱，而且改革越来越涉及相关部门的核心利益，这种刀刃向内、权力向外转移的"革命性"改革，要有新的改革思路作为推动力。于是，对"行政审批制度改革"本身的改革，是否要提上议事日程，如何总结以往改革的成功经验，同时摆脱一些路径依赖，转变改革的着力点和侧重点，对这些问题的回答，对下一步升级拓展行政审批制度改革和统筹审批与监管改革体系，至关重要。

从 2014 年开始着手这项研究到最后书稿定稿，已走过 8 个严寒酷暑，挫折痛苦与收获喜悦并存。尽管笔者无法避免某些在自己已发表文章中阐述过的思想，但本书绝不是老调重弹，更重要的是它呈现了新的理论视角和逻辑，有很多新观点、新想法。这一研究结果仍有一些不足和缺陷，对行政审批制度改革背后逻辑的深层次挖掘，对不同国家审批和监管历史与改革共性规律的探究，对政府治理这个大系统内涉及的多元主体之间多层次关系的更深入探讨等，这些方面都是将来值得继续研究开拓的疆土，也是需要不断耕耘的领域。

这项研究成果的出版，要感谢中国社会科学院政治学研究所创造的良好科研条件和研究所各位领导给予的大力支持，感谢研究室以及同事们给予的宝贵建议，感谢评审专家提出的有价值的意见建议，还要感谢社会科学文献出版社政法传媒分社周琼副社长和陈冲编辑为书稿顺利出版所做的细致工作和付出的辛劳！要感谢的人还有很多，请恕我不一一列举，都铭记在心。改革没有完成时，只有进行时。做学问也没有完成时，只有进行时，唯有不断努力，才能有更大的收获。

2022 年 7 月 18 日

第一章　导论

行政审批不是一个新鲜事物，行政审批制度也不是中国独有，而是人类社会发展到一定历史阶段的产物，在不同国家、不同历史时期有着不同的表现形式和特点。西方国家语境中的管制或监管，英语用"regulation"或"regulate"表示，这一概念基本是指政府对市场和企业行为的控制与干预。管制是指政府为控制企业的产品价格、销售和生产决策而采取的各种行动，并公开宣布这些行动是要制止不充分重视社会利益的私人决策。①可见，审批或管制的主体都是政府。政府的管制或行政审批本质上是一种公共权力，是政府对资源配置的权力。关于这类权力的内容、主体及其行使方式等组成的制度，会因经济基础、社会条件、制度状况等环境变化而发生相应变化，以符合经济发展和社会公共利益要求。

就中国而言，改革开放以来，面对集中的计划经济体制和审批经济的弊端，政府改革管理经济的体制和方式，开始了经济领域的行政审批制度改革，并伴随社会主义市场经济体制的建立和发展不断调整改革范围与重点。进入 21 世纪，在经验积累和时机成熟的条件下，2001 年国务院全面推进行政审批制度改革，成为改革开放以来行政审批制度改革历史中的重要转折。行政审批制度改革经历了范围逐渐扩展、层次逐步深入，从比较单一的审批数量改革到完善相关制度、从两轮驱动的改革到"放管服"三位一体的改革，从政策主导到逐步制度化、法治化的改革历程，多层面、多维度改革取得了显著进展，激发了市场主体和社会主体的创新力与发展活力，不断解放和发展了生产力。党的二十大报告在着力推动高质量发展

---

① 〔英〕约翰·伊特韦尔等编《新帕尔格雷夫经济学大辞典》第 4 卷，经济科学出版社，1996，第 135 页。

的部分又强调了"深化简政放权、放管结合、优化服务改革"。① 这突出了
今后深化行政审批制度改革在构建高水平社会主义市场经济体制中的重要
地位。

同时，在改革过程中行政审批制度仍存在一些问题，例如，削减行政
审批事项数量只能说明过去审批事项过多的状况，而不能反映保留的审批
事项与当前经济社会需求的匹配程度；简化审批环节和重塑优化审批流程
的改革成效明显，但对限制和约束审批权力及自由裁量权的作用仍有限，
对改革权力结构的作用并不突出；技术层面的改革还不能代替权力结构的
变革。正是这些问题和矛盾推动着行政审批制度不断进行适应性改革，针
对行政审批事项数量和程序性改革的不完善之处，我们应推动行政审批制
度改革在思路、举措、方式上向注重政府权力结构的方向转型。当前中国
面临的各种内外风险不断加剧，经济社会发展又要与新发展阶段、新发展
格局、建设高标准市场体系、完善社会主义市场经济体制、实现"十四
五"发展规划的目标相适应，基于此，行政审批制度改革从以往改革历程
中能得到什么经验与教训，为下一步有突破性的实质性升级改革提供什么
样的借鉴和新的发展思路，这些都是值得深入研究的重要现实问题。

第一节　研究的现实考量和理论价值

本书选择行政审批制度改革进行研究，有着现实考量。行政审批制度
改革不断推进，2001 年以来国务院已实施多轮权力下放与取消或调整行政
审批事项的改革。2013 年，中央政府把简政放权作为行政体制改革的先手
棋和当头炮，行政审批制度改革是其中关键一环。紧接着政府全面推进
"简政放权、放管结合、优化服务"改革，各类行政审批事项大幅压缩，
非行政许可退出历史舞台，市场准入负面清单管理制度得以实施，重塑和
优化行政审批流程的程序性改革与联合审批制度不断推进，对行政审批权
力行使的监督制度也在完善。然而，行政审批制度改革仍有一些需继续解

---

① 习近平:《高举中国特色社会主义伟大旗帜 为全面建设社会主义现代化国家而团结奋斗——在
中国共产党第二十次全国代表大会上的报告》，人民出版社，2022，第 29 页。

决的问题，如权力清单及制度实施的局限、如何确权，相对集中行政许可权之后不同政府职能部门之间的权力关系出现新问题，行政审批在上下级政府之间的权责分配错位问题，政府与社会组织主体、与公民主体的权力关系调整还存在相当大的空间，对这些问题的研究具有重要现实意义。行政审批制度改革涉及不同主体之间的权力关系，如何处理好不同主体之间的权责配置问题是行政体制改革中的重大现实问题，也是政府治理现代化绕不开的问题。

一 行政审批制度改革的现代化战略意义

行政审批制度改革在经济现代化发展和政府治理现代化中具有重要地位，它不仅是连接行政体制改革、经济体制改革与社会体制改革的重要纽带，也是推进这些不同领域体制改革的重要组成部分。从外而内、从经济到社会、从外部主体到政府自身、从提高行政效能到全面实现国家治理现代化的目标，行政审批制度改革越来越凸显出其重要性。

1. 实现国家治理体系和治理能力现代化战略目标的定位要求

行政审批制度改革本质上涉及行政权力配置的调整和权力体系运行的变化，要根据面临的经济社会发展需求而不断进行调整。行政审批制度改革在国家治理现代化战略中具有重要地位，要进行高目标起点的设计。

进入 21 世纪，国家全面推进行政审批制度改革，并将其定位成"一场革命"。其革命性不仅表现为行政审批制度改革是要建立起与社会主义市场经济体制相适应的行政审批制度，而且表现为制度创新，因此，其并不是简单地减少审批项目数量，而是意味着动真格解决行政审批缺乏标准和约束以及自由裁量权过大的问题；还表现为行政审批制度改革需要调整权力结构与利益关系，这是更难动的奶酪。"行政审批制度改革，是上层建筑领域的一场革命，涉及到权力格局和利益关系的调整。"[①] 这场革命与国家发展战略、治国理政方略分不开，行政审批制度改革绝不仅仅是经济体制问题或者给市场更多权力的问题，而是国家治理能力和治理方式问题。

---

① 国务院行政审批制度改革工作领导小组办公室编《改革行政审批制度 推进政府职能转变》，中国方正出版社，2003，第 7 页。

党的十八大以来，党中央不断朝着国家治理现代化目标前进。党的十八届三中全会通过的《中共中央关于全面深化改革若干重大问题的决定》提出，"全面深化改革的总目标是完善和发展中国特色社会主义制度，推进国家治理体系和治理能力现代化"。科学的宏观调控和有效的政府治理，是发挥社会主义市场经济体制优势的内在要求。社会主义市场经济体制的发展完善以及对政府职能和政府治理的目标要求，涉及体制改革、管理方式改革创新，而行政审批制度改革的关键之一就是重新调整与配置政府与市场、政府与企业主体之间的权力关系。国家"十四五"规划提出经济社会发展的主要目标之一是"国家治理效能要有新提升"，包括"国家行政体系更加完善，政府作用更好发挥，行政效率和公信力显著提升"[①]，后续改革任务包括加快转变政府职能，提高政府治理效能。持续深化行政审批制度改革是构建高水平社会主义市场经济体制的重要组成部分，是提升政府治理能力不可或缺的一项任务。可见，从更多维度全面持续推进行政审批制度改革在实现国家战略目标和国家治理现代化中具有重要地位。

行政审批制度改革对政府自身改革的战略重要性。行政审批事项过多、程序繁杂、审批权力行使缺乏公开透明和强有力的监督制约的问题，成为行政腐败的一个源头。行政审批制度改革能减少政府对企业的直接干预和微观管理，是反腐倡廉、遏制权力腐败的重要举措。2001年，国务院行政审批制度改革工作领导小组组长在国务院行政审批制度改革工作会议上的讲话中指出，"近年来查处的一批领导干部腐败案件，许多都与滥用行政审批权直接相关，从中引发的教训是非常深刻的。……改革行政审批制度，就是从源头上规范权力的行使，依法对权力进行有效的制约和监督，是遏制腐败的一项重要治本之策"。[②] 2001年，国务院行政审批制度改革工作领导小组这一重要组织机构的办公室设在监察部，监察部部长担任办公室主任，凸显了中央通过行政审批制度改革推进反腐败和政府廉政建设的重要意图。后续国务院文件和多次领导讲话都要求通过行政审批制

---

① 《中华人民共和国国民经济和社会发展第十四个五年规划和2035年远景目标纲要》，人民出版社，2021，第59页。

② 国务院行政审批制度改革工作领导小组办公室编《改革行政审批制度 推进政府职能转变》，中国方正出版社，2003，第5页。

度改革，促进政府职能转变，推进廉政勤政建设。以行政审批制度改革撬动整个政府体系改革，增强政府治理效能。

2. 完善社会主义市场经济体制和优化营商环境的必然要求

随着"放管服"改革全面实施，行政审批制度改革不断向纵深推进，与优化营商环境的关系密切性日益显现，成为政府优化营商环境的必然要求和重要抓手。在党的十四大提出建立社会主义市场经济体制目标之后，不少地方加大探索力度，创新行政审批制度，纷纷建立行政服务中心，提高企业主体投资的便利度。党的十六届三中全会通过的决议强调了"深化行政审批制度改革，切实把政府经济管理职能转到主要为市场主体服务和创造良好发展环境上来"。① 为改善投资环境，应改革中央和地方政府的投资审批权力划分，国家只审批关系经济安全、影响环境资源、涉及整体布局的重大项目和政府投资项目及限制类项目，赋予投资主体和地方政府更多的决策权。

党的十八届三中全会，要求进一步简政放权，"深化行政审批制度改革，最大限度减少中央政府对微观事务的管理，市场机制能有效调节的经济活动，一律取消审批，对保留的行政审批事项要规范管理、提高效率"。② 这些行政审批制度改革任务，同样被放在了转变政府职能、完善社会主义市场经济体制的框架之内，进一步向企业放权，除关系国家安全和生态安全、涉及全国重大生产力布局、战略性资源开发和重大公共利益等项目外，一律由企业依法依规自主决策，政府不再审批，使市场在资源配置中起决定性作用。中国进入新发展阶段，要实现高质量发展目标、建设高标准市场体系、打造有序竞争的市场经济秩序，更加需要实质性深化行政审批制度改革。2021 年 1 月，中办、国办印发《建设高标准市场体系行动方案》，目的是建设更加成熟、更加定型的高水平社会主义市场经济体制，进一步激发各类市场主体活力。综上，行政审批制度改革过程体现了与社会主义市场经济体制建立、完善和发展的过程需求相对接的显著

---

① 《中共中央关于完善社会主义市场经济体制若干问题的决定》，《国务院公报》2003 年第 34 号。

② 《中共中央关于全面深化改革若干重大问题的决定》，《人民日报》2013 年 11 月 16 日，第 1 版。

特点。

行政审批制度改革是优化营商环境的重要抓手和途径。党中央、国务院把打造市场化、法治化、国际化营商环境作为实现全面深化改革和更高层次开放的一项重大战略部署，不断解放和发展生产力，加快建设现代化经济体系，推动经济高质量发展。落实这一战略重要而直接的举措是深入推进政府与市场、政府与企业权力关系深刻调整的行政审批制度改革。"营商环境是发展的体制性、制度性安排，其优劣直接影响市场主体的兴衰、生产要素的聚散、发展动力的强弱。通过深化'放管服'改革来优化营商环境，从根本上说就是解放和发展生产力。"[①] 国务院发布的《优化营商环境条例》于 2020 年开始实施，该条例一方面把行政审批制度改革和"放管服"改革经验上升到法律层面固定下来；另一方面为今后推动营商环境的优化指明了方向和确定了框架，也为作为首要环节的行政审批制度改革提出了规定性要求，成为行政审批制度改革的法律法规依据之一。

3. 不断提高国际竞争力的对外开放要求

随着经济全球化的发展，经济资源在全世界范围内配置产生的国际竞争压力，迫使中国政府通过改革来提升国际竞争力。中国加入世界贸易组织，既给推进行政审批制度改革带来了现实压力，又提供了强有力的外部驱动力。行政审批制度改革通过透明行政和简化行政流程，能为市场和企业提供更好的服务，成为对外开放和顺应世界经济发展潮流与趋势的选择。

从世界视野来观察，通过政府许可和管制改革增强市场发展活力与企业创新力，是包括美国在内的一些发达国家所经历过的改革实践。美国联邦政府实施的取消和减少管制的改革过程，在航空、交通、电力、电信、天然气等领域取消管制，在经济效率方面带来了预期收益，刺激了经济发展。加拿大在航空、能源、交通、通信、金融等行业领域，英国在铁路、国内航空、金融机构等领域，日本在贸易、建设、邮政、农业、证券等领域，都进行了不同程度减少或取消审批管制的改革，目的都是促进本国经济发展。

政府审批的不同措施与改革，对国家经济发展有着直接而重要的影响。中国已成为全球第二大经济体，在当前错综复杂和日益激烈的国际竞争环境中，推进行政审批制度改革是提高我国国际竞争力的客观需要。面对不确定性风险形势和国际秩序的深刻变化与重塑，习近平总书记在党的十九届一中全会上明确提出，"当今世界正面临着前所未有的大变局，中国特色社会主义进入了新时代"。新技术革命和各种跨界融合持续发力，大国之间在科技创新与工业化、智能化领域的竞争呈现出一种极为激烈的状态。"美国经济下行压力加大，经贸摩擦影响逐步显现。欧元区经济增长持续放缓，德国经济火车头作用减弱。日本经济增速低位徘徊，长期结构性矛盾仍然突出。新兴经济体走势分化，部分国家经济快速增长光环褪色。"[1] 从长远看，世界经济增长仍面临很强的不确定性、不稳定性，这对我国的高质量发展形成巨大挑战，迫切需要升级行政审批制度改革以提供更优的发展环境。

党的十九届六中全会历史决议提出，在全面深化改革开放的基础上上，要"形成更大范围、更宽领域、更深层次对外开放格局，构建互利共赢、多元平衡、安全高效的开放型经济体系，不断增强我国国际经济合作和竞争新优势"。[2] 国际局势更加复杂，市场主体面临的竞争力量和对手更加多元化，各国能否增强本国企业的国际竞争力，获取全球范围内的优势资源，成为极其关键的要素。政府要想应对挑战，通过优化营商环境争取重要资源、为本国企业提供更优的充足服务来增强其在国际竞争中的主动权，行政审批制度改革和后续制度创新成为必然要求与现实选择。

4. 重塑政府治理改革与建设法治政府的必由之路

行政审批制度改革是政府治理体制改革的核心与关键。一方面，行政审批制度改革可以减少政府微观干预和直接管理，健全政府宏观调控体系。尤其是审批制度改革与投资体制改革的结合，有利于建构全国统一开放市场体系，遏制部分企业和行业盲目投资与低水平重复建设而浪费资源的行为与问题。另一方面，深化行政审批制度改革，以减少审批事项、调

① 国家发展改革委政策研究室：《世界经济增长仍呈放缓态势 结构性因素制约依然较强》，《求是》2020 年第 2 期。
② 《中共中央关于党的百年奋斗重大成就和历史经验的决议》，人民出版社，2021，第 38 页。

整政府行为为重点，能使政府有更多精力和人财物资源去更好地履行社会管理和公共服务职能。政府的审批权力和行为应该有上限：不能越位去代替市场，不能对市场及其主体进行微观、直接的行政干预。政府的行为和权力应该有下限：不能缺位公共服务和社会管理，不能放弃维护公共利益的职能，要强调的是与政府取消或减少和审批相关的监管权力和职责，与公共安全、人民生命财产安全等重要事项相关的监管职能不能缺位，这是政府权力和行为的底线或最低要求。

行政审批制度改革对建设法治政府的现实意义。1997年党中央提出依法治国基本方略，强调政府机关要依法行政。2004年国务院通过《全面推进依法行政实施纲要》，提出要贯彻落实依法治国基本方略，确定建设法治政府目标。当时这个目标细化为7项分目标，第一位的分目标是政企分开、政事分开，政府与市场、政府与社会的关系基本理顺，为此要求政府转变经济管理职能，规范和约束行政审批权力。为进一步加强法治政府建设，国务院提出"认真执行行政许可法，深化行政审批制度改革，进一步规范和减少行政审批，推进政府职能转变和管理方式创新"。① 可见，推进行政审批制度改革已成为加强法治政府建设的一项举措。党的十八大以来，我国加快了建设法治政府步伐，中共中央、国务院印发了《法治政府建设实施纲要（2015—2020年)》，深化行政审批制度改革成为切实转变政府职能和依法全面履行政府职能的重中之重。进入新发展阶段，要实现国家治理体系和治理能力现代化，全面推进依法治国，法治政府建设成为重点任务和主体工程，中共中央、国务院印发《法治政府建设实施纲要（2021—2025年)》。法治政府建设目标升级给行政审批制度改革提出了新要求，在方法上要分级分类推进，在覆盖面上要向多个领域拓展，在环节和链条上要把侧重点从事前审批转向事中事后监管，与优化营商环境相结合共同推动形成高标准市场体系。

此外，行政审批制度改革是促进社会主体发展和社会组织发育的重要举措。行政审批制度改革的深入推进，在变革政府与市场关系的同时，也改革与调整政府与社会的关系。其中一个重要内容是向社会放权，促进社

---

① 《国务院关于加强法治政府建设的意见》，《国务院公报》2010年第32号。

会组织发育和社会力量成长，这对承接政府转移职能、形成与政府相互补充的多元协同治理具有重要现实价值。行政审批制度改革在重构政府与社会关系中处于重要地位。

二　研究行政审批制度改革的学理价值

前面已全面分析行政审批制度改革在国家治理现代化、完善社会主义市场经济体制、推进政府治理改革，以及重塑国际竞争格局中的战略地位和重要作用。对这样一个国家治理中的重大现实问题开展研究，本身具有重要学术意义。更进一步分析，目前对行政审批制度改革的已有研究存在不同层面的不足之处，这为深入拓展研究提供了较大空间。

关于行政审批制度改革的已有研究成果数量丰富、角度和维度不同。[①]法律和行政法、依法行政、政府职能、技术运用等角度的研究，为本书研究提供了重要基础，但目前来看，从权力结构框架的角度进行阐释和分析的还不多见。从政府治理权力结构的角度分析，行政审批制度改革涉及的主体有政府、市场企业主体、社会组织主体、公民个人主体，政府治理现代化从根本上涉及这些主体之间的权力与责任关系体系改革。行政审批的设定是规定政府与行政相对方的关系，相对方至少包括企业主体、社会组织和公民个人。行政审批制度改革必然涉及政府和这些主体之间权力关系的变化。由此，本书着重从政府治理权力结构来阐述行政审批制度改革的逻辑和问题，这正是本书的重要学理价值所在。

从权力结构关系角度进行研究，是对行政审批制度改革这一主题研究的重要扩展和深化。在理论上拓展行政审批制度改革的研究，可以延展研究维度与视角，使研究更加立体化和全面化，进一步从更多视角解释和寻求行政审批制度改革的本质或内在规律。在实然状态下，目前地方行政审批制度改革多数是以数量为导向、应急任务型的，或者注重短期结果的改革。如何在不同主体之间配置审批权力，以及审批权力与包括监管权力在内的其他权力之间如何分配，如何规范现存必要的行政审批权力，这些都涉及重要理论问题。在应然状态下，应该注重行政审批制度改革的长

远目标，以及推进"结构质变"改革。已有绝大多数研究是对政府主体本位的研究，对社会主体、公民主体的权利本位有所忽视。为此从权力关系结构角度包括政府与社会的权力关系、政府与公民的权力关系进一步深入研究具有理论意义，对完善政府治理改革的理论体系也有一定学术价值。

第二节　行政审批制度改革研究述评

行政审批及行政审批制度改革的研究成果整体上数量丰富，呈现出研究主题和内容分散化、多样化特点，行政学界越来越多地尝试从不同角度观察和研究行政审批制度改革的多个侧面。不同阶段的不同研究状况与行政审批制度改革的现实推进之间显示出直接或间接关联。同时，已有研究的质量、研究视角、研究理论等方面存在一些不足和局限性，为更深层次和更多维度研究行政审批制度改革留下了较大拓展空间。

一　论文类成果呈数量丰富与内容分散化并存的特点

笔者梳理已有行政审批及制度改革研究的期刊论文类成果，发现如下主要特点与不足之处。

1. 与行政审批制度改革实践相关联的特点

以中国知网数据库为信息来源。检索 1980～2020 年篇名或关键词包含"行政审批"的文章，结果如图 1-1 所示。较早对行政审批进行研究的文章出现在 1985 年，2000 年之前这类主题研究都很少，只有几十篇。2001年是一个转折点，文章数量第一次超过了 200 篇，原因是这一年国务院开启全面推进行政审批制度改革的历史进程。到 2013 年，简政放权和行政审批制度改革成为政府职能转变的先手棋和当头炮，关于行政审批制度改革的文章开始呈现井喷式增长，接近 1000 篇，2014 年则突破 1500 篇。2015年达到高峰，后续几年出现连续下降趋势，这与行政改革战略侧重点变化有关联。2015 年，我国进入"简政放权、放管结合、优化服务"的全面改革阶段，体现出行政体制改革的统筹性，不单独强调行政审批制度改革，这是有关行政审批制度改革的文章数量连续下降和减少的一个实践原因。

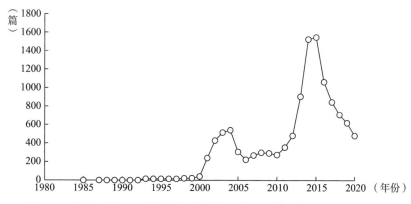

图 1－1　历年以行政审批为关键词的论文的分布情况（1980～2020 年）

2. 研究的主题呈现出较为分散的特点

2001 年以来关于行政审批制度改革的研究性论文大幅度增加，但研究主题没有一定的集中度，而是呈现出比较分散的状态。2001～2012 年，整体研究行政审批制度及其改革的论文占 37.4%；研究行政许可及《行政许可法》的论文占 11.1%；研究审批事项与审批权的论文占 18.7%；涉及审批程序的论文占 5.8%；其他研究主题更为分散，涉及政府职能、WTO 与审批、审批服务中心、电子监察、市场经济、依法行政、电子政务等，占 27%。

2013～2020 年，研究行政许可及《行政许可法》的论文占 24.3%，这可能与行政审批制度改革逐步强调规范化法治化目标有关联。研究行政审批制度及改革的论文占 30.4%；研究审批事项与审批权的论文占 7.8%；研究审批程序的论文只占 5.2%；其他研究主题包括简政放权、政务服务、政府职能、政务服务中心、中介机构、电子政务、"最多跑一次"改革等，占 32.3%，分散程度有所加大。

3. 研究内容和视角呈现出扩展化与多样化特点

关于"行政审批"的文章按照研究性质可分为两类。一类是介绍性文章，占绝大部分，包括对行政审批登记和流程的介绍；对国家出台《行政许可法》以及关于行政审批事项调整改革文件的解读；对地方政府和一些国务院部委开展行政审批制度改革的做法与经验的总结及对策思考等内容。另一类是研究性论文，表现出内容扩展化和视角多元化的特点。2013年之后，对行政审批制度改革后续加强监管或者事中事后监管问题的研究逐渐增多,关于简政放权和权力清单及其制度的研究也得到关注,这反映了研究多元化的特点。

研究范围和内容不断拓宽拓展。从强调行政审批制度改革重要性和迫切性、关注行政审批及其制度改革本身状况,到关注深化行政审批制度改革的制度、法律法规,到进一步探究行政审批问题的深层次原因,再到探讨行政审批与经济、社会的关系,对政府绩效产生的效果等,已有研究在内容和范围上不断拓展。① 研究视角呈现多样化趋势。行政学视角强调的是政府职能转变与行政审批制度改革问题。行政法视角的研究,主要是分析《行政许可法》及其实施与行政审批制度改革的关系,行政审批程序合法性、正当性问题,以推进行政审批法治化。经济学分析或经济学视角,主要分析行政审批制度改革与生产率和经济增长、企业发展的关系。

此外,以"行政审批"为主题的硕士、博士学位论文,在时间分布上,2013 年之前很少,之后呈现逐渐增多的趋势。从专业角度看,这些研究所属的学科专业排在前三位的是行政管理、公共管理、宪法学与行政法学,反映了对行政审批制度改革研究具有一定的专业集中度。但从研究内容和对象来看,多数是对地方个案或案例的研究或技术性研究,或就某一个领域的行政审批制度改革进行分析,并提出建议对策。由此,相对应的一个问题就是,这些研究在理论基础上比较薄弱,更关注微观层面而在宏观层面和系统性上存在局限性。

二 专著类成果的研究状况及特点

近 20 年来,学界集中研究行政审批及制度改革的专著类成果并不太多,从研究主要内容、研究重点与选择的视角维度来看,这些研究有如下一些特点。

---

① 唐亚林、朱春:《2001 年以来中央政府行政审批制度改革的基本经验与优化路径》,《理论探讨》2014 年第 5 期;艾琳、王刚、张卫清:《由集中审批到集成服务——行政审批制度改革的路径选择与政务服务中心的发展趋势》,《中国行政管理》2013 年第 4 期;王克稳:《我国行政审批制度的改革及其法律规制》,《法学研究》2014 年第 2 期;孙彩红:《地方行政审批制度改革的困境与推进路径》,《政治学研究》2017 年第 6 期;夏杰长、刘诚:《行政审批改革、交易费用与中国经济增长》,《管理世界》2017 年第 4 期;黄少卿、王漪、赵锂:《行政审批改革、法治和企业创新绩效》,《学术月刊》2020 年第 6 期。

21 世纪初，系统性研究行政审批制度改革的专著成果还很少。当时比较全面探讨行政审批制度改革的专著，一部是《我国政府行政审批治理制度改革研究》①，主要分析了当时我国行政审批制度改革的状况及存在的问题，提出了行政审批治理改革路径。另一部是《政府的自我革命：中国行政审批制度改革研究》②，主要分析了 20 世纪 90 年代到 2004 年《行政许可法》颁布，这段历史时期内行政审批制度沿革和存在的弊端，提出推进改革的原则、途径。2000 年前后，从经济学视角对行政审批制度的研究大多集中于政府管制方面，如《政府管制经济学导论：基本理论及其在政府管制实践中的应用》。③ 这种政府管制本质意义上是政府行政审批的一种表现形式，涉及政府与市场和企业之间的关系。

2010 年之后以行政审批制度改革为主题的专著成果虽有增长，但总体数量依然很少，没有达到数量丰富的程度。这些专著主要从不同阶段、不同领域、不同角度对行政审批制度改革进行分析。有的着重分析行政审批制度改革的主要内容及其演进特点，总结了以简政放权、规范权力、提升品质为核心的行政审批类型。④ 有的研究某一领域行政审批制度改革或给予其一定的理论解释。⑤ 还有的对一些地方个案进行概括整合研究。党的十八大之后，各地行政审批制度改革的探索创新实践增多，这为研究的拓展提供了实践基础，应把一些地方实践经验总结上升为理论层次。有代表性的是，对浙江省"最多跑一次"改革进行总结与理论分析的成果是《"最多跑一次"改革》⑥，其内容包括"最多跑一次"改革的实践基础、基本框架、创新做法及其整体成效，以及未来深化改革要进一步突破的瓶颈。其他还有对江苏、贵州等地方行政审批制度改革实践的经验总结和分析。这些地方案例的总结性研究着眼于某种经验模式，更具有实践意义，

---

① 丁茂战主编《我国政府行政审批治理制度改革研究》，中国经济出版社，2006。
② 廖扬丽：《政府的自我革命：中国行政审批制度改革研究》，法律出版社，2006。
③ 王俊豪：《政府管制经济学导论：基本理论及其在政府管制实践中的应用》，商务印书馆，2001。
④ 艾琳、王刚：《行政审批制度改革探究》，人民出版社，2015。
⑤ 刘志欣：《中央与地方行政权力配置研究：以建设项目环境影响评价审批权为例》，上海交通大学出版社，2014。
⑥ 中共浙江省委党校、浙江行政学院编著《"最多跑一次"改革》，浙江人民出版社，2018。

为其他地方深化行政审批制度改革和全面推进"放管服"改革的创新探索提供了可借鉴的经验，但其理论价值没有充分体现出来。

三 已有研究的局限性与可拓展空间

上述关于行政审批制度改革的已有研究，从多个维度和层面呈现出一个立体化的研究网络。这些研究成果为本书研究的深化提供了基础，但同时也存在不足之处和局限性。

一是有些重复性研究影响了研究质量。综览不同类型的研究文献，尤其是期刊类文章，其在行政审批制度问题与缺陷分析上，存在重复性研究现象，一定程度上影响了整体研究质量。

二是研究视角还有待扩展。关于实行行政审批制度及推进改革的理论基础，不少成果多从经济学角度入手分析；对行政审批制度改革的法治化与合法性途径，多从法律和行政法学视角分析；对行政审批制度改革的程序优化与标准化问题，多从技术性和大数据视角分析。而对行政审批权力划分和相关类型权力配置的关系，包括政府体系内部的纵横向关系、政府外部权力关系配置的研究成果则较少，从政治学和权力结构视角的分析理论深度不足。

三是对行政审批制度改革相关主体关注的不平衡。已有研究大多数是政府视角和政府主体本位的研究，而不是社会组织主体、公民主体本位的研究，对公民权利、社会权利的需求有所忽视。

综上可知，已有研究为后续研究留下了拓展深化的较大空间与切入口。关键是要从权力关系结构视角去拓展研究，通过行政审批制度改革来推动政府与市场、政府与企业主体权力关系改革，注重从政府与社会的权力关系、政府与公民的权力关系角度去进一步深入研究行政审批制度改革。从政府治理权力结构视角入手，对行政审批制度改革和制度创新体系的分析会更加立体化。社会组织主体发育和壮大的要求，公民信息权利和隐私保护等合法权益诉求，都要求政府在取消、减少行政审批事项的同时，完善创新相关领域的制度，加强相应监管职能履行和监管制度建构。换句话说，这些改革实际上是行政审批权力和管理方式的改革，是政府权力和外部多元主体权力关系的改革，至少应涵盖：行政审批的规范性制度，对审批权力的审批、规范和监督；给社会主体和公民参与和监督审批权力提供制度保障；监管制度创新更多的是监管职责履行，必须以权责一致为根本前提和原则。

本书着重从政府治理权力结构角度，围绕行政审批制度改革历史，改革中政府与内部、外部主体的权力关系，从主体、职能、机构、功能作用等不同维度展开研究，为升级拓展行政审批制度改革提供借鉴。

第三节　研究的重点内容和研究框架

本书的主要目标聚焦于对政府治理现代化和提高国际竞争综合实力具有战略意义的行政审批制度改革这一重大现实问题上，针对已有研究的不足与局限性，基于中国行政审批制度改革的纵向历史演进过程和横向的主体、职能、结构载体和功能层面，以及选择地方案例的横剖面，从权力结构理论角度更深层次剖析我国行政审批制度改革实践进展以及反映的结构性问题，为后续推进行政审批制度改革提出建设性思考。

一　基本概念和研究对象

在理论和具体含义上，行政审批和行政许可既有区别也有联系；在中国政府改革实践中，基本上用行政审批表示行政许可在内的同类性质的政府权力行为。从政府管理的视角，行政许可本质上就是行政审批，行政审批范围要大于行政许可。

按照行政法学的界定，一般认为，"行政许可是指在法律一般禁止的情况下，行政主体根据行政相对方的申请，通过颁发许可证或执照等形式，依法赋予特定的行政相对方从事某种活动或实施某种行为的权利或资格的行政行为"。[1] 行政许可作为重要行政管理手段有其现实功能。一是控制风险，排除可能对社会、个人带来危险的活动，维护社会秩序和自然人、法人或者其他社会组织的合法权益。二是配置资源。在有限资源领域，完全靠市场自发调节来配置资源，有可能会导致资源配置严重不公以及资源配置低效率。因此，由政府通过行政许可的方式配置有限资源，已

---

[1]　罗豪才、湛中乐主编《行政法学》第 4 版，北京大学出版社，2016，第 187 页。

经成为世界各国的通行做法。三是提供公信力证明。① 通过政府机关的许可或资格确认，可使相关群体获得相应信息，降低人们在社会生活中搜寻利益相关信息的成本，本质上提高了经济社会运行效率。这也是行政许可的积极功能。

按照《行政许可法》第二条规定，"本法所称行政许可，是指行政机关根据公民、法人或者其他组织的申请，经依法审查，准予其从事特定活动的行为"。这里突出了行政许可的实施主体是行政机关，根据相对方的申请，使符合条件的主体获得了从事特定活动的资格或权利，在本质上涉及权力的限制与解除、权力关系变化。

按国家政策文件，2001 年 12 月，国务院行政审批制度改革工作领导小组印发了《关于贯彻行政审批制度改革的五项原则需要把握的几个问题》，文中指出，"行政审批是指行政审批机关（包括有行政审批权的其他组织）根据自然人、法人或者其他组织依法提出的申请，经依法审查，准予其从事特定活动、认可其资格资质、确认特定民事关系或者特定民事权利能力和行为能力的行为"。② 对此定义进一步解释，行政审批的形式多样、名称不一，有审批、核准、批准、审核、同意、注册、许可、认证、登记、鉴证等。针对行政审批项目，不能只注意其名称和形式，而应当把握其"必须经过行政审批机关同意"这一实质。

综上，本书取广义行政审批的界定，即包括行政许可和核准、确认、批准、登记、认证等类型在内的政府行使审批权力的行为。行政审批制度就是关于许可、确认、登记、核准、认可、审查、批准等一系列制度的总和。中央政府文件对行政审批制度的含义也进行了明确，如《国务院批转关于行政审批制度改革工作的实施意见的通知》（国发〔2001〕33 号），该通知所称的行政审批制度，"包括行政审批的设定权限、设定范围、实施机关、实施程序、监督和审批责任等内容。行政审批制度改革既要减少不必要的审批项目，还应调整行政审批的权限、减少环节、规范程序、强化服务、加强监管、明确责任，建立结构合理、配置科学、程序严密、制

---

① 罗豪才、湛中乐主编《行政法学》第 4 版，北京大学出版社，2016，第 192～193 页。
② 国务院行政审批制度改革工作领导小组办公室编《改革行政审批制度 推进政府职能转变》，中国方正出版社，2003，第 256 页。

约有效的与社会主义市场经济体制相适应的行政审批制度"。由此，本书所讨论的行政审批制度改革以此为基础并在相关维度上进行拓展，从行政审批本身的制度改革延伸到对行政审批的监督约束制度、权力配置制度、政府职能转变和履行职能方式等层面的改革。在现代治理视域下，要将行政审批制度改革置于国家治理战略体系中分析，不仅是行政审批事项的改革，以及行政审批程序和制度本身的改革，还有行政审批权力关系和政府内外系统的权力结构的改革。从经济发展角度，行政审批制度改革是配置资源、改革政府与市场、政府与企业关系、发展完善社会主义市场经济体制的重要举措。从社会发展角度，行政审批制度改革是进一步向社会组织主体放权、培育发展社会组织和改革社会治理的重要方式。从公民主体角度考虑，行政审批制度改革是赋予公民更多的自主选择权和保障公民合法权益的重要途径。当经济社会条件和形势发生变化时，行政审批制度就需要进行相应改革和动态调整，并没有一劳永逸的灵丹妙药。

二 研究框架和主要方法

对国家行政审批制度改革的具体内容措施和表现出来的形式和结果，如何进行分析、运用什么样的研究理论来解释，放在什么理论框架之下进行研究？结合已有研究的局限性和研究空间，本书聚焦于政府权力结构视角以分析行政审批制度改革的实践进展以及存在的短板，为促进行政审批制度改革研究的进一步立体化增加一个维度。

1. 权力结构分析框架

行政审批制度改革本质上是权力分配的改革。在哪些主体之间分配权力和下放权力，下放权力的内容可进行什么样的类型划分，权力变化的结果呈现什么状况，这都需要从权力结构角度进行分析。关于行政审批制度改革涉及的权力内容，有的按照行政权力类型分类，类似权力清单中的类型划分；有的按照职能划分，如政府的经济、社会、文化、生态领域等职能类型，通过这些类型的权力分别推进行政审批制度改革。

而在本书中，笔者提出按照政府与不同主体之间的关系进行分类，除了政府自身内部上级对下级权力下放与审批制度改革之外，主要是政府对市场企业主体的权力下放，政府对社会组织主体的权力下放，政府对公民主体的权力下放。行政审批制度改革与这三类权力关系相对应，在不同改革阶段呈现出什么样的阶段性特征，如何解释？为解决这一问题，本书构架出政府治理权力结构，即讨论政府与市场企业主体、政府与社会组织主体、政府与公民主体这三类主体之间的权力关系；同时政府内部又有上下级政府之间的权力关系（见图1－2）。

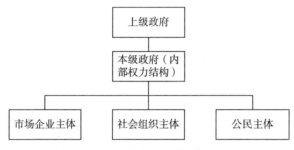

图1－2　政府治理权力结构框架

从政府治理权力结构视角，按公共权力属性判断，行政审批制度改革主要是自上而下推进的，地方行政审批制度改革与中央—地方关系相关联。在政府与外部主体的权力关系上，权力结构发生的变化，也是本书要分析的关键问题之一。总之，本书力图从政府治理权力结构角度研究行政审批制度改革的演变过程和逻辑，评估现有行政审批制度改革及其在这种结构关系上的变化和制度创新成果。

2. 主要研究方法

在研究方法上，本书坚持以马克思主义方法为指导，坚持历史唯物主义和唯物辩证法，具体研究方法如下。

文件分析法。主要文件是与国家行政审批制度改革过程直接相关的文件资料。本书将梳理中央政府层面关于行政审批制度改革的总体部署性文件，特别是取消、调整和下放行政审批事项的系列文件。在这些文件中，抽取一些重要因素做不同维度的分析，掌握相关因素在不同历史时期的分布特点，并对文件中涉及的行政审批权力事项、部门、内容与方式等，进行深入探讨。

案例分析法。案例的选择要有典型性，能说明要研究的问题。本书主要选择一个省级政府，以及一个地级市政府、一个县级政府作为研究案例。一方面依据文本分析省级行政审批制度改革的脉络与权力关系特点；另一方面从地方政府不同层次的权力清单事项中分析行政审批制度改革在权力结构维度的状况与特点，以发现一些共性问题。

统计分析方法。本书主要通过不同维度对历年行政审批制度改革的审批事项变化进行数量统计分析。再有一部分是针对全国范围内地市级政府的行政审批局设置情况，以不同指标进行量化分析，为分析机构变动及其权力调整对行政审批制度改革的影响提供基础和依据。

三　研究重点和主要内容

本书突出的特点是研究视角的创新，即从政府权力结构理论视角进行阐释。在权力结构框架下，本书研究的重点为行政审批制度改革的演变过程、实践进展和逻辑，进而具体分别从行政审批事项统计角度，从政府与市场企业主体、政府与社会组织主体、政府与公民主体之间的权力关系角度剖析行政审批制度改革的重点，同时对与行政审批制度改革在权力调整上密切关联的政府职能转变、政府组织机构改革，以及营商环境优化等层面展开分析，力求更立体化地展示行政审批制度改革在权力结构关系上的变化。

本书研究内容的创新之处在于：对行政审批制度改革历史演进的逻辑与调整思路的阐释；对行政审批事项改革数量、领域分布及其所涉部门的统计特征分析；对政府与外部主体之间权力关系改革的分析；对地市级政府层面的行政审批局机构改革及特征的统计分析以及机构设置视角的分析；提出了政府在审批与监管改革过程中，与行业协会关系改革的思路；提出审批的事前监管的本质和统筹整合监管链条思路。从国务院历年取消的行政审批事项的数量领域、年度、部门分布特征可见，行政审批制度改革经历了大刀阔斧推进阶段、平稳推进阶段、"啃硬骨头"的攻坚阶段。这种刀刃向内、权力向外转移的"革命性"改革，必须要有新的改革思路作为推动力。本书提出对"行政审批制度改革"本身的"改革"给予讨论，对今后升级拓展行政审批制度改革和高度内在性地统筹行政审批制度改革与监管改革至关重要。

本书研究的难点在于，对比中央层次和地方层次的行政审批制度改革，在中央统一政策部署和战略性指导下，地方行政审批制度改革在权力结构关系维度表现出不同程度的问题。如何进一步挖掘背后的根源，将成为本书研究的一个难点。地方行政审批制度改革，涉及对上级改革政策和部署的执行，对当地经济力量和社会压力的回应，中间经过地方层级的权衡，这个权衡就是一个难点。改革推进情况还与机构的核心任务有关。一些机构只愿意进行增量改革，而不愿意进行触动组织核心利益的存量改革。从权力结构角度对这一现象进行原因分析，也是一个难点。

行政审批制度改革在权力下放方面，有的审批权力可能从政府的一个部门转移到另一个部门、从一个层级转移到另一个层级，而不是权力从政府转给市场主体和社会主体了。对于行政审批程序、减少环节，及流程优化再造的过多关注，甚至过分追求对行政审批时间的压缩和精简，会导致对实质性权力结构改革关注不够，或者没有动力去进行更深入的改革，那些更为本质性的改革内容就容易被忽视。

研究的主要内容。本书整体的研究思路是，对中国国家治理体系现代化中具有战略功能地位的行政审批制度改革这一重大现实问题，结合文献综述中发现的已有研究的局限性，从政府治理权力结构视角进行分析阐释，从政府和不同主体权力的逻辑关系角度分析改革进展状况和存在的问题。在此基础上，研究的主要内容在如下部分展开。

第一部分，即导论和理论框架部分，明确研究的重要价值，主要阐述所研究的对象、核心问题、研究重点。结合现实与已有研究确定研究视角，提出理论分析框架。

第二部分，总结中央层面即国务院推进行政审批制度改革的整体历程和脉络，阐释发展逻辑与改革逻辑的调整。进一步对国家层面的行政审批权力事项的调整与改革进行统计分析，发现这些事项在权力结构方面体现出来的变化。

第三部分，按照政府治理权力结构框架，分别从政府与市场企业主体、政府与社会组织主体、政府与公民主体的权力结构关系角度分析行政审批制度改革进展状况。地方层面分别选择一个省级政府、市级政府、县级政府的行政审批制度改革情况作为案例，分析其改革过程及其涉及的权力关系变化的状况与特点。

第四部分，主要是从政府内部权力结构关系方面，选择与行政审批制度改革密不可分的政府职能转变、政府组织和机构设置改革、优化营商环境这几个重要维度，分析阐释行政审批制度改革在政府主体内部发生的权力关系变化及对外部权力关系产生的影响，指出应该引起重视的问题。

第五部分，最后从全链条的政府监管职能方面入手，提出进一步需要改革和思考的问题。坚持问题导向，未来升级拓展行政审批制度改革，要推动其实现与监管的融合，把握行政审批作为"事前监管"的本质，在法治轨道上深化改革政府与内部主体、外部主体的权力关系，以政府权力的规范运行保障市场主体、社会主体和公民主体权利，这也是更好发挥政府作用的应有之义。

第二章 政府治理权力结构和分析框架

行政审批作为资源配置和设置社会秩序的政府管理与干预方式，是政府行使行政公权力的一种途径。行政审批制度在不同国家、不同历史发展阶段，受经济发展水平、市场经济发展程度、社会法治发展程度、历史文化传统等因素影响，呈现出差异性。行政审批制度改革本质上是改革和调整政府与行政相对方之间的权力关系。行政审批在新中国成立后的计划经济体制时期，作为管理经济和资源配置的重要手段发挥了历史性作用。改革开放之后，原有行政审批模式越来越不适应经济社会发展要求，阻碍了经济转型以及社会力量发展壮大。建立和完善社会主义市场经济体制的现实需要，使推进行政审批制度改革具有了现实重要性和紧迫性。20 世纪 80 年代以来，中国行政审批制度在多个维度不断推进，21 世纪改革进入了快车道，党的十八大之后行政审批制度改革进入新的阶段，改革取得了显著进展和成绩。

实际的行政审批制度改革是否完全达到预期结果，从什么样的维度评估以及如何评估行政审批制度改革的历史演进？这需要设计分析框架。行政审批制度改革涉及权力转移这一关键要素，审批权力作为一项重要公权力，不是完全取消它，而应该界定由哪些主体、在哪些范围内行使这类权力，从而更好地维护公民、法人和其他组织的合法权益。这就关系到政府内部的权力分配以及政府与外部主体的权力关系。为此，应从政府治理权力结构视角对行政审批制度改革的发展和表现结果进行分析阐释，并提出未来改革的思考。

第一节 权力结构与政府治理权力结构

从政府治理权力结构视角研究和探讨中国行政审批制度改革，首先需要明确权力结构和政府治理权力结构的基本含义与要求。

一 权力结构的一般含义

权力结构与权力的拥有主体相联系。权力，按照《辞海》的界定，"一是指政治上的强制力量，如，国家权力，权力机关。二是指职责范围内的支配力量。三是管理学上指一个人藉以影响另一个人的能力。其基础是对资源拥有者的一种依赖关系。资源的重要性、稀缺性、不可替代性决定了权力与依赖关系的性质和强度"。① 可见，权力本质上是一种支配力量和能够产生影响的力量，具体到政府管理领域，行政审批权力是政府及其相关部门所具有的对某些资源的支配力量，而且由于其所掌握资源的稀缺性和重要性，这种支配力又影响到政府与其他主体包括市场企业、社会组织主体和公民的关系，以及这些外部主体对政府及其相关部门不同程度的依赖性。

权力结构是不同主体之间的权力构成和布局关系，权力主体不同，权力结构内容也会有所不同。已有研究主要可分为如下两类。一类是宏观层面或系统权力结构的研究。有的研究从人类社会视野分析权力结构，提出了权力结构是人类社会形态的一种表现形式。有些是从政治制度和大政治视野分析权力结构，即政治权力结构或国家权力结构的内容和作用。在政治主体结构和政治权力运行相互关系上，"政治权力的覆盖范围，取决于政治主体在其外部结构中的地位。政治主体内部结构的状况，决定政治权力作用的持久程度或政治权力关系的稳定程度"。② "所谓权力格局是指权力在各个领域之间的分配状况。"③ 还有的研究认为，政治体制改革的主要内容之一是通过调整权力结构重新分配社会权力，权力主体之间的权力在排列组合上发生变化。政治权力结构，有的研究界定为政治权力之间以及权力主体之间的相互关系格局或总体构成。有些学者从国家与社会关系分析框架中界定公共权力结构，包含政治权力在内，超越了政府体系本身，"把公共权力结构定义为公共权力的嵌入性结构和实体性结

① 《辞海》第6版，上海辞书出版社，2009，第1857页。
② 李景鹏：《权力政治学》，黑龙江教育出版社，1995，第36页。
③ 康晓光：《权力的转移——转型时期中国权力格局的变迁》，浙江人民出版社，1999，第45页。

构的两个层次综合体"。①

另一类是对政府或行政系统权力结构的研究。从狭义政府即国家行政机关（不包括立法机关和司法机关）的范畴和层面研究政府权力结构及其变化。在行政权力作为公共权力性质层面，行政权力根据不同类别组成的权力体系，在数量和空间分布上形成不同权力结构，包括中央与地方、地方各级之间纵向权力结构以及横向配置结构，这是一种复杂的结构体系。这类定义对于理解政府权力结构提供了不同的解释，但不足之处在于其仅把政府权力结构限定在了政府内部，对负责公共事务治理的政府而言，这种权力结构界定有局限性，因为其把行政相对方主体排除在外了。还有从行政法视角研究行政权力配置，包括纵向和横向行政权力的分化与构造；有的是对省级政府配置行政权力的权限进行分析，依据法律明确授权是重要原则。② 这些关于行政权力配置的研究，除了把重要因素多集中在法律法规和依法配置上，还能在一定角度说明权力配置和权力结构状况，为进一步分析和研究作出了贡献。但对于行政审批制度改革中的权力关系变化的解释，又显得不足。

关于权力结构和政府权力结构的研究结果显示，运用权力结构对行政审批制度改革主题进行研究的还比较少，这为本书的研究提供了重要拓展空间。政府系统内权力结构实际上是权力主体之间的一种力量对比的呈现。如果政府和其他主体之间在有关审批事项的权力分配和构成的结构关系上发生了变化，那么政府的行政审批权力所能产生的支配力和影响力，以及对其的依赖性就会发生变化。鉴于此，应从政府治理权力结构视角分析阐释行政审批制度改革实践。

二 政府治理权力结构

结合权力结构的基本概念，在狭义的政府范畴，本书把政府治理权力结构概括为：政府在公共治理过程中与相关重要主体在权力配置以及权力

---

① 张国庆、曹堂哲：《权力结构与权力制衡：新时期中国政府优化公共权力结构的政策理路》，《湖南社会科学》2007 年第 6 期。

② 徐继敏：《论省级政府配置地方行政权的权力》，《四川大学学报》（哲学社会科学版）2013年第 4 期。

互动关系上的总体格局。政府治理权力结构，在政府内部包括政府上下级之间的权力关系，以及同一级政府的横向部门之间权力配置关系。在政府外部还包括政府与市场企业主体以及与社会组织主体、公民主体之间的权力布局关系。在政府治理权力结构中，占主导地位的是政府系统内部的权力关系调整与结构变革，这些权力变革会影响到政府与其外部系统的社会主体之间权力关系的变化。

政府治理权力结构除了静态的政府与不同主体之间的权力分配，还有这些权力之间的互动关系与运作模式的内容。这些权力主体相互之间有着共同的利益交集，通过行政审批制度改革，政府赋予市场企业主体更多的自主权，激发它们的创新动力，同时通过监管维护公平竞争的市场秩序，能让企业获取更大利益，政府也能取得更有效能的治理结果。政府与社会组织主体之间，一方面通过审批和管理制度改革，能培育更多更有实力的社会组织，为社会发展注入更多活力，社会组织获得更多的活动和发展权利；另一方面政府在管理社会公共事务和履行社会治理职能中、在向外转移政府公共服务职能时，也获得了一定的社会资源补充与整合。这些不同主体之间的利益共享需要这个权力结构中的互动合作来保障。

政府治理权力结构调整与改革，其目的或目标具有明确性。首先要保证权力来自人民、权力行使为了人民；权力结构的价值维度一定要有"人民"关怀，坚持以人民为中心。其次是确保经济社会的可持续发展特别是高质量发展。违背这个目标的权力关系变化就不具有现实合理性。合法合理的政府权力结构能够促进政府职能有效履行，促进治理能力提升，逐步接近和实现经济社会发展战略目标。

政府治理权力结构的调整与变动，有不同的力量或驱动力因素。由于政府本身的局限性，以及政府职能的有限性，政府治理权力结构应重点回应如下变化和压力：经济基础的变化和要求；社会结构和需求变化给政府带来社会压力；政治与文化层面的变化对权力结构的影响；技术工具的发展变化对政府治理的挑战。

经济生产因素是关键和基础因素。"从本质上讲，权力结构反映和体现的就是生产力、权力、权利的互动演变关系，不同的权力结构，适应不同的生产力水平，构成不同的政治制度，提供不同的权利保障，产生不同的国家治理效能。"① 政府治理权力结构也必须遵循这一经济规律，如果超越或滞后于经济基础和生产力发展状况，就会出现诸多不相适应、不相协调的现实问题。改革开放之后的中国，对高度集中的计划经济体制进行改革，进入 20 世纪 90 年代开始建立和完善发展中国特色社会主义市场经济体制；在新发展阶段，要建设高标准市场体系，实现高质量发展的战略目标，就应不断给政府治理权力结构提出新的适应性问题。当经济形态、生产力和生产方式发生变化时，政府与外部主体的权力关系也要发生变化，建立与经济生产相适应的权力结构，才能对经济发展产生正向作用。

社会结构变化引起政府治理权力结构变化。政府治理权力结构随着社会结构变化而进行调整。改革开放 40 多年来，中国社会结构发生了巨大变化和转型，表现为社会的开放性，社会阶层分化，社会利益主体多元化等。中国从农民占人口绝大多数的农业社会，逐步转向工业化和现代化社会，"原来由工人阶级、农民阶级和知识分子构成的相对简单的社会阶级阶层结构，现在越来越多样化、复杂化了，适应于中国特色社会主义制度和现代化要求的社会阶级阶层结构正在形成"。② 中国经济高速发展以及市场经济体制的建立和完善，以公有制为主体的多种所有制形式以及以按劳分配为主体的多种分配方式的并存，引起了社会利益、价值观等诸多领域的多元化，带来一系列社会挑战或风险。社会结构演变带来的收入差距、财产差距还有贫富差距，成为影响权力分配和权力结构的重要因素。社会结构特性会反映到政府权力结构之中，"权力是非人格化的社会结构的产物，而不是权力主体及其目的或欲望的产物。权力来自社会结构，某种特定的权力来自社会结构中的某个特定的位置"。③ 一个国家的政府权力结构蕴含于社会结构之中，反过来，政府权力结构又对社会治理与改革产生特定影响。同时，中国社会组织力量逐渐发展壮大，朝着依法自治的社会组

---

① 董瑛：《权力结构优势与治理效能转化规律研究》，《人民论坛·学术前沿》2018 年第 6 期。
② 李培林：《改革开放近 40 年来我国阶级阶层结构的变动、问题和对策》，《中共中央党校学报》2017 年第 6 期。
③ 康晓光：《权力的转移——转型时期中国权力格局的变迁》，浙江人民出版社，1999，第51 页。

织状态发展，这为政府与社会之间的权力结构关系变革提供了重要基础。

政治文化因素对政府治理权力结构的影响。政治因素方面，在漫长的中国封建社会里，权力出于一元、大政归于一统的权力观念与政治模式长期存在，使中央集权在国家发展中发挥重要作用，这具有积极的历史意义。新中国刚刚成立的一段历史时期，特别需要一个集权的中央政府带领中国人民改变积贫积弱的经济社会基础，对外突破帝国主义的封锁，这是由当时国际环境和国内状况决定的。但对行政管理实践而言，高度集权的政府体系不利于政府与社会之间关系结构的调整与变革。进入改革开放的历史时期，这种一元权力观念以及高度的权力集中体制影响到社会发展积极性，由此对权力结构调整提出了新要求。文化因素方面，中国民众自古有"臣民"心态，这在很大程度上影响着政府与社会公众之间的权力结构关系。中国传统文化以儒家伦理为准则是其重要特点，轻个人而重家族，修身齐家治国平天下。家族的家长制延伸到政治权力领域导致社会个体对君主和权力产生了有别于其他文明的认识结果。"中国的家族制度在其全部文化中所处地位之重要，及其根深蒂固，亦是世界闻名的。"[1] 中国的这种传统文化还有一个伴生特点是，几乎不承认社会个体的独立性，缺乏权利、自由这类观念。即使进入改革开放新时期，公民对政府的依赖性仍然存在，"有事找政府"使得政府在很长时间内背着"全能政府"包袱。经过后续历次行政管理体制改革，此种状况逐渐发生改变，政府管理权力和履行职能的边界进一步明确。新时代，对公民所应担负的义务和责任意识的培养，对社会健康发展和改善政府与公民之间关系的重视，将会产生直接的积极影响作用。

技术工具对政府治理权力结构的影响。近年来互联网和大数据技术迅猛发展，其所具有的开放性给政府治理同时带来机遇和挑战，也为政府权力结构改革提供了技术动力，上级政府向下级政府放权，基层政府自主权增大。政府与社会主体的权力结构向分权结构和制衡结构逐步转变，社会组织和公民主体有了更多信息技术工具手段赋予的监督政府行为、参与治理行为的权利。互联网技术发展使得社会主体和公民也具有了信息权力，

---

① 梁漱溟：《中国文化要义》，上海人民出版社，2011，第17页。

与传统政府部门控制和掌握信息权力相比，社会主体分享到了一部分信息权力，增强了其制约政府的力量。

信息和大数据技术发展推动权力结构发生根本性变革，"政府以信息技术为工具的治理过程冲击了原本的政府权力结构，信息技术在多元主体间进行着赋权与去权的双重震动，引发了形式权力与实际权力的双层失调，重塑着政府内部及其与社会的权力关系"。① 信息技术在政府治理中的应用，在多元主体之间赋权与限权的变化，势必会影响政府内部以及政府与外部社会主体、市场主体之间的权力关系变动。社会主体在技术工具赋权赋能的条件下发生变化，要求政府与社会权力关系和权力格局有相配套的调整与变动，以此适应社会发展需求，同时发挥出社会主体在政府协同治理中的功能。

第二节 分析行政审批制度改革的结构框架

行政审批制度改革涉及政府与市场、政府与企业的关系，表面上只是经济领域的权力关系，实际上与政治领域权力分配和相关制度也联系在一起。就行政管理要素而言，更深层次的要素是行政权力，有什么样的权力，政府才能够履行什么样的职能。"要转变政府职能首先就必须重新界定政府行政权力。从一定的意义上说，政府职能与政府行政权力的相互关系是外在形式与实质问题的关系。"② 所以，行政权力配置改革是行政审批制度改革中的更为核心的问题。从不同层级政府和同级政府部门的审批权力，以及政府与外部社会系统的权力关系入手，可以分析行政审批制度改革过程中的行政权力配置所发生的变化和这种权力分配改革的机制与驱动因素。

一 政府治理权力结构分析框架

政府治理权力结构是一个政府内部权力结构和政府与外部主体权力结构的综合体。内部权力结构主要是上下级政府和政府部门之间存在双重管

---

① 朱国伟：《风险与机遇：信息社会中政府权力结构的变迁与趋势》，《内蒙古大学学报》（哲学社会科学版）2021年第3期。

② 张国庆主编《公共行政学》，北京大学出版社，2007，第547页。

理体制的权力结构。外部权力结构主要是政府与市场企业主体、政府与社会组织主体、政府与公民主体的权力关系和结构。权力结构不仅是静态关系，还包括动态的互动关系，实质是力量对比的变化。结合行政审批的本质和内涵，在政府治理权力结构维度，本书把行政审批制度改革的权力结构界定为政府与四个主体的权力关系结构，即政府内部上下级的权力关系以及政府与外部三类主体的权力结构（见图 2 - 1）。

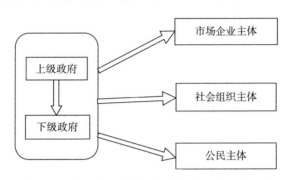

图 2 - 1　分析行政审批制度改革的权力结构框架
资料来源：作者自制。

给政府的行政审批权力分类，政府的权力清单按照行政权力性质可划分为行政许可、行政强制、行政确认等权力类型。按照政府职能可分为经济、社会、文化、生态领域的职能分别对应的行政审批权力。按政府与不同主体之间的权力结构关系可分为经济领域政府对市场企业主体的审批权力，社会领域政府对社会组织主体的审批权力，个体领域政府对公民主体的审批权力。围绕权力与权利的关系，审批权力要以权利为边界，在管控企业、社会组织和公民行为且维持经济社会秩序的同时，更好地维护大多数群体的合法权益，使之不受各种违法行为的损害。行政审批是一种公共权力的行使，必然要受到这种权力在整个政府权力结构中所处位置的影响，与政府治理权力结构和各种权力关系紧密连接起来。

行政审批制度改革的推进，更大着力点在于政府内外部的权力关系改革。一方面，已经推进的行政审批制度改革更多聚焦在政府内部权力关系的调整、互动上，突出表现为梳理和制定政府的行政权力清单，向下级政府下放部分审批权力事项。另一方面，表现为政府与外部主体的权力关系变化。从 20 世纪 80 年代开始，政府向企业放权让利，给国营企业陆续下放关于生产、利润、人事管理等方面的决策自主权。党的十八大之后政府继续取消行政审批权、给企业更多自主权和创新发展权力，同时通过减税降费改革，进一步给企业放权让利。政府与社会组织之间的权力关系变化，体现为政府对社会组织的登记管理制度特别是前端的审批登记制度的改革。政府与公民的权力关系，主要是取消或减少了各种证明以及职业资格和准入限制。从整体判断，当前政府与社会组织的权力关系结构变革步伐较小，仍有进一步改革的空间。

就行政审批涉及多层权力关系这一本质层面，本书运用政府治理权力结构框架，深入剖析行政审批制度改革中存在问题的原因，分析这一制度改革过程的症结所在。同时，政府治理权力结构的变化体现着权力主体之间力量对比的变化。在此基础上，行政审批制度改革的权力结构调整并不是一味地分权或放权，还要在某些领域适度集权。在土地利用、规划审批、金融审批和监管、安全监管领域，仍需要适度集权以确保监管效能，确保经济社会高质量发展和稳定发展。没有稳定和安全的发展就不是高质量发展。因此，应进一步改革政府内部权力结构、政府与企业和社会组织的治理权力结构，以确保行政审批制度改革的实质性突破，为政府治理现代化提供重要现实基础。

二 行政审批制度改革的事实进展和问题剖析

运用政府治理权力结构框架分析我国行政审批制度改革状况，主要从事实进展与问题剖析两个层面展开。

（一）从权力结构评述行政审批制度改革的进展

20世纪80年代开始的政府放权和分权改革，其实际结果就是权力结构的变化。不仅中央政府向地方政府下放一些经济管理权力，如外商投资的审批权力和部分项目投资的权力，而且政府也向企业下放了经营自主权、利改税和财政方面的权力、人事管理权力。而在社会管理领域政府却加强了对社会组织注册登记的管理，在审批制度上实行双重管理，这也是政府与社会组织权力关系变化的体现。

2001年，国务院开始在全国推进行政审批制度改革，主要目标是取消和下放审批权力事项，逐步规范政府权力运行。企业为了发展向政府要求下放权力。后来社会和公民也给政府提出了要求，政府在相应领域加快了权力下放的行政审批制度改革。进入 21 世纪，导致政府与公民、政府与社会之间权力关系发生变化的一个重要因素是技术和互联网的发展，技术赋权改变了社会和公民与政府的权力关系，社会和公民具有了更多与政府博弈的资本，迫使政府权力下放和深化行政审批制度改革。

观察改革开放以来行政审批制度的改革实践，其从着重改革政府与企业的关系，到全面改革政府与企业、政府与社会组织、政府与公民的关系，实现了对不同主体的权力和利益再分配。

行政审批制度改革最初着力改革政府与企业之间的权力关系。计划经济时期，企业的产供销、人财物几乎均由政府管理和规制。这种管理模式在特定历史时期发挥了重要作用。改革开放后其弊端日渐增多，开始阻碍生产力的发展，因此 20 世纪 80 年代初政府开始向企业放权让利，改革审批管理制度成为政府经济体制改革的突破口。1980 年 5 月，国家基本建设委员会、国家计划委员会、财政部、国家劳动总局、国家物资总局联合发布《关于扩大国营施工企业经营管理自主权有关问题的暂行规定》，其中要求"扩大企业的生产经营自主权。任何单位和个人不应干预企业内部的正常生产经营业务"。1980 年 8 月，国务院批转国家经济委员会《关于扩大企业自主权试点工作情况和今后意见的报告》，该报告是开启向企业放权让利、改革政府与企业权力和利益关系的重要标志。对内搞活、对外开放战略的着力点是激发企业活力，实现政企分开，给企业更多自主权。同时中央开始向地方放权让利，赋予地方政府比较大的自主权，还把管理企业、投资项目等权力下放给地方，以政府与企业的权力关系改革带动中央与地方政府之间审批权力关系的变革。

1992 年，党的十四大提出建立社会主义市场经济体制的目标，政府与企业的权力结构关系需要更进一步改革。这一阶段改革的明显进展是人们已经可以从政府体制的外部来审视政府的行政审批权力，明确了政府的职能和在市场经济中的角色定位，如加强宏观调控、减少对企业的微观干预，理顺政企关系。2001 年，在全面开启行政审批制度改革的新阶段，国务院要求"政府部门要集中精力搞好宏观调控和创造良好的市场环境，按照政府运作规律和经济发展规律的要求，把政府管理经济事务的活动调整到最合理的范围。政府部门主要是组织公共产品生产、建设公益事务、提供公共服务。要从侧重于行政审批，转变到主要搞好市场监管上来，坚决打假维权，保护公平竞争"。① 各地的行政审批制度改革也在推进，它们积极探索用市场机制代替那些不应由行政审批进行管理的途径，对那些能够用市场机制运作代替行政审批的事项，就要通过市场机制来处理。此后，政府与市场企业主体的权力边界不断被厘清。改革开放以来到2012年，我国行政审批制度改革主要是以改革政府与市场企业主体的权力关系来推进的，政府向市场企业主体下放权力，也即政府取消的行政审批权力多数是经济领域的权力事项，更有利于社会主义市场经济发展。

政府与社会关系层面的行政审批制度改革和向社会组织主体下放权力。改革开放之后，政府对社会组织的审批管理体制也在改革，但相较于政府与市场企业主体的改革而言，政府与社会组织主体之间的权力关系变化是缓慢的。20世纪90年代，政府以《社会团体登记管理条例》《民办非企业单位登记管理暂行条例》两部法规为主对社会组织实行双重行政审批管理体制。2004年国务院通过《基金会管理条例》，与前两部行政法规共同构成规范三类社会组织的直接法律依据。政府对社会组织的审批制度改革从地方试点不断向全国扩展，政府与社会组织的权力关系逐渐变化。地方政府对社会组织审批权力配置的创新性改革，一方面是横向审批权力配置的变化，另一方面是对社会组织纵向审批权限的向下延伸。

在地方探索尝试的基础上，民政部提出了针对一定范围类型的社会组织实行直接登记的政策，逐步放开一些类型的社会组织登记管理权限。2013年，十二届全国人大一次会议上国务委员兼国务院秘书长马凯在《关于国务院机构改革和职能转变方案的说明》中正式确认了四类社会组织直接登记的政策，"重点培育、优先发展行业协会商会类、科技类、公益慈善类、城乡社区服务类社会组织。成立这些社会组织，直接向民政部门依法申请登记，不再需要业务主管单位审查同意"。② 2013年之后，能够直接

① 国务院行政审批制度改革工作领导小组办公室编《改革行政审批制度 推进政府职能转变》，中国方正出版社，2003，第6页。
② 马凯：《关于国务院机构改革和职能转变方案的说明——2013年3月10日在第十二届全国人民代表大会第一次会议上》，《人民日报》2013年3月11日，第2版。

登记的社会组织，一般是这四类社会组织——行业协会商会类、科技类、公益慈善类、城乡社区服务类社会组织。此后，政府向部分社会组织主体放权的实践范围在地域上逐渐扩大，安徽、上海等多个省市开始执行直接登记政策，极大地促进了社会组织的发展。2016 年，中办、国办印发了《关于改革社会组织管理制度促进社会组织健康有序发展的意见》，该意见提出要"稳妥推进直接登记。重点培育、优先发展行业协会商会类、科技类、公益慈善类、城乡社区服务类社会组织"。而且降低了城乡社区社会组织注册登记的门槛，对符合条件的加快审核办理速度，简化登记程序。这些措施的实行进一步扩大了社会组织发展权限，给社会组织更多的发展空间。

行政审批制度改革体现在政府与公民之间权力和权利关系变化上。党的十八大以来，国务院继续扩大行政审批制度改革范围，在持续变革政府与社会组织关系的基础上，还进一步理顺了政府与公民的权力和权利关系。在政府与公民的关系方面，行政审批制度改革更多主要表现为取消多个领域的职业资格许可和确认，清理和取消各种证明材料。国务院针对"证明我妈是我妈"的奇葩证明和繁琐证明采取了一系列相关措施，清理了各种增加公民办事成本的证明事项。在 2015 年 5 月 6 日的国务院常务会议上，李克强总理举例说，一位公民出国旅游需填写紧急联系人，写了他母亲的名字，结果有关部门要求他提供材料证明"你妈是你妈"。李克强对此表示，"这些办事机构到底是出于对老百姓负责的态度，还是在故意给老百姓设置障碍？"就此提出要对这些"奇葩证明"加强整治，第一，群众办事时，对法律法规未作规定的事项，不允许向群众索要证明；第二，对确需在法律法规规定外提交的证明，要由索要单位列出"正面清单"，并经司法行政部门核准；第三，"正面清单"之外一律不得再新增证明。[①] 2015 年国务院出台了《国务院办公厅关于简化优化公共服务流程方便基层群众办事创业的通知》，特别要求坚决砍掉各类无谓证明和繁琐手续，凡没有法律法规依据的证明和盖章环节，原则上一律取消。取消这些公民办事的证明类审批事项，是政府还权于民、改革政府与公民权力关系

---

① 张东之：《解决群众办事"痛点"总理连续四年发力整治"奇葩证明"》，中国网，2018 年 9 月 18 日，http://news.china.com.cn/2018-09/18/content_63569846.htm。

的一个重大进展。

为进一步推进行政审批制度改革，减少企业和群众办事成本，2018年，中共中央办公厅和国务院办公厅印发了《关于深入推进审批服务便民化的指导意见》，聚焦企业和群众反映突出的办事难、办事慢、证明多等问题，强调全面清理烦扰群众的各种证明，大力减少盖章、审核、备案、确认、告知等各种繁琐环节和手续。大力推进中央和地方之间、职能部门之间政务信息共享，从源头上避免"奇葩证明"等现象。2018年《国务院办公厅关于做好证明事项清理工作的通知》发布，要求各部门对本部门规章和规范性文件等设定的各类证明事项进行全面清理，尽可能予以取消。2020年，民政部等多部门联合发布了《关于改进和规范基层群众性自治组织出具证明工作的指导意见》，该意见提出，在全面清理政府部门、公用企事业单位和服务机构索要的烦扰居民群众的"奇葩证明"、循环证明、重复证明的同时，改进和规范基层群众性自治组织出具证明工作。减少这些公民办事不必要的、不合理的甚至不合法的证明类审批事项，是保护公民权益和给予公民活动行为的更大自主权的体现。

整体观察行政审批制度改革的历程，可以发现政府与企业、社会组织、公民的权力关系改革取得显著进展，但同时也存在改革不平衡、不充分的问题。20世纪80~90年代，经过简政放权和行政审批制度改革，政府与企业之间的权力结构发生了本质变化，这促进了社会主义市场经济体制的建立和逐步发展。而在另一个阶段比如2012年之后的几年，简政放权改革在权力结构上的变化更多是在原有结构内部单元里的局部变化，有些权力下放事项或调整没有触动根本性的政府与企业、政府与社会组织之间的关系。这也为今后升级拓展行政审批制度改革留下了空间。

（二）运用权力结构分析行政审批制度改革的问题

观察行政审批制度改革的整个历程，在取得巨大成就的同时，改革中暴露的各种现实问题和倾向性问题也应引起我们的重视。如改革中的数字化倾向和偏差，"猫捉老鼠式"的合并小项、大项不减，打太极现象；技术化倾向，一味宣传减少了多少环节、缩短了多少时间之类的显性"改革成果"；权力清单避重就轻，"其他行政权力是个筐"，什么模糊权力都往里装。

进一步分析解释，我们发现行政审批制度改革过程中反映出的问题，不仅涉及这些主体本身的权力内容变化，而且涉及这些主体之间的互动关系，如政府与企业、公民、社会组织之间的互动比较缺乏。当然现实改革中它们也有互动，就是通过评估、提出意见，更好地便民利企；还有对政务服务进行好差评的做法，让公民和社会行使监督权。但这些权力互动模式的制度化、互动的主导性，仍存在不同程度的结构失衡问题。行政审批制度改革进程在政府权力结构上的问题主要有如下几方面。

1. 政府体系内部权力配置结构的边界并非十分清晰

政府内部纵向的权责划分存在不清晰之处，不同层级政府之间的行政审批权力和职能分工缺乏完善的法律规定，而且有些法律法规的规定有交叉或不一致的内容，有些审批项目管理不能够明确界定归哪一级政府负责。"上级政府在职权不明的事务分配中处于强势地位，由此往往把自己不愿意承担责任的事务交给下级，这加剧了纵向政府间行政逐级发包的关系局面。"① 行政审批的权责不对等，或者说审批权力缺乏严格的责任制衡，权责一致基本原则没有实现到位。扩展到不同权力主体之间，行政审批权力行使主体与行政审批权力的监督主体之间的权力关系存在一定程度的失衡或错位。尤其是对审批权力的监督，政府之外的主体所掌握和行使监督权的状况受到诸多条件限制。推动行政审批制度改革的权力关系结构的调整，应该赋予政府之外的市场企业主体、社会组织主体以及公民主体更多的监督权，而不局限于减少一些"繁琐证明"、审批程序简化的便民利企举措。

地方政府同级部门之间的权力结构，阻碍了行政审批权力向监管权力的转型。中央政府多次强调下放权力的同时要加强监管，要从事前审批转向事中事后监管，突出监管权力和监管转型。实际上地方政府在执行和操作中央政府的相关要求过程中，事前的审批权力行使部门与事中事后监管权力的行使部门，二者之间权力结构关系并没有理顺，这在很大程度上影响了行政审批制度改革包括商事制度改革在内的继续推进。同时，负有监管职责的部门之间的权力未被明确，导致了监管困境。行政许可设定的法

---

① 沈荣华：《政府间公共服务职责分工》，国家行政学院出版社，2007，第97~98页。

律法规依据以及许可事项的内容和具体形式，存在有法不依、自由裁量权过大的问题，进而影响到权力结构的调整。

政府权力内部结构中，同一权力主体行使多重权力的现象也影响了行政审批制度改革的落实。政府权力在性质上可以划分为决策、执行、监督权力，在实际的审批权力行使中却无明确划分。换句话说，行政审批事项决策、审批事项的执行，甚至对审批权力行使的监督，基本都由政府部门作出。从法理的角度（一切权力来自人民）以及宪法和法律的要求来看，这种行政系统自行梳理权力清单的做法站不住脚。另外，在制度体系设计中，对行政审批权力行使情况和结果，缺乏异体监督机制，虽然有些省区市的纪检监察部门可以对政府行政审批情况进行电子监察和流程监控，但这种监督的最终约束力受到了诸多限制而实效性大打折扣。从一些地方因行政审批权力滥用导致的严重腐败问题中可看出，目前，我国行政体系中对行政审批权力的监督还存在诸多缺失或漏洞。例如，一些政府官员滥用审批权力为某些企业在资源配置、项目审批方面大开绿灯，使某些企业获得了高额利润。可见，对涉及重大资源配置的审批权力的监督和制约制度存在很大漏洞，容易造成巨大经济损失和社会代价。

2. 政府外部权力关系显示出对权力结构变革的迫切需求

行政审批制度改革在放权过程中存在的放责不放权、放虚不放实、放内不放外等问题，是行政权力结构改革不到位的突出反映。有些权放得不对路，本该直接放给企业和社会组织的，却由上级部门下放到下级部门，权力仍在政府内部打转。"我前不久到河南开封调研时，他们已经实行了二十二证合一，这让我既感到高兴，又感到加快推进改革十分紧迫，因为这里面的一些证是同一个部门的不同司局发的，为什么不能精简呢？推进这方面的改革肯定会触及部门、司局、处室的利益，但是为了国家和人民的利益，我们必须坚决去做。"① 李克强的这一段话点出了在行政审批制度改革过程中权力结构几乎没变化的实质性问题，相关改革虽然表面上简化了审批程序甚至减少了审批和办证事项，但权力关系的排列组合是在政府

---

① 李克强：《在全国深化简政放权放管结合优化服务改革电视电话会议上的讲话》，《人民日报》2017 年 6 月 30 日，第 2 版。

内部，而没有从根本上把该放给社会组织和企业的权力进行下放或取消相关审批。

（1）政府和市场企业主体的权力结构。目前，应该由市场发挥在资源配置中的决定性作用的领域，仍有政府权力主导的问题。行政权力不合理、不合法地参与资源配置会导致权力的市场化和各种腐败问题，而且对粗放型经济增长方式有助推作用。政府与市场企业主体的权力结构事实上处于不均衡状态。行政审批制度改革中政府的行政权力下放或者调整并未完全走上法治化轨道，或者说未完全以宪法和法律为依据，某些领域、某些地方存在以行政性文件调整政府行政权力（与企业之间的权力关系）的现象。进一步完善社会主义市场经济体制以及建设高标准市场体系、实现经济高质量发展战略，要求实质性改革政府与市场企业主体的权力结构，而不仅仅是改变管理方式。在市场能够有效配置资源的领域，发挥市场的决定性作用，政府的控制力应进一步减弱。政府在经济领域的审批权力调整是改变政府与企业权力结构的重要一步。一方面政府要依法主动下放权力，把应该由企业负责的事情交给企业，监督企业主体承担相应的责任。另一方面，要更加突出发挥企业的自主性，在各种生产经营活动中遵循市场规律，促进发挥市场的决定性作用。

改革政府与市场企业主体权力关系，要求政府从管理本位转向权利本位，首先要维护市场企业主体的合法利益和权利。"是政府管理（权力）服从于市场主体权利，还是市场主体权利服从于政府管理（权力），这是市场经济下法律观念正在发生变化的一个争论热点。"① 所以，在行政审批制度改革中，对政府权力和市场权力或者对政府管理本位和权利本位关系的处理成为改革的关键问题。而且，行政审批制度改革要从意志本位转向规律本位，在改革过程中必须更加注重遵守市场经济法律及客观规律，这也是市场经济的要义。

在政府治理权力结构中，市场企业主体和政府之间是一种相互制约与平衡的关系，二者之间并不一定是此消彼长的关系，而是要相互制约以达到一种平衡发展的目的。一是企业能够制约和牵制政府的行政权力包括审

---

① 江平：《法治必胜》，法律出版社，2016，第 171 页。

批与监管权力行使，不能因滥用行政权力或者失职而侵犯企业主体合法权益；二是政府要依法加强对企业行为的监管，维持公平竞争的市场秩序和推动高标准市场体系建设。这种制约与平衡的权力关系，其重要目的是使政府与企业双方都在各自权力范围内各司其职、各尽其责。在政府有效审批与监管前提下，培育市场企业主体的活力性与创新性。

（2）政府与社会组织主体权力结构。社会组织主体性、自主性未得到充分发挥，向社会放权不足。在现有政府对社会组织的审批与培育管理政策实施中，社会组织独立性或自主性发挥面临一定阻力，也是今后改革政府与社会组织的权力结构要解决的现实问题。

某种程度上，我国传统大政府、小社会的结构格局存在较大改善空间。虽然目前我国的社会组织已经得到长足的发展，但在承接政府转移职能、参与政府治理，特别是在政府的审批与监管职能履行过程中被赋予的权力比较有限。政府对涉及社会组织发展的行政审批制度需进一步改革。"改革的内容不仅指从高度的中央集权到适当的地方分权即一定程度的地方自治，也包括从高度的国家集权到社会分权即一定程度的社会自治。后者对今天中国尤为重要。"① 从权力结构上看，行政审批制度改革的深化是在促成这种转变，使社会组织主体有更多权力，这是政府转变职能的现实必要。

（3）政府与公民主体的权力和权利关系。公民的权力监督地位、自主权未完全建立起来。公民主体权利意识发展的不平衡是政府与公民之间权力关系进一步改革面临的隐性障碍。在行政审批制度改革过程中，公民的权利意识更多体现在追求便利的权利上，包括要求政府减少与清理各种证明材料、实行网上审批、一次不跑就能办理事项等。公民主体的权利意识处于不平衡状态，尤其是对隐私权保护、权利"被侵害"的抵制与救济、监督政府权力行为等方面的权利意识在很大程度上处于缺位状态，这种权利意识与政府的权力行使之间尚未形成互动制约的关系，成为政府在行政审批制度改革中进一步向公民赋权、更好地履行监管职能的阻碍。

---

① 江平：《法治必胜》，法律出版社，2016，第167页。

行政审批制度改革在政府与公民个人权力关系上，突出表现为减少和取消公民办事的各种证明，以及降低职业资格门槛等方面。其实，公民与政府之间的权力关系应是双向和互动的，一方面，政府通过取消一些审批权力，给公民更多的行为选择权、更多的发展自主权；另一方面，公民也不能完全摆脱或者抵制政府的相应监管，政府降低门槛甚至在公民某些活动中取消门槛，并不等于进门之后公民的经济社会活动行为不受限制与监管。相应地，除了政府监管，公民还需要更加自律，更加守法地开展各种经济社会活动。公民获得了更多权力之后，会对政府提出更多更高的要求，驱动政府把加强监管的权力转变为提供更多更好公共服务的权力。而且行政审批权力的行使，要坚持以人民为中心的方向，实现公民参加经济社会活动、全面发展的积极管理与服务的统一。通过法律和制度完善赋予市场企业主体与社会组织主体更多权力，确保公民行使监督权力。改善政府治理权力结构，"提升公民的实际政治实力，借助政策供应，继续培育市民社会，提供有利环境容许市民社会自身发育，并通过鼓励新闻舆论监督，有效发挥社会监督政府权力的作用"。①

3. 政府内部权力与外部主体权力结构改革的统筹性亟须增强

政府体系内部权力结构与其外部权力结构有相互影响的作用。政府治理权力结构的外部调整，在经济领域打破垄断、实现创新驱动并给市场主体更大的权力，需要调整各种相关权力配置，包括对人力资源的配置、对土地审批和管理权力的配置等，这涉及政府内部权力结构的变化。按照马克思主义内因与外因的辩证关系，需要政府内部权力关系改革与政府外部权力结构改革统筹联动推进。政府内部权力结构改革的一个现实问题是，地方政府及其部门处于双重管理体制的纵横权力交叉关系之中，这是要去除的体制性障碍，其中有一个关键问题是"清单权力"与"实际权力"脱节或不一致。各级地方政府虽实行了权力清单制度，把要行使的权力以清单的形式列举公开出来，但实际行使行政审批权力与职能时，则出现了权力内容或清单不一致的情况。因为多数地方政府和部门注重权力事项数

---

① 何瑞文、沈荣华：《权力结构、制度类型与经济兴衰》，《中共福建省委党校学报》2014年第12期。

量变化,而没有注重"质"的变化和结构变化,即权力清单实施对权力结构调整的功能未被充分发挥出来。以湖北省权力清单及其变化为例分析反映出的问题,从政府实际履行职能看,"最为侧重的是通过行政处罚等对市场主体和社会活动进行事后惩罚与制裁职能,次之则是侧重通过行政许可等权力手段发挥事前的市场监管职能,而通过行政监督检查来达到对市场活动的动态监管职能则非常欠缺或发挥不够"。① 关于此问题,用上述"清单权力"和"实际权力"的表述,一方面,国务院要求各地方实行的权力清单,包括责任清单和负面清单,是一种"清单权力"。另一方面,审批部门在实际审批过程中,仍在行使的权力是"实际权力"。这两个权力之间出现实际偏差,虽然清单上的权力减少了,但实际上企业或公民办事还是需要不少部门的审批和核准等。行政审批权力事项的数量虽发生了相当大的变化或改革调整了相关权力主体,但权力结构的改革并没有完全跟进和匹配上。再一方面,"清单权力"与"法定权力"之间存在差异,也是一个现实问题。例如,在各地政府权力清单中的行政许可权力这一类,与法律上规定的行政许可权力以及具有审批性质的审核、备案、认定等权力,就存在差异,这需要通过法律法规进一步解决。

在政府治理权力结构改革维度,政府与外部市场企业主体、社会组织主体和公民主体之间的权力结构改革,需要政府内部权力结构的理顺提供保障,向外部主体加大放权力度,以形成政府与外部主体协同治理的权力配置结构。特别是"十四五"规划中确定的"国家治理效能要有新提升"这一项重要目标,为行政审批制度改革的升级拓展与实质性推进提供了前进方向和目标。政府内部及其与外部主体之间权力结构改革需要以法律制度为依据,这绕不过一些制度的改革。

政府治理权力结构变化与经济结构、社会结构的变化密切相关。经济结构和经济形态发生了变化,要求政府与企业的权力关系也要发生相应变化。社会结构变化特别是社会组织主体发展壮大、社会力量强大,也会要

---

① 宋国涛:《试论省级行政权力结构的优化——以湖北省省级行政权力清理结果为样本》,《行政与法》2014 年第 9 期。

求政府与社会组织的权力关系发生相应变化。这些权力关系和权力配置结构的调整，是由权力各方主体互动关系决定的，其中并不一定是此消彼长或者"你强我弱"的关系，而应该是双方共同促进经济、社会发展的合适权力配置，这既有利于政府的监管与宏观调控，又有利于企业和社会组织发挥积极性、主动性和创造性。

第三章　我国行政审批制度改革历史进程及发展逻辑

政治研究在某种意义上也是一种历史性研究，政治活动在眼前表现出来的东西，都是扎根于过去的，如果不注意它的生成与过去，就丧失了发现它的意义的线索。同理，对行政审批制度改革的研究，也要先关注它的历史和过去，既然这种公共事务有长期存在的历史，就说明它有存在的意义与合理性。如果说市场经济发达国家行政审批或政府管制产生的原因是出于对市场失灵的克服和弥补，那么中国计划经济体制下行政审批则是执行经济计划和配置资源的重要行政手段。两者出发点和发展逻辑不同。行政审批作为政府管理经济社会事务的方式而存在，特别是新中国成立后的 30 年里，行政审批对经济社会发展计划实施、经济社会资源配置，都起到了历史性作用。改革开放之后，随着经济基础发生变化，按照建立和完善中国特色社会主义市场经济体制的目标要求，作为上层建筑的政府管理经济和社会的方式也应发生相应调整与改革。要解放生产力、发展生产力，就要对不再符合经济社会需求的行政审批制度进行改革。本章主要从国家层次分不同历史阶段评述中国行政审批制度改革的历史进程和突出特点；进一步分析行政审批制度改革的演进逻辑，主要是坚持党的领导的政治逻辑，市场力量与行政主导双重驱动的动力逻辑，程序性创新与技术运用的技术驱动逻辑。要实现国家治理现代化目标，行政审批制度改革须遵循依法治国方略下的法治化逻辑，从量变到结构质变的权力运行逻辑，从经济效率导向到全面提升治理效能的政府治理现代化逻辑。

第一节　行政审批制度改革发展阶段和主要举措

本部分所讨论的中国行政审批制度改革的历史进程，时间基本限定在 1978 年改革开放以来这段历史时期。1949 年新中国成立到 1979 年的 30 年间，我国主要实行计划经济体制。在这个时期行政审批作为管理经济、资源配置的重要手段和方法也凸显了其历史性作用。对行政审批这一管理制度的改革，开始于全面开启改革开放之后。40 多年来行政审批制度改革取得了显著成就，其大概经历了四个发展阶段，呈现出逐渐扩展和深入、层层递进的改革特点。由于不同阶段面临不同的经济社会形势、任务要求，行政审批制度改革事项和内容在不断调整，改革的侧重点也在不断变化，这个历史脉络中的改革逻辑体现出多元交织、多力作用的特点。在此基础上笔者针对存在的问题，提出今后升级拓展行政审批制度改革的逻辑理路。

一　中央下放经济领域自主权为主的改革阶段（1978~1992 年）

1978 年 12 月，中共中央召开十一届三中全会，作出把党和国家工作中心转移到经济建设上来以及实行改革开放的历史性决策。这次全会指出，"把全党工作的着重点和全国人民的注意力转移到社会主义现代化建设上来"。[①] 为大力发展经济，打破高度集中的计划经济管理体制，中央大刀阔斧实施了重大改革战略决策。这是改革开放之后推进行政审批制度改革的重要背景。这个阶段行政审批制度改革的主要举措，就政府外部而言，主要是政府向企业放权，减少对企业生产经营活动的干预；就政府内部而言，主要在上下级政府之间进行纵向放权。

1. 中央政府向国营企业下放自主权和放权让利改革

经济管理体制改革和企业管理改革实际上在党的十一届三中全会之前已有酝酿。"要加大地方的权力，特别是企业的权力。企业要有主动权、

[①]　《中国共产党第十一届中央委员会第三次全体会议公报》，《人民日报》1978 年 12 月 24 日，第 1 版。

机动权，如用人多少，要增加点什么，减少点什么，应该有权处理。"① 邓小平还指出，"现在我国的经济管理体制权力过于集中，应该有计划地大胆下放，否则不利于充分发挥国家、地方、企业和劳动者个人四个方面的积极性，也不利于实行现代化的经济管理和提高劳动生产率。应该让地方和企业、生产队有更多的经营管理的自主权"。②

1978 年党的十一届三中全会公报指出，"现在我国经济管理体制的一个严重缺点是权力过于集中，应该有领导地大胆下放，让地方和工农业企业在国家统一计划的指导下有更多的经营管理自主权"。③ 当时强调，"当务之急是扩大企业的自主权。这正是克服落后的管理方法，加速四个现代化进程必不可少的一项重要措施"。④ 由此，国家开启了向国营企业"放权让利"改革。1979 年 7 月，国务院发布了《关于扩大国营工业企业经营管理自主权的若干规定》《关于国营企业实行利润留成的规定》等文件⑤，要求各地选择少数国营企业进行扩大企业经营管理自主权试点，允许试点企业在完成国家计划的前提下制订补充计划扩大生产，并实行利润留成，推动了扩大企业自主权试点的深入。

1980 年 5 月，国家基本建设委员会、国家计划委员会、财政部、国家劳动总局、国家物资总局《关于扩大国营施工企业经营管理自主权有关问题的暂行规定》提出，"扩大企业的生产经营自主权。任何单位和个人不应干预企业内部的正常生产经营业务"。该规定对企业经营自主权进一步具体化，包括劳动、人事、工资等方面的管理权，扩大了企业劳动工资管理权限，除国家有明确规定以外，任何单位和个人不得向企业摊派各种费用，不得随意向企业抽调人员、设备、材料和资金，减轻企业额外负担。1981 年 5 月，国家经济委员会、国务院体制改革办公室、国家计划委员会、财政部、商业部等部门印发《贯彻落实国务院有关扩权文件，巩固提高扩权工作的具体实施暂行办法》的联合通知，对企业自主权做了进一步

① 《邓小平文选》第 2 卷，人民出版社，1994，第 131 页。
② 《邓小平文选》第 2 卷，人民出版社，1994，第 145 页。
③ 《中国共产党第十一届中央委员会第三次全体会议公报》，《人民日报》1978 年 12 月 24 日，第 1 版。
④ 《必须扩大企业的权力》，《人民日报》1979 年 2 月 19 日，第 1 版。
⑤ 《中华人民共和国简史》，人民出版社、当代中国出版社，2021，第 150 页。

具体规定，企业对利润留成资金拥有自主权；解决对企业的各种摊派问题，以及不得向企业抽调人员、物资问题；扩权企业有权根据生产需要和精简、效能原则，在定员编制范围内，自行决定企业的机构设置和各类人员配备，有权任免中层及中层以下干部，并报上级主管部门和当地人事部门备案。企业在经营方面的自主权、利润和资金处置权、人事配备权进一步扩大了，实质上是企业的人财物的权力不断扩大，朝着市场经济的方向发展。1984年5月，《国务院关于进一步扩大国营工业企业自主权的暂行规定》（国发〔1984〕67号），规定企业在一定范围内有自主定价权，有安排技术改造项目的权力等，有人员安排方面的一定权力，企业在主管部门核定的定员编制范围内，有权按生产特点和实际需要，自行确定机构设置和人员配备。总的来说，企业开始在生产经营计划、产品销售、价格、物资选购、资金使用、资产处理、机构设置、人事劳动管理、工资奖金、联合经营等十个方面具有自主权。国家下放给企业的经营管理自主权不断扩大和具体化。1983年4月24日，国务院批转财政部《关于国营企业利改税试行办法》，在对企业实行"利改税"改革后，企业的财权也在扩大。1984年9月11日第六届全国人大常委会第七次会议上，王丙乾做了《关于国营企业实行利改税和改革工商税制的说明》的报告，提出"利改税"之后企业上交利润改为交纳税款，税后余利由企业自行支配。企业财权扩大是充分行使多种自主权的重要基础。

在扩大企业经营管理自主权的同时，中央政府也强调了责权利的统一，保障企业的责任制。经济责任制是扩权的继续和发展。1982年11月8日，《国务院批转〈国家经济体制改革委员会、国家经济委员会、财政部关于当前完善工业经济责任制几个问题的报告〉的通知》发布，该通知要求实行经济责任制，首先明确了企业对国家的经济责任，并赋予企业一定自主权限，使企业的经济利益与企业生产经营成果直接联系起来，把责、权、利三者统一起来。这也是我国经济管理体制改革的逐步推进。

在中央政府向国营企业放权让利改革的同时，邓小平针对当时的问题指出，"总的说来，我们的体制不适应现代化，上层建筑不适应新的要求。过去讲发挥两个积极性，无非中央和省市，现在不够了，现在要扩大到基层厂矿，要加强基层企业的权力"。① 这里强调了向基层企业放权的改革推进要求和现实迫切性。

2. 中央政府向一些地方政府下放投资审批和管理权的改革

中央政府通过简政、放权、让利，扩大一些省份经济管理权限和审批权力，尤其是下放经济和吸引外国直接投资领域管理权力，大大调动了地方的积极性。中央政府把一些进出口、投资决策、外汇管理等方面的审批权下放给经济特区和沿海省份地方政府，主要包括固定资产投资项目审批权、部分投资决策权、市场管理权、城乡建设权等。这其实也与吸引和利用外资的外部压力相关联，国家加大了向地方放权的力度。

在经济特区内，属于中央统管的外事、公安、边防、税收、海关、银行、外汇、邮电、铁路、港口、民航等方面的业务，由国务院主管部门按照经济特区发展需求，制定具体管理办法。为更好地开展特区工作，中央在中发〔1979〕50号文件批转了广东省委、福建省委的两个报告，即广东省委《关于发挥广东优越条件，扩大对外贸易，加快经济发展的报告》和福建省委《关于利用侨资、外资，发展对外贸易，加快福建社会主义建设的请示报告》，进一步明确了特区的性质、功能和权限，对符合一定条件的轻工业和重工业项目，由特区政府自行审批。比如，"具体规定特区经济管理权限，轻工业建设规模3000万元以下的项目和重工业建设规模5000万元以下的项目，凡建设和生产条件能自行平衡的，由特区政府自行审批"。② 1984年，中共中央、国务院转发《沿海部分城市座谈会纪要》，为向广东、福建两省下放更多经济政策和自主权提供了依据，其中"提高项目建设审批限额，两省使用国内自筹资金建设规模在1亿元以下的项目、利用外资建设规模在1000万美元以下的项目，凡生产建设条件能自行平衡的由两省自行审批"。③ 1984年党的十二届三中全会通过了《中共中央关于经济体制改革的决定》，标志着中国进入经济体制改革的新阶段。在该决定的引导下，为进一步发展经济，国家部委向地方下放投资审批权和管理权的力度加大，将基建计划审批权、项目审批权、物价管理权、利用外

① 《邓小平年谱（1975~1997）》（上卷），中央文献出版社，2004，第376页。
② 《谷牧回忆录》，中央文献出版社，2009，第230页。
③ 《谷牧回忆录》，中央文献出版社，2009，第239页。

资审批权、物资统配权等逐一下放给地方，并将原先完全集中于中央的基建计划审批权部分下放给省级政府。中央政府原来直接管理的一些企业也被下放给地方政府管理。

中央在外商投资审批和税收领域给地方政府也下放审批权，增加了其自主权。1988 年 7 月 3 日，《国务院关于扩大内地省、自治区、计划单列市和国务院有关部门吸收外商投资审批权限的通知》发布，地方吸引外商投资的审批权限范围增大，吸收外商投资的生产性项目，凡符合国家规定投资方向，建设和生产经营条件以及外汇收支不需要国家综合平衡，产品出口不涉及配额与许可证管理的，上述有关地方和部门的审批权限，由现行项目总投资额 500 万美元以下提高到 1000 万美元以下，项目批准后报国家计委备案。相关部委还下放给一些地方关于外资企业税收问题的自主权。1990 年 9 月，由国务院批复，财政部转发的《关于上海浦东新区鼓励外商投资减征、免征企业所得税和工商统一税的规定》，对浦东新区内外资企业的税收优惠和减免做了具体规定，上海市政府也获得了一定自主权。

在扩大国营企业自主权的基础上，中央政府把集体经营和个体经营的一部分审批权也下放给了省级政府。1990 年，国务院办公厅在转发商业部《关于集体经营批发和个体商业从事长途贩运、批量销售业务有关问题意见的通知》时，赋予了省级政府相关审批管理权。这本质上是扩大、放宽市场准入的一项措施，极大地促进了商业经济的发展。

3. 一些沿海省份进行下放审批权力的试点改革

在政府系统内部，除了中央政府给地方下放审批权力，一些沿海省份也进行试点改革，由省级政府向所辖区县下放一些经济管理和审批权限。从 1987 年开始，上海市政府强调要向区县下放权力尤其是涉及外商直接投资的项目，500 万~1000 万元的项目都由区县来审批。"要大胆放权。现在我们的一些政府机构管了许多不该管的事，既牵制了自己的精力，又往往由于对情况不明而误事……不要盖那么多图章。"① 上海市委要求相关委办局包括市计委、经委、外经贸委、建委、规划局、环保局都要下放相应权力，"三来一补项目、500 万美元以下的合资经营项目、1000 万元人民

---

① 《朱镕基上海讲话实录》，人民出版社、上海人民出版社，2013，第 16、17 页。

币以下的基建项目，统统下放给区县和各工业局自行审批"。① 之所以增强区县政府的自主性和积极性，是为了吸引外资和改善投资环境。

总之，从改革开放到 20 世纪 90 年代初，行政审批制度改革涉及的权力下放主要集中在经济领域，主要是改革政府和企业的权力关系、中央政府和地方政府的权力关系，调整政府的审批权力边界。这一阶段政府为发展经济，对外开放、对内搞活、吸引外资、创造良好投资环境，这是权力下放和改革这些领域审批权力的重要目的。

二 以重点领域和地方探索行政审批制度改革为主的阶段（1992~2000 年）

这一阶段的重要标志是 1992 年党的十四大明确提出建立社会主义市场经济体制的目标和对政府职能转变更进一步的要求，这成为在前一阶段权力下放基础上从重点领域继续推进行政审批制度改革的重要方向指引。1994 年，中央实行分税制，初步建立了适应社会主义市场经济体制需要的税收制度。分税制改革既关注增加中央财力的需要，也照顾地方利益，有利于发挥中央和地方两个积极性，这是中央向地方放权的经济基础。同时，一些地方政府也以不同形式推进行政审批制度改革，克服行政审批中阻碍经济发展和吸引投资的负面因素，以此争取经济竞争的主动和优势。

在国家层面，行政审批权力下放与政府职能转变紧密结合。党的十四届三中全会通过的《中共中央关于建立社会主义市场经济体制若干问题的决定》提出，"转变政府职能，建立健全宏观经济调控体系"。为适应社会主义市场经济体制的建立，迫切要求政府在更大范围内给企业下放权力并减少审批环节，从微观干预转向宏观管理和调控。1994 年，中央政府在已经实施的《全民所有制工业企业转换经营机制条例》基础上继续改革，坚持政企分开，把扩大企业生产经营决策权、投资决策权、劳动人事权等落到实处。吸引外资的审批改革也有新举措。1996 年 8 月，《国务院关于扩大内地省、自治区、计划单列市和国务院有关部门等单位吸收外商直接投资项目审批权限的通知》发布，该通知提出要给更多主体在更大范围吸引

---

① 《朱镕基上海讲话实录》，人民出版社、上海人民出版社，2013，第 33 页。

投资的审批权限，凡是符合国家《指导外商投资方向暂行规定》和《外商投资产业指导目录》要求，在中方投资和建设、生产经营条件以及外汇需求可自行平衡解决的吸收外商直接投资的生产性项目上，上述有关地方、部门及单位的审批权限，将由项目总投资额 1000 万美元以下提高到 3000 万美元以下。这些审批改革举措大大促进了外向型经济的发展。国家还出台了禁止乱收费、控制对企业的经济检查和评比等方面的相关政策，给企业更多的发展空间。1997 年 7 月 7 日，《中共中央 国务院关于治理向企业乱收费、乱罚款和各种摊派等问题的决定》（中发〔1997〕14 号），要求建立健全针对企业的行政性收费、罚款、集资、基金项目的审批管理制度。为减轻企业负担，在企业管理方面要简政放权和创造更加公平竞争的市场环境，要求清理整顿对企业的各种排序评比活动，加强监督检查，转变政府经济管理职能。

在地方政府层面，采取不同方式探索行政审批制度改革。分税制改革之后各地竞争加剧，为了在发展经济中获得优势，地方政府尤其是广东、浙江、上海等省市加大探索行政审批制度改革的力度，表现出沿海与东部地区改革的先行性和创新性。1998 年，深圳市出台了《深圳市政府审批制度改革实施方案》。1999 年 3 月《深圳市审批制度改革若干规定》正式实施，这是国内第一个关于审批制度改革的规定，深圳力度最大的一次行政管理体制改革全面启动。"审批制度改革使政府审批项目由 723 项减到 305 项，减幅达 58%，核准项目由 368 项减到 323 项，减幅为 12.2%。"① 行政审批制度改革有力地推动了政府职能转变和经济体制改革。

这一阶段的地方改革探索中，设立行政审批服务中心②，是改革行政审批制度载体的一个明显标志，其与相对集中行政审批职能、简化行政审批程序紧密联系。1999 年 9 月，浙江省上虞市（现为上虞区，余同）改革审批制度，建立了全省首家综合性便民服务中心，实施行政审批新体制。"在开始创建时，上虞市称该机构为便民服务中心，中心内设分属 21 个部门的 47 个窗口，办理各类涉民、涉企的审批、报批、核发证照等 115 项服务事项。"③

---

① 唐杰：《深圳政府审批制度改革的理论与实践意义》，《开放导报》2000 年第 5 期。
② 关于行政审批服务中心的建立和发展，在后面第八章有详细分析和论述。
③ 中共浙江省委党校、浙江行政学院编著《"最多跑一次"改革》，浙江人民出版社，2018，第 40 页。

便民服务中心还通过一系列制度规范，创新服务机制，有效提高了地方政府行政审批效能。后来，这类审批服务中心不断推广，更多地方设立了类似集中办理审批的机构，虽然名称不同，包括便民服务中心、政务服务中心、政务服务大厅、办事大厅、行政审批中心等，但性质相同。这些中心集中多个部门窗口和集中办理多个审批事项，通过一系列制度规范创新服务机制，审批效率不断提高，为地方经济发展创造了良好环境。行政审批服务中心后来逐渐成为行政审批制度改革的重要载体和物理集中空间。

在这个阶段，重点经济领域审批权力的改革与调整，在政府机构改革上也有体现。特别是1998年国务院机构改革，为推动行政审批制度改革和转变政府职能提供了有力保障。为减少政府对企业生产经营活动和投资决策的直接干预，国务院调整、减少和撤销了大量专业经济管理部门，把生产经营权力真正交给企业，同时加强宏观经济调控部门的职权。这些政府机构的改革是政府在经济领域向企业放权的重要组织保障。

三　开启全国改革和取消审批事项为主的阶段（2001~2012年）

2001年，针对过多过滥的行政审批弊端及其对经济社会运行的负面后果，国务院作出部署，开启了全国全面推进行政审批制度改革的阶段，这次改革被称为政府自身的一次"革命"。2003年党的十六届三中全会通过的《中共中央关于完善社会主义市场经济体制若干问题的决定》提出，"转变政府经济管理职能。深化行政审批制度改革，切实把政府经济管理职能转到主要为市场主体服务和创造良好发展环境上来"。这就把行政审批制度改革放在了转变政府职能特别是经济管理职能的重要地位，是完善社会主义市场经济体制的战略性举措。从国际环境观察，2001年中国正式加入了世界贸易组织，这对行政管理体制改革形成了外在驱动力和倒逼机制，构成了这一阶段行政审批制度改革的国际背景。

1. 国务院的机构设置和顶层设计

国务院设立专门机构全面推进行政审批制度改革。2001年9月，国务院办公厅下发《关于成立国务院行政审批制度改革工作领导小组的通知》，成立国务院行政审批制度改革工作领导小组，国务院副总理担任领导小组组长，领导小组办公室设在监察部，积极稳妥推进行政审批制度改革，这是行政审批制度改革在全国启动的标志。此后，"国务院65个有行政审批职能的部门均成立了行政审批制度改革工作领导小组，下设办公室，抽调人员集中办公，有的单位一把手亲自任领导小组组长，为行政审批制度改革工作的顺利进行提供了组织保证"。① 2001年10月，国务院批转监察部、国务院法制办、国务院体改办、中央编办制定的《关于行政审批制度改革工作的实施意见》，首次提出审批事项分类改革的总要求，明确全面审批改革的合法原则、合理原则、效能原则、责任原则、监督原则等五项基本原则。2001年12月，国务院行政审批制度改革工作领导小组印发了《关于贯彻行政审批制度改革的五项原则需要把握的几个问题》的通知，明确要建立结构合理、配置科学、程序严密、制约有效的与社会主义市场经济体制相适应的行政审批制度。

　　党的十六大以后，国务院进一步加强了国务院行政审批制度改革工作领导小组及其办公室职能，陆续制定了几十项推进行政审批制度改革的政策和相关指导性文件。2003年，《国务院办公厅关于调整国务院行政审批制度改革工作领导小组组成人员的通知》（国办发〔2003〕25号）下发，该小组成员中增加了监察部、民政部、商务部、银监会等部门负责人，继续高位推进改革。2003年9月国务院行政审批制度改革工作领导小组印发了《关于进一步推进省级政府行政审批制度改革的意见》，强调了省级政府在行政审批制度改革中的地位，要求把握行政审批本质特征推进改革，实现政府职能转变。2008年5月，国务院批准建立了行政审批制度改革工作部际联席会议制度②，联席会议由监察部、中央编办、国家发展改革委、工业和信息化部、民政部、财政部、农业部、商务部等12个部门组成，监察部为牵头单位，负责整合与协调改革的力量。同年，这12个部门联合印发了《关于深入推进行政审批制度改革的意见》，提出深入改革的总体目标以及建立一系列相关制度的要求，为后续改革提供重要了政策保障。

---

2. 大规模取消、下放或调整行政审批事项

2001 年国务院行政审批制度改革工作领导小组成立后，开始彻底清理审批事项，通过取消审批事项来理顺政府与市场、政府与社会的权力关系，力求实现转变政府职能的目标。2002～2012 年，国务院大规模取消、下放或调整行政审批事项①，行政审批的范围逐渐缩小（见表 3 - 1）。

表 3 - 1　2002～2012 年国务院决定取消、调整或下放行政审批事项数量

单位：项

年份	取消的行政审批事项数量	改变管理方式或调整的行政审批事项数量	下放管理层级的行政审批事项数量
2002	789	—	—
2003	406	82	—
2004	385	39	46
2007	128	29	29
2010	113	—	71
2012	171	143	—

资料来源：作者根据历年国务院相关文件自制。

从表 3 - 1 中可见，2002～2012 年国务院取消、调整或下放层级的行政审批事项达 2431 项，占原有审批事项的 67.4%。中央与省（区、市）两级减幅均超过 2/3，体现出与时代形势的适应性。地方层级减少行政审批事项也取得明显进展。"据统计，31 个省（区、市）共取消和调整审批项目 22000 多项，占审批项目总数的一半以上；建立政务服务大厅 3314 个；实行窗口统一办理的省级部门有 738 个，占应实行窗口统一办理的省级部门的 95.1%；废止和修订规范性文件 11073 件。"②

行政审批制度改革目的和主基调是转变政府职能，建立与社会主义市

---

① 共有 6 批：《国务院关于取消第一批行政审批项目的决定》（国发〔2002〕24 号）；《国务院关于取消第二批行政审批项目和改变一批行政审批项目管理方式的决定》（国发〔2003〕5 号）；《国务院关于第三批取消和调整行政审批项目的决定》（国发〔2004〕16 号）；《国务院关于第四批取消和调整行政审批项目的决定》（国发〔2007〕33 号）；《国务院关于第五批取消和下放管理层级行政审批项目的决定》（国发〔2010〕21 号）；《国务院关于第六批取消和调整行政审批项目的决定》（国发〔2012〕52 号）。

② 国务院行政审批制度改革工作领导小组办公室编《深化审批制度改革 推进服务政府建设》，中国方正出版社，2008，第 131 页。

场经济体制相适应的行政管理体制。在 2002～2012 年多个国务院行政审批制度改革文件中，除了取消、下放或调整审批事项的主要改革任务外，还要求规范行政审批权力行使，建立监督制约长效机制，把行政审批制度改革与投资体制、财税金融体制等改革结合起来。

3.《行政许可法》实施与关联配套制度改革

2004 年 7 月开始施行的《行政许可法》，成为行政审批制度改革的基础性单行法，其实施推动了行政审批制度改革逐步走上规范化法治化轨道。《行政许可法》的实施有助于对政府行政审批权力的行使实现控制与约束的平衡。该法对设定行政许可和不能设定行政许可的事项进行了具体规定，明确了政府与市场企业主体、政府与社会组织主体、政府与公民主体的权力关系，限定了政府权力边界，为规范权力结构提供了法律依据。这些规定对行政审批条件、程序、监督、结果等进行了限制，降低了企业和公民的办事成本，实现了便民利企的目的，而且对一切申请主体都一视同仁、同等条件地对待。但《行政许可法》实施也面临一些问题，有些法律条文缺乏可操作性或缺乏有效工具，这为进一步修改完善留下了空间。

《行政许可法》的实施也带动了关联配套制度改革，包括统一受理制度、许可程序制度、责任追究制度，以及地方政府探索建立相对集中的行政许可权制度。保障依法规范行使审批权力的重要制度是责任追究与监督制度。国务院行政审批制度改革工作领导小组 2003 年 3 月下发的《关于搞好已调整行政审批项目后续工作的意见》提出，要按照"谁审批、谁负责"的原则，建立行政审批责任追究制。《行政许可法》在法律责任部分对追究责任情形做了具体规定，加大责任追究力度。实施电子监察，运用网络技术进行实时监控、远程监控和动态监控，是监督制约行政审批权力的重要举措。2004 年起，一些地方借助电子监察平台，依法对行政审批行为开展同步监控。深圳是较早实行电子监察试点的地方，形成了一套专题监察、考核评估、反馈追究的制度。2006 年 7 月，中央纪委、监察部、国务院信息办、国务院审改办联合印发了《关于开展行政审批电子监察工作的通知》，对深圳、苏州等地的经验予以推广，有力推动了行政审批电子监察系统的建立和完善，充分发挥了其在监督和规范审批行为方面的积极作用。①

在试点基础上，不少地方和部门在改革中建立了行政审批受理、实施、监督等环节的规章制度，行政审批权力的运行逐步规范。例如，2007年广东省政府颁布了《广东省行政审批管理监督办法》，明确了审批机关责任，加大了审批监督力度，"在全国率先建成省级行政审批电子监察系统，并率先实现省、市、县三级联网，实现了对行政审批的实时在线监督"。② 浙江省对行政审批权力的电子监察力度也很大。"2010年，浙江省级具有行政审批职能的43个部门的721项行政许可事项已全部纳入电子监察；101个市、县（市区）的29122项行政许可事项也全部纳入电子监察，并实现与省监察系统联网工作。"③ 浙江省制定了《行政审批电子监察绩效考核办法》，促进技术监督与制度预防的有机结合。地方实行电子监察的经验也自下而上地传递，2012年国务院部门开展行政审批电子监察试点，推进行政审批制度改革法治化。

四 多维联动改革和规范化制度化为主的阶段（2013年以来）

2013年以来，行政审批制度改革在横向上拓展和纵向上深度发展。党的十八大报告提出"行政体制改革是推动上层建筑适应经济基础的必然要求"。党的十八届三中全会通过了《中共中央关于全面深化改革若干重大问题的决定》，行政审批制度改革成为全面深化改革的一个重要组成部分。党的十八大之后，国务院在行政体制领域推进简政放权、放管结合的两轮驱动改革，把行政审批制度改革作为转变政府职能和行政管理体制改革"先手棋"和"当头炮"，进而发展为"放管服"三位一体的立体化改革，推动行政审批制度改革向纵深拓展。2013年6月，国务院明确行政审批制度改革工作牵头单位由监察部调整为中央编办，国务院审改办设在中央编办。据此，各地方机构编制委员会办公室成为地

---

① 张宿堂等：《全国行政审批制度改革取得重要进展和明显的成效》，中国政府网，2007年6月20日，http://www.gov.cn/jrzg/2007-06/20/content_654347.htm。

② 朱小丹：《转变政府职能 下放管理权限》，《人民日报》2011年11月16日，第16版。

③ 中共浙江省委党校、浙江行政学院编著《"最多跑一次"改革》，浙江人民出版社，2018，第48页。

方行政审批制度改革的牵头部门。这是行政审批制度改革进入新阶段的重要标志。改革内容包括审批事项改革、权力清单制度实施、程序化和规范化改革，改革不断向制度化发展。

1. 继续改革审批权力事项，结束非行政许可

2013 年以来，国务院取消、下放或调整的行政审批权力事项有不同的特点，如果说前一阶段是对行政审批事项的集中性调整，这一阶段更多的是对权力事项的分散性调整。2002～2012 年中央分 6 批次集中取消、下放或调整了 2431 项行政审批事项；相较而言，2013～2020 年则有 19 个批次①，取消、下放或调整的行政审批事项只有 1338 项（见表 3 - 2）。可见，审批权力取消或下放的难度越来越大，甚至被称为"挤牙膏"式改革。

表 3 - 2　2013～2020 年国务院取消、下放或调整行政审批事项数量

单位：项

年份	事项总数	取消的行政审批事项数量	下放管理层级的行政审批事项数量	取消或下放的其他行政审批事项数量
2013	229	151	64	14
2014	271	136	57	78
2015	285	137	19	129
2016	387	165	—	222
2017	91	91	—	—
2018	11	11	—	—
2019	31	25	6	—
2020	33	29	4	—

资料来源：作者根据历年国务院相关文件自制。

在这一阶段，国务院拓展了清理和取消审批事项的范围，在前一阶段清理取消评比达标表彰事项的基础上②，比较集中地下放和取消评比达标

---

① 按照国务院历年相关文件，关于行政审批事项取消、下放和调整批次，2013 年有 4 批，2014 年有 3 批，2015 年有 3 批，2016 年有 4 批，2017 年有 2 批，2018 年、2019 年、2020 年各 1 批。

② 2006 年，国务院办公厅转发监察部等部门制定的《关于清理评比达标表彰活动的意见》，清理、撤销不合法不合理的评比达标表彰的审批事项，减轻基层、企业和群众负担。

表彰事项，以及行政事业性收费事项，还有前置变后置的审批事项调整。对行政审批事项的改革还延伸到对审批中介服务事项的清理规范（2015～2017 年共有三批，共清理规范 298 项国务院部门行政审批中介服务事项）上，进一步减轻了企业负担和减少了制度性成本。

非行政许可事项在此阶段得到逐步清理，有些事项调整为政府内部管理事务，有些不适应经济社会发展要求的事项直接被取消。2014 年，《国务院关于清理国务院部门非行政许可审批事项的通知》（国发〔2014〕16 号），要求"各部门面向地方政府等方面的非行政许可审批事项，凡与地方政府之间能够协商处理的，或者直接面向市、县、乡政府的，或者由地方政府管理更方便有效的，或者不适应经济社会发展要求的，要于本通知印发后一年内予以取消或下放"。在这一轮清理非行政许可事项的基础上，2015 年，《国务院关于取消非行政许可审批事项的决定》规定，今后不再保留"非行政许可审批"这一审批类别，非行政许可事项审批的历史彻底结束。

2. 实施权力清单制度并扩展到多项清单

行政权力清单是确定政府权力边界、约束行政审批权力行使的重要方式。2005 年以来，一些地方开始探索和尝试权力清单做法。2013 年开始，权力清单这项改革措施进入中央政策部署。一是党的十八届三中全会通过的《中共中央关于全面深化改革若干重大问题的决定》，首次提出了权力清单制度要求，"推行地方各级政府及其工作部门权力清单制度，依法公开权力运行流程"。二是 2015 年中办、国办印发了《关于推行地方各级政府工作部门权力清单制度的指导意见》。2014～2016 年，97% 的省级政府都出台了实施权力清单制度的相关文件，有些省份还分别出台了实施权力清单制度的意见与权力清单管理办法的方案，进一步落实了中央政府的改革要求。"多数省份规定把权力清单与责任清单一起梳理、一起建立……这类省份占到了 55%，其中有 11 个省份分别制定了权力清单与责任清单的文件。"① 负面清单主要针对企业等市场主体，赋予其更多的自主权，为打造市场化、国际化、法治化营商环境提供更大空间。2015 年，《国务院

---

① 孙彩红：《权力清单制定与实施的逻辑分析与发展路径》，《中国行政管理》2020 年第 4 期。

关于实行市场准入负面清单制度的意见》指出，市场准入负面清单制度，是指国务院以清单方式明确列出在中华人民共和国境内禁止和限制投资经营的行业、领域、业务等，各级政府依法采取相应管理措施的一系列制度安排。这为限制和约束政府审批权力、发挥市场在资源配置中的决定性作用提供了制度保障。

3. 行政审批流程优化与服务标准化、规范化

各地行政审批制度改革在流程再造和优化方面，经历了一个以互联网、大数据等技术推动改革的阶段，标准化改革成效显著。2015年9月，全国行政审批标准化工作组成立大会召开，会议指出标准化是促进行政审批工作规范化的基础和保障。[①] 2015年，《国务院关于规范国务院部门行政审批行为改进行政审批有关工作的通知》下发，该通知提出了规范行政审批行为的六项具体举措。2016年，《国务院关于加快推进"互联网＋政务服务"工作的指导意见》推动了地方政府运用互联网推进"放管服"改革的实践。行政审批流程优化更多体现在多个部门并联审批、联合审批、多规合一等做法上。福建省厦门市以"多规合一"为抓手，建立"五个一"工程建设项目审批体系[②]，即整合"一张蓝图"，搭建"一个系统"，设立"一个窗口"，建立"一套机制"，实行"一份办事指南、一张申请表单、一套申报材料、完成多项审批"的审批模式。以大数据技术推动行政审批流程重塑和优化取得突出成效的是浙江"最多跑一次"改革，"浙江建设全省统一的政务服务网……大力破除信息孤岛，让数据跑路代替群众跑腿，已开放57个省级单位1.35万余项数据共享权限，打通省市县三级259套系统"。[③]

以技术条件为支撑，推动行政审批规范化、标准化改革。2018年，《国务院关于加快推进全国一体化在线政务服务平台建设的指导意见》实施，政务服务平台已成为提升政务服务水平的重要支撑，审批效能不断提

---

① 《全国行政审批标准化工作组成立》，中国政府网，2015年10月8日，http://www.gov.cn/xinwen/2015-10/08/content_2943470.htm。
② 《国务院办公厅关于部分地方优化营商环境典型做法的通报》，中国政府网，2018年8月3日，http://www.gov.cn/zhengce/content/2018-08/03/content_5311523.htm。
③ 《国务院办公厅关于部分地方优化营商环境典型做法的通报》，中国政府网，2018年8月3日，http://www.gov.cn/zhengce/content/2018-08/03/content_5311523.htm。

高。2022年3月，国务院发布了《关于加快推进政务服务标准化规范化便利化的指导意见》，专门提出规范审批服务行为的具体要求。行政审批规范化和标准化建设将迈上新的台阶。

政府审批部门与其他部门之间行使权力的程序进一步规范化、法治化。一方面，主要体现为依据法律法规清理、取消和调整行政审批事项，不断约束政府审批权力，减少对经济社会的直接、微观干预，给市场和社会主体更多的发展自主权和创新活力。另一方面，对那些不适应现实经济社会发展、阻碍市场和社会主体发展活力的法律法规进行修改或完善，为行政审批权力行使以及审批权力监督提供法律依据。

4. 以审批机构主体的改革来推动行政审批制度改革

在全面推进"放管服"改革的阶段，以审批机构改革带动行政审批制度改革的措施，实际上属于对相对集中行政许可权的进一步改革，主要体现为一些地方设立了行政审批局作为专门审批机构。2014年，天津市滨海新区成立了行政审批局。2015年，江苏省南通市成立了全国首家地级市行政审批局。之后，行政审批局呈现快速发展态势，有省份要求市县两级全部设立行政审批局，甚至有地方在乡镇政府也设立了此类机构，如江苏省昆山市张浦镇设立了行政审批局。

行政审批局机构改革的主要结果是相对集中审批权、减少审批程序和环节，把分散在不同部门的审批权力集中在一起，让企业或社会公众由原来跑多个部门办事变为跑一个部门。但是这种改革在行政权力结构方面的实质性变化仍值得探讨。其中，在依法设立和权责一致关系维度上，出现了审批权力与监管权力脱节或无法衔接的新问题，即出现了监管盲区。而且，从政府治理权力结构角度，行政审批局的设置改变的是审批权力在政府体系内部的排列组合，而没有从根本上改变政府与外部企业主体、社会组织主体的权力关系。行政审批机构改革的长远运行效果有待进一步观察。

此外，这一阶段行政审批制度改革逐步发展到注重优化营商环境的全面改革过程。进一步优化营商环境，重点取消对投资创业就业阻碍大、对经济社会发展制约明显的行政审批事项，最大限度地向市场放权、给企业松绑，最大限度地让人民群众受益，是建设现代化市场经济体系、促进高质量发展的重要基础。从国务院颁布的《优化营商环境条例》内容审视，作为"放管服"改革中的"放"，即行政审批制度改革仍然是优化营商环境的首要举措。

第二节　行政审批制度改革的演进逻辑

改革开放 40 多年来，行政审批制度改革的整体发展历程呈现出具有特色的发展逻辑。首先是有更宏观的历史关怀和政治逻辑，最重要的是坚持党的领导，发挥党总揽全局、协调各方的领导核心作用。其次是为经济发展服务、为经济体制改革和建立完善社会主义市场经济体制目标服务的主线所体现的市场化动力逻辑。最后是技术运用于改革体现出来的技术工具逻辑。

一　由党的领导战略部署行政审批制度改革的政治逻辑

行政审批制度改革本质上既是资源、权力和利益重新配置问题，也是一种政治秩序安排问题。行政审批制度改革的逻辑首先是政治逻辑，特别是党中央重要战略决策和部署为改革指明了方向和提供了理论基础。

1. 在现实逻辑上，党对行政审批制度改革的领导体现为战略决策和顶层设计

一方面，20 世纪 70 年代末到 90 年代，以权力下放为主的行政审批制度改革是重大政治决策，党的领导发挥了决定性作用。权力下放和行政审批制度改革是有条件、有目标导向的，这是党的领导核心作用发挥的关键。邓小平曾强调，"减少上层领导机构，有利于权力下放。权力必须下放，但这是在集中统一领导下的权力下放"。[①] 很多地方行政审批制度改革，特别是经济特区和沿海开放城市的行政审批制度改革试点和大力推动，也是党中央和地方党委的决策。对广东省而言，其是在党中央的战略决策下，拥有了行政审批制度改革的自主试点权和创新权力。上海行政审批制度改革的一些举措，也是上海市委在党中央改革战略决策下，作出的

———————

① 《邓小平年谱（1975～1997）》（下卷），中央文献出版社，2004，第 821 页。

大胆尝试。行政审批制度改革的目标与基本路径，是在党的领导下统筹、有序、稳步推进的。2001 年以来，一场被称为政府"自我革命"的行政审批制度改革，由党中央、国务院统一部署，在全国大刀阔斧有序向前推进。行政审批制度改革的政治逻辑还体现在，从党的建设政治大局高度，统筹考虑行政审批制度改革。2001 年全面开启的行政审批制度改革，一个重要目的是从源头上预防和解决腐败问题，这成为加强党的建设和党风廉政建设的重要举措。当时中央领导就强调，从政治和大局高度充分认识行政审批制度改革的重要意义，"改革行政审批制度是从源头上预防和解决腐败问题的重要举措。近年来查处的一批领导干部腐败案件，许多都与滥用行政审批权直接相关……改革行政审批制度，就是从源头上规范权力的行使，依法对权力进行有效的制约和监督，是遏制腐败的一项重要治本之策"。① 为此，在行政审批制度改革过程中，中央特别强调要不断完善和强化对行政审批权力的监督制约机制，各级党组织也在推进完善电子监察系统和行政审批责任追究制度。

另一方面，党对行政审批制度改革的领导体现在权威机构设置和顶层设计上。进入 21 世纪，中央设置领导小组推动行政审批制度改革，统一协调、指导全国的行政审批制度改革工作，提供了坚强有力的领导组织保证。这也是体现行政审批制度改革政治逻辑的重要方面之一。2001 年国务院成立行政审批制度改革工作领导小组，标志着行政审批制度改革在全国的全面启动。后续行政审批制度改革工作领导小组及其办公室建设得到充实加强，确保各级各部门在推进行政审批制度改革过程中树立政治意识和大局观念。党的十八大之后，行政审批制度改革工作领导小组进一步调整与提升规格，牵头单位调整为中央编办。2015 年，国务院决定将国务院机构职能转变协调小组的名称改为国务院推进职能转变协调小组，6 个专题组中第一个就是行政审批改革组，组长由中央编办主任担任。② 2018 年，按照《国务院办公厅关于成立国务院推进政府职能转变和"放管服"改革协调小组的通知》要求，形成新的协调小组机构，名称改为国务院推

---

① 国务院行政审批制度改革工作领导小组办公室编《改革行政审批制度 推进政府职能转变》，中国方正出版社，2003，第 5 页。

② 《国务院办公厅关于成立国务院推进职能转变协调小组的通知》（国办发〔2015〕29 号）。

进政府职能转变和"放管服"改革协调小组。协调小组组长由一位国务院副总理（中央政治局常委之一）担任，两位国务委员担任副组长，其中一位兼任协调小组办公室主任。不仅协调小组规格与权威性提升，组织设置也更加体系化，包括5个专题组和4个保障组（综合组、法治组、督查组、专家组），第一个专题组是精简行政审批组，从顶层设计进一步保障行政审批制度改革高位推动。行政审批制度改革重大事项与党的领导和重大决策紧密关联，体现了现实政治逻辑。

再一方面，党的领导的政治逻辑体现为党中央根据对国际环境的判断不断调整行政审批制度改革重点。党的十一届三中全会决定，把全党的工作重心转移到社会主义现代化建设上来。当时，党中央对国际环境和国际形势的判断是"和平与发展是当今世界两大主题"，"当前世界上主要有两个问题，一个是和平问题，一个是发展问题"。[①] 要利用好国际条件、利用外资大力发展经济，在行政审批制度改革领域重点就是吸引外资领域和经济领域的审批权力下放和精简程序。同时加快扩大企业自主权，实行对内搞活。进入21世纪，经济全球化迅速发展，中国加入世贸组织，这对政府管理改革带来重大挑战。根据党中央对中国加入世贸组织带来的战略机遇期的国际形势判断，中央政府作出了全面推进行政审批制度改革的部署，这是外部驱动带动内部改革的体现。党的十八大之后，我国进入新发展阶段，面对全球经济增长放缓和错综复杂的国际局势，党中央对发展战略及时作出调整，从高速度发展转向高质量发展。由此，深化行政审批制度改革的重点得到调整，要为优化市场化、国际化、法治化营商环境服务，激发市场和社会的创造力与创新活力，提升中国的国际竞争力。

2. 在理论逻辑上，党为政府和市场关系理论不断深化发展提供了理论基础

英美等西方国家在政府与市场的关系上经历了古典自由主义、政府干预主义再到新自由主义，像钟摆一样非此即彼。而中国的情况是一直强调政府与市场二者的辩证统一关系。邓小平早期就提出关于政府与市场关系

---

① 《邓小平文选》第3卷，人民出版社，1993，第281页。

的基础论述，"我们要继续坚持计划经济与市场调节相结合，这个不能改"。① 1993 年《中共中央关于建立社会主义市场经济体制若干问题的决定》提出，建立社会主义市场经济体制，就是要使市场在国家宏观调控下对资源配置起基础性作用。江泽民强调："充分发挥市场机制的作用和加强宏观调控，都是建立社会主义市场经济体制的基本要求，两者缺一不可，绝不能把它们割裂开来，甚至对立起来。"② 党的十八届三中全会决定："经济体制改革是全面深化改革的重点，核心问题是处理好政府和市场的关系，使市场在资源配置中起决定性作用和更好发挥政府作用。"在改革的多重关系中，要同时突破市场定位与政府职能的传统界定。习近平总书记对政府和市场关系的论述，体现了两点论和重点论相结合的哲学思想方法的统一，更加全面、辩证，推动经济社会可持续健康发展。政府与市场二者不能相互否定，不能把二者割裂起来，"既不能用市场在资源配置中的决定性作用取代甚至否定政府作用，也不能用更好发挥政府作用取代甚至否定使市场在资源配置中起决定性作用"。③ 这充分体现了辩证统一的马克思主义思维方法。党关于政府与市场关系的理论发展逻辑成为行政审批制度改革的重要理论基础。

二 市场力量与行政主导双重驱动的动力逻辑

行政审批制度改革的具体动力逻辑主要是市场推动与行政主导的双重力量。市场驱动的逻辑与行政审批制度改革服务于经济体制改革，以及建立发展社会主义市场经济体制的主线相一致。其中，行政审批制度改革通过审批权力下放改革政府与企业的权力关系，就是在经济管理体制改革过程中推进的。党的十一届三中全会以后，我国进行经济体制改革，大力发展经济。1979 年 7 月 13 日，国务院发布了《关于扩大国营工业企业经营管理自主权的若干规定》等 5 个改革管理体制的文件，为推进扩大企业自主权的试点改革发挥了重要作用。1980 年 8 月，国家经济委员会《关于扩大企业自主权试点工作情况和今后意见的报告》对如何扩大企业经营自主

---

① 《邓小平文选》第 3 卷，人民出版社，1993，第 306 页。
② 《江泽民文选》第 1 卷，人民出版社，2006，第 467 页。
③ 《习近平谈治国理政》，外文出版社，2014，第 117 页。

权进行了全面总结，政府在扩大企业自主权方面的中心职能是"服务、协调、统筹、监督"，把扩大企业自主权落到实处。20 世纪 80 年代到 90 年代初，国家推进经济体制改革，比较密集地向企业放权，这些改革成果逐步以法律的形式巩固下来，为后续推进改革和建立社会主义市场经济体制奠定了基础，例如，一个重要成果表现是《中华人民共和国全民所有制工业企业法》（1988 年 4 月 13 日第七届全国人民代表大会第一次会议通过），其中规定了企业多方面自主权以及政府和企业的关系。这个阶段行政审批制度改革是经济体制改革的一项重要任务，主要是改革政府管理经济的手段和方式，给国营企业下放更多的经营管理自主权，放权事项进一步具体化，企业获得的实质性自主权越来越多，发展的内在动力得以激发。

1992 年，党的十四大报告提出我国经济体制改革的目标是建立社会主义市场经济体制。围绕这一目标中央提出了关系全局的十个改革任务，排在前两位的任务包括在经济改革领域理顺产权关系以及实行政企分开，落实企业自主权。1993 年《中共中央关于建立社会主义市场经济体制若干问题的决定》把改革任务具体化。市场驱动力量促使行政审批制度改革抓住建立发展社会主义市场经济体制的主线，继续向企业下放权力，特别是在投资、管理决策、吸引外资等领域推动审批权下放。同时，中央政府向地方政府下放经济管理权限和相关领域事项的审批权，地方发展经济的积极性和自主性得到激发。2003 年，党的十六届三中全会通过《中共中央关于完善社会主义市场经济体制若干问题的决定》，切实把政府经济管理职能转到主要为市场主体服务和创造良好发展环境上来。按照党的十八届三中全会通过的《中共中央关于全面深化改革若干重大问题的决定》的要求，行政审批制度改革要进一步简政放权，最大限度减少政府对经济和企业的微观干预，在政府内部，"直接面向基层、量大面广、由地方管理更方便有效的经济社会事项，一律下放地方和基层管理"，改革上下级政府的权力关系。2020 年 5 月，中共中央、国务院发布《关于新时代加快完善社会主义市场经济体制的意见》，明确提出构建更加系统完备、更加成熟定型的高水平社会主义市场经济体制。这对政府的行政审批制度改革提出了更高层次的标准和要求，特别是与市场准入制度相关的审批改革，进一步精简许可事项，深化投资审批制度改革，加强后续监管制度完善，为打造市场化、法治化、国际化营商环境提供更好的制度环境保障。市场发展的力量驱动行政审批制度改革从注重审批事项数量的减少和调整转向审批制度创新的层次。

把视野拓展到国际范围，驱动行政审批制度改革的市场力量也是在经济全球化背景下发挥作用的。改革开放初期到20世纪末，为实现大力发展经济的目标及更多更好吸引外资，国家迫切要求通过行政审批制度改革来改善投资环境，这体现了国际市场的外部推动力。政府给企业下放管理自主权和放权让利改革，特别是在外贸、投资、吸引外资等领域，给地方政府下放投资审批权等经济管理权力，都是适应外向型经济发展需要，以市场力量来驱动改善投资环境，提高中国综合国力和国际竞争力的体现。2001年，中国加入WTO，其规则对成员国政府公共管理提出更高要求与标准。这些要求成为改革行政审批制度的一种外部动力，倒逼政府为市场及其主体创造更好的条件，增加市场主体自由度。2008年，国际金融危机爆发，全球经济增长持续减弱，我国也面临经济下行压力。中国面临百年未有之大变局和复杂国际形势，我国经济战略更加强调建立国内国际双循环格局，加大对外开放力度，创造更好的营商环境。这对作为优化营商环境重要抓手的行政审批制度改革，形成了巨大压力和市场驱动力。

行政主导力量突出表现在改革过程中政府发挥了宏观把控和制定规则的作用。行政审批制度改革作为行政体制改革和经济体制改革的重要结合点，需要在政府主导和自上而下的力量之下不断推进。纵观整个行政审批制度改革历程，取消、下放审批权力事项或调整管理方式，都由国家政策先行确定。在国务院大规模取消行政审批事项的改革阶段，至于取消哪些审批事项，由相关政府部门先行梳理本部门审批项目后提出初步意见，反映了政府部门的行政主导力量。行政审批项目在中央与地方之间、在同级政府的不同部门之间分布不平衡。这需要抓住主要矛盾，国务院各部门带头改革，后续扩展到省级政府及省以下政府。而且，行政主导力量与市场力量相互影响、相互交织。如由于存在市场推动力，一些地方为了发展经济和获得竞争优势，往往在没有国家统一改革政策时先行探索和创新。到了一定阶段，这种市场传导给政府的力量就发展为国务院推动全国改革的自上而下的驱动力。

然而，行政主导驱动行政审批改革的逻辑易使其制度化不足。比如，有的领导讲话、调研视察中肯定了一些地方的某些做法，有时就成为其他地方改革的样本，这反映了行政审批制度改革在法治化和制度化方面有所欠缺。《行政许可法》的实施使行政审批制度改革逐步朝着法治化方向推进，加强了对审批权力的规范和制约。但其作为行政审批制度改革的唯一单行法，势单力薄，需要更多的政策文件来落实和推动改革。行政力量的作用引起行政审批制度改革的领导机构与相关部门之间在审批权力事项去留与调整方面的讨价还价和博弈行为。结果导致行政审批制度在涉及权力改革问题上越来越难以贯彻，因为会触动多个部门的核心利益。

三 程序性创新与技术运用的技术工具逻辑

行政审批制度改革通过简化环节与优化程序的流程再造推进标准化、规范化改革，体现出一种程序性创新与运用技术的技术驱动逻辑。党的十八大之前，行政审批制度改革的侧重点以取消、下放或调整审批事项为主要内容，设立行政服务中心或政务服务大厅，物理整合多个审批部门的办公窗口。党的十八大以来，互联网尤其是大数据等现代信息技术迅猛发展，促使行政审批制度改革在减少环节、简化材料、优化流程、缩短办理时限、统一审批标准等方面进入快车道，体现出明显的技术驱动力。

"'互联网＋'时代的到来使互联网技术能够广泛应用于行政审批领域，充分利用互联网的高效与便捷不断提升行政审批效能，将分散的行政审批进行物理上的聚合，使得一站式服务成为可能。"① 与此同时，这些技术运用驱动着行政审批流程的透明与可追溯，能够整合不同条块的审批信息资源，促使不同部门在联合审批、联合踏勘与验收等审批链条与环节上协同联动。具有代表性的地方改革案例是浙江省"最多跑一次"改革，浙江省运用互联网、大数据等信息技术，对行政审批环节进行精简与优化，实行多部门并联审批、联合审批，牵头部门负责带动审批联办，进一步驱动行政审批部门的组织结构整合，充分体现了现代信息技术对行政审批制度改革的推动作用。还有江苏省的不见面审批、天津市的全面流程再造等

---

① 倪楠：《"互联网＋"背景下行政审批制度改革的优化路径》，《探索》2019 年第 5 期。

地方改革在技术运用上也各具特色。

"互联网＋技术赋能"的行政审批制度改革，运用程序性创新和技术性创新驱动各级政府为企业和社会公众提供更便捷的服务，减少了企业的制度性成本，使公众获得感提升。运用互联网信息技术推动审批流程优化和重塑以及行政审批标准化，有利于实现不同审批部门之间以及与其他相关部门包括监管部门之间的信息共享。不过，作为现代政府治理的重要变量之一，技术只能承担一部分改革的使命或责任，能够在简化和重塑审批流程、优化审批环节、共享审批信息等方面提供有力手段，推动标准化和集成化的审批方式改革，增强政府部门的行政审批治理能力。与决定政府治理现代化的制度要素相比，技术的局限性不可忽视，"技术之于审批制度改革的作用体现为工具理性，而不是价值理性。……只是一种游离于权力关系变革之外的'形式性'改革"。[1] 这些运用大数据技术的行政审批程序性改革，往往涉及两个前提性问题，即程序由谁来设计、怎样设计，这仍凸显了法律和制度设计的重要性。这些技术工具在政府治理与行政审批制度改革中的运用有其特定优势，但其归根结底依附于政府现行科层制结构，没有改变科层制权力结构与逻辑。"技术治理的持续自我强化使得科层制的运行规则和工具主义的治理逻辑广泛地嵌入到社会运行的各个系统，使社会生活出现'泛行政化'的态势。"[2] 而且运用技术工具的改革逻辑忽视了宏观层次治理制度化框架和普遍主义的规则意识。这就为调整技术驱动行政审批制度改革的逻辑提供了突破口，技术运用必须与制度创新与宏观改革目标相适配。

第三节　行政审批制度改革逻辑调整与思考

行政审批制度改革发展历程中已经包含了当前和今后进一步升级拓展推进改革的逻辑调整内在要求。整体而言，行政审批制度改革成效显著，但从客观全面的多维度角度分析，行政审批制度改革还有一些问题需要重

---

① 刘晓洋：《制度约束、技术优化与行政审批制度改革》，《中国行政管理》2016 年第 6 期。
② 黄晓春、嵇欣：《技术治理的极限及其超越》，《社会科学》2016 年第 11 期。

视，如改革法治化路径不扎实，改革偏重事项数量与追求效率带来了负面效应，改革部门化、碎片化和缺乏统筹性，与外部主体的互动性不足，改革的制度创新与技术推动之间没有实现同步。这些问题为进一步改革提供了空间，需要在已有改革逻辑路径上进行调整与转换，减少改革路径依赖，促进全面实现政府治理现代化。要发展更加成熟、更高水平的社会主义市场经济体制，建立统一开放、竞争有序、制度完备、治理完善的高标准市场体系，就应在更高水平上推动行政审批制度改革，继续坚持党的领导，建设人民满意的服务型政府。实质性推进行政审批制度改革，政府要回应来自社会和公民的权益诉求，坚持改革的公共性和人民性；在逻辑上走向法治化逻辑、权力结构改革运行逻辑、政府治理现代化目标导向逻辑。

一 坚持依法治国和以法律驱动改革的法治化逻辑

依法治国是坚持和发展中国特色社会主义的本质要求与重要保障。"依法治国是我国宪法确定的治理国家的基本方略，而能不能做到依法治国，关键在于党能不能坚持依法执政，各级政府能不能依法行政。"① 建设法治中国，必须坚持依法治国、依法执政、依法行政共同推进。党的二十大报告强调，全面依法治国是国家治理的一场深刻革命，同时要求政府扎实推进依法行政。法治国家、法治政府、法治社会一体建设，法治政府建设是依法治国的重点任务和主体工程。"法治政府建设是重点任务和主体工程，对法治国家、法治社会建设具有示范带动作用，要率先突破。……要用法治给行政权力定规矩、划界限，规范行政决策程序，健全政府守信践诺机制，提高依法行政水平。"② 行政审批是政府的重要行政权力，行政审批制度改革也要依法深入推进限权、确权、减权改革，这是加强法治政府建设的重要途径和抓手。《法治政府建设实施纲要（2021—2025 年)》在健全政府机构职能体系部分，强调了行政审批制度改革的任务以及法律法规依据的重要性。

---

① 习近平：《加快建设社会主义法治国家》，《求是》2015 年第 1 期。
② 习近平：《坚定不移走中国特色社会主义法治道路 为全面建设社会主义现代化国家提供有力法治保障》，《求是》2021 年第 5 期。

推进行政审批制度改革完全转向法治化逻辑，也是为了应对行政主导式改革的潜在风险或难以去除的弊端。行政主导改革模式以及上级政府出台政策文件的方式推动改革，容易使下级只注重上级检查而顾此失彼，或者是玩数字游戏导致行政审批事项调整的随意性和反复性，或者在触及核心利益时因缺乏法律强制性约束而阻止改革推进。"这一制度的演进模式潜藏着'走形式'和'走回头路'的风险，无论哪种风险都是在管理主义理念之下极度追求效率的陷阱风险。"① 为此，行政审批制度改革的逻辑必须在法治轨道上前进。在法治政府体系建设下，"审批制度改革的法治化是一个包含了立法、法律实施、程序设计和责任机制的系统工程"。② 应加强对行政审批制度改革的立法保障，根据经济社会发展需要，以《行政许可法》为基础完善相关法律，从源头上进一步界定行政审批权力并保障其依法行使。以法律统一性与稳定性确保全国行政审批制度改革协同推进，有利于更高层次上解放生产力、发展生产力和实现"十四五"规划时期的高质量发展目标。

行政审批制度改革的法治化逻辑还要求进一步加强立法机关职能。行政审批权力事项类型，除了强制性比较明显的行政许可、行政强制外，还有行政确认、认可、核准、奖励等类型。"对审批事项的认定标准不统一、界定不明确、分类不合理，以及在审批方式随意、要求不确定、对附加条件没有刚性约束的情况下，审批事项的人为归类和按需设定的操作空间很大。"③ 所以，要想进一步依据法律法规明确这些不同类型的权力，就必须发挥立法机关的重要职能。立法机构要严格控制新设行政许可，加强合法性、合理性审查论证，从源头上规范限定行政审批。立法机关要加强对政府规范性文件的审查和监督，对行政法规、规章和规范性文件的清理要建立健全长效机制，对这些法规和文件涉及的审批权力事项要同步清理。

同时，要突出人大对行政审批权力行使过程的监督。法治化的行政审批制度改革逻辑路径，当然不是以减少地方政府在改革中的自主权为代

---

① 程惠霞、康佳：《我国行政审批制度演进轨迹：2001～2014年》，《改革》2015年第6期。
② 朱新力：《困境与出路：行政审批制度改革的法治进阶》，《中共浙江省委党校学报》2016年第3期。
③ 艾琳、王刚：《行政审批制度改革探究》，人民出版社，2015，第188页。

价，而是依法赋予地方更多的自主改革空间，这也是充分考量我国不同地方和区域之间存在不平衡之事实，给予地方在法治轨道上进行改革创新的主动权。

二　从权力事项量变转向注重结构质变的改革运行逻辑

行政审批制度改革已经从着重审批事项取消或调整的数量性改革，不断拓展到注重多维度的制度性改革，成效不可否认。不过这些权力事项变化比较多的是政府体系内的量变，"基本不触动既有审批体制的权力和利益结构，主要将改革目标和重点聚焦于审批事项的数量增减或审批流程的简化调整，而不是审批制度本身是否依然是一种有效的公共管理模式"。[①]而且，运用互联网和技术手段驱动的行政审批程序性改革，同样需要辩证地分析。信息技术通过改变社会场景和社会结构形态以及人类生产生活方式，对权力格局与规则产生影响，"互联网作为一种新的权力来源，它对于个体与自组织群体的激活，更多地为社会中的'相对无权者'进行赋权，使权力和垄断资源从国家行为体向非国家行为体转移"。[②] 特别是技术与资本结合形成的平台快速崛起，导致"人为主体性的社会与政治让位于以技术为载体的算法统治。平台技术导致的算法权力会持续地作用于公共权力"。[③] 这就是技术垄断给国家安全带来的风险。互联网和大数据技术运用于政府治理以及行政审批制度改革过程中，在向社会和公民主体赋权的同时也会产生新的信息垄断和信息保护、数据安全的风险以及价值理性和工具理性的错置等问题。而且，技术驱动的逻辑关注焦点在于运用互联网和大数据重塑审批流程、缩短审批时限等，不具有"放权"的根本性质。要避开技术治理的风险和弊端，进一步改革政府与外部主体之间的权力结构。

因此，要以权力结构改革为导向，实现政府与社会主体、公民之间的

---

① 何显明、张鸣：《重塑政府改革的逻辑：以"最多跑一次"改革为中心的讨论》，《治理研究》2018 年第 1 期。
② 喻国明、马慧：《互联网时代的新权力范式："关系赋权"——"连接一切"场景下的社会关系的重组与权力格局的变迁》，《国际新闻界》2016 年第 10 期。
③ 范如国：《平台技术赋能、公共博弈与复杂适应性治理》，《中国社会科学》2021 年第 12 期。

权力重构，一个关键前提是界定现代政府应该干什么、不该干什么，实现企业和社会的自主权与主体性。在保持政府分配重要公共资源和维护重大公共安全的权力前提下，推动权力向市场和社会的结构性下放。从社会评判角度，行政审批制度改革要从以经济压力倒逼和政府内部需求为主的导向，转向群众和社会需求导向，改变政府与社会主体的权力关系。行业协会作为一类重要社会组织主体，在一些领域能够承担市场准入把关职责，政府通过改革把权力下放给行业协会。"行业协会行使资格资质的许可和认定权，在理论上有利于消除消费者和职业人员之间的信息与技术不对称。在实践上，一些国家或地区，例如在美国、加拿大、英国，它们的一些行业协会基本上是在行使行业主管部门的功能。"① 要着重发挥行业协会的专业性和专业判断力优势，同时，行政审批制度改革需要社会公众力量的介入。调整政府与公民的权力关系，给公民更多的关于政府审批事项的参与权和建议权以及对政府审批行为的监督权。在行政审批制度改革层面，还应考虑行政法意义上政府与公民的行政法律关系，公民不仅要约束政府权力、监督政府履行相应职责，而且政府在给公民相应权利的同时，也要求公民履行相应义务。这才符合行政法的平衡原则。

当然，政府与外部主体的权力结构改革，要以政府内部权力关系的调整为基础和保障。一方面，政府纵向层级行政审批权力划分要严格依法并发挥立法主体功能。另一方面，政府横向部门之间的权力划分，是政府内部权力体系中的次级结构，必须遵循权责一致的根本原则。"加强监管要把事前的审批职责、事中的监管职责、事后的处罚权力划分清楚，防止相互推诿，进一步明确审批和监管的责任主体。这是协同推进权力下放、加强监管和优化服务的重要基础和条件。"② 各级政府要坚持国务院多次强调的"放管结合""放管衔接"要求，避免取消和下放审批权力之后出现的监管真空问题，构建完善的大监管、全链条监管格局，这是进一步维护市场公平竞争秩序、优化营商环境、建设高标准市场体系的必然要求和根本保证。作为管制者，监管主体的权力与行为也需外部约束和监督，应严格

---

① 王克稳等：《行政审批制度改革中的法律问题》，法律出版社，2018，第 217~218 页。

② 孙彩红：《地方行政审批制度改革的困境与推进路径》，《政治学研究》2017 年第 6 期。

遵循程序行使管制权力以及自由裁量权，建立对监管者的责任约束机制。以法治化、常态化监管来促进前端权力下放，是行政审批制度改革转向权力结构改革逻辑的重要保障。

三　从经济效率导向转为政府治理能力现代化目标导向逻辑

由主管行政审批制度改革的中央领导小组机构设置情况可见，行政审批制度改革起初以提高政府效能和经济效率为主要目标。2001 年，国务院决定成立国务院行政审批制度改革工作领导小组，领导小组办公室设在监察部，办公室主任由监察部部长兼任，办公室设置承担着提高审批效率、制约审批腐败行为等任务。党的十八大以后，我国进入横向拓展和纵深推进行政审批制度改革的新阶段，把行政审批制度改革放在实现社会主义现代化目标的战略全局中，其目标追求从偏重经济效率转向全面实现政府治理现代化。

国家"十四五"规划进一步强调，"充分发挥市场在资源配置中的决定性作用，更好发挥政府作用，推动有效市场和有为政府更好结合"。[①] 这是国家治理体系和治理能力现代化的必然指向，不再侧重强调市场作用和追求经济效率，而是同时突出了有为政府的功能。"各级政府一定要严格依法行政，切实履行职责，该管的事一定要管好、管到位，该放的权一定要放足、放到位，坚决克服政府职能错位、越位、缺位现象。"[②] 市场经济条件下也不能完全没有审批制度，只不过政府干预方式要进行适应性改革，市场机制自身无法解决的一些诸如环境污染、安全生产、贫富差距拉大等社会问题需要政府适度监管；同时，政府审批和干预又不能完全代替市场。为此，行政审批制度改革必须坚持党总揽全局、协调各方的领导核心作用，为高度统筹有效市场和有为政府的协同提供重要保障。

行政审批制度改革转向政府治理现代化目标导向逻辑，要求实现从追求经济效率向推动制度创新的飞跃，尤其是要解决行政审批制度改革的部门化以及改革的技术推动而导致的制度创新不配套的问题。运用互联网和

① 《中华人民共和国国民经济和社会发展第十四个五年规划和 2035 年远景目标纲要》，人民出版社，2021，第 56 页。
② 《习近平谈治国理政》，外文出版社，2014，第 118 页。

大数据技术的确提高了行政审批效能，各地方各部门一站式、一窗式、跑一次的竞争性做法，几乎都在不断追求压缩审批时限，甚至出现了 1 小时完成审批甚至秒批等事项。不能忽视的是，这些压缩时间到极致的审批事项是有一定范围和条件的，并不是所有领域、任何事项的审批都能够在这样短时间内办到，有些本质上不需要在这么短时间内审批完。行政审批制度改革不只是要追求速度，还要追求"温度"和"准度"。有些社会领域或社会保障事项，需要对当事人有更好的态度、更全面的关怀，而不是一味地追求所谓快速。取消和简化行政审批事项及其程序环节，不能过分强调追求经济效率，还要权衡社会风险和社会效益。行政审批制度改革，"应当破除对于市场效率与经济价值的单一信奉，需要通过事中事后监管体系与事前许可之间的妥当衔接，来实现市场效率与社会安全、环境安全等'非经济目标'之间的恰当平衡"。① 中国国家治理现代化是全面的现代化，不仅要求经济高质量发展，而且要求实现社会安全与秩序稳定、环境生态保护以及资源与经济发展的协同可持续性的目标，这些都是在行政审批制度改革以及完善监管链条上需要实现的价值，在宏观经济调控、微观市场监管和履行政府职能过程中的制度创新，才是促进政府治理现代化的关键。

纵观 40 多年行政审批制度改革历史脉络，行政审批制度改革在特定历史发展阶段和内外部行政环境下，遵循着宏观政治逻辑、市场力量与行政主导合力的逻辑、技术工具驱动的逻辑，取得了显著成效。但是进入新发展阶段，在新的历史时期和综合行政环境发生诸多变化的情境下，以往的逻辑路径依赖将会在某些层面和领域成为行政审批制度改革向更深入推进的阻力。"十四五"规划的第一篇就指出"当今世界正经历百年未有之大变局"，这构成了中国全面深化政府改革的坐标系。在这个历史坐标系中推进行政审批制度改革，需要对以往某些逻辑进行调整和改革，通过政府治理现代化促进实现建设社会主义现代化国家的战略目标。在国家发展战略全局中推进行政审批制度改革，一方面必须坚持党的领导，发挥党总揽全局、协调各方的领导核心作用，这是政治逻辑。另一方面必须坚持法治

---

① 卢超：《事中事后监管改革：理论、实践及反思》，《中外法学》2020 年第 3 期。

化逻辑和治理现代化逻辑。在改革政府与市场企业主体权力关系的基础上，今后应着力改革政府与社会组织主体、公民主体的权力关系，由偏重审批事项数量调整转向为注重权力结构改革，对应的是从效率至上转向政府治理现代化的逻辑，以及从技术驱动的工具至上转向制度创新的逻辑。行政审批制度改革在一段历史时期内仍是转变政府职能和完善国家行政体系、推动政府治理现代化的重要抓手。行政审批制度改革越是实质性升级拓展推进，越能体现出制度创新的重要性，切实通过政府治理的制度现代化促进实现建设社会主义现代化国家的战略目标。

第四章　行政审批事项改革调整的统计分析[*]

2001 年，国务院在全国全面推进行政审批制度改革，对行政审批事

---

* 本章分析的行政审批事项以历年国务院相关文件为基础和依据（本章行文中不再单独注释）。历年国务院关于取消、调整和下放行政审批（许可）事项的文件如下：

《国务院关于取消第一批行政审批项目的决定》（国发〔2002〕24 号）；

《国务院关于取消第二批行政审批项目和改变一批行政审批项目管理方式的决定》（国发〔2003〕5 号）；

《国务院关于第三批取消和调整行政审批项目的决定》（国发〔2004〕16 号）；

《国务院关于第四批取消和调整行政审批项目的决定》（国发〔2007〕33 号）；

《国务院关于第五批取消和下放管理层级行政审批项目的决定》（国发〔2010〕21 号）；

《国务院关于第六批取消和调整行政审批项目的决定》（国发〔2012〕52 号）；

《国务院关于取消和下放一批行政审批项目等事项的决定》（国发〔2013〕19 号）；

《国务院关于取消和下放 50 项行政审批项目等事项的决定》（国发〔2013〕27 号）；

《国务院关于取消和下放一批行政审批项目的决定》（国发〔2013〕44 号）；

《国务院关于取消和下放一批行政审批项目的决定》（国发〔2014〕5 号）；

《国务院关于取消和调整一批行政审批项目等事项的决定》（国发〔2014〕27 号）；

《国务院关于取消和调整一批行政审批项目等事项的决定》（国发〔2014〕50 号）；

《国务院关于取消和调整一批行政审批项目等事项的决定》（国发〔2015〕11 号）；

《国务院关于取消非行政许可审批事项的决定》（国发〔2015〕27 号）；

《国务院关于取消一批职业资格许可和认定事项的决定》（国发〔2015〕41 号）；

《国务院关于第一批取消 62 项中央指定地方实施行政审批事项的决定》（国发〔2015〕57 号）；

《国务院关于取消一批职业资格许可和认定事项的决定》（国发〔2016〕5 号）；

《国务院关于第二批取消 152 项中央指定地方实施行政审批事项的决定》（国发〔2016〕9 号）；

《国务院关于取消 13 项国务院部门行政许可事项的决定》（国发〔2016〕10 号）；

《国务院关于取消一批职业资格许可和认定事项的决定》（国发〔2016〕35 号）；

《国务院关于取消一批职业资格许可和认定事项的决定》（国发〔2016〕68 号）；

《国务院关于第三批取消中央指定地方实施行政许可事项的决定》（国发〔2017〕7 号）；

《国务院关于取消一批行政许可事项的决定》（国发〔2017〕46 号）；

《国务院关于取消一批行政许可等事项的决定》（国发〔2018〕28 号）；

《国务院关于取消和下放一批行政许可事项的决定》（国发〔2019〕6 号）；

《国务院关于取消和下放一批行政许可事项的决定》（国发〔2020〕13 号）。

项的取消、调整、下放的改革是其中一个重要组成部分。行政审批事项
调整与变化在一定程度上反映出行政审批制度改革在权力关系上的积极
成效以及此过程存在的问题。本章主要对 2002～2020 年的行政审批权力
事项取消、下放和调整情况进行统计分析，包括对历年不同类型审批事
项变化的纵向分析，也包括对不同年度行政审批事项变化的横截面分析。
国务院取消行政审批权力事项的内容和类型，有一个逐步拓展的过程，
开始以取消经济领域的审批事项为主，逐步拓展到取消涉及公民权利的
职业资格认定事项，这是不断发挥市场在资源配置中的基础性作用到决
定性作用的过程，也是培育发展社会力量和保障实现公民权利的过程。
此外，在推进行政审批制度改革的过程中，政府也开始清理和规范与政
府审批有关的中介机构，随着对这些中介机构提供的审批服务事项的清
理，取消行政审批事项的范围不断扩大。为了全面推进简政放权，国务
院对政府内部的评比达标表彰类项目进行清理，减轻下级政府负担，更
加突出发挥市场优胜劣汰机制在公平竞争之中的激励作用。下面分别对
历年取消、下放和调整的不同类型行政审批权力事项的多个面向进行具
体分析。

第一节　历年取消行政审批权力事项的分布与特点

行政审批制度改革的一个重要外在表现，是对行政审批权力事项的改
革，包括取消、下放或者改变管理方式等多种类型和途径。通过行政审批
事项及其权力主体的变化，推动实现行政审批制度改革的目标，可以解决
向市场企业主体、向社会组织主体、向公民主体放权以及改革权力关系配
置的核心问题。本部分主要以国务院历年历次发布的关于取消、调整和下
放行政审批与许可事项的文件为基础展开分析。

一　历次取消行政审批事项的领域分布与阶段性特征

2001 年国务院部署全面推进行政审批制度改革，从 2002 年开始，
国家层面经过了多个批次、多轮调整的行政审批事项改革。2002～2020
年，国务院发文明确决定取消的行政审批和许可事项，共 3166 项，这里

不包括取消的评比达标表彰等类型审批项目，因为其不直接涉及政府与外部主体之间的关系，这一部分将在后面进行单独分析。下面对取消的行政审批事项进行汇总，分为经济领域、社会领域、公民资格领域三大类。

在推进行政审批制度改革的过程中，审视国务院下放、取消和调整的行政审批和行政许可事项涉及的领域，按改革重点大体可分为两个阶段。

第一阶段，以取消和下放经济领域审批权力事项为主的阶段（2002 ~ 2013 年）。在这期间，每一批下放的行政审批权力事项，绝大多数属于经济活动领域，也即涉及的是政府与市场企业主体权力关系的改革。只有很少数量的审批事项是关于社会领域即政府与社会组织主体权力关系调整的。在这个阶段共计取消的 2143 项审批事项中，涉及市场、企业等经济领域的就超过了 2000 项。取消的社会组织领域事项主要是民政部负责的审批事项，包括社会团体收取会费，成立婚介机构、社会团体分支机构和代表机构等审批与备案事项。取消的公民职业资格事项主要是相关部门负责的比如农机维修、价格评估等一些职业资格审批、认定或认可、证书核发等事项。

第二阶段，取消和下放的范围从经济领域转向以公民个人和社会组织领域为主的阶段（2014 ~ 2020 年）。与前一阶段大规模取消经济领域的行政审批事项相比，这一阶段开始较为集中地取消公民个人领域的审批事项。取消的公民职业资格审批、核准与认定等事项占到该阶段取消事项总数的 43%。与此同时，该阶段取消涉及经济领域的审批事项，却呈现出分散性、规模小的特点。

二 取消行政审批事项规模与内容的重要特点

在国家行政审批制度改革过程中，取消的行政审批事项数量规模、年度分布、事项内容等维度变化，呈现出如下重要特点。

1. 政府与外部主体权力关系改革的不平衡性

政府与外部主体权力关系变化层面，在三类领域呈现出改革的不平衡性（见表 4-1）。

表4-1　2002～2020年取消的审批事项在三类领域的分布情况

单位：项

年份	取消事项涉及经济领域的数量	取消事项涉及社会领域的数量	取消事项涉及公民职业资格领域的数量	取消事项合计
2002	786	3	—	789
2003	403	3	—	406
2004	374	1	10	385
2007	126	1	1	128
2010	107	5	1	113
2012	168	1	2	171
2013	145	4	2	151
2014	136	0	78	214
2015	136	1	129	266
2016	158	1	228	387
2017	89	1	1	91
2018	11	—	—	11
2019	25	—	—	25
2020	29	—	—	29
合计	2693	21	452	3166
百分比	85%	0.7%	14.3%	100%

资料来源：作者根据历年国务院相关文件自制。

首先，取消的所有行政审批权力事项中，绝大部分聚集在政府与市场和经济活动领域主体之间的权力关系上，有2693项，超过80%。这说明行政审批制度改革更多是与社会主义市场经济体制的建立、完善与发展相适应的，不断下放政府的经济管理权限，减少政府对市场和企业的微观干预，逐步转向政府宏观调控的经济治理职能。

其次，反映了政府与公民主体之间权力关系的变化。历次取消的公民职业资格类事项有452项，占总数的14%多一点。这些事项中绝大部分是公民职业资格许可、认定与核准事项，换句话说，通过取消这些涉及公民职业资格的审批事项，改变的是政府与公民之间的关系，政府给公民更多的市场准入自由度和就业选择权。

最后，取消的行政审批事项涉及社会领域的数量很少。这反映出，政府与社会组织主体之间权力关系的调整变化不太明显。在行政审批制度改革上，政府向社会放权的力度和范围上有较大空间。

综上所述，从政府治理权力结构角度审视，取消的行政审批事项整体体现了政府推动行政审批制度改革在经济领域和政府与市场及其主体关系上的重大进展，同时也反映出在不同领域的不平衡性、不充分性。这些不平衡、不充分的领域是后续升级拓展深化行政审批制度改革需要给予更多关注的领域。

与此同时，取消的行政审批权力事项所涉及的部门，也显示出政府与外部主体权力关系改革集中在经济领域，而公民个人领域和社会领域事项较少的特点。2014 年之前，取消审批事项数量排在前十名的国务院部门包括建设部、国家税务总局、经贸部门、证监会、银监会、保监会、财政部、信息产业部（工业和信息化部）、交通部门、国家计委、国家工商总局等。这说明了行政审批制度改革在政府与外部主体权力结构调整方面的特点。

2. 取消审批权力事项的数量规模呈现阶段性变化特征

各年度取消各类行政审批事项的总体数量规模，具有较明显的阶段性特征。2002～2020 年近 20 年行政审批制度改革历程中，取消行政审批事项作为简政放权、权力下放的行政体制改革的重要内容，表现出一种非匀速变化特征。取消的审批事项数量规模的年度分布有三个阶段性特点。

大刀阔斧推进阶段（2002～2004 年）。这三年是国务院整体部署，大刀阔斧、全面推动行政审批制度改革的初期阶段。这期间取消的行政审批事项数量是最多的，平均每年超过 500 项，占到近 20 年取消审批事项总数的 49.9%，可谓政府向市场主体放权的突飞猛进阶段（见图 4-1）。

平稳推进阶段（2007～2016 年）。这一阶段，平均每年取消行政审批事项 100 多项，处于一种平稳推进状态。这 10 年取消的行政审批事项数量占到近 20 年取消审批事项总数的 45.2%。从 2012 年开始，取消或调整的行政审批事项表现为分散性和小规模特点。

"啃硬骨头"阶段（2017～2020 年）。这四年共取消审批或许可事项 156 项，只占取消事项总数的近 5%。行政审批制度改革进入了"啃硬骨头"的阶段，取消审批事项如同"挤牙膏"，难度越来越大。每取消一项审批事项，都会触动审批部门的利益，而"触动利益比触动灵魂还难"。

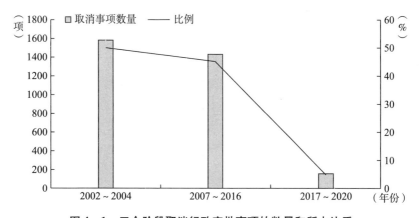

图 4 - 1 三个阶段取消行政审批事项的数量和所占比重
资料来源：作者自制。

在这个攻坚期和"啃硬骨头"阶段，中央要调整行政审批制度改革部署与策略，从以注重取消审批事项数量的规模来衡量行政审批制度改革的进展成效，转向注重行政审批的权力结构和质量维度的深化改革。

3. 取消行政审批事项的分布反映了行政审批制度改革策略与路径变化

2002～2012 年，以取消和调整行政审批事项的策略推动行政审批制度改革。这期间共取消审批事项 1992 项，占 2002～2020 年取消事项总数的62.9%。而且取消的几批审批事项数量规模都很大，特别是 2002 年一年就取消了 789 项，占近 20 年取消行政审批权力事项的 1/4 强。这个阶段很明显的改革路径特征是，通过多轮取消和调整行政审批事项来推进行政审批制度改革。

2013～2020 年，行政审批制度改革在全面实施"放管服"改革战略下多途径推进。党的十八大以来，经历了从简政放权、放管结合两轮驱动的行政审批制度改革，到简政放权、放管结合、优化服务三位一体全面推动的行政审批制度改革。由此，这个阶段取消和调整行政审批事项的数量，不再是大规模削减，而是一种比较平稳的小幅度推进，并且与加强监管、优化审批服务特别是"互联网+审批"的程序性改革等其他途径改革共同推进。在改革策略和途径上从以改革审批事项为主转向注重审批程序与流程重塑、环节优化，注重事中事后监管为主。

行政审批制度改革路径的另一个转向，是从以经济领域为主取消行政审批事项，转向了更加注重公民职业资格审批事项和许可确认事项的取消或调整。在政府与外部主体权力关系层面，从重点改革政府与市场企业主体的权力关系，转向同时关注政府与公民权力关系改革，给予公民更多的职业发展、市场准入选择权。行政审批制度改革不能再以减少审批数量为主向前推进了，而要更加注重从数量到质量和结构的转型以及制度创新。更深层次上，要把着重点放在"放管衔接"和加强审批之后的监管上，打通本质上作为"事前监管的审批"与事中事后监管之间的系统关联，更加协同推进行政审批制度改革。

三　历年取消审批事项在政府部门的分布及特点

在整个行政审批制度改革过程中，每一批取消的行政审批事项所涉及政府部门及其数量是有区别的。不同的政府部门取消审批事项数量很不相同。这些变化及其趋势特点是行政审批制度改革取得进展和存在问题的一个反映。

1. 不同年度涉及的政府部门及取消审批事项数量概观

2002~2020 年，每年不同批次取消行政审批权力事项所涉政府部门及其数量，以及相同政府部门在不同年度取消审批事项的数量，具有一定特点。①

（1）2002~2007 年：涉及政府部门及取消审批事项数量。

这几年是集中大规模清理和取消行政审批事项的年度，而且取消事项较多的部门也具有相对集中的特点，多数是与经济管理职能相关的政府部门，像建设部、中国人民银行、国家质检总局、国家税务总局、国家烟草专卖局、证监会等部门（见表 4-2）。

表 4-2　2002~2007 年取消审批事项数量排名前十的部门（不含 2005 年与 2006 年）

排名	2002 年	2003 年	2004 年	2007 年
1	建设部	国家质检总局	国家税务总局	国家税务总局
2	中国民航总局	国家烟草专卖局	证监会	国家质检总局

---

① 2014~2016 年集中取消职业资格准入和许可事项情况，在相关章节有具体分析，本节没有统计在内。

排名	2002 年	2003 年	2004 年	2007 年
3	保监会	保监会	公安部	银监会
4	国家经贸委	证监会	保监会	铁道部
5	公安部	中国人民银行	国家新闻出版总署	信息产业部
6	证监会	建设部	商务部	证监会
7	外经贸部	国家林业局	民政部	国家发展改革委
8	国家档案局	教育部	教育部	财政部
9	中国人民银行	国家税务总局	建设部	国家食品药品监管局
10	国家计委	国家民委	国家发展改革委	国家外汇局

资料来源：作者根据历年国务院相关文件自制。

2002 年取消的行政审批事项涉及 56 个部门，取消审批事项比较多的且在 20 项以上的有 14 个部门，其中最多的是建设部，取消了 135 项行政审批事项，占本年度所有取消审批事项的 17.1%；取消审批比较多的还有中国民航总局、保监会、国家经贸委、公安部、证监会等，这些都是与经济领域和经济活动密切相关的部门。2003 年取消的审批事项涉及的部门有 40 个，取消审批事项最多的是国家质检总局，有 61 项，占年度取消总量的 15%；其次是国家烟草专卖局、保监会、证监会、中国人民银行、建设部、国家林业局、教育部等，都在 15 项以上。2007 年，取消审批事项涉及的部门有 24 个，取消审批事项最多的是国家税务总局，有 24 项，占当年取消总数的 18.8%；其次是国家质检总局、银监会等。

（2）2010～2014 年：涉及政府部门及其取消审批事项数量。

这几年所取消的行政审批权力事项有一个较为明显的特点是涉及部门较多、取消的审批事项数量较为分散，没有上一阶段较为集中的状况和特点。例如，2010 年取消审批事项涉及部门有 44 个，取消的审批事项在这些部门间特别分散，取消审批事项最多的部门是国家林业局，只有 9 项；其次较多的国家新闻出版总署、国家外汇局等。在 44 个部门中，超过 70% 的部门只取消了 2 项甚至 1 项行政审批事项。2013 年取消审批事项涉及的部门有 38 个，取消审批事项最多的是国家发展改革委（国家发改委），有 18 项，占该年度取消事项的 12.4%。其次是国家林业局、国家新

闻出版广电总局 (2013 年新设) 等。有 20 个部门只取消了 1 项或 2 项行政审批事项。

(3) 2015 ~ 2020 年: 涉及政府部门及其取消审批事项数量。

这个阶段取消行政审批事项所涉部门呈现减少的趋势, 不同部门取消的事项数量也呈现出一种分散状态, 反映了行政审批权力事项改革进入"啃硬骨头"阶段。例如, 2017 年取消审批事项涉及的部门有 21 个, 最多的是国家食品药品监管总局, 只有 4 项, 占 10%, 有 15 个部门取消的只有 1 项或 2 项。

2. 从政府部门维度分析权力关系变化

取消的行政审批事项所涉政府部门及其取消事项数量变化反映了行政审批制度改革在权力结构方面的调整。比较不同的政府部门取消行政审批事项的差别, 可以作为观察行政审批制度改革进展的一个维度。

行政审批制度改革的主体涉及较多的是经济领域的政府管理部门, 反映了改革以调整政府与市场企业主体权力关系为主。在上述年度中, 每年取消审批事项最多的部门如表 4 - 3 所示, 大都是经济领域的部门; 而且税务部门在多个年度取消行政审批事项中都居于首位, 占到 1/3。其他年度取消行政审批事项最多的部门还有建设部、交通运输部、国家发改委、国家质检总局、国家食品药品监管总局等, 这些都是与企业管理关联密切的重要部门, 其取消的审批事项越多, 越能够给企业更多的自主权, 增强市场活力, 更进一步发挥市场在资源配置中的决定性作用。

表 4 - 3　历年行政审批制度改革涉及政府部门数量及取消事项
最多的部门 (2002 ~ 2020 年)

单位: 个

年份	政府部门数量	取消事项最多的部门
2002	56	建设部
2003	40	国家质检总局
2004	45	国家税务总局
2007	24	国家税务总局
2010	44	国家林业局
2012	47	证监会

年份	政府部门数量	取消事项最多的部门
2013	38	国家发改委
2014	36	国家税务总局
2015	22	国家税务总局
2017	21	国家食品药品监管总局
2019	11	交通运输部
2020	14	国家林草局

资料来源：作者根据历年国务院相关文件整理。

除上述取消审批事项最多的部门之外，取消审批事项数量排在前10位的政府部门，也基本上是经济领域部门。可见，行政审批制度改革在经济领域大幅度推进，改革的注意力放在政府管理经济的权力与职能方面，改革的是政府与市场企业主体之间的权力关系。取消审批事项的本质就是政府给企业放权，进一步转变政府管理经济的职能，从更深层次和更广范围履行好宏观调控职能、经济发展的战略规划职能以及加强监管的职能。

即使年度取消审批事项所涉及部门的前10位中有两个例外（非经济部门），即民政部在两个年度取消审批事项数量中进入前10位，但该部门取消的审批事项数量所占比例极小。在2004年取消行政审批事项总数中，民政部取消审批有16项，排在了第7位；取消最多的是国家税务总局，而民政部取消的审批事项占当年取消事项总量的4%。在2015年取消审批事项的部门排名中，民政部排第9位，取消的审批数量仅占当年取消事项的2.7%。可见，这两个年度中民政部取消的审批事项不多。此外，有些年份，在取消审批事项数量排在前10位的政府部门中，有的表面看不是主管经济的部门，像教育部、国家新闻出版总署（2013年改为国家新闻出版广电总局），但详细分析取消的审批事项内容可发现，这些审批事项内容主要涉及的还是一些经济领域事务，如出国留学中介跨省开展业务活动的审批，组织中小学生赴境外开展夏令营冬令营等活动的审批等，这些都是与经济领域有关的行为。所以取消这些审批事项，调整的仍是政府在经济领域的职能，改革的是政府与市场企业主体的权力关系。

行政审批制度改革在政府与社会组织、政府与公民关系的改革中进展相对较慢。取消的行政审批事项涉及社会组织领域的政府部门很少。此处选择民政部和人事部（2008 年机构改革之后改为人力资源和社会保障部）进行分析。因为这两个部门与社会组织管理、公民职业资格等许多审批事项和许可确认事项有关，比较能够反映出行政审批制度改革过程中政府与社会组织、政府与公民权力关系的变化。

按照部门取消审批事项数量，有关社会领域的政府部门取消的审批事项数量很少；在年度取消审批事项的数量规模中，所占比例也相当小。例如，2002 年，国务院共取消审批事项 789 项，而人事部门取消的只有 7 项，民政部取消的则更少；在 2003 年取消审批事项中，民政部有 11 项，人事部有 1 项，共占到当年取消事项总量的 3%。进一步分析两个政府部门取消的审批事项数量所占比例，其在各年度所占比重都没有超过 4%。由此，政府在改革与社会、公民的权力关系上空间比较大，是后续升级深化行政审批制度改革要关注的重点。

取消审批事项所涉部门呈现减少的趋势性特点，反映了行政审批制度改革范围的收缩。2002～2020 年取消行政审批事项所涉及部门数量，多的达到 56 个部门，少的有 11 个部门，平均每次取消的审批事项涉及 33 个部门（见图 4-2）。根据这些部门的数量与分布特征可以初步判断：行政审批制度改革涉及部门整体呈现减少的趋势。在起初阶段，即大刀阔斧、突飞猛进推进行政审批制度改革的 2002～2004 年，所涉及政府部门大都超过

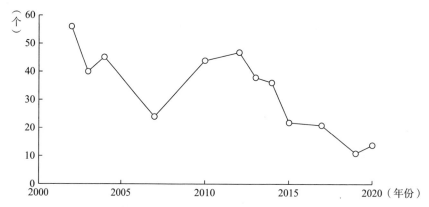

图 4-2 历年取消行政审批事项所涉部门数量（2000～2020 年）
资料来源：作者自制。

40个。中间经过平稳推进阶段，之后取消审批事项涉及部门明显减少，最少只有11个部门了。这从一个侧面反映了行政审批制度改革所涵盖的政府职能范围在缩小，为此，今后需要对行政审批制度改革进行战略性调整，不要把重点放在行政审批事项数量的调整上，而要转向权力结构性改革和制度创新。

总之，根据上述统计特征分析和变化趋势判断，如果一直把行政审批制度改革重点放在取消审批事项数量上，可能会出现徘徊不前的状态。行政审批制度改革需要进行转向和改变侧重点，从更多注重数量转向注重质量与结构性权力关系改革；从重点放在简政放权，转向要同时抓好"放管结合""放管并重"以及加强后续监管改革以及制度创新维度。根据行政审批制度改革进展和遇到的国内国际新形势新问题，衡量改革实效的重要标准应该放在是否做到放管衔接以及改革的制度创新和监管创新上。

第二节　行政审批事项变化与改革的进展趋势

取消行政审批事项的内容和形式，反映出行政审批制度改革的进展和趋势。分析历年取消行政审批权力事项，如取消事项内容、涉及领域、部门，以及国务院下发文件中对取消审批权力事项的后续处理等方面，一定程度上显示着行政审批制度改革在不同维度的进展，也反映出其在政府权力关系改革中存在短板。当然，这些问题目前正处于解决过程之中。

一　从侧重取消行政审批权力事项到增加后续管理和加强监管的要求

从开始只注重取消行政审批权力事项，到后来要求对取消行政审批事项增加后续管理，再到突出加强监管的要求，这是行政审批制度改革的一项重要进展。党的十八大之后，行政审批制度改革更加强调和推进放管结合、加强监管的环节。

以侧重取消审批事项为主的阶段。2002~2010年，从国务院下发的取消和调整行政审批项目的文件中可看出，这一阶段，国务院各部门基本只注重取消行政审批事项。例如，《国务院关于取消第一批行政审批项目的决定》及《国务院关于第五批取消和下放管理层级行政审批项目的决定》，在取消行政审批项目列表中，基本只涉及政府部门、项目名称、设定依据这些维度的内容，少数审批项目有的说明了过渡期或执行期限。取消行政审批事项之后，对相应的公共事务和经济行为是由市场自由调节，还是采用其他方式管理，这些列表中并没有说明。

要求后续管理与加强监管的阶段。从2012年开始，国务院对取消审批事项的内容和说明发生了变化，增加了对取消审批事项加强"后续管理"以及"事中事后监管"的要求，强调要实现"放管衔接"。这与从简政放权改革到放管结合、加强监管双管齐下、双轮驱动改革的转变相一致。党的十八大之后，行政审批制度改革进入新阶段，一个新特点和新要求是突出了放管结合与后续监管，取消审批事项并不是相关部门放任不管，即使不审批也要监管。取消审批事项，取消的是各类主体准入门槛和资格，而监管的是市场企业主体进入之后的行为，如果这些市场企业主体行为违法违规就必须接受监管与惩治，这是维护经济社会发展秩序的应有之义。

对取消的审批项目，增加后续管理和加强监管的要求，有一个渐进过程。2012年，国务院取消的审批事项目录中，只有少数事项在备注中明确了取消之后的管理方式；2013~2016年，国务院在取消和调整行政审批事项的文件中，对取消的审批事项同时列出设定依据、实施机关，对部分审批事项取消之后提出了后续管理的要求，包括实行告知性备案、通过其他相关联审批实施管理等，对部分事项列出了相关部门加强监管的责任。到2017年，国务院强调了取消审批事项的同时要加强事中事后监管，这是行政审批制度改革的飞跃性进展。

国务院明确要求各地区、各部门要抓紧做好取消审批事项的后续衔接工作，切实加强事中事后监管，对取消的行政审批和许可事项，全部提出了"加强事中事后监管"措施的重要内容，列出了相关部门的具体监管职责、监管措施和监管方式等。2017年《国务院关于取消一批行政许可事项的决定》，要求对取消的行政许可事项，"相关部门的管理职能要重点转向制定行业标准规范，加强事中事后监管，惩处违法违规行为，维护市场秩序"，改革涉及的部门要制定完善的事中事后监管细则，认真落实事中事后监管责任。例如，取消了住房和城乡建设部的"物业服务企业一级资质核定"事项，同时明确要求，"取消审批后，住房城乡建设部通过以下措施加强事中事后监管：1. 加快完善物业服务标准和规范。2. 充分发挥物业服务行业组织自律作用。3. 指导地方加强对物业服务企业的监管，畅通投诉举报渠道，推行'双随机、一公开'抽查，及时查处违法违规行为。4. 建立物业服务企业'黑名单'制度，推动对失信者实行联合惩戒。5. 推动与相关政府部门的信息共享，加强企业信息备案管理"。国务院强调取消前端行政审批事项之后加强监管，也是针对以往阶段行政审批制度改革中侧重取消审批和下放权力而导致一些部门一放了之、放任自流的应对策略，确保取消审批和加强监管衔接，避免事前审批取消之后的监管真空。这些举措进一步突出了放管结合和加强监管改革，逐步实现行政审批制度改革作为事前监管与后续监管改革的系统性、协同性和统筹性。

二 取消行政审批事项经历了从外围到核心的渐进改革过程

国务院历年取消行政审批事项的内容显示，行政审批制度改革经历了取消审批事项从易到难、从"外围事项"到接近核心"含金量高"的审批事项的过程，具有明显渐进性特征。行政审批制度改革核心内容是改革政府与市场企业主体、政府与社会组织主体、政府与公民主体的权力关系，在不同领域和范围内取消审批和下放权力，给企业和社会组织更大的自主权。这些改革不是一蹴而就的，其经历了一个渐进的过程。

对近 20 年国务院取消的行政审批事项进行统计分析可以发现，起初是大规模、集中性取消审批事项，而且取消的事项多数是"外围事项"，没有根本触动政府审批部门和主管部门的核心利益。经过计划经济阶段的发展，行政审批事项数量已经相当大，行政审批过程中积累的问题也比较多。为适应建立和发展社会主义市场经济体制的经济基础，在全面开启行政审批制度改革的起初阶段，中央能够大规模取消审批事项，每次都是取消几百项的规模。取消的这些事项有相当一部分内容对于审批部门核心利益而言不太重要，甚至有些审批事项多年没有行使过，取消的审批事项权力含金量低。比如，2002 年取消的 700 多项审批事项中，边销茶定价、天然橡胶定价等的审批，开办旧货企业和旧货市场的审批，跨省（市）用工计划审批，自行车分合式牌照登记发牌审批，联合收割机跨区作业审批等事项，大部分是计划经济时代的产物，按照转变政府职能的要求，这些事项早就应该取消，以便于更快转向社会主义市场经济体制。2010年取消的原来由国家工商总局负责审批的一些事项，本来已经不属于政府职能范围，被清理取消理所应当。

党的十八大以来，行政审批制度改革和简政放权改革成为全面推进行政体制改革的重要突破口。2013年以来历次取消的行政审批事项数量在减少，剩余需要审批的事项大多是主管部门的"核心事项"和"含金量高"的审批事项。特别是2015年我国全面推进"放管服"改革之后，被取消的行政审批事项数量就更少了。这些审批事项内容越来越涉及一些政府审批部门的核心权力，是"含金量高"的事项，所以行政审批制度改革到了深水区。前已分析，2017～2020年国务院几次取消行政审批和许可事项共156项，只占到近20年取消行政审批事项总规模的5%，呈现一种明显减少的特征。其中2017年取消的一批审批事项内容涉及工程、投资、能源、环境、药品与医疗、保险等领域，这些被相关政府部门认为是重要的管理职权，取消这些领域的审批事项的难度更大。

"非行政许可"全部取消，已成为历史。在行政审批制度改革过程中取消审批事项的同时，国务院对非行政许可事项也进行了清理与取消，目前"非行政许可"已成为历史。2015年，《国务院关于取消非行政许可审批事项的决定》提出："在前期大幅减少部门非行政许可审批事项的基础上，再取消49项非行政许可审批事项，将84项非行政许可审批事项调整为政府内部审批事项。"今后不再保留"非行政许可审批"这一审批类别。这是进一步规范政府行政审批权力的重要改革举措，与实施权力清单制度规范清理"其他行政权力"事项类型密切关联，以实现对政府限权，激发和增强市场与社会主体的创新活力。同时，这也与法治政府建设目标相一致，要求政府"法无授权不可为"，为政府与市场主体和社会主体权力关系改革设定更为明晰的边界。

三　取消审批事项的部门与后续监管部门的权责关系有待理顺

取消了行政审批事项之后，管理方式改为备案制、告知制以及其他监管方式，而相关审批部门和后续监管主体之间的权责关系有待理顺。

问题之一，原来审批部门与后续监管部门之间权责关系不明确。行政审批制度改革中取消的审批事项，是完全放任不管还是要转变为其他管理方式，对这些情况目前相关政策缺乏明确具体的规定。2012 年取消的行政审批事项中，有的虽取消了前置审批，但仍需相关部门出具意见（如工业和信息化部取消了"经营性互联网信息服务提供者境内上市前置审查"，但同时要求证监会审批时征求工业和信息化部的意见）。这实际上把原来的行政审批变成了一种软性约束，相关部门如果出具相当于前置审批的意见，得到审批的企业出现违法违规行为之后，出具意见的部门又该承担什么样的责任，对这一系列问题的回答涉及相关部门之间的权责关系划分，但在现实中其权责有模糊地带。例如，城市的建设行政部门的"城市新建燃气企业审批"被取消，同时又要求"取消此项审批后，相关事项通过燃气经营许可管理"。问题是，燃气经营许可部门与原来负责审批的建设行政部门，对燃气企业监管的权责、监管职能如何划分，这需要更为具体和有针对性的规定。

问题之二，把原来的审批改为其他方式之后的监管问题。"放管服"改革全面统筹推进，要求行政审批制度改革在取消和下放审批权力、降低准入门槛，或改为备案制或报告承诺制之后，与监管的衔接协同一体推进。这就面临如何更有针对性地进行事中事后监管的问题。2018 年，国务院取消一批行政许可事项之后，要求相关部门制定事中事后监管的细则。有些政府部门把取消的一些审批事项改为备案制或者报告制度，同时列出了加强监管的举措。比如取消了"船舶进出渔港签证"，改为实行报告制度，同时要求地方渔业行政主管部门通过以下措施加强事中事后监管。（1）明确进出港报告的内容，加强渔船管理，简化船舶进出港手续。（2）通过信息系统或渔船身份识别系统掌握进出渔港船舶的状况。（3）加强重点时段、重点渔船的管理，伏季休渔期保证休渔地区渔船回船籍港休渔，大力整治涉渔"三无"船舶。这些地方要实施的监管措施由农业农村部来督促实行，具体依据是什么，不履行这些监管职责要追究什么责任等，都是后续要解决的问题，否则将影响渔港及船舶秩序治理的实效。

另外，国务院在取消行政许可事项的决定中强调要加强和创新事中事后监管，确保放得开、接得住、管得好。实际中有些审批项目改为备案制，但同时在"事中事后监管措施"中又出现了新形式的审批或许可，包括农药登记环节的许可和农药登记试验单位认定的许可，这些许可同样具有行政审批的性质。由此，有的部门虽然取消了原来的审批事项，但在其他环节又增加了严格的行政许可项目，这有可能抵消行政审批制度改革的实际效果。可见，在取消行政许可或审批事项，改为其他管理方式之后，到底如何对这些事项进行管理，管理的权责与方式需要进一步明确。否则会影响到行政审批制度改革的实质效果，可能会产生"摁下葫芦起了瓢"的问题，影响市场企业主体和社会组织主体应有的自主权和经济社会发展。

四 由国务院统筹地方行政审批权力事项的改革

按照《行政许可法》和行政许可事项设定以及中央与地方权力关系，相当一部分行政许可或审批事项的设定权在中央层级。由此角度审视，取消行政审批事项需要自上而下的推动路径。国务院统筹推进地方行政审批制度改革，表现为由国务院作出决定，取消指定地方政府行使的行政审批权力或许可事项。2015年以来，这一类型行政审批权力事项的调整情况如下。

第一批集中取消的指定地方行使的行政审批权力事项。2015年，《国务院关于第一批取消62项中央指定地方实施行政审批事项的决定》要求，"要严格落实行政许可法关于设定行政许可的有关规定，对以部门规章、规范性文件等形式设定的具有行政许可性质的审批事项进行清理，原则上2015年底前全部取消"。这些事项是由中央指定省级或以下地方政府层级行使的，由国务院决定取消。取消的这些审批权力事项中，没有社会组织领域和公民个人领域的事项，主要涉及经济领域的改革和转变政府职能的重要内容。

第二批集中取消的中央指定地方行使的行政审批权力事项。2016年，《国务院关于第二批取消152项中央指定地方实施行政审批事项的决定》要求各地区、各部门要抓紧做好取消事项的后续衔接工作，切实加强事中事后监管，特别是涉及安全生产和维护公共安全的事项，要进一步细化措施，明确责任主体和工作方法，做好跟踪督导工作。

　　第三批专门取消中央指定地方行使的审批权力事项。2017 年，《国务院关于第三批取消中央指定地方实施行政许可事项的决定》再次要求确保行政审批制度改革的放管衔接，提高改革协同性。同年，在《国务院关于取消一批行政许可事项的决定》中，国务院决定取消 12 项中央指定地方实施的行政许可事项。取消了这些省级（有的是市县级）政府行使的许可权力之后，有的是由国家部委加强事中事后监管，有的是国家部委制定相应规范和标准，并督促地方相关行政主管部门加强事中事后监管。

　　分散性取消由地方行使的审批权力或许可事项。2018 年以来，国务院没有继续集中性取消指定地方行使的审批权力事项，而是分散性取消一部分由省级及以下地方政府行使的审批权力。2018 年，《国务院关于取消一批行政许可等事项的决定》取消了 11 项行政许可事项，其中 10 项是省、市、县等地方政府部门行使的，1 项是由国家市场监督管理总局和省级工商行政管理部门行使的。取消地方行使审批权力后：有的由国务院部委直接受理审批并加强事中事后监管；有的由国家部委督促地方主管部门加强事中事后监管，如取消了省级主管部门"外商投资道路运输业立项审批"，由交通运输部督促地方交通运输主管部门加强监管；有的则是由国家部委制定完善相应的业务标准和规范，以利于地方事中事后监管有标准和依据。2019 年，《国务院关于取消和下放一批行政许可事项的决定》取消了 12 项由省市县级政府部门行使的审批权力，之后要求国务院相关部委确保提供标准和规范，或者各级相关部门制定加强事中事后监管的措施，同时严格相关考核。2020 年《国务院关于取消和下放一批行政许可事项的决定》取消了原来由省级及以下地方政府行使的部分审批权力，同时要求在取消审批后，由行政主管部门和相关监管部门履行加强监管的职责。

　　上述取消审批和加强后续监管的多种措施与途径，需要预防出现新的问题。虽然地方政府的审批或许可权力取消了，但相应公共事务并没有消失，也不能放任自流，于是国务院部委和地方政府部门之间的审批与监管权责的分界就需要依据法律法规严格界定，需要有相互衔接的配套制度，确保不同层级政府部门依法行使各自阶段或环节上的监管权力。

第三节　历年下放和调整行政审批事项的改革进展与特征

通过行政审批权力事项改革推动行政审批制度改革的过程，除前述分析的不同年度多批取消的行政审批事项之外，还有其他类型，包括调整或下放管理层级的审批事项、中介机构的审批服务事项、评比达标表彰事项等，这些审批事项的改革有不同程度的进展。

一　历年下放管理层级的行政审批事项改革进展

在 2002～2020 年的行政审批制度改革过程中，调整（包括改变行政管理方式的审批事项）或下放管理层级的审批事项，是取消行政审批事项之外的另一种改革类型。因资料收集问题，此处获取的改变管理方式的行政审批事项数据不全，故主要分析下放管理层级的审批事项状况。

2004 年下放管理层级的行政审批事项。2004 年《国务院关于第三批取消和调整行政审批项目的决定》针对国务院行政审批制度改革工作领导小组对审批事项的清理，确定把 46 项行政审批事项下放管理层级。其中下放到省级主管部门的占 58.7%；下放到省级和部分副省级市的占 10.9%；下放到派出机构的占 30.4%，主要是证监会、保监会、银监会下放给其地方派出机构。2007 年，《国务院关于第四批取消和调整行政审批项目的决定》把 29 项行政审批事项下放管理层级，要求依法对行政审批事项实行动态管理，加强对行政审批权的监督制约。这些事项都是与经济和生产领域活动相关的事项，绝大部分被下放到省级主管部门，占 82.8%；只有 5 项分别被下放给银监会和证监会的派出机构。

2010 年，国务院决定下放管理层级的审批事项有 71 项。行政审批制度改革工作部际联席会议依据《行政许可法》等法律法规规定，组织对国务院部门行政审批事项进行了新一轮的集中清理，根据清理结果由国务院作出决定。绝大多数审批权力下放给相应省级主管部门行使，占 88.7%；少数审批权力下放给副省级城市或县级主管部门，包括商务部、国家文物局、国家体育总局下放的 8 项审批项目。

2012 年，国务院在决定取消和调整行政审批事项时提出要求，以部门规章、文件等形式制定的违反《行政许可法》规定的行政许可，要限期改正。没有法律法规依据，任何地方和部门不得以规章、文件等形式设定或变相设定行政审批事项，同时探索建立审批事项动态清理工作机制。这些下放管理层级的权力事项有5类：第一类是国务院部委下放给省级主管行政部门的有50项，占42.7%；第二类是国家部委和省级政府部门下放给省级和设区的市政府部门的有22项，占18.8%；第三类是省级政府主管部门下放给设区的市级政府行政主管部门的有10项，占8.5%；第四类是地市级政府部门下放给县级政府部门的有9项，占7.7%；第五类是国家部门下放给地方派出机构。还有少数的审批事项是由省级和市级政府部门下放给县级政府部门的。

2013年，《国务院关于取消和下放一批行政审批项目等事项的决定》中，强调了要继续清理行政审批等事项，加大简政放权力度；要减少和下放投资审批事项，减少和下放生产经营活动审批事项，减少资质资格许可和认定。在这一批权力下放工作中，国家部委负责的20项行政审批事项分别下放给了相应省级行政主管部门。其后，2013年在另外两批下放行政审批事项的文件中，国务院决定下放的共有44项，都是由国家部委下放给省级行政主管部门的，以继续加大简政放权改革力度。

2014年，国务院在取消、下放和调整行政审批事项的决定中，50多项行政审批事项下放了管理层级，多数是下放到省级相应行政主管部门。2015年，国务院决定下放管理层级的行政审批事项有19项。国务院要求对这些下放的审批事项健全监督制约机制，加强对行政审批权运行的监督，不断提高政府管理科学化规范化水平。2019年，国务院决定下放管理层级的行政审批事项有6项，并要求做好这些审批事项的放管衔接工作，制定完善事中事后监管措施，采取"双随机、一公开"监管、重点监管、信用监管、"互联网＋监管"等方式，确保放得开、接得住、管得好。2020年，国务院决定下放审批层级的行政许可事项有4项。这些事项中个别下放到设区的市或县级行政主管部门，其余下放到省级行政主管部门。对这些下放管理层级的审批项目，都列出了加强事中事后监管的措施和要求。这也是国务院一贯强调的要加强放管并重、放管衔接，确保完善有效的监管是前端深化简政放权和行政审批制度改革的重要保障。

二 下放管理层级的行政审批事项改革的特点

纵观下放管理层级的行政审批事项的数量变化，2004～2014 年是下放审批事项数量较多的阶段。2015 年之后，对行政审批事项的改革主要体现为直接取消行政审批权力事项，下放到省级及以下地方政府相应主管部门行使的审批权力事项逐渐减少，甚至降到个位数。

1. 审批事项下放管理层级具有"过渡性"特点

2014 年之前，在取消行政审批事项的同时还有一部分数量的权力下放，即把审批权力下放到省级或省级以下地方政府部门，在整个行政审批制度改革过程中，这更像是一个过渡性质的时期或阶段。从另一个侧面，这种政府体系内部的权力下放，是把行政审批留在省级及其以下层级地方政府，是政府向市场主体放权、向社会放权的一种"过渡性"表现。因政府对权力的依赖，这场刀刃向内的行政审批制度"革命"中放权的难度与阻力比较大。

2. 审批事项下放管理层级本质上是审批权力在政府内部的调整

下放行政审批权力的改革，是在上下级政府之间转移审批权力，从市场企业主体、社会组织主体和公民主体角度，权力下放给下一级政府部门的审批事项改革，并没有实质性减少政府的审批权力。也即，对外部主体而言，没有实质性减少审批事项。

2004～2020 年，国务院决定下放管理层级的行政审批事项所涉及政府部门的数量如图 4－3 所示。其中，2012～2014 年，下放审批权力事项的政府部门数量较多，这与 2012 年开始国务院推动简政放权改革有重要关系，中央部委向省级政府、省级政府向市县级政府下放审批事项和管理权力，给地方政府更多的经济社会发展自主权。

因 2015 年之后下放管理层级的审批事项数量很少且涉及部门也很少，此处没有将其统计在内。2004～2014 年下放管理层级的审批项目共有 384项；各年度排在前 5 名的部门下放审批事项有 232 项，占 60.4%。这期间下放管理层级的审批事项所涉及的部门，仍是经济领域的部门居多，商务部在三个年度中下放审批权力事项数量都排在第一位，数量较大。下放审批权力事项比较多的还有：国家质检总局下放 32 项，农业部下放 18 项，

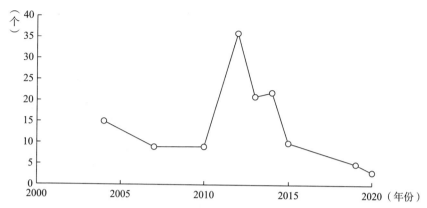

图4-3 历年下放行政审批事项的部门数量变化（2000~2020年）
资料来源：作者自制。

国家发展改革委下放16项，证监会下放15项，保监会下放10项。这些都是与经济管理密切相关的部门。虽然下放审批事项的部门中有国家文物局、文化部等与经济管理联系不紧密的部门，但下放事项内容也多是与企业管理有关（见表4-4）。

表4-4 2004~2014年下放审批事项前5名的政府部门

年份	下放审批事项前5名的政府部门				
2004	国家税务总局	国家新闻出版总署	证监会	国家发展改革委	商务部
2007	商务部	文物局	建设部	银监会	农业部
2010	商务部	国家质检总局	国家食品药品监管局	文化部	国家新闻出版总署
2012	商务部	证监会	保监会	国家质检总局	环境保护部
2013	国家发展改革委	农业部	国家新闻出版广电总局	文化部	国家食品药品监管总局
2014	交通运输部	农业部	中国民航局	国家食品药品监管总局	国家质检总局

资料来源：作者根据历年国务院相关文件自制。

3. 下放的审批事项在权力层级划分上有不明确之处

给省级及其以下政府下放审批权力，给地方政府以自主权，是政府纵向层级权力关系的改革。在把一些行政审批事项下放管理层级之后，有些审批权力在上下级政府之间划分不明确的问题有待进一步解决。

一是有些下放管理层级的行政审批事项，尤其是与投资、建设等领域相关的审批事项，存在以投资或项目规模等指标为划分国家、省级以及省以下不同层级政府审批权力的依据的情况，这有一定的片面性。比如，2012 年国务院下放管理层级的审批事项中，环保领域的设施运营、环评等审批事项，省级政府环境保护部门能够审批的是：330 千伏、500 千伏交流项目环境影响评价文件审批，环境保护设施运营单位的乙级和临时资质认定。又如，省级政府投资主管部门能够审批的是，新建年吞吐能力 200 万～500 万吨煤炭、铁矿石、原油专用泊位项目核准。除了省级的审批项目规模，国家和市县级的审批项目也有一定的投资或建设规模要求。以规模和数量标准划分不同层级政府的审批权力，可能会导致审批权力依法行使刚性不足，造成资源配置浪费。

二是原来由县级以上政府部门行使的审批权力，下放至县级政府部门行使。比如，在下放管理层级的审批事项中，由县级以上地方人民政府林业部门或其授权的单位行使的权力，下放至县级人民政府主管部门或其授权的单位行使。但究竟哪些由县级以上政府部门行使的审批权力可以改由县级政府部门行使，目前没有统一的法律法规和权力配置依据。

三　中介机构审批服务事项的清理与规范

政府部门在进行行政审批的过程中，往往要求中介机构提供材料或证明等，全面推进行政审批制度改革，就必须从更大范围清理与规范中介机构的服务事项。与政府部门行政审批相关的中介服务机构在政府履行职能和转变职能、提供专业技术服务方面发挥了专业化优势。但近年来这些中介机构在一些审批相关环节存在乱收费、垄断性等问题，以及与一些政府部门之间存在利益关联而导致腐败和不公平的市场竞争。在全面推进简政放权、放管结合、优化服务的"放管服"改革阶段，深入拓展推进行政审批制度改革，清理和规范中介服务机构及其与审批相关的服务事项成为必不可少的内容。

2015 年，《国务院关于第一批清理规范 89 项国务院部门行政审批中介服务事项的决定》要求各相关部门制定完善中介服务的规范和标准，指导监督本行业中介服务机构建立相关制度。这 89 项中介服务事项，不再作为行政审批的受理条件，同时列出了对取消或清理规范这些审批中介事项的处理决定。比如，与原来环境保护部的一项审批相关的由中介机构实施的事项，经过清理规范，不再要求申请人提供相关的报告表，而改由审批部门委托有关机构进行监测或调查。这些中介服务事项绝大多数属于经济领域，即便与原来文化部审批相关的几项中介服务也是与中外合资、外资等营业性演出有关的经济活动范围内的事项。

2016年，《国务院关于第二批清理规范192项国务院部门行政审批中介服务事项的决定》要求加快推进配套改革和相关制度建设，切实加强事中事后监管。对涉及公共安全的行政审批事项，清理规范中介服务后，要进一步强化相关监管措施，确保安全责任落实到位。这些审批中介机构多数是会计师事务所、公证处、一些具有资质的认定单位等，这些机构根据与政府审批部门之间的关系，在审批环节提供相关专业报告和证明。为进一步清理审批事项和减少审批环节、优化审批流程，应减少企业提供的一些相关报告，包括审计报告、评估报告等，而改由相关部门委托有关机构进行直接审计或评估，并且要求相关审批部门加强事中事后监管。例如，民政部作为审批部门，对社会团体法定代表人的离任审计，原来由会计师事务所负责，提交审计报告。在取消中介服务事项之后，改由审批部门委托有关机构开展法定代表人的离任审计。审批部门主体发生了变化，要求也发生变化，由被审计主体提交审计报告的形式改为了直接接受相关机构的审计。

2017年，《国务院关于第三批清理规范国务院部门行政审批中介服务事项的决定》下发，该决定要求清理规范17项行政审批中介服务事项，不再将其作为行政审批的受理条件。这些中介机构有国家部门认定的具有相关资质的机构，有审批部门公布的鉴定部门，有会计师事务所等。取消这些中介服务事项之后，相关审批部门应加大审核、核查的力度。因此，做好放管衔接是关键。

清理规范行政审批中介服务事项是行政审批制度改革的配套措施和制度建设，是深化与拓展行政审批制度改革的现实要求。

四　集中取消和调整政府部门的评比达标表彰类项目

取消政府部门负责的一些评比达标表彰等项目，是简政放权的又一内容。减少政府部门的一些不必要审批，进一步"简政"，给企业主体和社会主体放权。2013～2015年，国务院在相关文件规定中逐步取消了不必要评比达标表彰类事项。

2013年，国务院决定第一批取消和调整评比达标表彰项目共10项，其中取消7项，下放2项，分别下放给相关行业协会和学会，另有1项并入了其他全国评选项目。第二批决定取消和下放评比达标表彰项目有3项，其中取消了1项，下放给省级相关部门2项。第三批决定取消76项评比达标表彰项目，这是比较集中的一批。国务院要求做好取消项目后的衔接工作，加强后续监管，接受社会监督。加快从严清理评比达标表彰项目的进度，没有法律法规依据和党中央、国务院文件规定的，一律不得开展；与政府职能无关、对推动工作没有实际意义的，一律不得进行；已取消的，一律不得变相保留或恢复；已转交行业协会等社会组织承担的，一律不得使用财政资金和向企业或社会摊派费用。

为进一步加大简政放权力度，提高政府管理水平，2014年，国务院决定再取消评比达标表彰项目19项。2015年国务院又在取消和调整一批行政审批事项时，决定取消10项评比达标表彰项目，其中有8项是保监会的评选表彰项目，2项是中国民航局的评选表彰项目。

取消政府相关部门评比达标表彰项目，一方面，给下级政府减轻了负担。因上级政府部门组织各种考评、评比，下级政府在时间资金精力不足的情况下疲于应付，容易产生形式主义的问题。结果不但不能够促进行政效率的提高，反而造成各种资源的浪费，是一种内耗。另一方面，取消的这些评比达标表彰项目多数可以由市场调节、通过市场机制优胜劣汰，不需要政府通过各种评比进行优劣选择。比如国家新闻出版广电总局负责的"表彰奖励发行放映国产影片考核成绩优秀单位"，可以由市场来决定。还有许多与政府职能无关，对政府履行管理职能没有实际意义的项目，如"全国食品药品监管好新闻评选""知识产权政务信息评选""保监会系统五一劳动奖状""文化发展统计分析报告优秀稿件评比"等。因此，取消这类事项也可减轻相关企业负担，能够创造更好的公平竞争环境。

第四节　行政审批事项改革的法律依据及相关问题

在行政审批制度改革过程中取消审批事项，表明政府的行政权力向外部转移或向下级政府转移，是审批权力内容变化的表现形式，是权力结构变化的外在表现。由此，根据取消的行政审批事项可判断政府与不同类型主体之间的权力变化，并分析这些审批事项和权力关系变化的法律法规依据问题。

对行政审批权力事项的改革可以分为三类。（1）大部分属于完全取消了的审批事项，市场和企业主体因门槛降低或取消，有了更多进入市场经营和竞争的机会。（2）有一部分审批事项调整了管理方式，或改为政府部门内部管理，或下放管理层级给省级政府部门和省级以下行政主管部门，或交给有关社会组织去管理。行使审批权力的主体发生变化，有的是因法律法规发生了变化，要调整实施部门；有的是按照职能相近原则由更接近职能性质的部门实施，像原来由公安部审批的"自动消防系统操作人员上岗证"，改为由人社部门统一纳入职业资格管理。（3）有一部分审批事项在取消后特别注明了后续监管方式，由相应部门采取具体措施加强监管。对行政审批事项作出如上各种决定，依据是什么，也即清理与调整改革行政审批事项的法律法规依据是重要现实问题。尤其是在权责法定基本原则、政府"法无授权不可为"基本前提下，以及全面建成法治政府目标指引下，政府必须坚持依法行政、依法审批。下面分析取消和调整行政审批事项的法律法规依据及相关问题。

一　实现依法审批经历了逐渐推进和完善的过程

行政审批事项清理和改革要有法可依。纵观行政审批制度改革历程，从清理和取消审批事项，到梳理政府各类权力清单，政府逐渐突出和坚持了依法审批的基本原则。国务院全面推进行政审批制度改革，开始根据政府部门规章进行清理和规范审批事项；后续清理法律法规，依法进一步清理和改革行政审批事项；再进一步发展，提出了政府"法无授权不可为"基本原则，更加强调了坚持依法行政的要求，更严格限制和约束政府审批权力。

国务院全面推进行政审批制度改革，提出的五项原则中有一项是合法原则。在 2001 年，国务院各部门清理审批事项的情况以及审批项目的依据如下：据统计，依据国家法律设定的有 336 项，占 11.8%；依据行政法规设定的有 1185 项，占 41.5%；依据党中央、国务院文件设定的有 241 项，占 8.4%；依据部门规章设定的有 525 项，占 18.4%；依据部门文件设定的有 470 项，占 16.5%；依据部门内设司局文件或其他文件设定的有 52 项，占 1.8%。① 可见，清理和取消没有法律法规依据的行政审批事项具有现实迫切性，也有很大空间。2002 年第一批集中取消的行政审批事项，根据国务院有关文件，被取消的审批事项在设定依据上，依据法律的不超过5 项，依据国务院令的有 17 项，依据国务院发文的有 75 项，依据国办发文的有 12 项，依据前述法律法规和政策文件取消的审批事项加起来有 106项，占到取消总数的 13.4%。其余被取消的审批事项，在设立时都是依据各部门的部门文件以及部门内设机构所发文件，包括公安部、财政部、劳动保障部、建设部等部门发文，或是部门内设机构发文，比如教职字、工商消字等。可见，以前的审批事项设立依据，与依法行政基本原则要求和依法设立审批事项、行使审批权力的要求有较大差距。

行政审批事项领域的改革，在依法清理维度取得了一定进展。当时国务院部门拟第三批取消的审批事项有 419 项，按设定依据分类：依据法律设定的有 9 项，占取消事项总数的 2.2%；依据行政法规设定的有55 项，占取消事项总数的 13.1%；依据党中央文件设定的有 16 项，占取消事项总数的 3.8%；依据国务院文件设定的有 26 项，占取消事项总数的 6.2%；依据部门规章和部门文件设定的有 313 项，占取消事项总数的 74.7%。② 可以说，清理和取消的重点仍是没有法律法规依据以及根据部门规章自行设定的那些行政审批事项。

后续的行政审批制度改革，逐渐强调依法审批，依法清理审批事项。在一些地方自行尝试和创新推行权力清单之后，中央政府提出了实行权力清单制度的改革要求。党的十八届三中全会决定首次提出了实施权力清单

---

① 国务院行政审批制度改革工作领导小组办公室编《改革行政审批制度 推进政府职能转变》，中国方正出版社，2003，第 55 页。

② 国务院行政审批制度改革工作领导小组办公室编《深化审批制度改革 推进服务政府建设》，中国方正出版社，2008，第 88 页。

制度的要求，2015 年中办、国办印发了《关于推行地方各级政府工作部门权力清单制度的指导意见》，成为依法清理审批权力和各类行政权力的纲领性文件。从国务院各部门到省级政府以及省级以下政府，都在依据法律法规清理行政许可事项以及其他类型的权力事项。党的十八届四中全会决定进一步指出，"推行政府权力清单制度，坚决消除权力设租寻租空间。……各级政府及其工作部门依据权力清单，向社会全面公开政府职能、法律依据、实施主体、职责权限、管理流程、监督方式等事项"。① 这进一步对限制行政权力提出了更高要求，如全面清理行政审批事项；取消不符合《行政许可法》规定的资质资格准入许可；严格控制新设行政许可，加强合法性、必要性、合理性审查论证。自此，中央更加强调坚持依法行政，依法审批和改革行政审批制度。

二　清理审批事项与清理法律法规文件"同步推进"

上述取消的行政审批事项分类以及这些审批事项设定依据的情况，突出了在行政审批制度改革过程中要解决的一个基础性问题是清理相关法律法规，在清理审批事项的同时也要清理法律法规和相关文件，从源头上明确政府权力范围和边界。

2002 年，国务院相关部门对拟取消的一批审批事项，按设定依据进行分类，情况如下：依据法律设定的有 8 项，占取消事项总数的 1%；依据行政法规设定的有 76 项，占取消事项总数的9.5%；依据国务院文件设定的有 95 项，占取消事项总数的 11.8%；依据部门规章设定的有 279 项，占取消事项总数的 34.7%；依据部门文件设定的有 311 项，占取消事项总数的38.6%；依据内设司局文件等设定的有 35 项，占取消事项总数的 4.4%。② 按照部门规章、部门文件和内设机构文件设立的审批事项，在取消事项中占比 77.7%，可见，行政审批制度改革大规模取消了那些不必要的审批事项，抓住了改革的重点，取消那些缺乏法律法规依据的审批事项。

① 《中共中央关于全面推进依法治国若干重大问题的决定》，《人民日报》2014 年 10 月 29 日，第 1 版。
② 国务院行政审批制度改革工作领导小组办公室编《改革行政审批制度 推进政府职能转变》，中国方正出版社，2003，第 173 页。

与此同时，按照依法设定行政审批或许可事项和行使审批权力的基本原则，在清理和取消审批事项时，发现这些审批事项的依据存在不同程度的问题。其中依据部门规章、部门文件、部门内设司局、领导讲话设定的审批事项占据较大比例，这说明依法设置和依法行使审批权力存在制度漏洞。因此，必须严格依照法律法规清理审批事项，一个重要前提是先清理影响行政审批设定和行使权力的法律法规与政府文件。国务院相关部门在清理行政审批事项时，有些审批事项所属的政府部门行为已经停止，然而与这些事项有关的法律法规等内容没有被修改或废止，所以，清理和修改有关法律法规和规章成为行政审批制度改革的一项重要性与基础性工作。行政审批项目清理和改革，首要的是清理有关法律法规，特别是政府规章、部门规章、部门内部文件等，这是产生大量审批事项和审批行为的源头。

清理法律法规是行政审批制度深化改革所要求的系统性、整体性的实际体现，也是坚持依法治国方略的根本要求。党的二十大报告提出了"扎实推进依法行政"的要求，"推进机构、职能、权限、程序、责任法定化，提高行政效率和公信力"。[①] 要大力精简不符合法定权限设立的行政审批事项，同时对设定依据全面清理和规范。依据部门内设机构文件设立的审批事项，一律取消；依据行政法规和国务院决定以外的国务院文件（如通知、会议纪要等）设立的审批事项，原则上予以取消。更为重要的或者更为治本的路径是进一步全面清理法律法规，对法律法规进行及时修改和完善，废止过时的法律法规等，这是从源头上解决无依据乱设立行政审批和不依法行政问题的关键。正如清理党内法规一样，要集中力量扎实做好清理政府和部门的法规条例规章这项工作，为后续改革提供重要法律依据。特别是地级市及其以下政府部门行政审批权力的法律依据，大多数是上级政府对口部门制定的。所以，建议由全国人大和省级人大负责，对地方政府及其部门制定的规章和规范性文件等进行全面清理。这样才有可能摆脱部门利益法制化对改革产生的阻碍。由上到下逐级进行清理，建立起依法行使行政审批权力的长效机制，以及上下级政府在行政审批制度改革中的

---

① 习近平：《高举中国特色社会主义伟大旗帜 为全面建设社会主义现代化国家而团结奋斗——在中国共产党第二十次全国代表大会上的报告》，人民出版社，2022，第41页。

协调联动机制，解决对某些审批事项规定相互矛盾的问题。

　　总之，行政审批作为一项重要行政权力，设定审批事项应当遵循我国的立法体制和依法行政的要求，符合法定权限和法定程序。必须做好相关法律法规的清理、规范、修改、废止等一系列工作，为审批事项的设立或取消、存废、调整提供法律依据和前提，这是推动行政审批制度改革完全走上法治化轨道不可绕过的要求和任务。

第五章　行政审批制度改革：政府与外部主体关系的变革

不断深入推进的行政审批制度改革，在政府与外部主体的权力关系层面，改革幅度大、成就显著的是政府与市场企业主体之间的权力关系改革。而政府与社会组织主体、政府与公民主体之间的关系，仍有较大的调整空间。行政审批制度改革和简政放权的本质是限制政府公共权力，更加合法合理地配置政府权力与职能。政府与外部主体的权力关系改革，主要涉及政府同三类主体之间的权力关系。

第一节　简政放权与审批改革：政府与企业主体关系变革

从政府治理权力结构关系角度分析行政审批制度改革，第一个重要关系是政府与企业的权力关系。审视改革开放以来行政审批制度改革的演进历程，这个关系在行政审批制度改革过程中是变化和进展最大的一部分，取得的成效也最为明显。

一　政府对企业下放和扩大自主权的显著突破

前面第三章已有分析，在行政审批制度改革的历程中，政府与市场企业主体的权力关系变革最为突出的是，改革开放初期阶段，政府向企业放权让利的改革取得实质性突破。20 世纪 80 年代初，针对国营企业政企不分的问题，国务院和相关部委发布了一系列扩大企业自主权的文件，包括国家基本建设委员会等部门发布的《关于扩大国营施工企业经营管理自主权有关问题的暂行规定》（1980 年 5 月），国家经济委员会《关于扩大企业自主权试点工作情况和今后意见的报告》（1980 年 8 月），国家经济委员会等 10 部门联合印发的《贯彻落实国务院有关扩权文件，巩固提高扩权工作的具体实施暂行办法》（1981 年 5 月），财政部《关于工业企业自销产品征收工商税和利润处理的规定》（1981 年 8 月），国务院《关于进一步扩大国营工业企业自主权的暂行规定》（1984 年 5 月）等。

上述政策的实施大力推动了中央政府向国营企业放权的改革以及相关审批权力的下放。给企业下放的自主权，开始是扩大企业的生产经营权力、材料供应权力、劳动工资管理权力等；后来逐步扩大企业产品销售、资金使用、固定资产管理、人员配备等自主权。改革所涉及的企业范围不断扩大，先是在国营企业进行改革，后扩大到中小型企业、集体企业还有个体工商户等，进一步搞活了经济和市场。随着企业自主权的不断扩大，企业的独立经济利益得到进一步明确，给企业"让利"的改革步步深入，开始实行企业利润分成、利改税、承包经营责任制等改革。通过一系列改革进一步明确了企业的利益主体地位，在国家、企业、职工个人三者的责权利关系上有了实质性突破，更加有利于后续政企分开和简政放权改革。1988 年第七届全国人民代表大会第一次会议通过《中华人民共和国全民所有制工业企业法》，该法第三章规定了企业的权利和义务，特别是企业经营管理自主权；第六章明确了企业和政府的关系，其中规定政府有关部门应按照国家调节市场、市场引导企业的目标，为企业提供服务；任何机关和单位不得侵犯企业依法享有的经营管理自主权。这些法律规定是政府向企业放权和扩大企业自主权等改革措施上升到法律层面的结果。

以政府下放给企业的定价权为例，政府把价格管理的审批权交给企业，进一步发挥了市场配置资源的功能。1978 年之后开启的经济体制改革，中央政府主要把一部分价格管理权限放给企业，包括小商品价格和部分农产品价格，还对一部分产品实行浮动价格和自主定价。1984 年城市经济体制改革后，我国开始实行价格双轨制，在政府指导下企业开始自主定价，市场在价格管理中的作用增强。1992 年，党的十四大之后政府继续下放价格审批权，把大部分商品定价权下放给企业，甚至连一些重要产品和能源价格都交给市场决定，给企业自主权。2001 年，国务院批准实行《国家计委和国务院有关部门定价目录》（国家发展计划委员会制定)①，其中只有 13 类重要领域的物资或服务实行政府指导定价。2003 年之后，按照完善社会主义市场经济体制的要求，发挥市场配置资源的基础性作用，中央决定竞争性产品的价格完全由企业和市场决定，而且垄断行业价格决定机制也要加入更大的市场竞争要素，这是政府逐步向企业放权的结果。

随着中央政府对国有企业放权改革的推进，地方政府为获得更多的财政收入，也给当地企业放权让利，这加速了企业的市场化进程。需说明的是，地方政府对地方所属企业放权改革的前提是，中央政府在改革与企业权力关系的同时，也将许多经济管理权力下放给了地方，主要包括投资与计划的审批权、物价管理权、外资审批权等，这实质上增加了地方政府的经济自主权。

二 经济领域的审批改革继续调整政府与企业权力关系

政府给企业下放权力，与经济体制改革和发展完善社会主义市场经济体制紧密联系在一起。分析 2000 年之后历次行政审批制度改革和行政审批事项下放、取消、调整的状况，可以判断出政府与企业之间的权力关系配置改革力度相当之大。

2002～2020 年，国务院历次取消的行政审批权力事项，超过 80% 与经济领域相关，有 2693 项；换句话说，行政审批制度改革重点聚焦在政府与经济活动领域主体（企业）之间的权力关系改革上。行政审批制度改革更多的是与社会主义市场经济体制建立、完善与发展相适应，不断下放政府的经济管理权限，减少政府对企业微观干预与直接管控，逐步转向宏观调控的经济治理职能。

从取消的行政审批权力事项所涉及部门角度来分析，这些事项绝大部分集中在经济领域，以向市场和企业放权或者取消市场与企业管理领域的审批权力事项为主。2002～2007 年，取消行政审批事项数量进入过前十名的国务院部门有：建设部、国家质检总局、国家税务总局、保监会、国家经贸委、外经贸部、证监会、中国人民银行、国家计委、公安

---

① 《国家计委和国务院有关部门定价目录》，《国务院公报》2002 年第 14 号。

部等。2010～2014年，取消行政审批事项数量进入过前十名的部门有：证监会、国家发展改革委、国家外汇局、国家税务总局、国土资源部、工业和信息化部、铁道部、商务部、中国人民银行、保监会等。整体而言，取消的行政审批权力事项所涉领域以及这些事项所属政府部门，共同反映出行政审批制度改革在权力关系上的变化，主要是政府下放给企业更多的自主权，进一步发挥市场在资源配置中的决定性作用。

三　重塑审批流程改革提高政府对企业的服务水平

通过取消和调整行政审批事项改革政府与企业的权力关系，政府管理经济的职能得到进一步调整，从微观干预、直接管控的一端向宏观调控另一端发展。同时政府转向为企业服务，在行政审批制度改革中侧重于减少和优化审批环节及审批流程的重塑性改革。

优化审批流程和服务的改革主要发生在2001年全面启动行政审批制度改革之后，且有两个比较明显的进展或跨越性改革标志。一是各地方的行政审批服务中心或政务服务大厅纷纷设立，以政府审批部门窗口的物理性集中实现一站式审批，实现了行政审批环节的初步优化，这主要减少的是企业在多个审批部门之间往返的物理距离和时间成本。二是在全国推进"放管服"改革战略下，行政审批制度改革的进展和任务要求，不只是在前端"放"权，还有后续加强监管，同时追求审批规范化。这其实是在改革审批事项中明确政府职能依法享有的实质正义前提下，追求行使审批权力的程序正义，以达到便捷高效的目标，进一步降低企业的制度性成本，从而达到激发企业和市场活力与创造力、发展经济的目的。

党的十八届三中全会之后，政府优化政务服务改革不断拓展推进。一些地方尝试改革创新，初步构建互联网政务服务平台，通过网上审批解决了一部分信息共享、审批效率问题，促进了行政审批便捷化，便民利企效果明显。2016年，《国务院关于加快推进"互联网＋政务服务"工作的指导意见》发布，该意见把政府的行政审批服务改革推上了一个新台阶。该意见要求，凡与企业注册登记、年度报告、变更注销、项目投资、生产经营、商标专利、资质认定、税费办理、安全生产等密切相关的服务事项，以及与居民教育医疗、户籍户政、社会保障、劳动就业、住房保障等密切相关的服务事项，都要推行网上受理、网上办理、网上反馈，做到政务服务事项"应上尽上、全程在线"，切实提高审批服务质量与实效。相关部门要适应"互联网＋政务服务"发展需要，进一步提升实体政务大厅服务能力，加快与网上服务平台融合，形成线上线下功能互补、相辅相成的政务服务新模式。这些改革措施不断整合审批事项、优化审批流程，提高了部门之间的联合审批效率，为市场和企业创造了更好的营商环境。

在全面推进行政审批制度改革过程中，与政府和市场企业主体的权力关系变革相比，政府与社会主体、政府与公民主体的权力关系变化上存在进一步释放制度红利的空间。这说明在行政审批制度改革过程中，政府与外部主体权力关系，在改革的广度、进展的速度、改革深化的程度方面都存在不平衡性。下面笔者分两节阐述行政审批制度改革过程中政府与社会组织主体、政府与公民主体的关系变化，并提出进一步改革的思路。

第二节　对社会组织审批的改革：政府与社会主体关系调整

观察政府对社会组织的审批制度改革，可以分析政府与社会主体之间的权力变化。国家层面对社会组织审批的管理体制处于不断调整改革的进程之中。地方政府对社会组织审批管理制度的改革受多重因素影响，关系到政府与社会主体之间的权力配置。

一　政府对社会组织审批管理体制改革的简要发展历程

社会组织①的管理体制主要表现为对社会组织的各种审批（如登记、成立、撤销、开展活动等）、管理制度和机制。政府对社会组织审批管理体制的改革反映了政府与社会组织主体之间权力关系的演变，是逐步向社会放权、向社会组织赋权的过程。

---

① 自从党的十七大报告提出"社会组织"概念后，作为社会组织的主要登记管理部门，民政部也启用了"社会组织"这一概念，不再沿用"民间组织"的叫法。社会组织，按照我国已有三大类社会组织登记管理条例，主要是指社会团体、民办非企业单位、基金会。本章分析主要涉及这三类社会组织。

1. 1949～1978 年：初步确立基本管理原则

新中国成立后，国家对经济社会进行恢复重建，建立了新的社会秩序。一个重要成就是，1950 年 9 月，中央人民政府政务院颁布了《社会团体登记暂行办法》，该办法划分了社会团体的不同类型，规定了社会团体的登记管理机关、登记条件、程序、管理原则等。① 这是新中国成立后第一部关于社会组织的专项行政法规，在该办法第九条和第十条分别规定了全国性、地方性社会团体的登记机关，初步确立了社会团体"分级登记"管理的基本原则。1951 年中央人民政府内务部公布了《社会团体登记暂行办法实施细则》②，对每一类社会团体进行了具体规定，实现了对暂行办法的具体化和可操作化。这时的社会团体概念比较宽泛，而且社会团体登记管理机关既行使审批权，又行使管理权，缺乏具体管理办法。

后来由于多个部门和各级地方政府都有对社会团体进行审批登记的权力，出现了多头审批的问题。"1969 年 1 月，主管社团工作的内务部被撤销，其主管的大部分工作由财政部、公安部、卫生部和国家计委承担。社会团体的管理工作进入多部门管理的状态，许多从内务部分立出来的部门都可以审批和管理社团。多头管理造成了社会团体注册登记和日常管理的混乱。"③ 这在一定程度上阻碍了政府对社会组织规范化管理的进程。

2. 1979～2000 年：清理整顿和基本形成双重管理体制

1979～1988 年，社会组织出现爆发式增长且处于无序状态。1988 年，国务院发布《基金会管理办法》；1989 年，国务院颁布《社会团体登记管理条例》《外国商会管理暂行规定》，政府进入对社会组织加强管理时期，控制社会组织无序发展的局面。1990 年，政府对社会组织进行了一次全面清理整顿。为进一步加强管理并促进社会团体健康发展，1996 年，民政部印发《社会团体年度检查暂行办法》，社团年检的主要内容包括社团执行法律法规和有关政策情况，开展业务和经营活动、财务管理和经费收支、分支机构、负责人变化等情况。1996 年，《中共中

---

① 《社会团体登记暂行办法》，《山东政报》1950 年第 10 期。
② 《社会团体登记暂行办法施行细则》，《江西政报》1951 年第 5 期。
③ 崔明逊：《结社自由与社团立法——新中国民间组织立法文献的梳理与分析》，《法律文献信息与研究》2010 年第 3 期。

央办公厅、国务院办公厅关于加强社会团体和民办非企业单位管理工作的通知》明确规定，我国对民间组织实行业务主管单位和登记管理机关双重负责的管理体制。1997年，国务院办公厅转发了民政部《关于清理整顿社会团体的意见》，提出清理整顿社会团体的原则是双重负责的原则、从严的原则、统一归口登记的原则，并明确了清理整顿的具体内容、方法和步骤。

经过清理整顿，1998年，国务院发布新的《社会团体登记管理条例》，社会组织管理开始朝着制度化、法制化方向前进。同年，国务院还颁布了《民办非企业单位登记管理暂行条例》。《社会团体登记管理条例》第七条规定："全国性的社会团体，由国务院的登记管理机关负责登记管理；地方性的社会团体，由所在地人民政府的登记管理机关负责登记管理；跨行政区域的社会团体，由所跨行政区域的共同上一级人民政府的登记管理机关负责登记管理。"《民办非企业单位登记管理暂行条例》第五条规定了登记管理机关和业务主管单位。这两个条例中都有相应条款分别规定了社会团体和民办非企业单位的登记管理机关和业务主管单位的监督管理职责。通过这两个条例我国形成了比较规范的政府对社会组织归口登记、双重负责、分级管理的"双重管理"体制和审批制度。

但实际上双重负责的管理体制未得到有效落实，针对社会组织的管理问题和非法民间组织活动乱象等严重问题，1999年，《中共中央办公厅、国务院办公厅关于进一步加强民间组织管理工作的通知》明确要求，"认真落实双重负责的管理体制，进一步加大管理力度"，"严厉打击非法民间组织的违法犯罪活动，维护社会政治稳定"。[①] 该通知具体规定了业务主管部门和登记管理机关各自的职责分工，强调了对责任人的责任追究，要加快法制建设，完善民间组织管理的法律法规体系。地方上也注重实行对社会组织的双重负责管理体制，一个社会组织即使具备活动场所、人员规模、办公经费等法定条件，如果不能获得业务主管单位的前置性审批，也不能获得登记管理机关的登记许可。政府对社会组织在分级管理的基础上，增加了双重

---

① 《中共中央办公厅、国务院办公厅关于进一步加强民间组织管理工作的通知》，北大法宝官网，1999年11月1日，https://www.pkulaw.com/chl/4ba582a602ef85a1bdfb.html。

管理原则，提高和规范了社会组织准入门槛。

社会组织双重管理体制的形成还体现在政府相关管理机构设置上。1999 年，上海市成立社会团体管理局，成为全国第一个专门的社会团体管理机构，负责对上海的社会团体和民办非企业单位等民间组织进行法制化、规范化、科学化管理。① 后续其他地方也成立了类似机构作为社会组织管理载体。

3. 2000～2012 年：社会组织管理体制和审批制度改革

21 世纪前十年，社会组织管理体制和审批制度经历着调整与改革。政府对社会组织坚持培育发展与监督管理并重，注重加大力度发展社会组织，同时要求严格进行监督管理。2004 年，国务院颁布实施《基金会管理条例》，至此，三大类社会组织都有了管理条例，社会组织发展和管理更有法可依。具体领域的社会组织管理法制化也在推进，2005 年，为加强对非营利组织的管理，财政部根据《中华人民共和国会计法》及有关法规，制定并实施了《民间非营利组织会计制度》，增强了社会组织管理的制度支撑。这些管理条例和相关规章制度构成了社会组织管理的法律制度框架。一方面，要积极、优先培育和发展满足社会需要且与人民生活密切相关的劳动、教育、文化、科技、卫生、体育等方面的社会组织；另一方面，要控制和严格监管业务宽泛、不易界定的社会组织，依法禁止登记设立与国家法律法规相悖的类似气功类、宗族宗教类、欺诈和假冒类、分裂民族和国家类的社会组织。

在国家法律和政策指引下，政府对社会组织发展和管理取得明显进展，积累了实践经验。2007 年，党的十七大报告明确提出了"社会组织"概念，代替了"民间组织"的说法。特别是有两处，一处是要求"发挥社会组织在扩大群众参与、反映群众诉求方面的积极作用，增强社会自治功能"。② 另一处是在推进社会建设部分，要完善社会管理，提出"重视社会组织建设和管理"。③ 可见，党和国家对社会组织发展及其在社会建设与政

① 田泓：《上海成立社会团体管理局》，《人民日报》1999 年 8 月 30 日，第 1 版。
② 胡锦涛：《高举中国特色社会主义伟大旗帜 为夺取全面建设小康社会新胜利而奋斗——在中国共产党第十七次全国代表大会上的报告》，《人民日报》2007 年 10 月 25 日，第 1 版。
③ 胡锦涛：《高举中国特色社会主义伟大旗帜 为夺取全面建设小康社会新胜利而奋斗——在中国共产党第十七次全国代表大会上的报告》，《人民日报》2007 年 10 月 25 日，第 1 版。

治建设中的功能与作用越来越重视。这对社会组织的培育发展产生了较大影响。此后，社会组织发展呈现出一种大幅度增长趋势，社会组织在数量、功能领域逐渐扩展，自主性大大增强。

在审批制度上，我国对社会组织的登记审批、管理，对一些领域的准入有不同程度的改革。国务院大规模取消和调整的行政审批事项中，涉及一些社会组织领域的审批权力。2002～2004年，国务院决定取消的三批行政审批事项中，就包括了由民政部负责的社会团体的审批事项，例如对社会团体收取会费标准审批，成立婚介机构审批，社会团体刻章审批，社会团体设立企业法人备案，民办非企业单位刻制印章审批，全国性社会团体编制数额核定的审批。取消这些审批事项，是在不断扩大社会组织发展自主权，给社会主体行为更大的自由度，也说明政府向社会组织放权取得进展。政府在社会办医领域鼓励社会资本进入，是在社会事务和服务领域尝试加大市场准入。2010年11月，国务院办公厅转发了国家发展改革委、卫生部等部门联合制定的《关于进一步鼓励和引导社会资本举办医疗机构的意见》，文件规定，"鼓励和支持社会资本举办各类医疗机构。社会资本可按照经营目的，自主申办营利性或非营利性医疗机构"。该意见要求简化规范社会资本和社会主体准入的审批程序，这反映的是政府向社会组织赋予更多发展权力的重要举措。

4. 2013年以来：对社会组织直接登记的审批制度改革

政府对社会组织的双重审批和管理体制以及分级管理基本原则，在一定历史阶段促进了社会组织的规范化发展，改变了其无序增长状态，使管理更加规范化和有章可循。随着经济社会发展与各种条件的变化，双重审批管理体制的副作用显现出来，社会组织登记成立环节多而繁琐、时间周期长、发展受限制。社会组织带有明显的行政化色彩，甚至有些领域不少社会组织被称为"二政府"，社会组织独立性不足影响了它的功能发挥。各级社会组织登记管理机关"重登记、轻监管"问题，影响了社会组织发展质量，社会组织行为失范、违法违规现象时有发生，加上非法社会组织的活动等，这都给社会组织管理体制和行政审批制度改革提出了新挑战。

党的十八大以来，我国进入对社会组织管理体制和审批制度改革新时期，政府加大在社会组织领域实施简政放权改革的力度。针对社会组织登记审批环节较多，完成审批程序所需要时间较长的现实问题，为增强社会发展活力和激发社会主体创造力，党中央提出社会组织管理及体制改革的政策性要求。党的十八大报告明确提出推进社会管理体制改革，"加快形成政社分开、权责明确、依法自治的现代社会组织体制"①，引导社会组织健康有序发展。这为推进社会组织管理和审批制度改革提供了方向指导。培育社会组织发展的扶持政策力度不断加大，2016 年，财政部、民政部印发《关于通过政府购买服务支持社会组织培育发展的指导意见》；中央财政设立支持社会组织参与社会服务项目，累计投入资金 15.8 亿元，直接受益对象 1300 多万人次。②

　　双重审批和管理体制的重大突破是政府放开了四类社会组织的直接登记，实行一重审批。党的十八届三中全会提出创新社会治理体制的一项重要改革任务是"激发社会组织活力"。总体要求是正确处理政府和社会关系，加快实施政社分开的改革，一方面转变政府职能，让社会组织承担一些适合的公共服务事项，实现行业协会商会与行政机关脱钩；另一方面针对社会组织登记管理和审批改革，提出"重点培育和优先发展行业协会商会类、科技类、公益慈善类、城乡社区服务类社会组织，成立时直接依法申请登记"。③ 这是在党的文件中进一步重申和明确社会组织审批制度改革要求，是社会组织双重审批管理体制改革中具有突破性的一步。这四类社会组织成立和登记，不再需要业务主管部门提前审查与提出意见，而是直接到登记部门进行登记，减少了审批部门、审批环节，降低了社会组织的准入门槛，为一定范围内社会组织的发展壮大释放了更多制度空间。在中央政策和方向指导下，地方政府包括北京、上海、江苏等加快推进社会组织直接登记的行政审批制度改革，各级民政部门稳妥推进社会组织直接登记试点等工作。同时，政府放开了行业协会管理与审批的一些限制性条件，打破行业协会的一业一会管理限制，放宽行业协会商会准入条件，允

① 胡锦涛：《坚定不移沿着中国特色社会主义道路前进 为全面建成小康社会而奋斗——在中国共产党第十八次全国代表大会上的报告》，《人民日报》2012 年 11 月 18 日，第 1 版。
② 《民政部发布〈"十四五"社会组织发展规划〉》，中国政府网，2021 年 10 月 8 日，http://www.gov.cn/xinwen/2021-10/08/content_5641452.htm。
③ 《中共中央关于全面深化改革若干重大问题的决定》，《人民日报》2013 年 11 月 16 日，第 1 版。

许一业多会，这样若干个性质相近的社会组织通过一定范围竞争来承接政府转移职能的任务，是促进社会组织健康发展的重要途径。

推进向社会组织简政放权的全面改革。放开社会组织的登记管理，本质上是向社会组织放权、进一步限定政府权力。中央推进了政社分开和社会组织与政府脱钩改革，逐步向社会组织放权，拓展社会组织独立发挥功能的空间。2015年，中办和国办印发了《行业协会商会与行政机关脱钩总体方案》，截至2017年已分别公布了三批脱钩试点名单。2016年12月，国家发改委和民政部等10个部门联合印发了《行业协会商会综合监管办法（试行）》，行业协会与政府部门脱钩改革进入了全面深化阶段。在"十三五"期间社会组织审批管理改革进程中，行业协会商会与行政机关脱钩改革基本完成，7.11万家行业协会商会实现脱钩。在2021年，民政部等继续推进脱钩改革工作，"推动729家全国性行业协会商会和69699家地方行业协会商会实现了'应脱尽脱'"。①

继续深化社会组织管理体制改革的方向和目标。2016年8月，中共中央办公厅、国务院办公厅印发了《关于改革社会组织管理制度促进社会组织健康有序发展的意见》，成为社会组织登记管理体制和审批制度改革的纲领性文件，该意见提出，"到2020年，统一登记、各司其职、协调配合、分级负责、依法监管的中国特色社会组织管理体制建立健全……政社分开、权责明确、依法自治的社会组织制度基本建立，结构合理、功能完善、竞争有序、诚信自律、充满活力的社会组织发展格局基本形成"。② 该意见还提出了稳妥推进直接登记审批制度，为培育和加快发展社会组织提供了重要政策和制度保障。从党的十七大提出重视社会组织建设，到社会组织双重管理审批制度改革推进，我国社会组织出现了较快增长趋势，社会主体在国家治理和社会治理中的力量逐渐增大（见图5-1、图5-2）。

通过社会组织审批管理制度改革，政府与社会组织主体的权力关系发生了变化，政府内部上下级之间对社会组织管理审批权力也在调整。2017年12月，民政部印发《关于大力培育发展社区社会组织的意见》，要求

---

① 《印记2021》，《中国社会报》2021年12月28日，第A04版。
② 《中办国办印发〈关于改革社会组织管理制度促进社会组织健康有序发展的意见〉》，《人民日报》2016年8月22日，第1版。

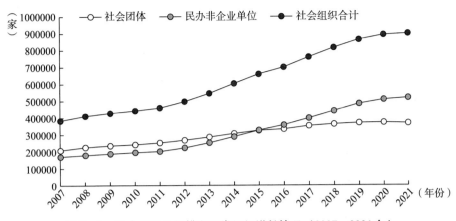

图 5 - 1　社会组织总规模和两类组织增长情况（2007 ~ 2021 年）
资料来源：作者根据国家统计局数据自制。

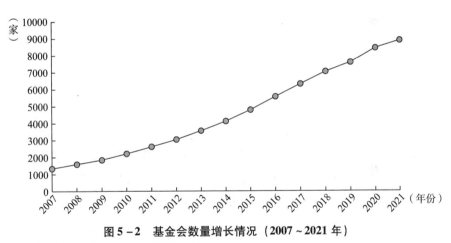

图 5 - 2　基金会数量增长情况（2007 ~ 2021 年）
资料来源：作者根据国家统计局数据自制。

"符合法定登记条件的社区社会组织，可以到所在地县级民政部门申请登记，其中符合直接登记条件的可以直接提出申请"。这进一步扩大了县级民政部门的审批权，要求民政部门简化登记程序，提高登记效率。该意见还指出，"落实中央有关文件要求，对未达到登记条件的社区社会组织，按照不同规模、业务范围、成员构成和服务对象，由街道办事处（乡镇政府）实施管理，加强分类指导和业务指导"，可见，社区社会组织准入门槛在降低，登记备案程序不断简化，推动了那些运作规范、发展较为成熟、规模较大的社区社会组织获得更大发展的空间。向社会组织放权是为更好发挥社会组织在社会治理中的功能。党的十九大报告提出改革要求："加强社区治理体系建设，推动社会治理重心向基层下移，发挥社会组织作用，实现政府治理和社会调节、居民自治良性互动。"① 这要求政府继续向社会组织放权，深化改革政府与社会组织主体之间的权力配置关系。

二 社会组织审批制度改革与权力关系分析

社会组织行政审批制度的改革过程是行政审批权力配置发生变化的过程，包括上下级政府之间以及同级政府不同部门之间的权力配置变化。按照我国现行法律法规，社会组织必须登记注册，才具有合法身份，此种登记是一种重要的行政审批权力的行使。通过政府对社会团体、民办非企业单位、基金会这三类社会组织的行政审批权的设置，笔者选择民政部门的上下级权力关系以及横向部门对社会组织的审批权作为对象，分析社会组织审批制度改革中的行政权力纵向和横向配置关系的演变。

（一）国家层面：三部行政法规的审批权力配置及其改革

20 世纪 90 年代之后，以《社会团体登记管理条例》《民办非企业单位登记管理暂行条例》《基金会管理条例》三部法规为基础，政府开始了对社会组织双重审批权力行使的实践，成为规范三类主要社会组织的直接法律依据。

对社会组织的审批权力在横向部门之间的配置及改革。我国社会组织的登记成立遵循的是双重审批管理体制。其中，横向权力配置体现为，民政部门和业务主管部门之间共同行使审批权力、分担审批的政治风险。这两种权力配置，业务主管部门的审查权是更为实质性的、具有前置条件性的审批权力，民政部门的登记审批权是程序性权力。社会组织的管理条例都有在民政部门和相关主管部门之间分配审批权力的原则性规定。这种配置审批权力的政治因素，吸取了社会组织分散发展的教训，实现其规范性发展，满足维护社会秩序的需求，体现了对社会组织政治风险的考虑。审批管理社会组织的横向部门之间权力关系调整在 2013 年有了新的进展和突破。一个突出的变化是政府实行对四类社会组织的直接登记。行业协会商

---

① 习近平：《决胜全面建成小康社会 夺取新时代中国特色社会主义伟大胜利——在中国共产党第十九次全国代表大会上的报告》，《人民日报》2017 年 10 月 28 日，第 1 版。

会类、科技类、公益慈善类、城乡社区服务类社会组织，登记成立时不再需要找主管部门提前批准，相当于这些类型的社会组织的审批权力集中在民政登记部门，不再是民政部门和其他主管部门的双重管理权力配置。

对社会组织的审批权在纵向层级政府之间的配置及改革。社会组织审批权力的纵向配置是在国务院、省（区、市）、地级市、县（市、区）分层级划分，国务院对不同类型的社会组织审批登记，分别进行了不同审批权力配置的规定。《社会团体登记管理条例》和《民办非企业单位登记管理暂行条例》做了类似规定，两类社会组织审批权纵向配置，是在国务院和地方各级政府，包括县级以上人民政府之间分配。《基金会管理条例》则规定，对基金会的审批权力在国务院和省级政府之间分权配置。

对社会组织管理与审批权力在上下级之间分配方面的改革不断推进。一个变化是，2016年中共中央办公厅、国务院办公厅印发了《关于改革社会组织管理制度促进社会组织健康有序发展的意见》，该意见第五部分是"依法做好社会组织登记审查"，第六部分是"严格管理和监督"。社区社会组织的培育扶持措施，要求对符合登记条件的社区社会组织，加快审核、简化登记程序。对达不到登记条件的社区社会组织，按照不同规模、业务范围、成员构成和服务对象，由街道办事处或乡镇政府实施管理，加强分类指导和业务指导。这对实践中下放社会组织审批管理权是方向性的指导。另一个变化是，基金会的登记审批权力的纵向调整和下放层级，一些县级政府具有了对一定范围基金会的审批权力。这样，省级政府和县级政府就在培育发展与管理社会组织领域有了更多自主权，促进了地方性社会组织的发展。

国务院负责或有权力对社会组织的审批权力进行配置，在上下级之间配置权力的同时，同一级政府对社会组织的审批权力由不同部门来共同行使。中央政府对社会组织的审批管理权力配置的考量，既要保证对社会组织的规范和管理，又要给予它们发展空间与活力。

（二）地方层面：地方创新对审批权力配置格局的突破性改革

地方政府对社会组织审批权力配置的创新性改革，一是对横向审批权力配置的调整，二是将社会组织纵向审批权限向下延伸。

1. 对社会组织审批权力横向调整与产生的问题

在横向政府部门之间调整对社会组织的审批管理权力，主要体现为取消业务主管部门的审批权力，由民政部门集中行使社会组织登记成立的审批权力。这个实质性变化是双重审批改为一元审批，也即审批权力在横向部门之间分配变化，或者说把审批社会组织成立、赋予社会组织合法性的权力集中到一个部门。这是同一级政府的审批权力在不同部门之间配置的变化。深圳、广州等一些地方政府在这个领域的改革成效比较突出。

深圳市从行业协会开始改革社会组织审批权力的横向配置，逐渐扩展直接登记社会组织的范围与类型，推进审批权力横向集中配置。2004 年，深圳市成立行业协会服务署，负责对全市行业协会进行综合协调、指导和服务，并履行部分行业协会的业务主管单位的职能。① 这使得部分行业协会的前置审批和主管权力相对统一，利于行业协会成立与发展。到 2006 年，深圳开始实行行业协会由民政部门直接登记的管理体制，取消了主管部门前置审批，把审批权力统一到民政部门行使，这是审批权力在横向部门之间进一步的重新配置。2009 年深圳市政府与民政部签订《推进民政事业综合配套改革合作协议》，全面探索直接登记管理体制。② 2012 年，深圳市又出台《关于进一步推进社会组织改革发展的意见》，将实施直接登记的社会组织范围扩大到工商经济类、公益慈善类、社会福利类、社会服务类、文娱类、科技类、体育类和生态环境类等 8 类社会组织。总之，深圳市逐渐把社会组织审批权力由横向不同部门分别行使，改革为由民政部门直接行使。

广州市把社会组织审批权力配置改革作为行政审批制度改革的重要内容。2006 年，广州市以行业协会作为改革试点，取消业务主管部门的前置审批权力，直接向登记管理机关申请登记。2011 年，广州市民政局印发《关于进一步深化社会组织登记改革助推社会组织发展的通知》，规定 8 类社会组织可以直接向登记管理机关申请登记。③ 2012 年，广州全面推进社会组织直接登记，除了国家法律法规规定必须有前置审批的，社会组织审

---

① 《深圳市行业协会服务署职能配置内设机构和人员编制规定》，法邦网，2022 年 3 月 28 日，http://code.fabao365.com/law_338812.html。

② 《全市直接登记社会组织数达 588 家》，《南方日报》2011 年 12 月 2 日，第 SC02 版。

③ 广州市民间组织管理局：《广州市社会组织登记管理体制是如何改革的》，《中国社会组织》2013 年第 11 期。

批权力都由民政部门集中行使，实现了民政部门和业务主管部门横向审批权力的重新分配。同时简化了社会组织审批程序，取消社会团体申请筹备的审批环节、民办非企业单位名称的预先核准环节。

社会组织审批权力在横向部门之间调整，实际降低了社会组织成立门槛，是政府简政放权改革的重要内容，对促进社会组织发展具有积极实践意义。审批权力重新配置后，"原来业务主管部门的责任和担忧转嫁给了民政部门，而民政部门由于监管力量无法跟上，事实上也不愿承担相应责任……民政部门面向社会组织注册登记及严格监管中间到底应当承担怎样的责任，是十分值得探讨的问题"。① 横向审批权力由不同部门分别掌管转变为民政部门行使之后，事后监管权力如何配置或者说监管职责承担主体如何确定？有些地方政府民政部门负责社会组织管理的人员对民政部门的审批与监管权责关系认识存在一些误区，认为作为登记机关其职责就限于社会组织登记成立事项的管理，而社会组织后续开展的业务活动，则应当由相关部门依法管理。可见，随着对社会组织审批制度改革的推进，必要的配套改革是，依法明确审批权力与监管权力之间的关系，审批职能与监管职责的履行主体之间的关系。

2. 社会组织审批权力纵向放权的改革

纵向审批权力配置的改革，主要是把一些类型社会组织审批权力从省市下放到县级政府，或者由县级政府延伸到基层乡镇和街道的备案权力。

基金会这类社会组织审批权力的下放，主要发生在省级政府和下级政府（市、县级政府）之间。例如，2012 年，广东省民政厅向广州市民政局下放非公募基金会的登记审批权力。2014 年，江苏省民政厅把一些基金会的登记审批权力下放给市、县民政局；要求各级民政部门应分级做好本辖区基金会的登记管理工作。2014 年，《浙江省民政厅关于下放基金会登记管理权限等有关问题的通知》指出，浙江省民政厅以部分委托的方式向各市、县（市、区）民政局下放由内地居民担任法定代表人的基金会登记管理权，取消全省性基金会设立分支机构、代表机构审批。不过，浙江省在

---

① 童潇：《直接注册时期社会组织管理模式创新——社会组织管理体制改革面临的新问题及应对》，《探索》2013 年第 5 期。

该通知中又规定，对省级以下的市县行使这些类型基金会登记管理权的，还要按照《浙江省民政厅关于启用行政审批专用章的通知》要求，在准予基金会设立登记决定书和法人登记证书上，盖浙江省民政厅行政审批专用章。总体上，这是审批权力在上下级之间分配的有限调整。

一些省级政府把异地商会登记审批权力下放。2014 年以来，安徽、湖南、河北等省陆续把异地商会登记审批权力下放到地级市和县（市、区）民政部门。安徽省民政厅 2015 年的《关于加强和规范社会团体管理的意见》中，专门规定了改革社会团体审批制度的要求，包括取消社会团体分支（代表）机构登记的审批，取消社会团体筹备环节的审批，将异地商会登记管理权限下延至县级登记管理机关。湖南省 2014 年印发了《关于加强和创新社会组织建设与管理的意见》，对改革创新社会组织登记管理体制提出要求，"下放登记审批权限。市州、县市区民政部门可以登记基金会和异地商会"。这些省份的实践做法都是省级政府与下级政府纵向审批权力的调整。

延伸和扩展基层政府对社会组织的备案权力。对部分社会组织实施备案制，是向基层政府授权或者权力下放的一种表现。例如，深圳市除了改革社会组织审批权力的横向配置，还从纵向上把审批权力向下延伸。深圳市授权街道办事处对社区社会组织进行备案管理，重点扶持发展那些服务居民的社区社会组织。这种基层政府对社区社会组织登记备案权力的行使，不断在许多地方成为现实。南京市 2006 年出台了《基层民间组织备案管理暂行办法》，全面推行社区社会组织备案制，使大量活跃于社区为基层群众服务但又不具备法人资格的社会组织取得合法地位。[①] 成都市 2009 年出台了《成都市社区社会组织备案管理暂行办法》，由区县民政部门作为备案管理机关，各街道办事处或乡镇政府作为业务主管单位，推动社区社会组织健康、有序、规范发展。上级政府向街道延伸备案权的实践取得了明显效果。

上述地方政府具体改革过程表明，政府对社会组织审批权力配置，主

---

① 刘鹏：《从分类控制走向嵌入型监管：地方政府社会组织管理政策创新》，《中国人民大学学报》2011 年第 5 期。

要是从调整横向部门之间审批权力分配开始的；再逐渐过渡到纵向审批权力配置改革，包括省级政府向市县级政府下放部分社会组织的审批权力，授予街道对社区社会组织的备案权。

三　社会组织审批权力配置受制于法律框架和政治权衡机制

在国家相关法律和行政法规没有改变的前提下，地方很难突破上位法所设定的框架去改革政府对社会组织的审批权力配置。为什么少数地方政府能突破原有行政审批权力配置格局？基于前述整体分析，笔者认为行政权力配置改革有个前提是国务院或相关部委授权以及国家政策支持，同时在法律框架下，加上政治因素包括政治风险和社会因素的权衡，这种合力促成政府及相关部门作出选择的结果。

1. 国务院部委的授权和国家政策支持

地方纵向行政权力配置改革得到了国家部委授权的支持，使其可以突破一些现有条件进行试点。例如，民政部最早是在 2005 年出台的《关于促进慈善类民间组织发展的通知》中提出对民间组织实施备案制的，"在农村乡镇和城市社区中开展这些活动的慈善类民间组织，不具备法人条件的，登记管理机关可予以备案，免收登记费、公告费"，后来这一模式扩展至基层民间组织。2007 年民政部将江西、北京、深圳、湖北等地列为民间组织备案制改革的试点区。对基金会的审批权力按照行政法规规定，是由国务院和省级政府行使的。而深圳市则在 2009 年得到了民政部授权，开始进行基金会登记审批的试点改革。对社会组织的审批权力关系的改革，是由上级逐级向下级延伸的。国务院授权一些地方政府进行试点；地方政府授权街道进行社区社会组织的登记备案。而且，审批权力在上下级政府之间配置之后，地方一级政府在行使这一审批权力时，有着不同的制度与程序规定。比如，从两个地方的社会组织登记审批制度改革可以看出，深圳是把审批权的行使由双重主体改革调整为单一的民政部门主体；而上海则是把审批权力的行使主体由双重主体扩展为三元主体。

一些地方改革和调整行政权力配置及其行使主体，有国家政策依据和支持。国家授权一些地方进行的试点改革，在具备宏观社会发展条件时，上升为一般性国家政策，在全国范围内推行。可以说，"在从中央支持、授权地方探索社会组织登记管理制度创新到地方创新成果被中央所接受这一过程中，中央与地方存在密切的互动关系，这一过程同时也是央地之间达成政策共识的过程。处于共识状态的地方创新成果，就进入由点到面的推广普及阶段"。① 中央政府在一些地方对社会组织审批权力横向配置改革的基础上，形成国家政策并指导全国的实践。党的十八大以来，在简政放权和全面深化改革的形势下，对社会组织的审批管理权力的"简"与"放"也有明显进展。2013 年国务院对横向审批权力配置进行调整，取消业务主管部门的前置审批。2016 年中央出台政策，纵向调整审批权和扩大备案权。地方政府之所以能够改革社会组织登记管理的行政审批权力配置，也是从这些国家政策中得到了重要支持。

2. 为行政权力的配置改革寻求法律支持

一方面，行政审批权力（行政许可权）横向配置的专门法律依据是《行政许可法》。该法授予省、自治区、直辖市人民政府配置不同行政主体行使许可权的权力。在实践中，省级政府行使着配置地方政府部门行政权的权力。深圳、广州、上海等地方政府对社会组织行政审批权力的配置和调整，是有法律依据的。而且，《行政许可法》第十三条还规定，对于一些事项如果有一定的解决方式，可以不设行政许可，换句话说，对于一些事项包括一些社会组织的成立，可以不设前置审批的审查许可。前述分析的那些地方的改革，基本上是在《行政许可法》正式实施之后才实质性改革审批权力在民政部门和业务主管部门之间的分配的，这成为地方政府将双重审批改为单一主体行使审批权力的重要原因之一。

另一方面，不同的地方政府根据国务院行政法规，结合当地经济和社会组织发展程度，制定了一些规范性文件，作为行使审批权力的法律性依据。例如，深圳市"两办"发布的《关于进一步发展和规范我市社会组织的意见》，上海市修订的《民办非企业单位登记实施办法》，江苏省《四类社会组织直接登记管理暂行办法》，浙江省《社会团体管理办法》等，这些都为行政权力的行使提供了合法性依据。

---

① 孙发锋：《我国社会组织登记管理制度改革——基于地方创新的视角》，《行政论坛》2013年第 1 期。

3. 地方政府对政治风险和社会力量的权衡

行政审批权力配置改革，在法律法规框架下存在法律与政治的博弈，主要体现为地方领导对权力配置改革的政治成本或风险的考虑以及对社会主体利益诉求的权衡。

地方政府对社会组织审批权力的改革，除了寻求法律法规依据和国家政策支持，还有对政治成本和社会压力的权衡。分析上述地方政府对社会组织审批权力横向配置的改革，有一个共同点，都是从政府对行业协会这类社会组织的审批权力改革开始的。其原因之一是，行业协会的性质属于经济类社会组织，"我国社会组织登记管理制度之所以首先在经济领域取得突破，重要原因在于行业协会、商会的经济发展意义"。① 对这类组织审批权力配置的改革，政治风险相对较小，即地方政府的政治控制成本相对较小，而对经济发展利益更大。同时，这类社会组织发展得比较活跃，不同部门同时行使双重审批权力对其发展造成不利影响，地方政府面临行业协会要求发展的诉求和社会压力。地方政府对政治成本和社会压力的权衡，是其改革行政权力配置的重要影响因素。后续改革中，行政审批权力由双重审批改革为由民政部门一元主体审批，并将其范围限制在有限的社会组织类型中，尤其是与政治因素关联性较小的那些社会组织。

四 改革政府与社会组织主体权力关系的进一步思考

不同层级政府对社会组织的审批权限实质上是上下级政府行政权力配置在社会组织审批方面的一个具体体现。政府对社会组织的行政审批权力的配置与实际权力行使，需要法律法规作为前提，这是行政权力合法性之所在。上下级政府之间，对社会组织的审批权力的分配，一方面，有法律法规框架和原则约束；另一方面，又是上下级政府根据经济社会环境和客观条件的改变而不断改革的结果；再一方面，还有社会政治稳定的因素考虑在内，即使下放审批权力，也是选择性、逐步下放的行为。这种权力调整与新的配置，反过来推动社会组织相关法律法规的修改与完善，进一步

---

① 刘忠祥：《经济发展的第三推动力——温州市行业协会的调研报告》，《中国民政》2003年第10期。

把上下级政府之间的审批权力配置法定化。这是一个多方互动与相互影响的发展过程。结合全面深化行政审批制度改革和完善中国特色社会主义行政体制目标的要求，应进一步向社会放权，改革政府对社会组织的审批管理制度，为更好地发挥社会组织主体在政府治理现代化中的功能、建立现代化社会组织体制提供更为广泛的社会基础。

关键之一，完善法律法规体系。坚持依法治国基本方略，要求法治国家、法治政府、法治社会一体建设。按照我国宪法和《中华人民共和国地方各级人民代表大会和地方各级人民政府组织法》规定的中央与地方行政权力配置基本格局，国务院享有对中央与地方行政权力配置的决定权。在具体法律法规中，有的只原则上规定了某些类型行政权力应由哪些层级的政府来行使。所以，要完善一些法律法规，明确具体行政权力到底应该下放到哪些层级的政府。"目前的社会组织立法存在重程序轻实体的倾向，立法实体内容严重缺失。一是缺乏扶持社会组织发展的措施，二是缺乏对社会组织的社会监督和自律约束机制的规定。"[①]《社会团体登记管理条例》和《民办非企业单位登记管理暂行条例》主要是程序性立法，对社会组织实体本身的权利、责任、功能等都尚待法律明确，修订这些法规或者将其升格为法律的任务具有现实迫切性。2014年以来，在中央政府简政放权改革部署下，一些省级政府把基金会的登记审批权下放给市、县政府，《基金会管理条例》需要及时修订与完善。同时相关部门应考虑到设定和完善行政权力纵向配置的一些标准，如按照行政区域划分标准、按权力事项重要程度或影响程度确定标准等。这些都需要通过完善相关领域的法律法规体系来进一步规范。

关键之二，赋予省级政府权力配置权限。这是政府向社会组织主体下放权力的政府内部条件。行政权力纵向下放，即中央政府向地方政府放权、上级政府向下级政府放权，由此扩大地方政府和下级政府的行政权限与管理公共事务自主权。相对下级地方政府而言，上级地方政府也存在权力过于集中的问题，对此邓小平同志曾一针见血地指出："权力要下放，

---

① 丁渠：《社会管理创新视野下的社会组织法律体系建构》，《河北法学》2013年第6期。

解决中央和地方的关系，同时地方各级也都有个权力下放问题。"① 党的十九大明确提出"赋予省级及以下政府更多自主权"。② 地方政府对行政权力在本级政府不同部门之间的调整，以及在上下级之间的配置，需要寻求法律法规依据和上级政府的授权。此外，《行政处罚法》《行政许可法》都赋予省级政府配置某些行政处罚权和行政许可权的权力。因此，"赋予省级政府配置行政权，有必要性和宪法和法律的依据，有些法律授权省级人民政府配置部分行政权以及部分领域的行政职权，省级政府是地方行政权配置的恰当主体"。③ 省级政府可以在两个层面配置行政权力，一个是在省、市、县、乡镇政府间配置行政权力，另一个是在一级政府内的职能部门之间配置行政权力。具体到社会组织管理与审批权层次，中央应赋予省级更多的自主权，有助于发展地方性社会组织，更好地服务于当地发展需求。

《"十四五"社会组织发展规划》提出的主要目标中包括"党建引领、统一登记、各司其职、协调配合、分级负责、依法监管的中国特色社会组织管理体制更加健全；政社分开、权责明确、依法自治的社会组织制度更加完善"。总之，政府与社会组织主体权力关系在直接登记管理体制之下产生的变化主要为：（1）政府体系内部的部门之间在社会组织审批权力上更为集中，登记部门为了责任分担和降低风险，会寻求相关部门来共同监管成立后的社会组织；（2）上下级政府在社会组织审批管理权力调整中向下级放权，实质上也是间接向社会主体放权的途径，但要注意不同层级政府应切实落实权责一致的基本原则；（3）政府通过审批制度改革减少了对社会组织的管控，增加了合作关系与资源互补关系。政府给社会组织更多自主权，社会组织也由此获得了更多发展空间，承接政府转移职能的作用逐渐发挥出来。政府进一步向社会放权，把政府管不好、社会主体能够通过自治解决的事务交由社会主体治理。整体上政府与社会组织之间的权力

① 《邓小平文选》第 3 卷，人民出版社，1993，第 177 页。
② 习近平：《决胜全面建成小康社会 夺取新时代中国特色社会主义伟大胜利——在中国共产党第十九次全国代表大会上的报告》，人民出版社，2017，第 39 页。
③ 徐继敏：《论省级政府配置地方行政权的权力》，《四川大学学报》（哲学社会科学版）2013年第 4 期。

结构关系，仍是政府占主导。政府向社会组织进一步放权，使政府与社会组织的权力关系结构达到理想目标状态，是实现强政府—强社会的发展格局目标要求。

第三节　职业资格认定与改革：政府与公民主体关系变化

行政审批制度改革中，政府与公民的权力关系变化或调整主要体现在公民申请办理各种证件或证明以及公民从事各种职业行为的职业资格认定、许可等审批改革上。一是，全面梳理证明事项，取消各类无谓的证明。党的十八大以来，"放管服"改革全面深入推进，有一项内容就是政府实行便民利企的措施，减轻公民负担，为群众提供更好的服务。其中，重要的是清理、减少和取消那些使群众"办事难"的各种证明事项，因为这些证明事项当中有不少具有行政审批的性质。2015 年国务院集中清理各种增加公民办事成本的证明事项，印发了《国务院办公厅关于简化优化公共服务流程方便基层群众办事创业的通知》。该通知要求解决困扰基层群众的"办证多、办事难"问题，全面梳理和公开公共服务事项目录，坚决砍掉各类无谓的证明和繁琐的手续，从源头上避免各类"奇葩证明""循环证明"等现象，为群众提供更加人性化的服务。2017 年 6 月 13 日，国务院召开全国深化简政放权放管结合优化服务改革电视电话会议，针对奇葩证明再提要求，"要持续开展'减证便民'行动。针对烦扰群众的各种奇葩证明、循环证明、重复证明等问题，能够取消的取消，能够互认的互认，凡没有法律法规依据的一律取消，能通过个人现有证照来证明的一律取消，能采取申请人书面承诺方式解决的一律取消，能通过网络核验的一律取消。"[①]

为进一步优化对群众的服务，2018 年中央政府再发通知，包括《中共中央办公厅 国务院办公厅印发〈关于深入推进审批服务便民化的指导意见〉的通知》《国务院办公厅关于做好证明事项清理工作的通知》等。在这些文件中强调，各部门各地区应加大力度清理各种盖章、审核、备案、确认

---

① 李克强：《在全国深化简政放权放管结合 优化服务改革电视电话会议上的讲话》，《人民日报》2017 年 6 月 30 日，第 2 版。

等证明事项和手续，要对法律、行政法规、部门规章和部门规范性文件设定的、在本行政区域内实施的证明事项进行梳理；凡没有法律法规依据的一律取消，能通过个人现有证照来证明的一律取消，能采取申请人书面承诺方式解决的一律取消，能被其他材料涵盖或替代的一律取消，能通过网络核验的一律取消，开具单位无法调查核实的证明一律取消。国务院还突出了依法改革的要求，在清理和取消证明事项中涉及修改法律法规的及时提出修改建议，按照法定程序提请修改，从源头上取消各种阻碍群众办事的证明事项。

在国家部委层面，也出台措施落实中央的政策。比如，民政部等多部门联合发布了《关于改进和规范基层群众性自治组织出具证明工作的指导意见》，根据中共中央、国务院关于减证便民、优化服务的部署，凡是没有法律法规依据或未经国务院批准列入保留证明事项清单的证明事项，基层群众性自治组织不予出具，同时还列出了第一批不应由基层群众性自治组织出具证明事项清单，包括亲属关系证明、居民身份信息证明、无犯罪记录证明、婚姻状况证明、出生证明等共计20项。这些证明事项，从政府行使权力的角度，带有审批的性质，所以，政府不断减少这些影响公民办事的不合理、不必要甚至是不合法的证明事项，是从根本上改革政府与公民的权力关系，给予公民更多经济社会领域的行为自主权。

二是，清理和取消关于职业资格的许可与确认等审批事项。我国从1994年开始推行国家职业资格证书制度，包括准入类职业资格和水平评价类职业资格，由人社部门会同国务院有关主管部门设置。国家对一些特殊职业、行业设定资格、资质许可，是因为这些职业、行业直接关系公共利益，其从业人员必须具备与该专业要求相适应的知识、技能，从业组织必须具备相应的技术、管理、人员要求。"这类赋予公民、组织资格、资质的行政许可一般没有数量限制。通过考试、考核，符合规定的标准即可以取得资格。实践中，少数执业许可往往有数量控制，藉以实行准入控制。公民、组织一旦取得资格、资质不可以转让。实行资格、资质认可的范围主要限于与财产、生命、安全有关的领域。"① 与职业资格资质相关的行政

---

① 罗豪才、湛中乐主编《行政法学》，北京大学出版社，2016，第207页。

许可还包括认可、确认等形式。认可一般是指赋予特定相对人从事一定活动的资格，确认其具备从事相应活动的能力。下面主要从公民职业资格的审批事项及其改革角度分析政府与公民的权力关系变化。

一 职业资格类行政审批事项改革①

行政审批制度改革范围逐步扩大是整个行政审批制度改革的一大特点。就行政审批事项本身观察，从取消对企业行为管理的审批权力事项，到清理中介机构组织事项，再到取消关系到职业资格的认定与核准事项，清理行政审批事项的范围越来越大。而且这种范围扩大表现为从改革经济领域主要涉及政府与市场企业主体的权力关系，到改革政府与社会组织主体的权力关系，再到改革政府与公民主体之间的关系，政府逐步放宽公民个人就业门槛、降低了公民个体市场准入门槛。这方面的突出表现是国务院分批取消职业资格许可、核准、认定等事项，进一步推动职业资格市场化改革，为劳动者就业创造更加宽松的发展环境。

1. 集中取消职业资格许可和认定事项

取消职业资格的审批事项，主要涉及公民个体领域，这是改革政府与公民之间的权力关系的重要途径。2014 年以前，国务院多批取消或调整的行政审批事项当中，涉及职业资格审批或认定事项的较少。从 2014 年开始，国务院通过专项文件，多次集中清理和取消专业技术与职业技能的职业资格行政许可事项，放宽从业门槛，方便劳动者就业。从零星化到集中化的取消与调整职业资格审批事项，体现了国务院对改革政府与公民关系而深层次、广范围推进政府职能转变的重视，进一步收缩政府权力和对公民从业行为的微观干预，给公民更多就业选择权和自主权，从较大覆盖

---

① 本节分析主要是基于国务院关于取消职业资格的如下文件，后续内容不再单独注释。《国务院关于取消和调整一批行政审批项目等事项的决定》（国发〔2014〕27 号）；《国务院关于取消和调整一批行政审批项目等事项的决定》（国发〔2014〕50 号）；《国务院关于取消和调整一批行政审批项目等事项的决定》（国发〔2015〕11 号）；《国务院关于取消一批职业资格许可和认定事项的决定》（国发〔2015〕41 号）；《国务院关于取消一批职业资格许可和认定事项的决定》（国发〔2016〕5 号）；《国务院关于取消一批职业资格许可和认定事项的决定》（国发〔2016〕35 号）；《国务院关于取消一批职业资格许可和认定事项的决定》（国发〔2016〕68 号）。

面、较深层次上为公民市场准入和创业创新提供更优环境与制度保障。

表 5 - 1 所呈现的是国务院分批次集中取消的职业资格认定与许可事项的年度数量与规模分布，从中可以看出，取消许可和认定事项总数呈逐年递增趋势，这说明取消审批事项的速度在逐步加快。取消的这些职业资格事项的具体内容和情况如下。

2014 年，有两批次。第一批国务院决定取消的职业资格许可和认定事项共计 11 项。第二批国务院决定取消的职业资格许可和认定事项共计 67 项：其中取消专业技术人员职业资格许可和认定事项共计 26 项；取消技能人员职业资格许可和认定事项共计 41 项。

2015 年，有两批次。第一批国务院决定取消的职业资格许可和认定事项共计 67 项。其中取消技能人员职业资格许可和认定事项共计 39 项；取消专业技术人员职业资格许可和认定事项共计 28 项，包括对这些职业资格的核准、许可和认定等，有一些是国家部委管理的协会来行使核准与认定权。第二批国务院决定取消职业资格许可和认定事项共计 62 项，其中取消技能人员职业资格许可和认定事项共计 37 项，取消专业技术人员职业资格许可和认定事项共计 25 项。

2016 年，有三批次。第一批国务院决定取消职业资格许可和认定事项共 61 项，其中取消专业技术人员职业资格许可和认定事项共计 43 项；取消技能人员职业资格许可和认定事项共计 18 项。第二批国务院决定取消职业资格许可和认定事项共 47 项，其中取消技能人员职业资格许可和认定事项共 38 项；取消专业技术人员职业资格许可和认定事项共 9 项。第三批国务院决定取消职业资格许可和认定事项共 114 项，其中取消专业技术人员职业资格许可和认定事项共 7 项；取消技能人员职业资格许可和认定事项共 107 项。加大职业资格许可和认定事项清理力度，能不断降低人才负担和制度成本，持续激发市场和社会活力，促进就业创业。

表 5 - 1　历年多批取消职业资格许可和认定事项数量

单位：项

	取消事项总数	准入类	水平评价类
2014 年两批次	78	26	52
2015 年两批次	129	5	124

续表

	取消事项总数	准入类	水平评价类
2016 年三批次	222	16	206
合计	429	47	382
占比	—	11%	89%

资料来源：作者根据历年国务院相关文件整理。

国务院强调指出，取消对公民市场就业准入不必要的职业资格许可和认定事项，是降低制度性交易成本、推进供给侧结构性改革的重要举措。只要是不涉及国家安全、公共安全、公民人身财产安全的职业，原则上要放宽市场准入。各地区、各部门要从经济社会发展大局出发，进行关于职业资格许可和认定事项的自我梳理与清查，水平评价类职业资格要真正实现市场化。人力资源和社会保障部门要对照职业分类大典对现有准入类和水平评价类职业资格许可与认定事项进行全面清理，会同有关部门制定完善国家职业资格目录清单并实行动态调整，持续降低就业创业门槛。通过实施职业资格清单管理制度，逐步建立科学合理的国家职业资格体系，没有法律法规依据的准入类职业资格一律不得新设。在国家职业资格目录清单之外，各地区、各部门不得开展职业资格许可和认定工作，给公民就业和创业提供更多选择空间。同时，取消职业资格准入的，与其他领域行政审批制度改革同样，必须做到"放管衔接"，加强对职业资格实施的评估检查，建立事中事后监管机制，营造发挥人力资源和人才优势的创业创新环境，也是实现"保就业"政策的重要支撑。

2. 清理和取消职业资格认定和许可事项的明显成效

一是取消职业资格数量和规模的显著进展。集中清理和规范职业资格的改革始于 2007 年，国务院办公厅下发的《关于清理规范各类职业资格相关活动的通知》（国办发〔2007〕73 号），要求由国务院人事、劳动保障部门牵头，会同发展改革、公安、监察、教育、民政、财政、工商和行业主管部门组织实施，全面清理各级政府及部门、事业单位、行业协会和社会团体、各类企业设置和实施的职业资格及相关考试、发证等活动。"截至 2013 年底，国务院部门共设置各类职业资格 618 项，其中专业技术人员职业资格 219 项，技能人员资格 399 项。地方自行设置职业资格 1875

项，其中专业技术人员资格 389 项，技能人员资格 1486 项。"① 经过 3 年 7 批次改革后，国务院部门层面取消的各类职业资格事项的整体规模占原有职业资格总数的 70%。政府加大向公民放权力度，不断降低就业创业门槛，为我国人力资源开发和有效利用创造了条件。

二是通过清理和取消职业资格限制，给公民更多的就业选择权利。按照简政放权要求，政府应建立更加科学的职业资格制度体系。取消大量不必要的职业资格准入，解决一些政府部门和行业协会等组织的腐败问题，因为有些部门把职业资格准入的审批当成了敛财或获取利益的工具。取消了职业资格许可或认定事项，本质上就是取消和减少了政府一部分权力，"逐步构建国家职业资格框架体系，推动职业资格科学设置、规范运行、依法监管"②，减少政府对公民就业的微观干涉，进一步规范就业市场。

三是更深入全面清理与职业资格相关的法律法规和文件，为职业资格设置法定化奠定了基础。先清理和取消没有法律法规依据的职业资格许可事项；把与国家安全、公共安全、公民人身财产安全关系并不密切或不宜采取职业资格方式进行管理的职业资格事项取消之后，带动相关法律法规的修改和完善。这是依法推进行政审批制度改革与法律法规的立改废相互影响、同步推进的体现。与实施行政审批制度改革的权力清单制度相对应，我国逐步出台实施国家职业资格目录清单，清单之外的一律不得设置许可和认定职业资格，以限制和约束政府权力。

2017 年，我国人力资源和社会保障部印发了《进一步减少和规范职业资格许可和认定事项的改革方案》，继续清理和取消一些不适应经济社会发展的职业资格事项，强调了对取消职业资格事项改革的监督和监管，对督查发现、媒体反映、群众举报的违规设置实施的职业资格许可和认定事项，发现一起、查处一起，确保职业资格证书的公信力和权威性。2021 年，人力资源和社会保障部公布了《国家职业资格目录（2021 年版）》，这有利于进一步提高职业资格设置管理科学化、规范化水平，推动降低就

---

① 高阳：《向科学的职业资格体系再迈新步》，人社部网站，2015 年 7 月 30 日，http://www.mohrss. gov. cn/SYrlzyhshbzb/dongtaixinwen/buneiyaowen/201507/t20150730_216410. html。

② 《人社部：持续降低就业创业门槛让利于民》，人民网，2016 年 6 月 15 日，http://finance.people. com. cn/n1/2016/0615/c1004-28445496. html。

业创业门槛，为推动高质量发展激发市场主体活力提供保障。

二　取消职业资格审批事项的主要特点

具体分析国务院取消的职业资格认定和许可的审批事项可以发现，这些事项的类型、所涉及政府部门和主体、法律法规依据等方面呈现出一定特征，也反映了一些问题。

1. 取消职业资格审批事项呈逐年增多的特征

2014～2016年这三年，在国务院取消的行政审批事项中，职业资格类事项所占比例依次提高，从2014年的18%提高到2016年的52%。每个年度取消的职业资格认定和许可事项数量逐年增加，从2014年的78项，增加到2016年的222项，增长速度比较快。

2. 取消职业资格审批事项的部门呈分散性特征

国务院决定取消的职业资格事项所属的部门，具有明显的分散性特点。大多数部门都是取消1项、2项，少数部门取消6～10项。例如，2014年，国务院第一批取消职业资格类的审批事项，一共11项，涉及10个部门，除国土资源部取消2项外，其余每个部门取消1项。这在某种意义上也是取消职业资格审批的一种尝试性改革或试探性改革。2014年，国务院第二批取消的职业资格审批事项，除中国民航局取消了23项技能人员的职业资格许可认定事项外，其余20多个部门多数只取消了1项或2项。总体上2014年取消的78项职业资格事项分布在22个部门中，比较分散。2015年国务院取消的职业资格事项也有类似的特点，其中最多的是中国民航局取消了27项，占比较大，其余事项在政府部门和行业协会组织的分布相当分散。2016年，国务院决定取消的222项职业资格认定和许可事项，分布在29个政府部门和19个行业协会中，除了人力资源和社会保障部取消的63项和轻工业联合会的14项，其余部门分布呈现出分散性特点。

3. 取消职业资格审批事项的主体扩展到社会组织

这是与取消其他类型行政审批事项具有明显区别的一点。国务院历次取消的行政审批事项绝大多数是政府部门行使的审批权力。而2014年以来取消的职业资格认定和许可事项，其主体不仅有政府部门，而且有数量较多的社会组织。社会组织主体绝大多数是行业协会，个别是基金会，比如取消了由中国人民银行中国金融教育发展基金会评价的金融理财师的职业资格。政府部门把一部分职业资格许可和认定事项委托或授权给社会组织实施。取消的职业资格事项中，原来由行业协会等社会组织负责的占到总数量的1/4，其中2015年的比例已达到30%，2014年也占了14%。政府取消的职业资格事项，有相当一部分是把行业协会实施的职业资格核准或认定事项给取消了，这可能会影响政府向包括行业协会在内的社会组织主体转移职能的改革。

国务院决定多批次取消的职业资格许可和认定事项，涉及社会组织包括行业协会和基金会的情况有所不同。2014年取消的职业资格事项涉及的社会组织有中国冶金建设协会、中国商业联合会、中国拍卖行业协会、中国机械工业质量管理协会、中国机械工业标准化技术协会等。2015年涉及7个行业协会：中国煤炭建设协会、中国冶金建设协会、中国机械工业联合会、中国轻工业联合会、中国有色金属工业协会、中国物流与采购联合会、中国石油和化学工业联合会。2016年涉及的企业和行业协会有：中国铁路总公司、中国机械工业联合会、中国石油天然气集团公司、中国盐业总公司、中国石油和化学工业联合会、中国轻工业联合会、中国船舶工业集团公司、中国钢铁工业协会、中国建筑材料联合会、中国商业联合会、中国电力企业联合会、中国纺织工业联合会、中国煤炭建设协会、中国电力建设企业协会等。取消的那些由行业协会实施的职业资格许可和认定事项，减少或剥离的是行业协会这类社会组织的权力，改变的是社会组织和公民之间的关系，而没有改变政府与公民之间的关系。

4. **职业资格认定和许可事项的法律法规依据**

国务院取消的职业资格事项，分为准入类和水平评价类这两大类。在行政审批权力本质意义上，这两类事项性质有所区别，准入类职业资格是对涉及公共安全、人身健康、人民生命财产安全等特殊职业，依据有关法律、行政法规或国务院决定设置的；水平评价类职业资格是对社会通用性强、专业性强、技能要求高的职业，根据经济社会发展的需要而设置的认定或认可类职业资格制度。而且，准入类是没有等级划分的，水平评价类则有等级划分。

2014～2016年三年所取消的职业资格事项中，水平评价类占绝大多数，达89%，而准入类的事项只占11%（见表5-2）。2015年的取消事项中，水平评价类中的技术能力职业资格事项占比已经高达96%；2014年和2016年的这个比例分别为67%与93%。

表5-2　取消的两类职业资格审批事项数量

单位：项

	准入类数量	水平评价类数量
2014年两批次	26	52
2015年两批次	5	124
2016年三批次	16	206
占总数的比重	11%	89%

资料来源：作者根据历年国务院相关文件整理。

取消的这些职业资格事项的依据有如下类别：一是政府部门规章，包括国土资源部令、交通部令、水利部令等；二是政府部门内设机构的办法，如工信部内设机构的办法；三是行业协会的章程；四是《中华人民共和国职业分类大典》（1999年），以及《中华人民共和国职业分类大典》（2006年增补本）等国家标准。可见，职业资格的审批事项，其当初设定存在合法性不足或法律法规依据不充分的问题。这要求政府以后设定公民的职业资格审批事项，必须提高法治化程度，政府对公民职业准入的审批权力要依法行使。

水平评价类职业资格的许可或认定，多数由行业协会负责。国务院取消职业资格事项的文件中，这些项目的设定依据一栏中显示"无"，有相当大比例的职业资格许可或认定事项没有依据。2014年，国务院取消的一批职业资格事项中，水平评价类事项的设定依据，显示"无"也即没有设定依据的有16项，占到水平评价类总数的31%。2015年国务院取消的第一批职业资格认定和许可的水平评价类项目中，有15项没有设定依据，占24.6%。这些职业资格准入本应由市场决定优胜劣汰，没有法定依据的职业资格审批项目应该取消，实现政府向社会组织和公民的放权。因此，政府在清理职业资格行政审批事项的同时，应该清理法律法规，依法限定政府权力才是治本之策。

三　调整改革政府与公民权力关系有较大空间

通过上述分析国务院集中取消的职业资格审批事项具体情况，笔者发现这个领域里的行政审批制度改革，要实现政府与公民权力关系的实际调整与改变还有较大提升空间。

一是需要按照完善社会主义市场经济体制的目标进一步改革职业资格项目审批。准入类职业资格主要涉及公共安全、人身健康、人民生命财产安全等特殊职业，依据有关法律、行政法规或国务院决定设置，这具有一定的门槛，有些领域或行业的公民准入资格存在现实必要性。而与准入类职业资格相比，水平评价类事项主要是评出技术等级和技术实力高低，这类技术能力评价需要实践检验，需要经历市场竞争和优胜劣汰机制，因此政府部门或行业协会的认定，不利于建立起更加完善的符合社会主义市场经济体制的人才竞争机制，对转变政府在经济社会领域的管理职能起不到促进作用。应扩大行政审批制度改革范围，深化改革政府与公民的权力关系，按照"放管服"改革要求，建立更加符合市场经济体制需要的技能人才评价制度，为高质量经济发展和社会进步提供更好的人才资本支撑。

二是需要按照法律法规进一步清理职业资格项目，做到有法可依、有法必依、执法必严、违法必究。前已分析强调指出，在取消的职业资格事项中，许多本来是"无依据"的项目，或者这些职业技能的资格在设立和进行许可认定时，相关行业协会没有找到依据来行使这种确认权力。值得反思的是，没有法律法规依据的项目当初为什么会设定呢？这违背了行政审批权力的职权法定原则，以及审批事项依法设立的原则。因此，政府应在取消职业资格审批事项改革基础上，按照依法行政基本原则、"法无授权不可为"原则，进一步清理和规范职业资格事项，向公民放权，增加公民自主权。

三是需要继续清理包括行业协会在内的社会组织管理的职业资格事项，不要让行业协会成为政府向公民放权的绊脚石。国务院要求各部门梳理职业资格认定和许可事项，要求政府部门把其管理的行业协会实施的职业资格事项给取消。国务院决定取消的公民职业资格事项，有相当一部分是社会组织包括行业协会负责的资格认定事项，2014～2016年取消的职业资格审批事项总数中，取消的行业协会负责的公民职业资格事项，分别占到由政府部门自己负责事项的16%、43%、35%；整体比例平均达到了1/3。政府向公民放权的改革处于有限度的层次。这反映出了同类性质的问题，即政府对职业资格认定和审批事项的改革，也是从外沿、从那些不触及部门核心利益的权力事项开始的，与政府和公民之间的权力关系调整还有差距。要建设高标准市场体系，促进人才竞争，要更加发挥市场在配置资源包括配置人力资源上的决定性作用，进一步转变政府职能，把更多由市场通过优胜劣汰机制来实现的人力资源准入门槛和评价的限制权下放给市场和企业，同时也是给公民更多的选择权和自由度。

从法律角度审视行政权力与公民权利的关系，"行政权一旦形成，便与公民权利结成一种既相互依存，又相互对立的关系。在行政主体与相对方形成的关系中，一方权利（权力）的实现，要求另一方履行相应的义务。每一方既是权利主体又是义务主体，双方的权利义务在总体上应是平衡的"。① 现实问题是在行政审批制度改革中，政府与公民的权力与权利关系存在不平衡问题。例如，公民的职业资格许可或认定的改革取得一定进展，方便了公民就业和市场准入；在公民监督行政权利、参与行政权利等方面，与行政权力之间的结构关系依然存在改革空间。

现代行政的目的已经从维护秩序为主，转向维护秩序的同时促进经济高质量发展、改善民生、保障人权，提升国家的国际竞争力。这些目的为改革政府与公民的关系提出了新要求，更加注重改革政府与外部多元主体之间的权力关系，吸纳公民和社会力量参与政府的行政过程和治理过程，进一步把民主、公正、参与的价值注入到政府过程之中。具体到行政审批制度改革领域的政府与公民权力关系，要坚持依法治国基本方略，坚持依法行政，确保行政权力运作高效，要促进市场经济发展，促进社会和公民权利的行使与维护，从而保证行政权力和公民权利在整体上实现结构性平衡。

---

① 罗豪才、湛中乐主编《行政法学》，北京大学出版社，2016，第6页。

第六章 地方行政审批制度改革实证分析

——以 Z 省为例

行政审批制度改革发展历程总体是中央与地方相互影响的自上而下为主与自下而上为辅的推进路径。从权力配置和权力结构审视，行政审批权力配置、行政审批事项设定，中央政府更有主动权。行政审批制度改革的战略部署和重要任务都蕴含着党的领导和自上而下推动改革的逻辑路径。从行政审批权力具体实施、审批程序和技术运用角度审视，则有更多地方政府创新推动着自下而上的改革路径。一些地方行政审批制度改革创新或试点，驱动着中央政府在全国范围内的改革战略部署，同时，在国家战略改革方向指导下，地方行政审批制度改革持续推进。在前面章节分析了国家层面行政审批制度改革历程和多领域进展之后，进一步分析地方层次行政审批制度改革的变化。本章主要选择一个省份以及一个市政府和县政府，分析地方政府层次行政审批制度改革在权力结构关系方面的进展状况及主要特征。选择 Z 省作为省级政府层面的案例进行分析，主要原因是该省的行政审批制度改革走在全国前列，可以说处于全国推动行政审批制度改革的第一梯队。

第一节 Z 省行政审批制度改革历史及特征

本部分以一个省级政府政策文件为基础来探讨地方行政审批制度改革的发展历程与逻辑，包括改革的动力机制、改革任务类型、内容重点的确定、改革密集程度等方面的发展路径特征。研究范围界定在一个省级地方政府，选择 Z 省作为分析案例。行政审批制度改革与经济体制改革和建立完善社会主义市场经济体制具有伴生性特征。Z 省是社会主义市场经济得

137

到充分发展的典型省份，行政审批制度改革也走在全国前列。通过分析该省近 20 年关于行政审批制度改革领域的政策文件，可以寻求改革显示出来的权力关系变化的基本特征。

一 Z 省政府行政审批领域相关文件多维度分析

整体分析 Z 省政府制定的与行政审批制度改革直接相关的政策文件，并在此基础上从不同维度分析这些文件的相关内容，可以此判断行政审批制度改革的路径、重点、权力关系等基本特征。

（一）纳入研究对象的政府文件

在时间节点上，1999 年 Z 省开始进行行政审批制度改革，这是在 1998 年国务院机构改革之后省级政府开始改革的一个节点。与国家 2001 年全面推进行政审批制度改革相一致，本部分研究分析的时间范围界定为 2001～2020 年这段历史时期。关于政策文本的选择，以该省政府、省政府办公厅自 2001～2020 年发布的相关政策文件为主，最后基于 63 份文件进行具体分析（见表 6-1）。

表 6-1　Z 省政府及省政府办公厅发布的 63 份行政审批文件状况（2001～2020 年）

单位：份，%

年份	文件数量	政府发布文件数量	政府办公厅发布文件数量	总体规定类的文件占比
2001	1	1	—	100
2003	2	2	—	50
2004	10	6	4	30
2005	1	—	1	—
2009	1	—	1	100
2010	2	—	2	50
2012	3	2	1	—
2013	5	2	3	20
2014	8	3	5	—
2015	6	—	6	16
2016	3	—	3	—
2017	8	1	7	13

年份	文件数量	政府发布文件数量	政府办公厅发布文件数量	总体规定类的文件占比
2018	6	—	6	—
2019	5	1	4	—
2020	2	1	1	—

资料来源：作者根据 Z 省政府历年相关文件自制。

（二）行政审批文件的主要维度分析

1. 时间维度分析：文件的年度分布具有集中与分散并存的特点

2001～2010 年这 10 年间，有 17 份直接与行政审批制度改革相关的文件。最突出的是 2004 年，这一年发布的有关行政审批文件最多，达到 10 份。一个主要影响因素是 2004 年《行政许可法》的实施。观察这 10 份文件的主题和重点任务，有 4 份是为贯彻实施《行政许可法》的，包括实施通知、工作方案、指导意见、成立领导小组等。还有文件是取消行政许可或行政审批项目的决定，这类文件占 40%。

2012～2020 年，有 46 份相关文件，这已经是前一个十年文件数量的两倍多。比较多的两年分别是 2014 年和 2017 年。一方面这与 2013 年国务院要求简政放权、放管结合的改革政策有关联；另一方面也与党的十九大召开前后，中央政府对行政审批制度改革的要求有关联。

总体而言，这些文件的时间分布具有一定分散性特点。同时，又有 2004 年、2014 年、2017 年这样相对集中的年份，与中央政府实施相关法律法规和行政审批制度改革政策要求相关。其余年份里，2010 年之前出台的文件较少；2013 年之后出台的文件比较多，具有"比较密集"的特点，一是因为 2013 年以来国务院每年第一次常务会议都要求各级政府推进"放管服"改革任务；二是自 2013 年以来，国务院多次召开简政放权和转变政府职能的电视电话会议以及全国"放管服"改革电视电话会议。这些重要改革战略和指导要求成为地方政府改革行为的方向性引导和政策性示范，是该省级政府在 2013 年以来几乎每年都出台比较多的行政审批制度改革文件的一个重要动因。

2. 文件规定主要内容和改革任务，具有不同类型特点

通观这些文件的主要内容和任务要求，按行政审批制度改革总体要求

和具体领域划分，有些属于总体性规定的类型，即"总体规定"；有些属于对行政审批某一具体领域的改革要求，即"专项规定"；有的属于取消和调整行政许可或审批事项的规定，此处称为"专门规定"。"总体规定"这一类文件数量有 10 份，其中 7 份文件是 2001～2010 年这十年间制定和公布实施的，而 2004 年就有 3 份。这再一次说明，2004 年我国《行政许可法》的实施对省级行政审批制度改革产生了重大影响。

就行政审批制度改革对某个具体领域的要求所制定的"专项规定"这类文件有 35 份，涉及行政许可实施监督、电子监察、环境和环评、企业投资、商事制度、工程建设项目等专项审批制度改革，以及建设项目审批信息公开、海事行政审批与优化营商环境等领域。这与"总体规定"的文件数量年度分布特点正好相反，2001～2010 年的"专项规定"这一类文件数量只有 4 份，绝大部分出现在 2011 年之后。这说明行政审批制度从宏观、整体性层次的改革，逐步深化到具体领域或者说分领域不断向前推进。

关于"专门规定"，有 18 份文件。其中 2010 年之前的有 6 份，2012 年以来有 12 份文件，都对取消和调整项目作出了说明，这是行政审批制度改革的一个重要内容，是权力下放的重要举措。这些文件的年度分布状况显示，党的十八大以来，取消和下放行政审批权力的力度不断加大，简政放权改革的力度不断增强，而且文件出台的频率在增加。

3. 文件规定可判断行政审批制度改革的预期性结果

从这些政策文件内容可以了解到行政审批制度改革的预期性结果或取得的一些成果。一是行政审批事项大幅度减少。这些文件中有 25% 的文件是关于取消、调整和下放行政审批事项的决定，以及清理和取消非行政许可项目的决定，这使得省级政府行政审批事项大幅度减少。

二是调整后的行政许可或审批权力事项得到进一步限制。文件中包括一些规范审批权力行使的规定，严格控制新设行政许可权力事项的特别限制条件规定等，确保调整后和保留下来的行政审批权力行使受到严格制约。同时还有文件规定对建设项目审批和实施的信息要全面公开且接受监督，这也是对审批权力的约束。

三是行政审批环节和流程不断优化和标准化。在深化行政审批制度改革的实施意见、实施方案、工作方案等总体性文件中，有一些关于行政审批方式、流程、环节的规定。在"先照后证"审批改革的专项规定中有对审批权力行使程序的规定、网上审批专门程序的规定。由此确保行政审批流程不断优化，审批环节不断简化，逐步实现审批标准化。

四是对行政审批的监督和制约不断加强。这个领域也有"专项规定"的出台。其中主要是对行政许可和审批权力行使的监督检查办法，以及对行政审批的电子监察系统的应用，目的是加强对权力行使的监督，确保依法审批和高效审批，激发市场和社会发展与创新活力。

二　地方行政审批制度改革的路径特征

从省级政府关于行政审批制度改革文件的不同维度，可判断出行政审批制度改革在发展路径、改革内容和改革重点等方面的一些基本特征，至少有如下三个。

1. 行政审批制度改革动力机制，具有中央主导与地方跟进的特征

这是从该省政府出台政策文件的依据与时间维度分析得出的判断。在这些文件的制定依据方面，有些文件明确说明了制定依据；有些文件则比较模糊，只说根据"相关法律规定"或者"为了行政体制改革""根据本省实际""落实国务院政策"等。其中写出明确制定依据的文件有40份，占63.5%，多数依据是国务院法规或政策。该省出台文件比较密集的年份都是国务院出台关于行政审批和简政放权法规与政策密集的时间段。这说明了省级政府与国务院改革的一个同步跟进性特征。

具体制定依据有如下几类情况。一是省级政府关于行政审批制度改革的总体性文件成为一些专项改革或专门文件的制定依据。二是依据国家法律法规和国务院规定、国家有关部委规定来制定的文件有32份。这些依据包括《行政许可法》《中华人民共和国地方各级人民代表大会和地方各级人民政府组织法》《国务院关于规范国务院部门行政审批行为改进行政审批有关工作的通知》《国务院关于进一步削减工商登记前置审批事项的决定》《国务院关于印发清理规范投资项目报建审批事项实施方案的通知》《国务院办公厅关于全面开展工程建设项目审批制度改革的实施意见》《国务院办公厅关于推进重大建设项目批准和实施领域政府信息公开的意见》

等。其中依据国家有关部委规定性文件的有 2 份，即《建设项目环境影响评价文件分级审批规定》《国务院办公厅转发监察部等部门关于深入推进行政审批制度改革意见的通知》。

中央主导与地方跟进的特征还有一个重点在于，行政审批事项的取消、调整或下放的改革，中央是以"放权"为主；而地方则是以"简政"为主，省级政府的文件中更多是关于审批流程环节、并联审批等系列简政措施。地方政府主要是执行中央政府的改革政策并在程序上有创新，这可以从行政学理论中关于国家意志表达与执行的功能划分和逻辑关系得到解释，"行政集权的体制下，是由被委以最重要的行政功能的机关，即主要执行机构来行使中央对地方政治共同体的控制"。[①] 地方政府的执行遵循着中央战略部署。

2. 行政审批制度改革内容，经历着从单一事项转向复杂多元立体改革的路径

观察省级政府文件及其类型特点可以发现，行政审批制度从开始着重取消、调整行政许可或审批权力事项，到推进环评、企业投资、商事制度等领域的审批制度改革，经历了从单一到立体的深入拓展改革路径。

对市场或企业相关内容的规定，从一些宏观规定到专门关于减轻企业负担的具体规定，显示了逐步向企业放权和优化服务的过程。行政审批制度改革在经济领域里本质上是政府与市场之间关系的变革，是政府逐渐向市场主体放权、让市场在资源配置中起决定性作用的一个历史发展过程。前述分析的该省政府文件中有 10 多份文件分别是关于企业环评、能评领域的审批改革，以供给侧改革降低企业成本的方案，企业投资项目审批改革，缩短开办企业时间的程序改革，进一步降低企业多种成本、减轻企业负担增强企业竞争力的改革。这些改革措施多措并举、多管齐下进一步向企业放权，激发市场与企业创新发展的活力与竞争力。

市场与政府作为资源配置的两种方式，"既不是要在完善的市场与不完善的政府间的选择；也不是在不完善的市场和完善的政府间的选择；相反，它是在不完善的市场和不完善的政府以及二者之间不尽完善的组合间

---

① 〔美〕弗兰克·J. 古德诺：《政治与行政》，王元、杨百朋译，华夏出版社，1987。

的选择"。① 行政审批作为经济社会发展领域配置资源的一种行政管理方式和政府管理经济与社会的一种行政手段，在某些领域或环节与市场经济体制发展有着不相适应的弊端，必须进行改革。从中央到地方，行政审批制度改革的目的要为建立和完善社会主义市场经济体制服务。

3. 行政审批制度改革框架，呈现出由宏观到具体的侧重点不断变化的过程轨迹

2001～2004 年，Z 省级政府出台的文件基本上属于推进行政审批制度改革的实施意见、实施《行政许可法》的工作方案、配套制度规定等，这些是比较宏观层面的规定或框架式改革规定。2012 年之后，行政审批制度改革逐渐扩大覆盖面，改革领域越来越具体，Z 省陆续出台了关于联合审批、审批中介服务、环境影响评价领域、权力清单制度、多证合一改革、证照分离改革、投资审批、减轻企业负担的改革、工程建设项目审批制度改革，以及比较系统的"最多跑一次"改革的规定和政策要求等。这些是行政审批制度在不断拓宽的领域里深入改革的指导和行动指南。

三　地方行政审批制度改革在不同方面存在不平衡

Z 省行政审批制度改革的一些主要特征反映出不同层面的不平衡问题。省政府文件对有些领域的改革内容规定很少或没有涉及，这是行政审批制度改革的薄弱环节。国务院多次强调简政放权要放出活力和动力，要求"深化商事制度改革。……继续推进投资项目审批改革。……大力破除市场准入壁垒。……进一步推进减税降费"。② Z 省围绕市场与社会活力、创造力与发展潜力，在国务院政府部门下放或取消行政审批权力的前提下，以政府职能为基础，继续依法分类清理行政审批事项和行政权力清单；明确行政审批权与事后监管权的关系与衔接；实现多个部门联动审批与有机协调，加强相关部门审批权力下放的协同性。该省文件规定内容发现的一些改革不平衡问题，需进一步解决。

---

① 〔美〕查尔斯·沃尔夫：《市场或政府——权衡两种不完善的选择/兰德公司的一项研究》，谢旭译，中国发展出版社，1994，前言。
② 李克强：《在全国深化"放管服"改革转变政府职能电视电话会议上的讲话》，《人民日报》2018 年 7 月 13 日，第 2 版。

第一，对企业和社会组织的权力关系改革重点不平衡。行政审批制度改革不仅涉及政府与市场企业主体的权力关系，而且关系到政府与社会组织主体之间的权力关系。因此，行政审批制度改革的要求是政府向市场放权、向社会放权。而该省文件除了关于加强行政审批中介服务的管理规定之外，关于社会组织审批和权力规定方面的文件比较少。与通过行政审批制度改革发展社会组织和向社会主体放权的目标，存在差距。

Z省行政审批制度改革中，对政府与市场企业主体权力关系改革的进展和成效极其明显，实质性地给企业下放权力，尤其是随着国家层面建立和完善社会主义市场经济体制，企业获得的自主权越来越多，市场配置资源的决定性作用日益发挥出来。相较而言，政府与社会组织主体之间的权力关系改革，或者说政府向社会组织主体的权力下放比较有限。按照2013年国务院有关规定，各省试行了四类社会组织直接登记制，针对社会组织领域开展行政审批制度改革。从长远看，"赋予省级政府配置行政权，有必要性和宪法和法律的依据，有些法律授权省级人民政府配置部分行政权以及部分领域的行政职权"[①]，向省级政府赋权是推动社会领域行政审批制度改革的必要条件。

第二，审批和监管权力改革与关系格局存在不平衡。虽然行政审批制度改革已经从注重行政审批权力事项的取消、下放或调整，逐渐扩大到清理规范审批中介机构，减轻企业制度性成本等多领域，但"重审批、轻监管"问题还未得到根本性解决。政府这些文件集中在如何规范审批权力上，而对和审批密不可分的监管权力如何行使，包括监管制度设计在内，则缺乏专门或具体文件。即使有与权力清单配套的责任清单，也并不涉及监管权力的变化以及如何行使的问题。文件中要求审批部门应承担对审批对象实施有效监管的责任，但具体如何行使监管权力、履行监管职责，相关政策文本依然不明确。审批与监管权力的结构性改革需下大力气推进。国务院《优化营商环境条例》对监管执法和权力行使提供了法律依据，这是实现平衡改革的保障。

---

① 徐继敏：《论省级政府配置地方行政权的权力》，《四川大学学报》（哲学社会科学版）2013年第4期。

第三，审批权力的结构变化与程序改革不平衡。行政审批权力的行使更注重程序正义而对权力关系规定较少。该省的一些政策文件中多数是关于行政审批权力数量的变化、审批权力事项目录的列举、行使流程、申报材料、审批要件、审批环节和时间、审批信息公开等方面的程序性规定，虽体现了对改革的程序正义的重视，但是在行政审批权力的内容、权力之间的关联等方面规定较少。比如，改革投资项目的审批管理体制，实行民间投资项目登记制，这项规定在文件中体现更多的是与投资相关的主管部门包括国土、环保、建设、规划等部门要简化审批环节、缩短审批时间、提高审批效率。而对这些项目登记和审批权力的内容、政府与企业之间的权力划分，文件规定则少有体现，这是今后行政审批制度和法律需要完善的领域。

综上，从Z省政府政策文件内容分析地方行政审批制度改革的路径特征和规律性，以及在这个过程中反映出来的不平衡问题，对今后升级拓展行政审批制度改革和政府治理改革具有重要启示意义。虽然本书选择一个省进行分析有其局限性，但考虑到中国单一制国家结构和中央与地方权力关系宏观背景，从全国来看该省改革路径与特征带有一定的共性，对全国地方行政审批制度改革的统筹性推进具有参考价值。文件所规定的内容反映的一些改革不平衡问题，是今后全方位深化行政审批制度改革需要加强的环节或领域。行政审批制度改革在全面深化推进"放管服"改革过程中，应逐渐从巩固经济领域的改革转向深化社会领域的行政审批制度改革，包括放开社会服务领域的市场准入和减少审批的实践探索。行政审批制度改革要走出注重审批事项和数量的改革，转向注重审批权力结构性改革与配套制度改革。要增强地方改革的自主性，依法推进行政审批制度改革。行政审批权力的规定与行使，不要只注重程序和数量形式，更要注重审批权力的内容实质，要关注政府是否与市场企业主体、社会组织主体之间理顺了权力关系；不仅需要程序严密、权力配置科学，还要权力结构合理、制约有效。在中央主导方向的同时，地方更应有创新驱动和大胆探索的实践，尤其省级政府与其下级政府的权力关系、与外部主体权力结构改革应有所突破。

第二节 省级以下地方政府行政审批制度改革

不同层级的政府在行政审批制度改革领域有共性也有差异，地市级政府和县级政府的行政审批制度改革是中央和省级改革的进一步具体化。本部分以一个地级市政府（台州市）、一个县级政府（天台县）的行政审批制度改革进展状况为例，总结其改革过程中的特点及反映出来的问题。

一 台州市行政审批制度改革进展

浙江省1999年进行行政审批制度改革试点之后，省内各地方陆续开始了行政审批制度改革。2000年以来，台州市行政审批制度改革大概可分为三个阶段。

（一）行政审批制度初步改革阶段（2000～2004年）

以市县两级行政服务中心建设为主推进改革。2000年9月，玉环县（现为玉环市）为民服务中心率先成立，随后至2002年2月，台州市和9个县（市、区）政府相继建立了集中办事的机构——办证中心、办事大厅和行政服务中心。以相关审批部门办事窗口的物理性集中为主，要求一些具有审批职能和权限的部门，派驻人员到服务中心或办事大厅工作。行政服务中心两个重要特征是：行政行为的规范性和服务性。玉环县为民服务中心推出了全程为民办事代理制，三门县2004年底实行了投资项目审批高速绿色通道制度，解决繁琐复杂审批程序的弊端，但在权力结构上几乎没有变化。台州市2001年成立了市政府办事大厅管委会，2004年更名为台州市政府行政服务中心，提升服务中心审批项目的集中度，加强服务中心管理，加大对进驻中心的窗口单位的充分授权，为审批提速提供权力保障。

侧重追求行政审批效率目标。台州市政府深化行政审批制度改革，进一步减少审批环节，提高审批效率。针对行政服务中心的人事、授权和项目三个不到位问题，台州市县两级采取重要措施：一是抓项目、人事、授权"三到位"；二是强化行政服务中心的管理职能，推行严格考核和监督；三是探索改革审批和服务方式、方法。这为后续阶段以行政服务中心平台建设推动行政审批制度改革提供了思路和基础。台州市各地行政审批服务中心或办事大厅，按照"便民、利民、惠民、规范、廉洁、高效"的原则，实行了"一门受理，并联审批，统一收费，限时办结"的流水线运作模式，大大提高了审批效率。仙居县率先推出了企业注册登记前置审批告知承诺制，简化了企业注册登记手续。行政审批环节程序减少、规范化、效率提高的优势显示出来，更多地吸引了投资和产业落户。

以 2004 年生效实施的《行政许可法》为契机推进行政审批制度改革。台州市各级各部门取消审批事项 717 项，内部审批事项下放 631 项，办证中心联合审批事项的办结时间缩短了 1/3。[①] 服务中心不断提高审批效率的做法，主要体现在简化审批程序和方式上，而行政审批权力结构的改变，则为后续深化推进行政审批制度改革提供了空间。

（二）行政审批制度改革多层面推进阶段（2005～2012 年）

截至 2005 年，台州市"减少审批项目 867 项，贯彻实施《行政许可法》，取消行政许可项目 52 项、收费项目 233 项，废止规范性文件 78 件"。[②] 这些措施为开展新一轮行政审批制度改革奠定了基础。

1. 行政审批制度改革成为作风建设的重要举措

行政审批制度改革在较早阶段是反腐倡廉建设的一个重要内容，因为审批中存在诸多权力寻租和腐败问题。减少审批、规范审批、限制审批权力成为反腐倡廉的重要措施。2006 年台州市委、市政府发布《关于认真贯彻落实"七个减少"进一步改进工作作风的通知》，其中第四条是"减少中间环节"，主要针对行政审批腐败问题。具体要求有两点。一是简化办事程序。进一步减少审批环节和办事手续，加强行政服务中心建设，充分发挥绿色通道作用，坚决反对"中梗阻"现象。二是明确办事职责。全面推行办事公开制、首问负责制和一次性告知制、限时办结制等规章制度，实行工作责任制，进一步规范行政审批。

2. 发展行政服务中心，以机构平台推进行政审批制度改革

在前期建设行政服务中心的基础上，台州市以服务中心平台发展带动

---

① 牟同飞：《效能建设气象新》，《台州日报》2005 年 1 月 3 日，第 1 版。

② 张鸿铭：《政府工作报告——2005 年 4 月 24 日在台州市第三届人民代表大会第一次会议上》，《台州日报》2005 年 5 月 8 日，第 1 版。

深化行政审批制度改革。台州市政府提出要按照"明确定位、拓展功能、提高质量、规范管理、强化监督"原则要求，整合行政审批资源，解决审批项目集中度和授权问题，推动行政审批规范化法治化。2006年，台州市政府出台《关于进一步加强全市行政服务中心建设的意见》，进一步全面清理各类审批、审核、备案事项，充分发挥行政服务中心这一平台的综合功能和效用，降低行政审批的社会成本。2006年，进驻服务中心的窗口单位有31个，审批服务事项有278项，审批集中度达到58%。与此同时，台州市推进基层便民服务中心建设，到2011年，建成乡镇（街道）便民服务中心135个、村级便民服务中心5190个。2012年，台州市政府出台《关于进一步加强行政服务工作的实施意见》，以机构设置改革推动行政审批制度改革，进一步明确四级行政（便民）服务中心管理机构职能，市、县行政服务中心管理机构负责政府部门所有行政审批服务项目办理的综合管理监督工作以及组织协调工作，乡镇、村两级便民服务中心建设和运行成为乡镇政府的重要工作内容。

行政审批职能归并，提升审批事项集中度。这是简化审批环节和相对集中行政许可权的措施。例如，2007年，黄岩行政服务中心有35个部门派驻了窗口人员，集合了全区90%的审批项目，审批职能进一步归并。2008年，三门县把审批办证中心改革为审批服务中心，全县35个部门的400多项审批事项进驻了服务中心，集中度达到了90%，解决了行政审批权限分散、事项过多、前置环节繁琐等现实问题。① 行政审批服务中心成为推动行政审批制度改革的新型服务平台。职能归并和行政审批事项集中改革经历了一个过程，从政府部门内部的审批职能归并到行政审批科，再发展到政府部门的审批职能归并到行政服务中心，审批事项集中度不断提高。

3. 减少行政审批事项和改革创新审批方式

这个阶段，台州市逐步减少审批事项、清理行政许可和非行政许可事项。2009年，台州"深化行政审批制度改革，减少市级审批项目395项，归并审批职能处室277个，拓宽电子监察系统应用领域"。2010年，除了

---

① 倪中勇、吕信渊：《打造便民高效新平台——三门深化行政审批制度改革纪实》，《台州日报》2008年4月8日，第1版。

减少市级审批事项，还归并全市审批职能处室 308 个，推进招投标平台规范化建设，下放市级部门审批和管理事项 132 项。[①] 台州市 2010 年开始推进以减少审批部门、审批事项、审批环节和审批时间为主要内容的行政审批制度改革。2011 年，市级 75.6% 的审批事项承诺办理时限达到"省内最短"，切实精简审批事项，减少审批环节、取消多项审批收费，给企业减负取得显著成效。

在社会组织管理体制和登记审批改革方面，台州市指导椒江区开展社会组织直接登记试点，对工商经济类、社会福利类、公益服务类等三类社会组织放宽登记条件，减少审批环节。[②] 后续改革中依据国务院关于社会组织登记管理改革政策要求，台州市完善社会组织直接登记办法，明确直接登记的分类标准，有序扩大直接登记范围，优先培育行业协会商会类、科技类、公益慈善类、城乡社区服务类组织。

4. 进一步优化审批程序和提高效能

当时行政审批制度改革提速的关键落在"程序"的重塑与优化上。2007 年台州市政府工作报告强调，深化行政审批制度改革，效能要有新提高；依法减少和规范审批事项，推行网上审批，进一步简化程序、提高效率。政府通过电子监察系统的动态监察，促使政府部门缩短办事时间。台州市各部门《行政审批及其他事项办理承诺时限比对表》显示，审批时限经过全面提速，原先并不占优甚至落后于外市的审批事项办理时间已经跃至全省最快，城市规划区内临时建设用地规划许可审批，办理时间较原来15 个工作日，缩短了 14 个工作日……到 2011 年底，台州市本级 46 个部门 753 个审批事项已有 569 个承诺办理时限达到"省内最短目标"，其中有 22 个部门已实现全部审批事项办理时间全省最快。[③] 另外促使行政审批提速的重要手段是电子化政务和网上审批，逐步提高审批便捷性。

(三) 进入全面规范化标准化改革新阶段 (2013 年以来)

在全国推进"放管服"改革战略背景下，台州市持续从多层面、多维

---

① 《2011 年政府工作报告》，台州市人民政府网站，2020 年 4 月 22 日，http://www.zjtz. gov. cn/art/2020/4/22/art_1229197014_1580918. html。

② 《2011 年台州市民政局工作总结》，台州市人民政府网站，2012 年 4 月 6 日，http://www. zjtz. gov. cn/art/2012/4/6/art_1229189245_1572341. html。

③ 陈锐荣：《审批优化，台州办事全面提速》，《台州日报》2011 年 12 月 21 日，第 1 版。

度推进行政审批制度改革的规范化、标准化。

1. 出台"1+7"系列文件全面推动行政审批制度改革

台州市行政审批"1+7"系列改革全省领先，实现了审批事项更少、审批效率更高、服务环境更好的改革成效。"1+7"中"1"是指《关于进一步优化服务发展环境的意见》，主要内容是优化服务、提供保障、加强监督；"7"是指《台州市实施商事登记推动民营经济发展的若干意见（试行）》《台州市政府投资项目联合审批办法（试行）》《台州市企业投资项目联合审批办法（试行）》《台州市行政审批中介机构服务管理办法（试行）》《台州市行政审批标准化建设实施方案》《台州市网上行政审批实施办法》《关于建立市及椒江区联动机制实行工业企业投资项目提速审批的实施意见》等7个政策文件，主要内容是关于行政审批的实体性、程序性、时限性等改革创新要求。这一系列文件使台州市改革的系统性、完整性和效能性走在了全省前列。2013年，台州市政府出台《台州市深化行政审批制度改革实施方案》，提出了行政审批制度改革总目标，坚持社会主义市场经济改革方向，以减少审批部门、审批事项、审批环节、审批时间的"四减少"为核心内容，以规范行政审批程序、提高审批项目集中度、优化窗口服务水平、实施阳光审批为重要任务，以审批方式创新为关键环节，为台州实现战略发展目标提供制度保障。

台州以审批标准化为目标分三种类型改革审批流程与方式。（1）对企业投资项目审批，以"宽进、简批"为核心，凡是不涉及政府资金的企业投资项目，变审核、审批为备案（国家规定的重大和限制类项目除外），政府重点在环境安全评估和事后监管方面把关。（2）对政府投资项目审批，以"联审、联办"为核心，规范完善审批流程；以缩短审批时间为重点，建立联合审批制度；坚持事权与财权相统一原则，合理划分审批层级。（3）对为民服务事项办理，以"便捷、高效"为核心，简化办事流程，缩短办事时限；推行代理代办，方便群众办事。实现审批的标准化，包括审批内容、申报材料、审批要件、审批流程、审批时间、审批收费6个方面的标准化、规范化，切实减少自由裁量权。

2. 加大审批权力调整和制度改革力度

进一步实现集中审批和联动审批，建立规范高效的审批运行机制，是审批权力相对集中的一个进展。台州各地行政服务中心既能受理又能办理审批事项的比例达 90%。建立"四联动"审批机制：前置审批联用机制，整合各部门前置审批办事流程，简化审批要件；各类证照联办机制，对进入行政服务中心办理的证照类事项，实行"一窗受理、信息共享、同步审批、综合验收、统一发证"；施工图联审机制，牵头部门组织各部门对施工图进行联合审查，变各部门串联审查为同步并联审查；联合验收机制，项目审批部门或行业主管部门牵头组织相关部门实地踏勘、联合验收，一次性完成验收任务。同时，完善行政审批的全程监督机制，严格落实问责和责任追究制度。

实行权力清单制度，限定、控制和约束政府的行政审批权力，防止审批权力反弹。2015 年台州市政府公布了《台州市实施行政许可事项（含省级委托执行）目录》，2016 年台州市政府办公室发布《台州市政府部门权力清单管理办法》，明确了行政权力的边界，对权力清单要素进行动态管理与调整。按照浙江省的政策，台州市政府从权力清单扩展到"五张清单一张网"，权力清单、责任清单、企业投资负面清单、专项资金管理清单发布实施，在全省率先实行"一照一码"、"五证合一"和行政事业单位收费清单管理，政务服务网建设有序推进，首批 12 个部门 26 个事项实行"网上申请、快递送达"服务。① 通过实施权力清单制度和网上联合审批，台州不断推进行政审批服务标准化、信息化、高效化。

进一步实行告知承诺制。2018 年，台州市政府发布了《关于加快推进企业投资项目承诺制改革的实施意见》，决定在经济技术开发区（园区）、产业集聚区、特色小镇等重点区域内，对符合条件的备案类工业企业投资项目实行承诺制改革。这实际上是降低和放开企业准入门槛的改革，需要后续配套对企业监管的制度。2020 年，台州市政府通过了《台州市深化政务服务和公共服务领域告知承诺制实施方案》，这是对行政审批制度改革的进一步深化，运用承诺制减少事前审批，更大力度放宽市场准入，以信用监管倒逼在更大范围、更广领域实施告知承诺制。告知承诺制审批是一

---

① 《2016 年政府工作报告》，台州市人民政府网站，2019 年 12 月 25 日，http://www.zjtz. gov.cn/art/2019/12/25/art_1229197014_1580914.html。

种新型审批方式，实质上是实现放管结合的关键举措，一方面取消审批、实行承诺制，另一方面加强以信用监管为基础的监管体系建设，以事后监管制度保障事前承诺的真实有效、让申请人负起相应法律责任。

3. 行政审批程序重塑和优化利企便民改革

再度简化行政审批程序，减少审批材料。审批程序简化与环节减少，直接表现为压缩审批时限。实现审批时限"4567"最简化，即企业投资工业项目（核准目录以外的）"标准地"审批时间压减至 40 个工作日，企业投资工业项目审批时间压减至 50 个工作日，企业投资民用建设类项目审批时间压减至 60 个工作日，政府投资房屋建筑类和城市基础设施工程类项目审批时间压减至 70 个工作日。[①] 运用数字化技术优化与重塑行政审批流程，实现从"群众跑""干部跑"向"数据跑"转变。

最大限度精简各类证明，创建"无证明城市"。2018 年，台州市发布《台州市创建"无证明城市"实施方案》，减少证明事项和方便企业公众，切实解决证明材料过多过滥和"重复证明""循环证明"等突出问题。2018～2019 年，全市共清理证明材料 7285 件，其中市本级清理证明材料 482 件、椒江区 695 件、黄岩区 776 件、路桥区 845 件、临海市 801 件、温岭市 776 件、玉环市 686 件、天台县 728 件、仙居县 754 件、三门县 742 件，全市域范围"无证明城市"基本建成。[②] 从减证便民到"无证利民"，在风险评估的基础上，通过数据共享、部门协助、当事人承诺等方式，实现办事过程无须提交证明材料，提高了公共服务治理效能。

以审批方式改革打通最后一公里便民路径。例如，台州市人社局落实"一窗受理、集成服务"改革，授权审批处长"一站式"签批；与台州市税务局联合，在全省率先实现社保费征缴"最多跑一次"。民政部门也依靠数字赋能全面优化审批流程，发布《深化"最多跑一次"改革推进民政服务"码上办"工作方案》，重点在社会救助、婚姻登记等 12 个领域分步实施，开发台州市民政数据共享交换平台，逐步实现行政审批数字化转型。

---

① 《台州市行政服务中心 2018 年政务公开工作总结》，台州市人民政府网站，2019 年 9 月 2 日，http://www.zjtz.gov.cn/art/2019/9/2/art_1229192764_1573593.html。

② 《台州市人民政府办公室关于公布台州市证明材料取消清单的通知》（台政办发〔2019〕16 号）。

4. 市县行政审批层级一体化改革与权力下放

统筹市县审批层级改革。2016 年，台州市政府发布《台州市推进市县行政审批层级一体化改革实施方案》。行政审批制度改革在取消审批事项和下放审批权力维度取得进展，但从下级政府尤其是从县级政府角度来看，其下放的一些权力事项存在含金量低、实效性差、针对性不强、协同性不够等问题，县级经济社会发展真正需要的一些权限包括项目审批权限有待进一步下放或向县级政府授权。这正是推进市县一体化行政审批制度改革的现实需求。台州市通过改革着力构建市县一体化、扁平化的审批体制，最大限度释放市场主体的创业创新动力。"153 项行政许可事项将被下放到各县（市、区）实施，占全部市级行政许可项目的 44.74%；涉及市级审批部门 21 个，涉及投资项目审批 11 项，我市行政审批层级一体化改革迈出坚实的一步。"①《台州市市级下放行政许可事项目录》显示，在下放的153 项权力事项中，下放的方式、范围等都有其针对性，比如，部分下放民办学校、高级中等教育机构的审批权，在椒、黄、路三区内保留市级权限，在县（市）范围内直接下放；委托下放大型群众性活动安全许可，机动车登记、驾驶证申领等部分权限。这样避免了"一刀切"问题。审批层级的一体化改革，对进一步推进简政放权、权责一致的放管结合改革具有现实意义，增强了改革的整体性、系统性和协同性。

专项领域向县市区政府下放审批权。2018 年，《台州市人民政府办公室关于市区土地管理有关审批权限委托下放事项的通知》下发，要求进行土地管理专项领域下放行政审批权力的改革。"有限"委托下放至少有三层含义：一是下放的土地管理权限是有限的，是一部分审批权限；二是受委托对象有限；三是下级政府行使这些土地管理审批权时受到严格约束，包括程序约束和接受监督。另外，台州市向县市区政府下放了投资项目领域的审批权力。2019 年，《台州市人民政府关于下放给天台县部分投资项目核准权限的批复》规定天台县享有一定范围内投资项目的核准权限，并按照谁审批、谁监管和属地管理的原则，监管责任同步下移，强化事中事后监管。

① 洪雨成：《我市推进行政审批层级一体化改革》，《台州日报》2016 年 3 月 9 日，第 3 版。

对基层的权力下放改革。与推进行政审批标准化同行，台州市实行三级联动，加强基层便民服务中心建设，清理乡村两级前置盖章 2188 项，取消和优化率达 50.64%，有 300 多项行政审批事项下放到镇村，实现"就近跑一次"，方便了群众办事。比如农村建房，从原先 2 套表格、3 次公示、15 个环节、32 个印章，缩减到 2 张表格、1 次公示、3 个环节、4 个印章，审批时限从原先 3 个月以上，压缩至 25 天。据台州市统计局一项民意调查：83.4% 的受访者认为，现在办事更方便了；71.05% 的受访者反映，来回跑的次数明显减少了。[①]

5. 成为行政审批标准化服务的国家改革试点

行政审批标准化改革是行政审批程序改革的进一步制度化。2016 年 7 月，国家标准委发布《关于下达第三批社会管理和公共服务综合标准化试点项目的通知》，台州市申报的"台州市民营经济创新发展综合配套改革试验区行政审批服务标准化试点项目"被列入其中，成为全省获得立项的六个项目之一。[②] 这是国家标准委实施行政审批服务标准化体系建设的试点，也是台州市行政服务中心获批的首个国家级标准化试点项目，通过建成行政服务标准化体系，实现行政服务从管理制度化向管理标准化的转变。2016 年 5 月，《台州市行政服务标准化试点工作方案》正式下发，该方案深化分类审批改革，制定了实行分类服务的标准规范。以标准化引领行政审批制度创新、管理创新、方式创新，编写事项标准文本 415 项，编制四大标准体系 588 项，形成了具有台州市特色的行政审批标准化样本。

通过标准化改革，审批环节实现了整合、简化、集约高效，台州市实现了行政审批模式的转型升级。台州实施投资项目联合评价、联合图审、联合测绘、联合踏勘、联合验收，形成六大类投资项目分类高效审批模板，降低了企业办事的制度性成本。标准化是简政放权的必然要求，能够助推审批服务更加精准化和专业化，标准化向县（市、区）、街道（乡镇）一级延伸，市、县、乡三级一体化政务服务标准体系架构不断完善。

① 《以行政审批标准化引领"最多跑一次"改革》，中国共产党新闻网，2017 年 11 月 14 日，http://dangjian.people.com.cn/n1/2017/1114/c413386-29645903.html。
② 洪雨成：《我市行政审批标准化工作成国家级试点》，《台州日报》2016 年 7 月 20 日，第 2 版。

二　天台县行政审批制度改革进展

天台县行政审批制度改革是省政府、市政府的行政审批制度改革向下延伸和在一些领域的具体落地。按上级政策部署和改革要求，天台县行政审批制度改革有其侧重点。

1. 以服务中心机构建设发展带动行政审批制度改革①

2001 年 3 月，天台县开始筹建便民服务中心，10 月 15 日中心正式成立并启动运行。天台县便民服务中心主要履行有关行政许可（审批）和服务的组织、协调、监督、管理职能，内设办公室、业务科、督查科。设置便民服务中心的核心目的是提高行政审批效率，为此其不断改革创新、简化审批流程、压缩审批时限，建立多项管理制度，规范行政审批行为，预防腐败行为。2004 年，天台县实施了服务中心窗口"项目、人员、授权"三到位工作，确保进驻服务中心的窗口有人员保证、得到相关部门充分授权，能办理更多审批项目。2007 年，"天台县便民服务中心"更名为"天台县行政服务中心"，并健全了各项制度，实施了《天台县行政服务中心年度考评方法》，加快行政审批制度改革。为加强对服务中心的监督，天台县实行了特约监督员制度，拓宽对行政审批服务的社会监督渠道，2003年 6 月，天台县建立天台县便民服务中心效能建设特邀监督员工作制度，聘请了 13 位特邀监督员开展对服务中心的监督工作。2007 年，出台了《天台县行政服务中心效能建设特邀监督员工作制度》，进一步把社会监督制度化。

行政服务中心建立四个平台，提高行政审批和管理水平。以提高行政审批效率和加强监督管理为目的，天台县开发建立了综合网上办事平台、内部行政审批管理平台、公共组件系统和电子实时监察系统等四位一体的行政审批和管理平台。利用现代科技信息手段对行政审批实行实时监控、同步监督，实现审批信息公开化、管理规范化、监督多样化。

2. 清理行政审批项目和改革审批方式

取消、调整行政审批事项，是各级政府具有共性的改革内容。天台县

---

① 《天台县行政服务中心大事记》，天台县人民政府网站，2011 年 11 月 15 日，http://www. zjtt. gov. cn/art/2011/11/15/art_1229295991_1403029. html。

政府发布《第二轮县级政府部门审批事项减少和保留目录》及《天台县人民政府关于保留和取消行政许可项目的决定》对相关部门进入"中心"的审批、许可和服务项目进行梳理，统一名称。为优化行政审批环节和流程，改革行政审批方式，天台县委、县政府先后出台了《天台县招商引资、技改项目审批服务"绿色通道"试行办法》《关于企业注册登记实行联合审批和告知承诺制的通知》《天台县项目联合审批试行办法》等一系列文件，开展全程代理服务，积极为投资者创造良好的审批环境。

推进职能归并和联合审批集中改革。企业注册登记实行联合审批和告知承诺制，是行政审批制度改革的一项重大举措。为不断降低市场准入门槛，2003 年，台州市启动了联合审批和告知承诺制，《关于企业注册登记实行联合审批和告知承诺制的通知》具体规定了对县级终结审批的一般性企业（个体工商户）注册登记前置审批项目实行告知承诺制；对 9 类申办工商营业执照的前置审批项目实行联合审批，缩短审批时限。2008 年，天台县实行审批职能归并改革，更多审批项目向行政服务中心集中，全县具有行政审批职能的部门 90% 以上审批项目进驻中心进行审批，共有 27 个部门 31 个单位在中心设立窗口 72 个，15 个部门的审批项目进入中心综合窗口。属县本级审批的项目，从受理、摘录、证照打印到办结的整个过程，都在中心进行，实现政府审批"一个窗口"对外的目的。① 结合职能归并改革，进一步简化审批流程，压缩审批时限，取得实际成效。

3. "放管服"改革战略下多维度行政审批制度改革

以职能转变和优化政务服务环境整体部署推进行政审批制度改革。2013 年天台县成立行政审批制度改革领导小组，负责统筹推进各项改革工作，协调改革实施过程中的重大问题。同年，天台县委、县政府发布《关于实施行政审批制度改革的意见》，进入全面推进行政审批制度改革的阶段。具体制度改革突出的是联合审批制度、商事制度改革，逐步实行审批的标准化，推动开展网上审批服务工作，提高审批效能。2015 年天台县调整了改革领导小组，成立天台县政府深化"四张清单一张网"改革推进职

---

① 《行政服务中心成立 10 周年文集资料》，天台县人民政府网站，2011 年 11 月 15 日，ht-tp://www.zjtt.gov.cn/art/2011/11/15/art_1229295991_1403028.html。

能转变协调小组，由县长任领导小组组长，提高了改革领导机构的地位和权威。领导小组统筹全县行政审批制度改革，加强跨领域、跨部门、跨层级重大问题的协调，为行政审批制度改革的突破性进展提供了组织保障。

行政审批制度改革延伸到社会组织登记审批领域。为解决社会团体登记审批环节多、部门多、多次跑等问题，天台县推进社会组织管理审批制度改革，主要体现在审批部门、审批环节、审批时限方面。减少审批部门，四类社会组织（行业协会商会类、科技类、公益慈善类、城乡社区服务类）由行政审批局直接登记，不再把业务主管部门的出具意见作为审批前置条件。整合优化审批环节和办理流程，从原来的名称预登记、成立许可、登记注册三个"串联"环节，合并为一个环节、一次办结。结合"无证明城市"创建工作，取消了申请人要提交的 8 份材料，减轻了申请人负担。这些改革措施提高了审批时效，给社会组织发展提供了更多空间。

成立行政审批局推进行政审批制度改革。2016 年 7 月，天台县成立全省首个县级行政审批局。根据《中共浙江省委关于市县机构改革的总体意见》和省委、省政府批准的《天台县机构改革方案》，天台县行政审批局作为县政府工作部门，其主要职责：一类是负责全县"最多跑一次"改革和行政审批制度改革的推进、协调、指导和监督工作，并建立和完善相应工作机制；另一类是行使具体审批职能，由该审批局的内设机构负责。到2020 年，天台县已将 25 个部门的 194 项许可职能划转到行政审批局统一行使，占许可事项的 88.9%。天台县行政审批局与最多跑一次改革办公室合署办公，更加全面推进行政审批制度改革。一是着重推进企业投资项目审批制度改革，分类推进投资审批改革，流程更加优化、办理时限更少。二是着力推进商事制度改革，实现从企业开办到注销的全流程程序优化，减少企业办事成本。三是着重利用"互联网＋"手段确保网上一体化审批，以此推进全生命周期的事项梳理与办理，审批标准化不断完善。四是注重完善工作机制，协同解决行政审批制度改革中的堵点、难点、复杂性问题。

从行政审批服务中心发展到行政审批局，以机构调整和改革带动行政审批制度改革的路径的共同点或焦点是行政审批权力在政府内部的调整，前者是在政府部门内的调整与相对集中，后者是政府部门之间的调整与相对集中。而政府与市场企业主体、政府与社会组织主体、政府与公民主体之间的权力关系改革还有待加快和拓展。

三 市、县级政府行政审批制度改革逻辑和动力分析

省级以下市、县级政府的行政审批制度改革，表现为自上而下为主、自下而上为辅的改革路径，改革动力主要来自上级和当地经济社会发展需求。同时，在一些领域里市、县级政府又被赋予了改革创新的主动权。地方行政审批制度改革还表现为经济推动与政治推动的双重动力逻辑，尤其是为市场经济发展和为企业提供更好投资环境与营商环境，同时政治力量的推动主要体现为行政审批制度改革在地方党委领导下的统筹协调推进。

1. 自上而下为主和自下而上为辅的改革路径

总结分析台州市和天台县行政审批制度改革简要历程和主要改革实践，可以看出市、县级政府的改革在推进路径上体现出来的逻辑。

以自上而下的改革路径为主。天台县按照国务院、省政府和台州市政府要求，加强组织领导、上下联动、同步推进，全面推动行政审批制度改革。根据《行政许可法》和浙江省《关于进一步清理和规范行政许可项目的通知》的要求，对照有关法律和规章制度，对本县行政审批项目分行政许可类、工作类和非行政许可类逐一进行审核清理和规范。按照上级规定与要求梳理审批清单。关于投资项目的审批清单，严格落实《浙江省人民政府办公厅关于公布浙江省投资项目行政审批等事项目录的通知》要求，台州市政府按照省级部门投资审批事项"八统一"（主项名称统一、子项名称统一、适用依据统一、申请材料统一、办事流程统一、业务经办流程统一、办理时限统一、表单内容统一）标准，形成《投资项目审批事项清单》，加快项目审批流程优化再造，分类编制标准化办事指南和通用格式文本，推进企业投资项目业务流程标准化建设。

台州市工程建设项目、投资领域的审批基本上均按照国务院和省政府政策的要求进一步细化落实。例如，台州市政府2018年发布了《关于加强推进企业投资项目承诺制度改革的实施意见》，承诺制改革措施的出台，依据是2016年《中共中央国务院关于深化投融资体制改革的意见》以及2017年《浙江省人民政府办公厅关于推行企业投资项目承诺制改革的指导意见》，是自上而下改革的典型。2020年台州市发布了《台州市深化工程

建设项目审批制度改革工作实施方案》，该方案的依据是 2019 年《国务院办公厅关于全面开展工程建设项目审批制度改革的实施意见》和《浙江省人民政府办公厅关于印发浙江省深化工程建设项目审批制度改革工作实施方案的通知》。县级政府改革是在上级政府的制度改革方向和政策要求之下推进的，这能为企业提供更好的营商环境。一些重大事项的行政审批制度改革，地方政府多数是按照党中央、国务院和省委省政府的政策文件精神和决策部署，来制定具体落实文件或制度的，以具体措施保障行政审批制度改革在地方和基层落地。根据国家政策和浙江省管理办法制定具体改革措施，是行政审批制度改革与权力下放的自上而下路径的例证。

　　以自下而上的改革创新为辅。有一些领域的行政审批制度改革则是自下而上推进的，或者说以地方探索性创新为主。相对集中行政许可权的初步改革，县、市级政府的行政审批服务中心的建设与运行，是地方探索和创新较为典型的领域，以多种方式和具体管理制度驱动行政审批环节简化、流程优化、效能提高。有的领域并没有国家层面和省级层面直接的政策文件和指导意见，这给市、县级政府的改革提供了探索空间。比如，2015 年台州市政府发布了《台州市人民政府关于深化环保审批改革促进经济社会发展的实施意见》，关于该实施意见的依据，国务院和浙江省并没有直接的文件规定，而是台州市政府根据《中华人民共和国环境保护法》《中华人民共和国环境影响评价法》《国务院办公厅关于印发精简审批事项规范中介服务实行企业投资项目网上并联核准制度工作方案的通知》等的相关规定，自行探索的结果。台州市环保审批事项的改革的特点有：突出风险控制原则和放管结合原则，采取分类实施办法，制定了配套保障管理措施，以加强取消和减少审批后的约束。还有的领域是国家提出试点改革方案，赋予一些地方改革试点权和自主创新权。例如，行政审批的规范化标准化改革就是从一些地方试点的自下而上路径开始的，台州市行政服务中心被列为首个国家级标准化试点项目，通过建成行政服务标准化体系，实现行政审批标准化目标。

　　天台县在初期的行政审批制度改革中体现了以自下而上的探索和尝试创新为主的路径。在 2002～2007 年，天台县推行审批全程代办制度和投资项目审批的绿色通道，这都是为给当地创造更好发展环境而不断探索提高审批效能的体现。2013 年之后，全国在中央政府政策部署之下全面推进"放管服"改革，天台县的行政审批制度改革表现出了自上而下的推动力，推进更加规范化、标准化的改革。

2. 经济驱动和政治推动的双重动力改革逻辑

经济驱动力量主要表现为，地方为促进经济发展，在地方竞争中获得优势地位，为市场和企业创造更优的发展环境和营商环境。政府加强改革投资项目的审批，加快企业投资项目落地，不断优化审批程序、减少审批环节、缩短审批时间，运用"互联网+技术"为审批提速。

政治推动力量主要表现为：地方的行政审批制度改革在当地党委领导下统筹协调推进。尤其是对地方行政审批制度改革的总体部署，有些文件是地方党委政府联合发文，推动改革进展。行政推动力量是政治力量的最显性表达，在地方政府层面主要表现为行政审批制度改革的组织保障，成立专门组织领导机构。一方面是根据上级政府要求，成立行政审批制度改革领导小组。另一方面是市县政府根据当地专项改革需求设立的专门领导机构。台州市在进一步简化审批证明材料，解决各类重复证明和奇葩证明问题的过程中，为建设"无证明城市"，专门成立了创建"无证明城市"工作领导小组，市政府主要领导担任组长，以行政力量推动改革；各县（市、区）政府参照市政府做法，也成立了创建"无证明城市"工作领导小组。深化推进行政审批制度改革和放管结合、加强事中事后监管，也建立了由相应的领导组织机构集中推进工作的机制。台州市政府建立"双随机、一公开"监管工作联席会议制度，统筹协调全市"双随机、一公开"监管工作，联席会议由分管副市长任召集人，成员包括 37 个政府部门，联席会议办公室设在市市场监管局。这显然也是依靠行政力量推动改革的逻辑体现。

行政力量驱动力之下的市、县级政府行政审批制度改革具有渐进性特点。一是从追求审批效率的单一价值目标，到追求服务、规范、效能的多元价值目标。二是从审批权力在服务中心的物理性集中，到部门协同、并联审批、优化程序的"化学性"集中，改革步步深入，越来越接近部门重要权力。

3. 互联网和信息技术推动改革的工具运用

技术驱动在全国层面行政审批制度改革中表现得非常显著，这是互联网和大数据发展在政府改革和治理领域运用的结果。台州市行政审批制度改革中的技术驱动也具备类似特征。2016年，台州市政府根据《浙江省促进大数据发展实施计划》，发布了《台州市促进大数据发展实施计划》，以体制机制创新为突破口，以政务服务网为重要依托，优化发展环境，打造智慧政府，推动政府治理现代化。就"放管服"改革而言，台州市建立起政府数据资源共享、交换和开放的统一平台，促进行政审批集成化、协同化改革，促进整合市场监管的大数据资源、加强对市场主体的全生命周期监管，维护正常市场秩序，进一步释放市场活力。

从线上受理审批和办理，到集成性最多跑一次改革，一个重要因素是互联网和大数据技术的作用。"互联网＋审批"以及大数据技术运用，关键是优化和重塑行政审批流程，减少环节，压缩审批时间，提高审批效率。特别是从一级政府到政府具体部门，都在运用一网通办、部门App、微信等网络平台，更多的词语表述是集成办、网上办、数字化、智能化等，推进"一件事"集成改革。

然而，要推进更为实质性的行政审批制度改革，还涉及权力结构调整与改革。从行政审批的负责机构主体观察，它们还存在一些结构性问题。这些结构性问题包括权力结构与部门组织结构的关系，单依靠信息或大数据技术手段是无法解决的。一个问题是，解决体制性障碍，是大数据技术工具不具有的优势。另一个问题与权力配置结构有关。进驻行政服务中心的相关审批部门的人员，由于中心与政府审批部门之间的权力结构关系没理顺，这些人员处于"双重管理"之中，产生一些管理上的交叉、重叠与空白，会对行政审批制度改革产生一定负面影响。这个领域的问题也反映了大数据技术自身在改革中的局限性，需要与制度改革创新相结合，形成"制度＋技术"的双轮驱动，以此升级拓展行政审批制度改革。

第三节　省市县三级权力清单和关系比较

本节将在省市县三级政府当中选择同类政府部门，对其权力清单（这些部门的权力清单是2020年5月到2021年6月浏览相应政府网站显示的结果）进行比较分析。一方面分析上下级政府之间的审批权力关系，另一方面分析政府与外部主体的权力关系。按照行政审批制度改革涉及的政府与外部主体，即政府与市场企业主体、政府与社会组织主体、政府与公民主体的权力关系，本部分选择了三个层级政府的三个政府部门，第一个是反映经济领域审批权力变化的住建部门，第二个是反映政府对社会组织审批权力变化的民政部门，第三个是反映公民职业资格和办事领域变化的人社部门。具体从三个部门的权力清单角度分析政府与内外部主体的权力关系改革的进展状况，其中反映的实际是全国范围内地方政府层级的一些共性问题。

一 三个层级政府的住建部门的权力清单状况分析

不同层级政府同样部门的权力清单及其包含的具体权力事项，可作为分析上下级政府纵向权力关系的一个依据。在 Z 省政府权力清单分类中，省级、市级和县级政府权力清单分 9 类：行政许可、行政处罚、行政强制、行政给付、行政裁决、行政确认、行政奖励、行政检查、其他行政权力。下面将对 Z 省住建厅、A 市住建局、T 县住建局的权力清单情况进行分析。

1. Z 省住房和城乡建设厅的权力清单

Z 省住房和城乡建设厅的权力清单列表一共有 58 项权力事项，其中，行政许可权力有 15 项；行政处罚权力 25 项；行政强制权力 3 项；行政确认权力 1 项；行政奖励权力 2 项。其他行政权力有 12 项：包括对房地产估价机构的备案，房地产估价机构设立分支机构的备案，二级注册建筑师职业资格认定等权力事项。根据国务院文件对行政审批的界定，"备案"与"认定"也属于行政审批类型，把这些权力放在其他权力事项当中，表面上对减少行政许可事项的数量有直接效果，实际并没有从根本上减少该部门相应权力。

2. A 市住房和城乡建设局的权力清单

该部门的行政权力公开显示一共有 33 项。其中，行政许可权力 12 项；行政处罚权力 9 项；行政征收权力 2 项；其他行政权力 10 项，包括建设工程竣工验收消防备案，建设工程勘察设计直接发包批准，建设项目邀请招标认定等权力。这些备案、批准、认定等权力事项，性质上也属于行政审批范围，并被列入其他行政权力事项，这使得减权的实质性意义打了折扣。还有一类是共有权力，是指 A 市住建局和该市其他有关政府部门共同行使的权力，共有 10 项。因涉及多个政府部门，而不计入 A 市住建局权力清单数量之内。

3. T县住房和城乡建设局的权力清单

该部门权力清单列表显示，各项行政权力共有 95 项，这里指的是大项，不包括每项里的小项（比如"房地产开发企业二级资质核定"这一项审批，下面有对二级资质的核准、注销、变更 3 个小项）。这 95 项行政权力分类如下：行政许可权力 39 项；行政征收权力 4 项；行政处罚权力 43 项；行政检查权力 5 项；其他行政权力 4 项。

从上述权力事项清单中可以发现一些权力关系划分与界定方面值得探讨的问题。

第一，行政检查权力这一类权力事项，与行政处罚权力之间的关系有待进一步厘清。比如，行政检查权力中有一项是"人防工程施工质量监督检查"。在住建局行使这项权力时，如果发现了人防工程施工质量等问题，就要跟进执法和处罚。从这个角度，这一类行政权力可以并入行政处罚权力类别。

第二，相关部门审批权力与行政审批局的权力划分与行使问题。"人防工程施工质量监督检查"这一行政检查权力事项的办理程序是，到 T 县行政审批局项目投资窗口办理，由 A 市人防工程监督站决定。可以看出，划归到行政审批局的权力事项，有些不是实质上的许可事项或者强制性许可事项。把这一类行政检查事项调整到行政审批局，只是剥离了一些不涉及原来部门重大利益的权力事项。行政审批局的设立对集中行政许可权改革的意义，有待观察和检验。

第三，行政检查事项与行政许可权力之间的划分问题。有的行政检查事项实际上是行政许可或审批事项。比如，"人防从业资质资格行政监督检查"需要到 T 县行政审批局项目投资窗口办理，由县住建局决定。这名义上是检查事项，实际具有行政审批性质，因为有受理单位、有决定单位。从法律法规依据看，这类检查权力事项具有行政审批权力性质，可见，权力清单中的权力类型划分与各项行政权力归类，有进一步梳理与调整改革的空间。

4. 三级住建部门权力清单分布与关系分析

对比以上三个层级政府的住房和城乡建设部门权力清单与各类权力事

项分布情况，如表6-2所示，从纵向条线观察，可以发现不同类型权力事项分布有其特点，同时也反映了行政审批制度改革中需进一步解决的一些现实问题。

表6-2　三级住房和城乡建设部门权力清单比较

单位：项

权力事项类型	Z省住建厅	A市住建局	T县住建局
行政许可	15	12	39
行政强制	3	—	—
行政确认	1	—	—
行政奖励	2	—	—
行政处罚	25	9	43
行政征收	—	2	4
行政检查	—	—	5
其他行政权力	12	10	4
总计	58	33	95

资料来源：根据三个政府部门的权力清单自制。

第一，行政许可权力的分布情况体现了行政审批制度改革的权力下放成效。关于行政许可权力事项，市级住建部门的数量最少，县级住建部门的数量最多；行政处罚权力事项也有同样的分布特点，县级政府部门有更多行政审批权力和行政处罚权力。一个原因是，上级政府下放权力的结果，一定程度上体现出了国务院、省级政府的权力下放成效，把下级政府有能力承接的审批事项尽量下放给下级政府，增强地方政府经济社会管理自主权。而且，审批权力下放之后，按照"谁审批、谁负责"原则，拥有行政审批权力的部门，其监管责任也要跟上，需要下级政府对"看得着的问题"也能"管得上"，为此，住建部门纵向的行政处罚权力事项的数量，也是县级政府部门最多。另一个原因是与属地管理原则有一定关联，县级政府部门的行政处罚权力事项多，意味着县级政府部门的管理责任也多。

第二，"其他行政权力"类型反映了清理行政审批事项和权力清单的工作有待细化。这类其他权力事项数量分布，省级部门最多、县级部门最少。虽然这类权力事项的绝对数量差别较小，但从相对比例或差异的趋势可反观行政审批制度改革和权力清单制度实施的一些问题。省级住建部门

"其他行政权力"事项较多，与省级政府职能的宏观性和政策性有一定关联。2015 年，中办、国办印发了《关于推行地方各级政府工作部门权力清单制度的指导意见》之后，各省区市陆续出台了实施权力清单的制度和文件，对行政权力事项进行梳理，多数是按照 8 ~ 11 个类别来进行分类，最后一类都是"其他行政权力"。省级的其他行政权力事项多，一层意义是省级要行使的类型不明确的权力事项比基层政府更多一些，另一种可能是"其他行政权力"类型被当作一个筐，所谓不能"明确"区分的权力事项都放在这一类，这在一定程度上会减少行政许可权力事项的数量，因为"其他行政权力"中有些事项实质上具有行政许可性质。这些具有行政许可性质的权力事项归到其他行政权力类型是不规范的，会影响到行政许可事项数量的实际判断。

第三，三级清单反映出省级和市、县级政府之间的同类权力划分有待明确的问题。有些类型的行政权力，在上下级政府部门之间有明确划分，比如行政强制、行政确认和行政奖励等权力事项。但也有一部分行政权力在纵向层级之间划分不明确，确定权属的依据和标准不够清晰。例如，同样是建筑业企业资质认定，Z 省住建厅的许可权力为"建筑业企业资质省级认定"，包括对这种资质的核准、变更、注销、延续的具体权力事项。而 A 市住建局显示的是"建筑业企业资质认定"。T 县住建局权力清单中显示：建筑业企业资质认定（施工总承包部分二级、部分三级，专业承包部分一级、部分二级）。其中，规定"部分三级企业""二级企业"分别归市级或县级来审批，这"部分"企业选择确定的标准、依据不太明确。这也是地方的共性问题，市县两级都有这项权力，具体应如何划分，是今后行政审批制度改革在上下级政府权力关系上需进一步制度化与法治化的任务。

二　三个层级政府民政部门的权力清单状况分析

对比省级政府的民政厅与市、县级政府民政局的权力清单具体情况，能够发现其反映出的行政审批制度改革过程中权力关系的改革进展和具有共性的问题。

1. Z 省民政厅的权力清单具体情况

Z 省民政厅的权力清单显示权力事项 86 项，具体类型分布是：行政许可权力事项 13 项，主要是对社会团体、民办非企业单位、基金会的登记，慈善组织认定等审批事项，行政处罚权力事项 15 项，行政强制权力事项 3 项，行政奖励事项 2 项，公共服务事项 38 项，大部分是查询服务，甚至包括办事机构的地图查询等项目，其他行政权力 15 项，包括社会团体、民办非企业单位、基金会的有关事项备案、年度审查以及核准类事项。

从上述权力清单中可以发现，行政审批制度改革中取消、调整或下放审批权力以及审批权力与其他权力之间关系的一些状况。

第一，一些领域行政审批权力下放存在区别下放情况。比如，"民办非企业单位成立登记"这个项目下面有 4 个小项，普通类、教育类、医疗机构类、职业培训类这 4 类民办非企业单位成立登记，都是行政许可类权力事项，具体办理程序和设定依据都一样，先是由业务主管部门前置审查（直接登记类除外），后由民政厅受理和决定，这类程序又叫"前审后批"。一个区别是，第 4 类即职业培训类民办非企业单位的成立登记，属于委托下放的权力事项。单独把一部分审批权力事项下放的依据和标准有待进一步明确。

第二，公共服务这类事项，需进一步规范。公共服务事项中有些具有行政审批的性质，如社会组织的名称预登记，分别被 3 项权力清单列为"公共服务事项"，但这项权力设定实际具有行政审批事项的性质。这些公共服务类事项中甚至包括信息查询服务、办事机构地图查询等，按照有关法律法规规定，这些应该是正常的信息公开范畴。可见，权力事项性质、权力清单划分和归类需要进一步依法规范化，发挥出权力清单制度本来的作用。

第三，"其他行政权力"类型的权力事项归类有待进一步厘清。这一类权力事项中包括数量不少的备案类、核准类、检查类权力事项。例如，"社会团体年度检查"被归为"其他行政权力"。按照这一权力事项的设定依据，要求社会团体每年向登记管理机关报送年检材料。依据这些法律法规判断，这一检查权力性质是审批和监管权力，归在其他权力类型中的科学性、合理性不足。这实际上也是地方层面的一个普遍性问题，把一定数量的属于行政审批的权力归到其他行政权力类型之中，实际的行政审批权力并没有减少，这是后续深化行政审批制度改革要解决的问题。

2. A 市民政局的权力清单状况

具体到 A 市民政局，其权力清单显示有 46 项。具体权力事项类型分布如下：行政许可事项 8 项；行政处罚事项 13 项，其中对三类社会组织违法行为的处罚就占了 9 项；行政确认事项有 6 项；行政给付事项有 1 项；其他行政权力有 18 项，社会组织的一些事项备案、章程修改核准事项等，都划归在了这一类之中。

上述权力清单及其权力事项的类型划分，反映了行政审批制度改革在审批事项上的数量变化、在政府与社会组织主体之间权力关系上的变化，还存在后续深化改革的空间。一是关于权力事项类型划分与归集。对社会团体、民办非企业单位、基金会这三类社会组织的年检，有些地方政府把这些事项列入行政检查类型权力范围。A 市则把这些年检类事项列入"其他行政权力"类型，模糊了行政许可和行政检查权力的界限。二是一些备案类事项划归在其他行政权力类型，划分依据不充分。社会组织一些事项的备案，归集在其他行政权力这一类，主要有社会组织的印章和账户、社会组织负责人备案等事项。按照这类权力的实施依据，一部分是审批性质事项，另一部分是对社会组织实行监管的重要事项。把这些权力事项放在"其他行政权力"一类，其合法性与合理性有待探讨。三是政府与社会组织主体之间权力关系改革。从民政局关于三类社会组织成立登记、一些事项备案、年检等权力清单，以及权力设定依据角度分析，这些事项本身就具有审批权力性质。政府还在这些事项和领域行使着对社会组织的审批和管理权力，政府与社会组织主体之间关系结构性变化不大，政府向社会组织下放权力有较大空间。

3. T 县民政局的权力清单分析

T 县民政局的权力清单显示有 69 项，其中，行政许可事项 3 项；行政确认事项 7 项，包括慈善组织认定、水库移民、地名核准等；行政给付事项 14 项，包括水库移民的扶持资金、各种养老补贴、低保等补贴事项；行政处罚事项 23 项，多数是对三类社会组织各种违法行为的处罚；行政强制事项 3 项；公共服务事项 5 项，如"社会组织申请列入承接政府职能转移和购买服务推荐性目录"（"公共服务"事项），虽然这项是公共服务事项，但具有行政审批性质，需要社会组织具备一定条件，还要提出申请，得到批准通过才可以。其他行政权力14项，包括社会组织一些事项备案和年检。上述这些行政权力设置依据、类型划分、结构关系等方面反映了一些情况。

第一，关于行政处罚权力的下放及其依据。关于社会团体、民办非企业单位、基金会这三类社会组织的行政处罚权力，其中对社会团体的行政处罚权基本下放到由县级政府实施了。但有些社会团体成立、登记、备案事项，权力行使主体还在省级或市级政府层次，这是否会造成一定范围内社会组织的成立登记审批和事后监管处罚的权责在上下级政府之间脱节的问题？值得思考。进一步分析，有的行政处罚事项没有法定依据。地方政府行使行政处罚权将面临困境。

第二，社会组织的年检事项的形式值得探讨。一般情况下，政府部门对社会组织包括一些事业单位等其他组织的年检事项，按照设定依据，是一种审批性质的权力。这类事项的存在，对社会组织的培育发展与监督管理所发挥的效能，有待观察。这些年检要求社会组织提供书面材料和报告，对被监管对象而言，年检能发挥的监管作用或者对政府的市场监管效果所起的作用，需要实践检验。关于这些年检类事项，也是政府未来深化行政审批制度改革要考虑的问题。

整体观察三个民政部门的权力清单，可以发现不同层级政府民政领域权力事项划分的一些特点，以及行政审批制度改革在政府与社会组织关系变革上的一些不足。

一是行政确认、行政给付两类权力事项下放成效明显。目前，只在市级和县级政府层次有行政确认和行政给付。这类具有福利性质的行政给予事项，由县级政府直接行使，更有利于与这些福利相关的群体或公民享受应有权益，这是政府权力下放取得的进展。

二是行政许可权力事项分布反映了上级政府对下级放权存在空间。行政许可权力数量是县级民政局最少，省级民政厅最多，这部分权力主要是社会组织登记成立审批和管理权力。三个层级民政部门的权力事项总数，是省级最多，县级次之，市级最少。理想状态应该是省级政府部门把权力下放给县级政府，减少中间层次和环节。县级政府部门在社会组织管理方面主要是对社会组织的年检和一些事项备案，而且这类权力被归在了"其他行政权力"类型。除了四类社会组织直接登记，政府内部上下级对社会组织审批管理体制还有扩展改革空间。

此外，民政部门与行政审批局之间的权力划分问题。在 T 县，社会团体、民办非企业单位、基金会这三类社会组织的设立、变更等审批都需要到 T 县行政审批局办理，而这三类组织的年检和报告事项仍在民政局，这割裂了本来关联在一起的作为前置监管的审批和事后监管的权力，增加了新部门与原来部门之间的协调成本。

三　三个层级政府人社部门的权力清单状况分析

基于社会公众反映比较多、有些政府部门要求公民开具各种繁琐证明、奇葩证明的问题，以及职业资格影响问题，下面分析三个层级的政府的人社部门的行政权力清单事项，主要涉及公民个人办事权力及其权力取消或下放情况，目的是观察政府和公民之间的权力关系改革。

1. Z 省人力资源和社会保障厅的权力清单情况

Z 省人力资源和社会保障厅的权力清单显示有 94 项，有些大项里包括多个小项，这些小项并未统计在内。具体分类如下：行政许可事项 9 项；行政处罚事项 42 项；行政检查事项 3 项，包括人力社保工作监督检查、劳动保障书面审查、劳动保障执法监督；公共服务事项 40 项，涉及职业资格与证明证书、报名和缴费系列，职业技能鉴定，就业服务系列，购买服务等其他事项。

上述权力清单反映了一个情况，行政许可事项数量与政府的实际审批权力存在不完全一致的地方。有些审批性质的权力归在了公共服务事项中，而且一些公共服务事项的办理依然需要受理机关与决定机构处理。比如，"基本公共就业创业政府购买服务"，在权力清单中被划归到公共服务事项类型。实际上政府购买服务是政府决策，决定权在政府相关部门，参与购买的社会主体或市场主体要竞标、提供材料等，这并不是公共服务事项，而是存在一定审批性质的权力事项，归到公共服务事项类型，分类出现交叉重叠。由此，对地方政府的权力清单分类进行梳理，必须有明确法律法规依据，这是对政府部门进行限权、减权，规范其权力的重要前提。

2. A 市人力资源和社会保障局的权力清单情况

A 市人力资源和社会保障局的权力清单显示其行政权力有 66 项。具体分类是行政许可事项 6 项，主要是职业技能培训机构、技工学校、人力资源服务机构的审批；行政处罚事项 36 项，包括对职业中介机构、用人单位、企业等主体违法行为等处罚；行政强制事项有 1 项；行政给付事项 3 项；行政确认事项 7 项，主要是社保、养老基金、退休、参保对象等的确认；其他行政事项 7 项；联办事项有 6 项，包括就业、失业、退休、社保关系转移等事项。

上述权力清单有一个较突出的现象是：权力事项类型划分存在不明确和交叉问题，影响到行政权力规范行使与接受监督。这类"其他行政权力"有进一步清理的必要。比如，A 市人社局的其他行政权力中有一项是就业登记，下面有 3 个子项，包括自主创业登记、灵活就业登记、用人单位招用人员登记。这些登记事项具体实施机关是市人社局，责任处室则是市就业管理服务中心。这些促进就业的公共服务事项，属于政府保就业的社会保障职能的一部分，其类型划分需再明确。

关于行政检查权力事项的归类。"其他行政权力"事项中有一项是人力社保工作监督检查，其设定和实施依据有《中华人民共和国社会保险法》等法律法规相关条款，从这些依据判断，它是一种监察监督、行政检查性质的权力。而权力清单上显示市人社局没有行政检查权力事项，实际把这项检查权力放在了其他行政权力类型中。这种"清单权力"与"实际权力"的脱节问题，是地方政府今后深化行政审批制度改革过程中要进一步解决的较为普遍性问题。

3. T 县人力资源和社会保障局的权力清单状况

T 县人力资源和社会保障局的权力清单显示有 100 项，有些事项下面有多个子项不统计在内。其中，行政确认事项 5 项，基本上是对不同单位类型和主体的参保、续保的确认事项；行政处罚事项 64 项；行政强制事项 1 项；行政给付事项 1 项；其他行政权力 3 项，包括集体合同（工资协议）备案，人力社保工作监督检查，就业登记；公共服务事项 21 项，涉及参保人员及信息、社会保险待遇核准支付、失业保险关系转接、职业技能鉴定等事项；联办事项有 5 项。

上述权力清单和类型体现了政府相关部门对行政权力的认知和对部门之间关系的一些值得思考的问题。

第一，权力类型划分存在交叉之处。T县人社部门的权力清单中已没有行政许可权力事项，但在公共服务类、其他行政权力类的事项里，有些性质上属于行政许可的事项，所以不能就权力清单的"列表形式"判断行政审批权力实际存在状况。例如，"社会保险参保登记"这一行政确认事项，有的被列为"公共服务"事项类型，有的被列为行政确认事项；在隶属关系上，有的事项已显示委托下放。这些保险参保登记事项，统一依据都是《中华人民共和国社会保险法》，该法的不同条文对不同类型的保险参保有不同的规定内容。

第二，有些事项反映了行政审批制度改革中政府与企业权力关系需进一步调整。一些具有备案和监督检查性质的权力归类在公共服务事项中。像"企业年金方案备案"被划归为公共服务事项类型，企业办理这项申报时要提交3个必要材料。企业向政府有关部门提供这些材料进行备案，是政府监管企业的一个手段或方式，从公共服务和行政权力的概念分析，这种备案与政府向企业提供的公共服务不能等同。而且还涉及政府与企业之间的关系，不能把政府应该履行的公共服务职能与政府的监督检查和审批权力混淆。

第三，行政审批制度改革对政府与公民权力关系的调整。针对个体就业人员与用工企业之间信息不对称、前者处于弱势地位的问题，政府应加强对企业的监管，保护就业人员合法权益。其中一项权力事项为"集体合同（工资协议）备案和审查"，主要是对企业行为的监督检查，而且国家层面依据就有4项：《中华人民共和国劳动法》、《中华人民共和国劳动合同法》、《集体合同规定》（劳动和社会保障部令第22号）、《工资集体协商试行办法》（劳动和社会保障部令第9号）。这明显属于行政检查或监督事项，归在"其他行政权力"事项，不利于行政审批制度改革中对政府部门的"确权、减权、限权"，会弱化政府对就业人员合法权益保护的职能。

对比省市县三个层级人力资源和社会保障部门的权力清单可知，在行政权力类型上，省市部门权力清单中行政许可权力事项比较少，主要体现在技能培训机构、劳技学院审批方面，县级部门的权力清单中没有行政许可权力和行政检查权力事项。但在公共服务事项、其他行政权力事项这两类中，有些权力实际具有审批性质，却没有被归类为行政许可权力。行政处罚权力事项在县级人社部门最多、省级人社部门次之、市级人社部门最少，县级的执法监督责任比较重。

在行政审批制度改革的过程中，在政府体系内部，省级人社部门下放权力空间比较大的是公共服务事项。在政府体系外部，取消行政审批事项和权力或者下放给社会组织主体、公民主体的权力事项仍有较大空间。特别在"其他行政权力"和"公共服务事项"类型中，有些权力事项应该放权给社会或公民去做，增强社会发展自主权和激发社会创造力。总之，行政审批制度改革在政府与公民主体的关系结构调整上需更深入推进。

人力资源和社会保障部门行使某些权力事项，存在与其他政府部门之间信息不共享或交叉等问题，给企业和公民增加了负担。另外，人社局的权力清单中有些属于行政处罚权力，比如，"职业中介机构违反就业促进、就业服务与就业管理等有关规定开展职业中介服务的处罚"，"未按月将缴纳社会保险的明细情况告知职工本人的处罚"等处罚事项，但设定依据显示暂无设定依据或暂不需要依据。对这些违法行为确实应该处罚，但又无依据，到底如何处理，是取消这种处罚权力事项还是修改相应法律法规，值得思考。

上述一些行政权力的去留或行使，涉及行政审批制度改革和依法行政或者涉及改革与法治之间的关系，要处理好深化改革与依法改革的关系。习近平总书记强调，"做到重大改革于法有据，改革和法治同步推进，增强改革的穿透力"。[①] 但同时要辩证分析，"改革要于法有据，但也不能因为现行法律规定就不敢越雷池一步，那是无法推进改革的"。[②] 所以，要发挥好法治对行政审批制度改革和政府改革的引导与规范作用。究竟是取消这些没有设定依据的行政处罚权力（否则不符合"法无授权不可为"原则），还是找到另一种解决途径，修改完善相关法律法规，为这些处罚权力提供法律依据，是政府应重新考虑的现实问题，这关系到政府与企业、

---

① 《习近平关于社会主义政治建设论述摘编》，中央文献出版社，2017，第102页。
② 《习近平谈治国理政》第2卷，外文出版社，2017，第124页。

政府与公民之间的关系。

　　运用权力清单可以清理、规范和约束政府的行政审批权力，同时也能达到减权、限权等目的。然而，一些地方政府在梳理行政权力之后所形成的权力清单显示，有些权力事项的分类存在交叉或不明确问题，例如，"其他行政权力"这一类权力，有的属于审批性质、有的属于检查性质、有的属于公共服务性质。对这些权力事项应该根据具体权力实际性质以及法律法规做进一步清理和明确，这是权力清单制度从注重数量向注重质量和权力性质改革的必然要求，也是深化行政审批制度改革的现实任务。

第七章 行政审批制度改革与政府职能转变

改革开放以来，行政审批制度改革起初阶段被赋予的使命是转变政府的经济管理职能，进而行政审批制度改革成为加快政府职能转变的重要突破口。政府转变职能之后，不再履行相关职能，就不能再被授予或者行使相应行政权力。行政审批制度改革通过调整政府与不同主体的权力关系、改变政府权力来实现政府职能的转变，而权力清单制度是行政审批制度改革中进行减权、确权、限权的组成内容，对实现政府职能转变而言十分重要。

行政审批制度改革不是偏重取消或减少审批事项数量的"简单减法论"，而是更为实质的权力结构改革及制度创新。2001年在全面开启行政审批制度改革之时，国务院领导就强调了，"行政审批制度改革的效果如何，不仅要看减少了多少审批项目，更重要的是看是否通过改革实现了制度创新"。[①] 2003年国务院行政审批制度改革工作领导小组印发《关于搞好已调整行政审批项目后续工作的意见》，要求对取消审批后仍需加强监管的事项建立后续监管制度。毋庸置疑，行政审批制度改革包含着审批与后续监管的关系，政府这些职能与权力关系的变化是更为重要的内容。

党的十八大之后，中央政府全面推进行政体制改革。2013年，国务院把简政放权、放管结合作为推进行政体制改革、转变政府职能的"先手棋"；后来发展为简政放权、放管结合、优化服务三位一体的立体化改革。近10年来，国务院每年召开一次全国性推进"放管服"改革和转变政府职能主题的会议。要把"放管服"改革放在国家治理体系和治理能力现代

[①] 国务院行政审批制度改革工作领导小组办公室编《改革行政审批制度 推进政府职能转变》，中国方正出版社，2003，第7页。

化的战略高度，从宏观全局认识这一系统性改革的重要地位。2021 年，国务院又强调了简政放权与加强监管的辩证法。"要创新和完善市场监管。我们一直强调，放权不是甩手不管，减权并没有减监管的责任，要坚持把'放'和'管'统一起来，把有效监管作为简政放权的必要保障。"[1] 而且要创新监管方式、完善监管制度，提高监管的精准性有效性。由此，减权放权与加强监管是行政审批制度改革和转变政府职能的一体两面，必须紧密衔接、同步推进，统筹和打通事前监管和事中事后监管的全链条职能。

第一节　以权力清单制度驱动政府职能转变

行政审批制度改革以简政放权为重点，从减少和取消审批权力事项，发展到梳理与制定权力清单，以"法无授权不可为"为原则，用清单的方式达到进一步明确并且限制和规范政府审批权力的目的，减少政府对经济社会的不必要干预。逐渐发展的权力清单制度在全国范围内实施，以限制和明确政府的权力，降低市场准入门槛，以"减证"促"简政"，权力清单制度在推动行政审批制度改革的过程中发挥了巨大作用。观察现实改革，权力清单制度在实施中仍存在一些偏差，需要在改革中加以调整和完善，以划定政府权力的边界，带动政府职能转变，促进实现政府治理现代化。

一　国家层面权力清单制度实施的发展历程

权力清单，本质上应该是对政府权力的依法限定，包括政府与市场、与社会关系的法治化与规范化。仅仅从形式上将政府履行的权力列举出来，还不完全符合权力清单制度的内在要求。"所谓权力清单制度，是指政府及其部门或其他主体在对其所行使的权力进行全面梳理基础上，将职权目录、实施主体、法律依据、管理流程、监督方式等以清单方式列举，并公之于众的制度安排。"[2] 从整体发展演变角度来审视，在 21 世纪政府

---

[1]　李克强：《在全国深化"放管服"改革着力培育和激发市场主体活力电视电话会议上的讲话》，《人民日报》2021 年 6 月 8 日，第 2 版。

[2]　魏礼群主编《中国行政体制改革报告（2014~2015）》，社会科学文献出版社，2015，第 47 页。

改革的社会背景下，权力清单实践发展主要可分为两大阶段，即从个别地方政府公开行政权力事项，到各级地方政府全面建立和实行权力清单制度，经历了地方自主尝试到中央要求在全国推广的发展过程。在此过程中，党的改革政策部署对权力清单实施发挥了重要理论指导和方向指引作用。

地方自主尝试与创新阶段。权力清单一开始是一些地方公开权力事项的尝试与创新，一方面是地方政府的试点，当时没有中央政府统一要求。另一方面是政务公开框架下的政府选择，是公开权力和监督权力的要求。以权力和办事制度公开来加强对行政权力的监督，2005 年中办印发了《关于进一步推行政务公开的意见》，包括公开行政许可权力事项的要求。党中央对政务公开的要求成为地方试点公开权力清单的宏观指导。地方的自主创新，主要表现为如下两种类型。

一种类型是在"政府的信息公开和权力公开、让权力在阳光下运行的框架"下实施。把政府及其部门行使的权力列举公布出来，让社会监督。一般认为，2005 年邯郸市公布了政府权力清单，成为全国第一个公开权力清单的地方政府。"邯郸市政府把所属 57 个行政部门初步清理出的 2084 项权力，连同每一项权力的使用流程图公之于众，以接受全社会的监督。"①进一步追踪，权力公开的幕后设计者是当时的河北省纪委，初衷是通过公开权力来制约和监督权力行使，避免权力滥用。邯郸市公开权力清单的这种做法，还有一点也在当时引起了社会与媒体的关注，即公开了市长的 97 项权力，成为全国第一个市长权力清单。2009 年 6 月，成都市在西部地区率先启动政府部门权力清理工作，随后便公布了 49 个市级行政部门和单位的权力清单明细，共 7437 项。②

另一种类型是对当地政府某个领域的权力进行梳理并公开。比较典型的是郑州市梳理并公开了行政执法权力清单。2005 年 9 月，郑州市政府公布了《郑州市行政机关执法职责综览》，对 46 个行政机关的执法权力逐项

---

① 徐彬：《国内首份市长"权力清单"》，《南方周末》2005 年 8 月 25 日，第 4 版。
② 邹东升、陈思诗：《党的十八大后中国省级政府权力清单制度创新的扩散——基于政策扩散理论的解释》，《西部论坛》2018 年第 2 期。

澄清，共清点出具有行政执法主体资格的单位 118 个。① 还有上海的做法，主要是在行政审批制度改革领域，把行政审批权力梳理成清单并公布。上海自 2009 年起就开始建立市、区县、乡镇街道三级行政审批的权力清单，而且在推进"权力透明公开运行"方面，推行目录管理、业务手册、办事指南、行政审批电子化信息化、数据共享、监督检查等"六位一体"的行政审批标准化管理。②

可见，地方政府权力清单的试点，是政府实现权力公开透明的尝试，通过权力公开接受社会监督。权力清单主要是从行政权力的监督、公开权力运行的角度来推进的。

中央要求与全面推广阶段。在逐渐推进简政放权改革背景下，中央政府提出了实行权力清单制度的政策改革要求。这一阶段的权力清单制度实施和全国推广，进一步体现了党的领导的核心作用。特别是权力清单这项改革措施进入中央政策范围或视野，有两个关键标志。一个标志是党的十八届三中全会决定首次提出了权力清单制度要求，"推行地方各级政府及其工作部门权力清单制度，依法公开权力运行流程"。③ 这不仅是加强权力运行的制约与监督，更是加快转变政府职能和深化行政审批制度改革的举措。"通过推行权力清单制度，把政府部门的权力和责任以清单形式明确下来，厘清哪些权力应该保留，哪些权力应该取消或下放，从而确定政府部门的权责内容、划定政府与市场的边界，实现政府法无授权不可为、法定职责必须为。"④ 关于此项改革政策，浙江走在全国前列，其把富阳市（现为富阳区）作为全省试点地区，2014 年推出了第一个县级权力清单。"2014 年 3 月，富阳市经过清权厘权，权力清单的最后梳理，行政权力从 2008 年的 7800 多项削减到 5879 项。然后进一步把与群众关系密切、使用频度较高的常用行政权力，从 2551 项削减到 1465 项，正式向社会公布的

① 柴清玉：《制定公布"执法清单"自觉接受人大监督——郑州市政府颁布〈郑州市行政机关执法职责综览〉》，《中国人大》2005 年第 20 期。
② 《上海推进权力清单与责任清单建设中亟待解决的问题与对策建议》，上海市人民政府发展研究中心网站，2016 年 7 月 7 日，http://www.fzzx.sh.gov.cn/LT/KDUCO7583.html。
③ 《中共中央关于全面深化改革若干重大问题的决定》，《人民日报》2013 年 11 月 16 日，第 1 版。
④ 《以"权力清单"推进治理现代化》，《人民日报》2015 年 3 月 25 日，第 1 版。

就是这些常用行政权力的清单。"① 这为全省权力清单的制定与实施工作提供了经验。另一个标志是，2015年中办、国办印发了《关于推行地方各级政府工作部门权力清单制度的指导意见》，进入了要求全国地方政府全面推开权力清单制度的阶段。此后在实行权力清单的基础上，国务院又专门要求对行政许可权力事项进行清单管理。2022年，国务院办公厅印发了《国务院办公厅关于全面实行行政许可事项清单管理的通知》，进一步明晰行政许可权力边界，规范权力行使，并发布了《法律、行政法规、国务院决定设定的行政许可事项清单（2022年版）》。同时要求各地区、各部门加快编制行政许可事项清单并严格实施，深化"放管服"改革。

党对权力清单制度实施的领导极为重要。中央早在党的十五大报告中就指出，"要深化改革，完善监督法制，建立健全依法行使权力的制约机制。坚持公平、公正、公开的原则，直接涉及群众切身利益的部门要实行公开办事制度"。② 这为当时一些地方尝试和创新公开权力清单提供了重要方向性指导。尤其是党的十八届三中全会决定提出实施权力清单制度要求之后，该制度就进入了全面推广阶段。党的十八届四中全会决定进一步指出，"推行政府权力清单制度，坚决消除权力设租寻租空间。……各级政府及其工作部门依据权力清单，向社会全面公开政府职能、法律依据、实施主体、职责权限、管理流程、监督方式等事项"。③ 这里再次强调通过权力清单公开，带动政府信息公开，促进权力运行和监督机制的发展。整个过程都凸显了党的领导在权力清单制度实施中的核心作用。

二 省级政府实施权力清单制度的积极回应

具体从省级层次观察，从2014年3月到2016年12月，97%的省级政府都出台了实施权力清单制度的相关文件，有些省份还分别出台了实施权力清单制度的意见与权力清单管理办法的方案，进一步落实中央政

---

① 江南：《浙江富阳晒出县域权力家底 清单之外再无权》，《人民日报》2014年4月18日，第2版。
② 《江泽民文选》第2卷，人民出版社，1997，第31页。
③ 《中共中央关于全面推进依法治国若干重大问题的决定》，《人民日报》2014年10月29日，第1版。

府的改革要求。下面笔者对省级政府制定的关于建立或实施权力清单制度的文件，包括文件名称、发文时间、一些特点等进行说明和总结（见表7－1）。

表7－1　29个省份关于实施权力清单制度的文件

省份	文件名称	发文时间	特点或其他
北京	《北京市人民政府关于建立市政府部门权力清单责任清单制度的通知》	2015年12月	权力与责任分开列出
天津	《关于推行政府工作部门权力清单责任清单制度的意见》	2015年3月	统一权责清单
河北	《关于建立行政权力清单制度的实施方案》	2014年8月	按11类行政权力列出
内蒙古	《内蒙古自治区行政权力监督管理办法》	2015年3月	以监督带动权力梳理
黑龙江	《关于推行政府权力清单制度的指导意见》	2015年3月	分14类行政权力
吉林	《关于加强省政府部门权力清单和责任清单监督管理的意见》	2016年2月	省级政府部门与市、县政府部门分两个文件规定
辽宁	《辽宁省权责清单管理办法》	2016年11月	有10类行政权力
浙江	《关于全面开展政府职权清理推行权力清单制度的通知》	2014年3月	分10类行政权力
山东	《关于在全省推行行政权力清单制度的通知》	2014年7月	按10类行政权力列出
江苏	《江苏省行政权力事项清单管理办法》	2015年12月	分10类行政权力
广东	《广东省推行市、县政府工作部门权责清单制度工作方案》	2015年6月	省级与市县分开
福建	《福建省推行省级行政权力清单制度实施方案》	2014年8月	分11类行政权力
海南	《关于在全省各市县人民政府开展职权清理推行权力清单制度的通知》	2015年9月	按10类行政权力列出
山西	《关于全面清理行政权力推行权力清单制度的通知》	2014年12月	梳理10类行政权力
河南	《关于推行全省各级政府工作部门权力清单和责任清单制度的实施意见》	2015年5月	按10类行政权力列出
湖南	《关于推行各级政府工作部门权力清单制度的实施意见》	2015年6月	按10类行政权力列出
湖北	《关于在全省推行政府工作部门权力清单制度的通知》	2015年6月	按10类行政权力列出
安徽	《关于推行省级行政权力清单制度的通知》	2014年9月	梳理10类权力
江西	《江西省行政权责清单管理办法》	2016年3月	分8类行政权力

省份	文件名称	发文时间	特点或其他
重庆	《关于公布市政府部门和有关单位行政权力清单和责任清单》	2015 年 11 月	按 10 类行政权力列出
四川	《关于推行行政权力清单制度进一步清理优化行政权力事项的通知》	2014 年 9 月	内部权力事项不列入清单
云南	《云南省政府工作部门权责清单管理办法》	2017 年 10 月	权责清单统一编制
贵州	《贵州省推行政府工作部门权力清单制度实施方案》	2015 年 5 月	推进两单合一
广西	《关于推行各级政府部门权力清单制度的意见》	2015 年 1 月	按 10 类行政权力列出
陕西	《陕西省权力和责任清单管理办法》	2016 年 3 月	不含行政许可权力
青海	《关于全面开展政府职权清理推行权力清单责任清单制度的通知》	2014 年 12 月	按 12 类权力进行清理
宁夏	《关于建立政府部门权力清单制度的实施意见》	2014 年 12 月	以梳理权力为主
甘肃	《关于推行全省各级政府工作部门权力清单制度的实施意见》	2015 年 4 月	按 10 类行政权力列出
新疆	《新疆维吾尔自治区行政权力清单和责任清单监督管理办法》	2016 年 10 月	分 10 类行政权力

上述 29 个省（区、市）发布文件的机构主要有 3 种。（1）省级政府发文：北京、内蒙古、黑龙江、辽宁、山东、福建、安徽等 12 个。（2）省（市）委办公厅与省（市）政府办公厅联合发文：天津、广东、河南、湖南、湖北、贵州、甘肃等 7 个。（3）省级政府办公厅发文：河北、吉林、浙江、江苏、海南、山西等 10 个。

关于梳理和制定权力清单的要求，超过半数的省级政府文件划定了 10 种类型的行政权力，包括行政许可、行政处罚、行政强制、行政征收、行政给付、行政检查、行政确认、行政奖励、行政裁决和其他行政权力事项。少数省份超过了 10 类，比如，河北省有 11 类、青海省有 12 类，最多的省规定了 14 类，把年检、行政复议、税费减免等行政权力也包括进来。最少的是 8 类，把行政许可权力单独清理列出。

对这些权力清单类型的划分，省级政府无一例外是把"其他行政权力"作为兜底类型，这成为一个惯例。分析这些政府文件中规定的"其他行政权力"事项，可以发现存在的问题，一方面，其他行政权力事项包括的权力内容差异较大，不统一。比如，有的省级政府将行政处罚权、一些行政审核权等纳入"其他行政权力"类型；有的省份"其他行政权力"项目则包括主动和依申请公开信息的权力、动漫企业认定、对一些产权交易行为的监管权力等。另一方面，通过"其他行政权力"项目还无形中增加了地方政府行使权力的自由裁量权，影响到依法行政的实效。

关于权力清单与责任清单的关系，多数省份文件规定把权力清单与责任清单一起梳理、一起建立，在梳理权力清单的同时列出责任事项、形成责任清单，这类省份占到了55%。有些省份分别制定了权力清单与责任清单的文件，分开进行梳理和公布，包括甘肃、宁夏、四川、福建、江苏、山东等11个省份。

上述几个维度是省级政府出台实施权力清单制度相关文件的情况，体现了省级政府对中央统一全面推进权力清单制度的回应状况。

三　政府制定和实施权力清单的逻辑分析

地方政府制定与实施权力清单，取得的进展不可否认。但存在的一些比较突出的具有共性的问题，也不容忽视。不少地方梳理和实施权力清单过程中有各种变通操作，包括权力类型划分、权力事项统计、权力实施主体确定、权力清单公布"变通"问题。分析省级政府实施权力清单的文件和实际做法，发现地方政府制定和实施权力清单的逻辑特点及其存在问题主要体现在启动机制、数字导向、技术运作、审核不足等维度上。

1. 动力或启动机制呈现自上而下的逻辑特点

在地方试点权力清单阶段，权力清单是由政府主导或地方党委推动的；在全国统一实施阶段，更凸显了政府自上而下的主导力量，从省级到地市级再到县级，层层推进。把权力清单的梳理与确定作为"放管服"三位一体改革的重要组成部分之后，权力清单制度的实施就体现出一种自上而下为主的发展路径。

有些省份关于实施权力清单制度的文件规定了全省各级政府梳理和制定权力清单的要求，包括省政府部门及市、县政府，这一类在29个省份中占到了绝大多数。少数省份实施权力清单的规定分两个文件，一个是规定省级政府部门的权力清单，另一个是规定市、县政府的权力清单。例如吉林省，一个是省政府办公厅公布的关于加强省政府部门权力清单和责任清单监督管理的意见，另一个是关于推行市、县政府部门权力清单制度的通知。广东、福建、安徽三省，也是类似的做法。

各省发布文件的时间，多数是在 2015 年中办、国办发布了指导意见之后。从表 7-1 可以看出，有 9 个省份是 2014 年出台了文件，14 个省份在 2015 年出台了文件，2016 年出台文件的有 5 个省份，极个别省份是 2017 年才出台管理办法。省级文件的制定依据，基本上是党的十八届三中全会的会议精神以及中办、国办印发的关于实施权力清单制度的通知，规定方式也相似，分为时间表和路线图，从省级到市级、再到县级，这体现出明显的自上而下的逻辑特征。

2. 地方政府梳理权力的数字导向与逻辑偏差

各地方已公开的权力清单内容没有形成统一规范的标准。权力清单梳理的过程缺乏刚性和立体监督，大多数地方政府梳理和公开权力事项，陷入了"数字导向型"的窠臼，即以权力事项数量的数字多少和减少权力事项数量的百分比来标榜简政放权的成效。不同省级政府、不同县级政府之间，梳理和公布权力清单的数量相差巨大，虽然不排除地域差异、职能任务差异，但同级政府之间权力事项数量的反差，也说明了地方政府数字政绩观的倾向不同。

权力清单制定和执行中的偏差或者所谓"变通"，其实也是一种政绩竞争表现。在省级政府权力清单出现相当大差距的情况下，市县政府之间行政权力事项和数量也就更没有标准了。比如有的省级政府要求下级政府在下放权力和梳理权力清单时，减少权力事项的30%，但下级政府各部门为确保自己的部门利益不被拿走或取消，在权力事项分类、所属的是大项还是小项、常用权力还是几乎多年不用的"冰冻权力"等方面，开展了激烈的博弈。还有的地方政府为了应付上级政府检查，有些形式主义的做法，进行简单化、程序化处理，有些权力事项明显属于审批性质的、检查性质的，也都放在了"其他行政权力"一类中，这反映出一种"懒政"思维。政府职能范围广且内容复杂，法律法规无法完全覆盖。由此，地方政府在梳理权力清单时对一些无法确定的事项，或者是为了减少行政许可权力事项数量，把一些具有行政审批性质的权力也归为"其他行政权力"这一类。由此可推断，下级一味追求完成任务，梳理和制定权力清单在本质上限制权力的目的被不同程度忽视了。而且，这种权力清单梳理的数字化倾向，还使得上级政府在确定权力事项或向下级下放权力时，产生了权力事项下放不平衡问题。

3. 权力清单技术化忽视了结构关系问题

各个地方政府列出的权力清单所包含的元素相似，包括列出权力行使流程，每项审批权力所需条件，很多地方都有一套程序化和形式化要求。这其实是一种技术化运作模式，特别是针对行政审批权力的行使流程，要告知企业或公众在申请审批时准备什么材料、在哪一步到哪一个部门办理。

权力清单的编制并不是一个简单的权力汇编过程，而是要依据市场经济发展需要、社会组织培育需求、公民权益保护需要、现代法治理念来界定行政权力及其运行程序。从结构性角度观察，在权力清单列表中，有的权力事项，省级政府有、地市级政府有、县级政府也有，究竟是哪个层级的政府有权行使这项权力呢？政府纵向层级之间的权力关系划分有不清晰之处。举例来说，建筑资质的审批、抗震的评估等，到底是由哪一级政府部门来行使这项权力，需要进一步界定清晰。

与此同时，有些权力事项在不同部门的权力清单中都有，横向政府部门之间的权力关系也存在不清晰问题。横向权力关系划分，比如建设投资项目审批，涉及多个相关部门，包括住建、发改、规划、国土、人防等；还有民政部门与人力资源和社会保障部门的一些权力事项，在权力清单中存在没有确定清楚的内容，这在一定程度上影响到实践中相关部门的权力行使。即使公开了各部门权力清单，部门之间的权力边界划分仍未解决，易产生地方治理困境。权力清单的公布无法确保职能部门行使应有的权力和监管职责。地方政府长期习惯于"卡门槛式"、以审批代替监管的行为方式，因此公布了权力清单之后还缺乏监管职责的明确界定和履行。依法梳理和列举权力清单的同时，把政府职能部门之间的权力边界和监管职责界定清楚，是更为重要甚至是核心的问题。当前列举权力清单的技术化倾向掩盖了行政权力结构关系问题。

4. 权力清单的审核过程存在不足

多个省份在实施权力清单制度的文件中规定，省级政府清理和梳理权力清单的流程基本上是按照谁行使、谁清理的原则，各个职能部门先自行总结与梳理所要行使的权力；然后由编办进行审核，法制办进行权力事项的合法性审查；最后由省政府统一确定，由政务服务管理部门负责公开。有些省政府文件中还规定，省法制办、审改办、监察部门、财政部门、政研室等部门组成协调或指挥部门，负责对职能部门权力清单的梳理、审查、审核。例如，某省权力清单制度实施方案规定，各级机构编制部门和政务公开职能部门对本级行政职权进行初审，并发挥牵头作用，最后报同级政府审定。另一个省关于推行权力清单制度的通知规定，也是各职能部门先自行梳理，经审改办进行初审，最后提请省政府常务会议审定。还有一些省实施权力清单制度的文件，明确了多个部门共同进行权力清单梳理、审查、审核和确定。

综上可见，权力清单从开始的清理、到初审、再到最后审定，都以政府部门为主，或者以编办为主来推进。然而从法理上讲，行政权力来自宪法和法律授予，那么权力清单由行政部门作为最后的审核主体，在权威性上有其不足之处，需要通过改革来增强权力清单的权威性与合法性。

四　完善权力清单制度驱动政府职能转变

把权力清单制度从主要推动行政审批制度改革的确权、限权功能，转向通过行政权力的明确梳理与界定驱动政府职能转变。政府有什么样的行政权力，就行使什么样的职能，"要转变政府职能首先就必须重新界定政府行政权力。从一定的意义上说，政府职能与政府行政权力的相互关系是外在形式与实质问题的关系"。[1] 当前阶段深化改革和转变政府职能目标的实现，必须以调整和改变行政权力为前提，换句话说，权力清单的重新确定及其制度实施，成为政府转变职能至关重要的前提与合法性条件。而在实际中权力清单的实施与政府职能的关系出现了一定偏离。政府不仅需要清楚梳理和确定政府的行政审批或许可权力，对其他类型的行政权力也应进一步确定，特别是与行政审批相关联的行政处罚、行政检查、行政确认等类型行政权力事项，必须进一步依法梳理和确定，这是一个互动与相辅相成的共进关系。一方面，从与政府职能的密切关联中进一步确立和完善行政权力清单并健全清单管理制度链条；另一方面，通过权力清单制度的实施，发挥权责清单在推动行政审批制度改革和转变政府职能、优化政府职责体系中的功能。

---

① 张国庆主编《公共行政学》，北京大学出版社，2007，第547页。

1. 权力清单与政府职能建立逻辑关联

经济社会发展需要政府履行什么样的职能，才能赋予政府什么样的权力。党的十八届三中全会决定对地方政府职能作出规定，"加强地方政府公共服务、市场监管、社会管理、环境保护等职责"。[①] 党的十九届四中全会决定在优化政府职责体系的部分，强调提出"完善政府经济调节、市场监管、社会管理、公共服务、生态环境保护等职能"。[②] 可见，政府职能体系的基本内容没有变化。关键是根据这些基本职能来解决政府在实践中履行职能的错位越位缺位问题。政府职能转变最核心的是处理好政府与市场包括企业主体、政府与社会组织主体、政府与公民主体的基本关系。权力清单的基础是政府职能的确定，这依赖于政府部门之间的职责划分。凡是市场、社会能够做的事情，就要放权，就要取消政府在这些领域的行政权力。政府行政权力的确定可以把政府四大基本职能作为基本框架，从而使权力清单与政府职能在根本上建立逻辑关联。

地方政府清理权力和确定清单时，都有一类"其他行政权力"，即无法纳入已有类别中的权力，这在不同的地方政府有不同内容，也是地方政府自由裁量权的突出表现。这些无法按照法律法规确定类别的其他权力事项，应该按照政府须履行的职能来确定，如果与政府履行职能无关，就要取消相关权力，控制和规范行政权力的行使，给市场、社会更大自主权。权力清单的规范涉及中央与地方分权、治理法治化等问题，"权力清单不应该只是政府功能性权力的范围和职责的调整，否则不可能达到控制和规范政府行政权力的目标"。[③]

此外，在权力清单与政府职能之间建立逻辑关联，有利于解决不同层级政府之间的职责同构问题。目前情况下，权力清单的确定带有明显行政主导性和自上而下推进特征，下级政府的权力清单设置虽然一方面要依据相关法律法规，但另一方面要依赖上级政府取消、下放或调整行政权力事

---

① 《中共中央关于全面深化改革若干重大问题的决定》，《人民日报》2013 年 11 月 16 日，第 1 版。
② 《中共中央关于坚持和完善中国特色社会主义制度 推进国家治理体系和治理能力现代化若干重大问题的决定》，《人民日报》2019 年 11 月 6 日，第 1 版。
③ 周庆智：《控制权力：一个功利主义视角——县政"权力清单"辨析》，《哈尔滨工业大学学报》（社会科学版）2014 年第 3 期。

项的规定与做法。所以，如果不把权力清单与政府职能紧密联系起来，纵向层级的地方政府职能就难以明确界定和突出侧重点。

2. 完善权力清单的动态监管与制度链条

很多省份实施权力清单制度的文件都有关于动态调整权力清单的规定和要求。有些省份专门出台了权力清单责任清单的动态管理办法。例如，天津市出台了单独的关于动态管理清单的文件，提出了建立权责清单管理联席会议统筹协调、机构编制部门主管、相关部门分工协作的权责清单管理机制。山东省的文件提出，权力清单调整由涉及权力事项变化的行政机关向本级编制部门提出申请，由机构编制部门来调整；吉林省则是要求有关部门把调整的权力事项上报设在编办的行政审批制度改革工作领导小组办公室，由其审核确定。很多地方政府并未形成权力清单动态管理的常态化工作机制，权力清单的动态调整具有较重的行政主导色彩。

国务院关于行政许可权力事项清单的编制管理，已体现了动态调整原则和机制。国务院在《法律、行政法规、国务院决定设定的行政许可事项清单（2022 年版）》基础上，根据一些法律法规变化、有些机构职能的变化，修订和调整形成了新的许可事项清单，即《法律、行政法规、国务院决定设定的行政许可事项清单（2023 年版）》。建立权力清单调整的常态化制度，即这一制度的实施依据、实施主体、实施时间等要有相应规定。第一，在重大法律法规出台、修订或废止时启动调整权力清单的机制。权力清单制度设计的初衷是清权、确权和限权，依靠政府部门自我削权，就可能会存在打折扣现象。所以要强调的是，"权力清单的梳理、形成和升级应当严格以法律、法规为依据来进行，权力清单不能替代和超越法律、法规的规定……充分体现职权法定和越权无效原则"。[①] 有法律法规变化，就要启动权力清单调整机制。第二，政府机构调整与改革之后立即启动权力清单调整机制。因为机构改革涉及一些权力事项的实施主体发生变化，要及时进行调整。权力清单由各级政府部门来梳理，依法行政不是"依权力清单行政"，行政权力的行使最终要依赖法律规范而不是权力清单，权

---

① 赵勇：《规范化与精细化：大城市政府权力清单升级和优化的重要方向》，《上海行政学院学报》2018 年第 1 期。

力清单的设定最终要依据法律。① 第三，根据经济社会发展需要而调整政府职能时，应启动权力清单调整机制。调整启动的主体至少应由一级政府法制机构、依法行政领导小组、立法机关等机构组成。

与上述调整机制相联系，如何确保权力清单动态调整的监管落实到位，是确保权力清单制度发挥作用的前提。权力清单的确定目前主要是行政系统的行为，所以有效的外部监督更加重要。省级政府要实现这些动态调整权力清单机制的可操作化和精细化，必须解决谁来决定权力清单的调整等问题，清单上的权力调整（取消、下放、变更主体等）依据是什么，调整程序和环节如何，这几个关键问题解决好，才能确保权力清单的依法、公开、程序化调整。为此需要完善与权力清单制度配套的制度链条，即对权力监督制度的延伸和完善。这个配套监督制度的完善利于解决同级别政府的行政权力清单存在巨大差异问题，确保政府的行政权力依法设定的基本逻辑。

3. 依法从权力清单向全面的权责清单制度发展

坚持党的领导，遵循优化政府职责体系，构建职责明确、依法行政的政府治理体系的目标指引，深入推进权力清单的制定发展以及权责清单制度完善。不仅把权力清单制定与实施回归到简政放权放管结合优化服务改革的轨道上，还要通过公开确定和配套的责任清单对权力运行加以制约和监督。党的十九届四中全会决定提出，"实行政府权责清单制度，厘清政府和市场、政府和社会关系"②，是"优化政府职责体系"的一项重要举措。从政府职责体系入手，要有权力清单的体系以及匹配的责任体系，要发展全面的权责清单制度。权责清单制度强调划定政府权力边界、消除设租寻租空间，"是中国试图给出的建构现代政府的重要方案"。③ 权责清单制度是依法行政制度体系中的一项基础性制度，是构建依法行政的政府治理体系的重要举措。

进一步完善政府权责清单制度，坚持权责一致基本原则。权责清单制度的实施，包含着比权力清单本身更丰富的内涵、要素和内容。完善制度链条

---

① 王比学：《推行权力清单，不等于"依清单行政"——专访中国人民大学教授莫于川》，《人民日报》2014 年 4 月 23 日，第 17 版；王克稳、张贺棋：《论行政审批权力清单的法律标准》，《行政法学研究》2015 年第 6 期。

② 《中共中央关于坚持和完善中国特色社会主义制度 推进国家治理体系和治理能力现代化若干重大问题的决定》，《人民日报》2019 年 11 月 6 日，第 1 版。

③ 唐亚林、刘伟：《权责清单制度：建构现代政府的中国方案》，《学术界》2016 年第 12 期。

涉及权力清单实施的监督制度，应处理好权力清单与责任清单的关系。不管是有些省份把权力清单与责任清单一起梳理列出，还是有些省份把权力清单和责任清单分开制定，都有一个问题未得到根本解决，即责任清单的内容究竟是什么。而责任清单应该有一种更重要的内涵，即如果违法违规行使了该项权力，应该受到责任追究。"责任"一词，在现代汉语词典中具有两层基本含义，"一是指分内应做的事；二是指没有做好分内的事，因而应当承担的过失"。① 这类似于 responsibility 和 accountability 的区别。对 accountability 有代表性的含义是指，"主体 A 为了对某事负责而向主体 B 进行解释和说明的过程。这种事情是由前一主体 A 做出的，并且需要经过后一主体 B 的同意和接受"。② 可见，与权力清单配套的责任清单，一是要确定法定责任，确保权力清单上的权力依法行使；二是通过责任清单加强监管，如果没有履行好相应权力与职责，应该受到的惩处，以确保权力行使者对权力授予者负责，避免滥用权力。这是促使政府依法行政必不可少的条件。

所以，权责清单制度在原来权力清单基础上，应配套完整的责任体系。"以全方位闭环责任体系建构完整责任运行流程，在清单落地时应明确责任主体、问责依据、追责和免责情形的功能和具体责任条目。"③ 运用权责清单制度的完善实施，带动整个行政体制改革。

4. 发挥权力清单制度在优化政府职责体系中的功能

从地方政府权力清单的发展演变过程分析，权力清单从一项措施发展为制度，被赋予了更多的使命。针对地方政府权力清单制定与制度实施中的逻辑问题，要让权力清单及其制度回归到"放管服"三位一体系统性改革中的功能定位，而不仅仅是显示权力事项的一个数量和技术化的分类列表。目前，权力清单还是一种"行政系统的自律性约束，是对行政机关违法和不当行为的自我控制和提前预防"。④ 需要把这种行政系统内部的减

---

① 《现代汉语词典》，商务印书馆，2002，第 1574 页。

② John Martin, *Changing Accountability Relations：Politics，Consumers and the Market*，Public Management Service，OECD，1997.

③ 刘桂芝、崔子傲：《地方政府权责清单中的交叉职责及其边界勘定》，《理论探讨》2019 年第 5 期。

④ 左文君、叶正国：《论我国权力清单的规范及法律定位》，《广东行政学院学报》2019 年第 4 期。

权与控权，与系统外部包括社会力量对权力清单功能发挥的驱动力结合起来。在权力清单中已有行政权力类型划分基础上，处理好行政权力与政府管理社会经济文化环境等公共事务之间无法一一对应的问题，进一步清理"其他行政权力"事项，不要把"其他行政权力"类型当成一个"筐"，充当政府权力瘦身和规范的工具。要紧密结合政府职能转变与职能定位，严格依法区分行政处罚、行政强制等"硬性"权力，与行政给付、行政奖励等"软性"权力，有些类型行政权力有比较大的清理空间，可以与政府公共服务职能联系起来。加快推进优化营商环境，进一步释放市场发展和社会创新活力，需要权力清单与责任清单、负面清单制度的体系化保障。

要强调权力清单制度及其实施在优化政府职责体系中的功能定位。加强依法确权并配套法律责任，以完善的权责清单来促进法治政府建设，是实现党的十九届四中全会决定提出的"构建职责明确、依法行政的政府治理体系"目标的路径之一。通过解决行政权力的实体与程序的双重合法性问题，把权力清单制度在依法构建明确的政府职责体系，以及在放权、确权、限权、优化服务等改革中的功能发挥出来，推动实现法治政府和政府治理现代化目标。实施权力清单制度要从根本上依法确立上下级政府的权力、同级政府部门之间的权力，以这些权力的依法行使推动政府职能转变。从长远和可持续性治理与发展目标看，不同层级政府的权力边界，行政机关与行政相对人的权力关系，政府与其他社会主体的权力关系，都是实施权力清单制度要深入探讨和解决的现实问题，在更深层次上是解决如何在宪法和法律基础上实现政府治理现代化的问题。

第二节　行政审批制度改革要放管并重与加强监管职能

简政放权和行政审批制度改革，不是一味地减权和放权甚至放任自流，而是在政府权力和职能上强化分类思维，实现审批改革和监管衔接，做到放管并重。深化行政审批制度改革和加强政府监管并不是相互矛盾或互不兼容的，而是相互促进和补充的链条关系。简政不可减责，放权不是放任。"各级政府和有关部门都要坚持'放'和'管'两手抓，哪一手都不能松。'放'现在还是不够，该放的还要放，放出市场活力；'管'也要不断完善，该管的要管到位，管出市场公平。"① 但在实践中，许多仍需政府监管的领域，改革后监管职能未同步跟进，使得一些审批事项出现反复。这是行政审批制度改革中权力结构调整存在的问题，凸显了行政审批的简政放权改革与加强监管改革衔接的现实迫切性。

一　行政审批制度改革对加强监管职能的现实要求

行政审批制度改革本质上是权力关系与结构的改革。行政审批权力取消或下放之后，为防止权力之间出现脱节，解决放管衔接问题极其重要。

1. 行政审批权力之"放"与加强监管之"管"存在现实缝隙

这是第一个层面。深化行政审批制度改革对后续监管提出了现实需求，是改革的一体两面。2001 年国务院全面推进行政审批制度改革，作为"制度创新"重要内容之一，提出了建立后续监管制度的要求，这是因为取消部分审批事项并不是一减了之、放任不管，更不是要削弱政府宏观管理职能。国务院高度重视后续监管工作，2003 年《关于搞好已调整行政审批项目后续工作的意见》开篇要求各地区、各部门"对取消审批后仍需加强监管的事项，要切实加强后续监管，防止管理脱节，决不能因为审批项目取消而放弃或削弱监管职责"。要处理好的第一个关系是"将取消审批项目与建立规范的管理制度结合起来"。② 行政审批制度改革本身内在包含对这些被改革权力和对象的后续处理问题即如何监管的任务与要求。取消审批并不是取消政府监管职能，更不是放弃监管责任。后续监督管理要与审批事项改革做好无缝衔接。

行政审批制度改革要坚持的责任原则对后续监管提出要求。行政审批制度改革要坚持的 5 项原则③当中，有一项是责任原则，明确了负责审批

---

① 李克强：《在全国深化"放管服"改革优化营商环境电视电话会议上的讲话》，《人民日报》2019 年 7 月 29 日，第 2 版。

② 国务院行政审批制度改革工作领导小组办公室编《改革行政审批制度 推进政府职能转变》，中国方正出版社，2003，第 8 页。

③ 2001 年 12 月，由国务院行政审批制度改革工作领导小组出台的《关于印发〈关于贯彻行政审批制度改革的五项原则需要把握的几个问题〉的通知》，提出了改革的五项基本原则，即合法原则、合理原则、效能原则、责任原则、监督原则。

的主体与审批后的监管主体是统一的。"责任"有两层含义：第一个层次，就审批本身而言，是行政机关违法审批，滥用审批权所应承担的法律责任；第二层次是行使审批之后的监管责任，要履行监管义务、实现有效监管、建立监管制度，对监管不力等行为要惩罚和追究责任。按照"谁审批，谁负责"的原则，建立行政审批责任追究制，严格履行审批职责和对审批对象实施有效监督的责任。行政审批制度改革与后续监管改革必须联动。

行政审批制度改革的不同阶段面临主要矛盾和解决的主要问题不同，2001~2012年，改革的侧重点是取消和削减行政审批事项。在注重取消和下放审批权力的改革阶段，相关部门和地方政府对改革的后续监管与衔接并未给予应有重视。这与当时行政审批制度改革要解决的主要问题或主要矛盾相关联。当时的判断是，"矛盾的主要方面是审批项目过多过滥，而且在运作上很不规范。所以，改革的着力点仍然是要'减'，并严格规范审批权力的行使"。[①] 2013年开始，主要矛盾发生了变化，进入放管结合、"放管服"改革阶段，中央政府把精力转到"加强和规范监管"这个主要矛盾上，这是巩固行政审批制度改革前期成果的重要保障，是实质性推进改革的重要保障。

对取消和下放行政审批权力之后的监管权责存在的认识偏差，阻碍了放管衔接的实际推进。从理解审批与监管和其他管理方式的关系角度，有些政府部门担心取消了审批项目就无法履行管理职能。事实上，政府管理的方式方法有很多，审批不是管理的唯一方式，而事后监督、市场调节、制定标准等，都属于管理手段。政府长期以来习惯靠审批来实施管理，取消审批权力之后，政府监管职能要跟进，与时俱进转变政府的管理方式和理念。审批作为前端或事前监管，与取消审批之后的监管相比，只是在整个监管链条上所处环节或位置不同，但都需要根据经济社会发展需求转变与创新管理方式。

2. 完善发展社会主义市场经济体制需要改善政府监管

这是第二个层面。跳出放管衔接的层面，站在市场经济本身的基点以

---

① 国务院行政审批制度改革工作领导小组办公室编《改革行政审批制度 推进政府职能转变》，中国方正出版社，2003，第28页。

及完善社会主义市场经济体制、建设高水平市场体系的战略高度，认识改善和加强政府监管的现实重要性。政府的行政审批与监管的关系，源于市场自由与市场秩序之间的矛盾，源于公法与私法性质之间的矛盾关系，这种矛盾关系是客观存在的。政府的市场监管存在保护私人利益与保护公共利益之间的张力。在这个层面上，行政审批与监管的关系不是直接的、完全的放管结合关系，维护公共利益而进行监管，即使没有政府审批，也需要监管。

中国的市场经济及其体制的特点是政府干预过多与市场发育不充分同时并存，所以行政审批与政府监管必须要同时改革。"市场自由体现的是效率，市场秩序体现的是公平。市场自由要求国家更少的干预，而市场秩序则恰恰相反，要求更多的干预。在这种情况下我们就会看到这形成了市场法制一个很大的矛盾。"① 行政审批制度改革要解决政府干预过多的问题，而加强监管要解决的是市场本身发育不足的问题。在政府没有审批权的领域，要加大政府监管力度。事中事后监管是"放管服"改革的重要内容，是政府职能转变的关键抓手。政府管理经济的方式，从"重审批"转向"重监管"，本身就是政府转变职能的关键。"放管结合"的核心理念，即只有管得住才能放得开，既要守住监管的安全底线，也要扩大市场发展的界限，用更加有效的监管实现更有"含金量"的放权。对照国际标准，通过监管职能及其履行方式、监管制度创新，倒逼政府职能转变。

政府管理权力、资源、重点转移，从前端转向事中事后环节。更宽泛意义上，原来审批部门在很多审批事项取消之后，其职能本身和履行职能的方式要转变，把精力用于监管，而不是没有监管职责了。党的十七大、十八大报告强调了规范审批、推进行政审批制度改革来促进政府职能转变。"放管服"改革不断推进，侧重点要从审批制度改革转向"放管结合"中存在短板的监管领域，"转变政府职能，深化简政放权，创新监管方式，增强政府公信力和执行力，建设人民满意的服务型政府"。② 辩证对待政府审批权力和监管权力的关系，企业不能只要求政府下放审批权力，而又不

① 江平：《法治必胜》，法律出版社，2016，第15页。
② 习近平：《决胜全面建成小康社会 夺取新时代中国特色社会主义伟大胜利——在中国共产党第十九次全国代表大会上的报告》，《人民日报》2017年10月28日，第1版。

接受政府的监督；企业不能完全由市场引导，一定条件下需政府发挥作用，真正体现市场在资源配置中发挥决定性作用与更好发挥政府作用的有机结合。

中国特色社会主义市场经济体制完善发展对加强监管提出现实要求。2020 年 5 月，中共中央、国务院发布了《关于新时代加快完善社会主义市场经济体制的意见》，成为坚持和完善中国特色社会主义制度、实现国家治理能力和治理体系现代化在经济领域的目标与方向指引。其所要坚持的基本原则之一是"坚持正确处理政府和市场关系"，同时以行政审批制度改革最大限度减少政府对微观经济活动的直接干预，以加强监管来更好发挥政府作用、维护公平竞争秩序。可见，改革政府的审批与加强政府的监管是不可截然分开的统一体。中共中央、国务院在 2021 年初发布了《建设高标准市场体系行动方案》，总体目标是基本建成统一开放、竞争有序、制度完备、治理完善的高标准市场体系。其中一项重要任务是完善现代化市场监管机制，加强重点领域监管、推进综合协同监管，促成政府监管职能的强化履行。高标准市场体系的完善不仅要在前端行政审批环节进行改革，激发市场活力与社会创新能力，而且要加强对市场企业主体进入之后的监管和行为规范，确保竞争有序、公平稳定，这是新发展阶段构建新发展格局的基础支撑，是构建更加系统完备、更加成熟定型的高水平社会主义市场经济体制的基本要求。健全有效匹配的监管体制是建设高标准市场体系的重要前提。加强政府监管职能并不仅限于放管结合层面，应从更高层次、更宏观层面进一步提高政府的宏观经济治理能力。

二　加强监管与行政审批制度改革同步推进

国家层面行政审批制度改革系列文件政策中，中央政府一直要求并强调后续监督管理与行政审批制度改革同步推进。加强监管尤其是对取消或调整的审批事项涉及对象的监管，本身就是行政审批制度改革的一个重要组成部分。这在本质意义上是"全过程监管"，内在包含事中事后监管链条的延伸，关口前移，行政审批制度改革就是事前监管的改革。2001 年国务院关于行政审批制度改革的重要会议就提出过"全过程监督"的要求，在推进行政审批制度改革时，"处理好简政放权与加强管理的关系。一方面要减少不必要的行政审批，另一方面，要对需要审批的事项，努力做到科学决策。处理好前期审批与全程监督的关系。要本着对党、对人民高度负责的精神，加强项目执行情况的全过程监督"。① 这是简政放权的审批改革与后续管理和监督的关系，这里的"全程监督"和"全过程监督"体现了全过程监管的重要思想，要求加强监管与行政审批制度改革一体化推进。

国务院对处理审批改革与后续监管关系的要求与任务呈现不断强化与制度化的趋势。在初始阶段，国务院在决定取消和调整行政审批事项的文件中，原则性提出各地区和各部门对取消审批项目要进行后续监督管理的要求。2002 年，《国务院关于取消第一批行政审批项目的决定》中提出，"各部门、各地区要研究并及时处理行政审批项目取消后可能出现的情况和问题，认真做好有关工作的后续监管和衔接，防止出现管理脱节"。取消审批事项之后，各相关部门根据情况可以采取不同方式的后续监督管理，可以运用市场机制进行调节，制定管理规范和标准，加强日常监督检查，发挥中介组织和行业协会的作用，制定责任追究制度。当时国家发展改革委员会取消了一些投资审批事项，对投资的后续监管按照"谁投资、谁决策、谁受益、谁承担风险"原则，确立了企业自主决策、银行独立审贷、政府宏观调控的新型投资体制，以避免出现重复建设问题。又如，国家经贸委、交通部、水利部等部门，采取事前介入、事中监督、事后检查等措施，保证审批项目取消后相关管理措施落实到位。

把建立健全后续监管制度作为加强监管的举措。2008 年 10 月，监察部等 12 个部门联合制定了《关于深入推进行政审批制度改革的意见》（后由国务院转发），提出"各有关部门要切实履行监管职能，对取消审批后仍需加强监管的事项，建立健全后续监管制度，制定配套措施，加强事中检查和事后稽查，防止行政审批事项取消后出现监管职能'缺位'或'不到位'的现象"。政府加强监管、履行好监管职能，亟须解决的是放而不管、少管、乱管等诸多问题，监管机制的有效运行是维护政府前置审批改

---

① 国务院行政审批制度改革工作领导小组办公室编《改革行政审批制度 推进政府职能转变》，中国方正出版社，2003，第 187 页。

革之后的市场和社会秩序公平稳定的重要保障。

上述后续监督管理措施和监管制度是在"谁审批、谁负责"原则下，或者审批权力与管理权力主体统一的情况下采取的措施。也即作为管理主体的政府部门没有变，改变的是管理方式，这些部门取消了审批管理，而运用其他更合理方式加强监管。然而，当审批权力和管理权力主体分离时，就出现了相互推诿问题，这是行政审批制度改革发展到一个新阶段出现的新问题。一些政府部门取消行政审批的"放权"改革较快，只顾一放了之、一减了之，而后续管理和监管跟不上，出现了放管分离、脱节、真空等诸多问题。

党的十八大以来，中央政府全面推进"放管服"改革战略，行政审批制度改革进入一个新阶段。国家层面关于"放管结合"的理论也在发展，放和管必须两轮驱动、同等推进。国务院要求各部门和各地方在取消审批事项与减少、下放审批权力之后，更加重视加强市场监管，强化事中事后监管责任，完善监管制度体系。在国务院历年《政府工作报告》（2014～2021 年）中，"监管"一词出现的频率为：2014 年出现了 12 次，2015 年出现了 9 次，2016 年和 2017 年各出现了 12 次，2018 年出现了 18 次，2021 年出现了 15 次，最多的是 2019 年出现了 21 次。

2014 年的《政府工作报告》要求深化行政审批制度改革，"进一步简政放权，这是政府的自我革命。今年要再取消和下放行政审批事项 200 项以上"。同时，对政府监管工作重点要求包括："加强事中事后监管。坚持放管并重，建立纵横联动协同管理机制，实现责任和权力同步下放、放活和监管同步到位。"① 而且还具体提出了建设社会信用体系、统一实施市场监管和实行黑名单制度的监管措施。

2015 年的《政府工作报告》要求加大简政放权、放管结合改革力度。建立规范行政审批的管理制度，地方政府对应当放给市场和社会的权力，要彻底放、不截留，对上级下放的审批事项，要接得住、管得好。所有行政审批事项都要简化程序，明确时限，用政府权力的"减法"，换取市场

---

① 李克强：《政府工作报告——二〇一四年三月五日在第十二届全国人民代表大会第二次会议上》，《人民日报》2014 年 3 月 15 日，第 1 版。

活力的"乘法"。同时提出"加强事中事后监管"要求，健全为企业和社会服务一张网，推进社会信用体系建设，建立全国统一的社会信用代码制度和信用信息共享交换平台，依法保护企业和个人信息安全。① 这里突出了信用体系建设在加强监管中的作用。该报告提出了"全过程监管"概念，"实施水污染防治行动计划……实行从水源地到水龙头全过程监管"。这为政府取消审批之后加强全过程监管提供了基础。

2016 年《政府工作报告》提出推进"放管服"改革向纵深发展的总体任务，继续大力削减行政审批事项，注重解决放权不同步、不协调、不到位问题，对下放的审批事项，要让地方能接得住、管得好。同时强调"创新事中事后监管方式，全面推行'双随机、一公开'监管，随机抽取检查对象，随机选派执法检查人员，及时公布查处结果"。② 这里提出了一种新的监管方式，即"双随机、一公开"监管，在信用体系建设基础上增加监管工具。2017 年和 2018 年的《政府工作报告》要求持续转变政府职能，深化"放管服"改革。特别强调了要减少政府的自由裁量权，增加市场的自主选择权；创新、加强和完善事中事后监管制度，实现"双随机、一公开"监管全覆盖，注重运用互联网、大数据等提升监管效能。

2019 年的《政府工作报告》在激发市场主体活力和着力优化营商环境的任务中，提出了审批改革和加强监管的要求。"政府要坚决把不该管的事项交给市场，最大限度减少对资源的直接配置，审批事项应减尽减，确需审批的要简化流程和环节，让企业多用时间跑市场、少费功夫跑审批。"同时开展"减证便民"改革。加强监管有新要求和新发展，该报告提出，"以公正监管促进公平竞争。……国家层面重在制定统一的监管规则和标准，地方政府要把主要力量放在公正监管上"。③ 这是国务院政府工作报告中第一次把"加强公正监管"与优化营商环境目标联系起来，突出了完善和创新监管在加快建立统一开放、竞争有序的现代市场体系中更为重要的

---

① 李克强：《政府工作报告——2015 年 3 月 5 日在第十二届全国人民代表大会第三次会议上》，《人民日报》2015 年 3 月 17 日，第 1 版。

② 李克强：《政府工作报告——2016 年 3 月 5 日在第十二届全国人民代表大会第四次会议上》，《人民日报》2016 年 3 月 18 日，第 1 版。

③ 李克强：《政府工作报告——二〇一九年三月五日在第十三届全国人民代表大会第二次会议上》，《人民日报》2019 年 3 月 17 日，第 1 版。

作用。改革和创新监管方式，用公正监管来管出公平、管出效率、管出活力。2020年《政府工作报告》专门一部分是"依靠改革激发市场主体活力，增强发展新动能"，重申了"以公正监管维护公平竞争，持续打造市场化、法治化、国际化营商环境"。

2021年的《政府工作报告》要求更大激发市场主体活力，进一步转变政府职能，推动有效市场和有为政府更好地结合，纵深推进"放管服"改革，深化工程建设项目审批制度改革，简化投资审批程序。监管要求层次更高、措施更全面，"把有效监管作为简政放权的必要保障，全面落实监管责任，加强对取消或下放审批事项的事中事后监管，完善分级分类监管政策，健全跨部门综合监管制度，大力推行'互联网＋监管'，提升监管能力，加大失信惩处力度，以公正监管促进优胜劣汰"。① 这是《政府工作报告》中第一次提出"有效监管"概念，强调了有效监管是前端行政审批制度改革和简政放权的必要保障。

行政审批制度改革要求对取消审批的事项和领域加强后续监督管理；发展到"放管服"改革战略下纵深推进行政审批制度改革阶段，要求加强事中事后监管，规范和完善监管制度体系，实现公正监管和有效监管。从中央政府领导讲话、国务院行政审批制度改革工作领导小组对改革的说明，到后来在国务院多个文件中突出加强监管的内容，体现了层层递进和不断制度化、具体化的监管改革要求，凸显了权力下放、简政放权与后续监管必须要结合、衔接的现实需求，通过"放管并重"改革，避免取消和下放审批权力之后出现监管缺位或监管真空问题。在理顺审批权力部门与没有审批权力的部门之间权责关系的基础上，进一步健全监管制度，构建完善的大监管、全链条监管格局，是维护市场公平竞争秩序、优化营商环境、促进经济高质量发展的必然要求和现实需求。2019年9月，国务院印发《关于加强和规范事中事后监管的指导意见》，提出改革任务，要求坚持放管结合、放管并重，把更多行政资源从事前审批转到加强事中事后监管上来，构建新型监管体系和监管格局。国家"十四

① 李克强：《政府工作报告——二〇二一年三月五日在第十三届全国人民代表大会第四次会议上》，《人民日报》2021年3月13日，第1版。

五"规划提出坚持公正监管的具体改革任务，为提升政府的经济治理能力，推进监管能力现代化，特别是要健全新型市场监管机制，"健全以'双随机、一公开'监管和'互联网＋监管'为基本手段、以重点监管为补充、以信用监管为基础的新型监管机制，推进线上线下一体化监管"。① 这些改革任务和措施，是实现公正监管、有效监管必不可少的保障，是提升政府的经济治理能力、实现高质量发展的必由之路。

综上，国务院对推进行政审批制度改革与取消审批事项后的监督管理，以及放管衔接、放管结合的改革要求是同步推进的。然而地方政府在落实中央政府的政策上出现了不同程度的偏离。今后深化改革要通过更多制度供给和制度创新去纠偏，更好发挥政府作用以及实现有为政府与有效市场的有机结合，进一步完善发展社会主义市场经济体制的目标。

三 加强和完善政府监管职能的改革路径

全球经济形势的严峻性、复杂性和不断增加的不确定性与风险性，给中国行政审批制度改革和监管改革带来了机遇与压力，成为改革的重要外部影响因素。升级拓展行政审批制度改革，需要加强和完善监管作为保障和基础，才能真正协同实现政府职能有效转变。进一步加强和完善政府的监管职能，要有现实可行的路径，首先是清楚或诊断目前监管中存在的问题。

（一）政府的市场监管职能履行面临的主要问题

改革开放以来，行政审批制度改革经历了几十年的发展，在解决"重审批、轻监管"或以批代管问题上取得了显著成效。但在一些领域，政府为减少监管成本，仍倾向于审批而不愿意加强事中事后监管。政府履行市场监管职能的基本要素包括解决好谁来监管、监管什么、怎么监管、监管结果如何等一系列重要现实问题。这些基本要素层面存在不同程度的问题。

1. 监管客体即监管对象领域面临严峻形势

政府监管职能履行不是政府主体单方面的行为，而是监管主体与监管

---

① 《中华人民共和国国民经济和社会发展第十四个五年规划和2035年远景目标纲要》，人民出版社，2021，第65页。

客体即监管对象之间互动的结果。监管对象领域的变化和面临的形势对政府监管职能产生着决定性影响。

传统领域的市场监管形势严峻、不能放松。食品药品、安全生产、特种设备等领域是传统监管领域。这些领域存在不少矛盾问题和安全隐患以及薄弱环节，安全监管不能放松。党和政府一直把维护公共安全摆在更加突出的位置。民以食为天，要确保人民群众饮食安全，在取消或放宽了食品生产经营等方面的审批和准入之后，更需要有效监管。"要切实加强食品药品安全监管，用最严谨的标准、最严格的监管、最严厉的处罚、最严肃的问责，加快建立科学完善的食品药品安全治理体系。"① "四个最严"成为食品药品安全监管工作的目标遵循和方向指导。要加强与食品相关联的土地污染的监管，因为这直接涉及粮食、食品质量问题；而且监管受污染土地的分布范围和面积、受污染程度等，涉及农业农村部、自然资源部等部门之间权责关系与信息共享，监管难度增大。另一个传统监管领域是对安全生产的监管。特别是一些重大爆炸事故的发生，凸显了安全监管严峻形势。例如，2015 年，天津港"8·12"特别重大火灾爆炸事故，调查认定，瑞海公司存在未批先建、无证违法经营等 10 项违法违规问题；有关地方政府和部门存在有法不依、执法不严、监管不力等问题，有的甚至玩忽职守、滥用职权。天津交通、港口、海关、安监、规划和国土、市场和质检、海事、公安以及滨海新区环保、行政审批等部门单位，未认真贯彻落实有关法律法规，未认真履行职责，违法违规进行行政许可和项目审查，日常监管严重缺失。② 又如，2021 年，湖北省十堰市张湾区"6·13"重大燃气爆炸事故，造成重大人员伤亡，"事故暴露出，地方政府和有关部门存在安全发展理念未牢固树立、安全生产专项整治不扎实不彻底和安全监管形式主义严重、安全生产基层基础薄弱等问题"。③ 2021 年 10 月，沈阳发生了一起燃气泄漏爆炸事故，经过调查也是存在违规操作、监管不

---

① 《习近平在中共中央政治局第二十三次集体学习时强调 牢固树立切实落实安全发展理念 确保广大人民群众生命财产安全》，《人民日报》2015 年 5 月 31 日，第 1 版。

② 《天津港"8·12"瑞海公司特别重大火灾爆炸事故调查组负责人答记者问》，中国政府网，2016 年 2 月 5 日，http://www.gov.cn/xinwen/2016-02/05/content_5039796.htm。

③ 《国务院安委会约谈湖北省政府：十堰"6·13"事故影响恶劣》，新京报网站，2021 年 7 月 28 日，https://www.bjnews.com.cn/detail/162743384514373.html。

到位等问题，而且"事故还存在工程挂靠、现场施工监督管理不到位、违规组织工程项目评标等违法违规行为"。① 这一系列事故背后反映的是相关部门监管职责履行不到位问题，对传统领域安全监管问题的严重性认识不足，导致了监管过程漏洞。安全生产领域类似各种天然气管网、管道等设施及其安全运行状况的监管，矿产资源开采和运营中的安全监管，依然面临严峻形势。这些传统重点领域的监管还涉及行业主管部门、综合监管部门、相关企业等不同主体的监管责任以及这些主体之间的监管协同与合力发挥。

新兴领域的市场监管面临新挑战，需要制度完善。新业态发展的复杂性与监管的不适应存在矛盾。政府的市场监管在新兴领域面临的挑战突出体现在对新产业、新业态、新技术、新模式等市场主体新形态的监管方面。互联网和大数据技术迅猛发展，许多新形态的市场主体和对象呈现出各种新情况与新问题，给政府有效监管带来更多难题。不论是线上网络经营还是线下实体经营，市场主体经营活动的跨区域性与监管执法的地域性之间或监管的属地管理原则之间，存在不对应和一定矛盾。于是，以行业监管为主的传统监管体系、监管部门就会出现不适应问题，混业经营趋势和分业监管体系的机制产生错配，行业主管部门与综合监管部门之间的协调也面临新问题。另外应加强新业态监管包括对互联网经济的一些"好评"的监管，更好地保护消费者权益。"用户好评是消费者判断商品质量和商家信誉的重要指标，更多好评往往意味着能够吸引更多消费者的注意。但也有一些商家为了增加交易机会，通过制造虚假好评等方式欺骗消费者。虚假好评到底是怎么来的？平台在审核中应履行哪些职责？监管部门如何进行有效整治？"② 这些都是监管面临的新问题。所以要打破部门之间的行业监管职能界限，实行多部门、全行业综合监管，构建起新型的大一统监管格局。

许多新产业模式和消费模式不断出现。"当前我国政府的市场监管正面临着双重考验，既有来自我国市场经济体制本身不成熟带来的陈年旧

---

① 汪伟、于也童：《沈阳公布"10.21"燃气泄漏爆炸事故原因 建议将10人移送司法机关》，人民网，2022年1月16日，http://society.people.com.cn/n1/2022/0116/c1008-32332385.html。

② 沈童睿：《强化监管，整治刷出来的好评》，《人民日报》2021年10月25日，第7版。

疾，也有由新技术革命产生的全新挑战。"① 线上交易形态超越了时空界限，依靠传统行政性监管已不能完全解决问题。像网络直播带货，涉及多元主体，线上线下交织、错综复杂。近年来，电商直播这种线上交易形态迅猛增长。有数据显示，截至 2020 年 6 月，我国电商直播、短视频及网络购物用户规模较 3 月增长均超过 5%，电商直播用户规模达 3.09 亿，较 2020 年 3 月增长 4430 万，占网民整体的 32.9%。② "截至 2021 年 6 月，我国网络直播用户规模达 6.38 亿，同比增长 7539 万，占网民整体的 63.1%。其中，电商直播用户规模为 3.84 亿，同比增长 7524 万，占网民整体的 38.0%。"③ 迅猛发展的电商直播给公平竞争的市场秩序带来挑战和某种程度的破坏，包括直播营销人员言行失范、数据造假、假冒伪劣商品频现等诸多实际问题。政府监管主体涉及多个部门之间的监管权责配置问题，这些部门如何协同，需要进一步规范。对此，政府虽陆续出台实施《网络交易监督管理办法》《网络直播营销管理办法（试行）》，逐步规范电商直播行业的市场秩序，维护公平竞争，但是目前对这些产业模式和消费模式的监管与惩治力度与其实际增长状态仍存在差距。

行政审批制度改革放宽市场准入，显著成效之一是市场主体迅猛增加，新产业新业态新模式大规模增长。然而，产业平台化、数字化转型和数字经济发展，给有效市场监管带来困难。2018 年末，"全国共有信息传输、软件和信息技术服务业企业法人单位 91.3 万个，从业人员 995.1 万人，分别比 2013 年末增长 316.2% 和 84.5%。信息传输、软件和信息技术服务业企业法人单位资产总计 152025.5 亿元，比 2013 年末增长 95.5%"。④ 而且网络与平台交易规模高速增长。自 2013 年起，我国已连续 8 年成为全球最大的网络零售市场，网上交易和零售额一直呈两位数高速增长。"全年

---

① 郁建兴、朱心怡：《"互联网＋"时代政府的市场监管职能及其履行》，《中国行政管理》2017 年第 6 期。

② 《第 46 次〈中国互联网络发展状况统计报告〉》，中国互联网络信息中心网站，2020 年 9 月 29 日，http://www.cnnic.cn/hlwfzyj/hlwxzbg/hlwtjbg/202009/t20200929_71257.htm。

③ 《第 48 次〈中国互联网络发展状况统计报告〉》，中国互联网络信息中心网站，2021 年 9 月 15 日，http://www.cnnic.cn/hlwfzyj/hlwxzbg/hlwtjbg/202109/t20210915_71543.htm。

④ 《第四次全国经济普查公报（第四号）》，国家统计局网站，2019 年 11 月 20 日，http://www.stats.gov.cn/tjsj/zxfb/201911/t20191119_1710337.html。

网上零售额即通过公共网络交易平台实现的商品和服务零售额，2019年末是106324亿元，比上年增长16.5%；2020年末是117601亿元，比上年增长10.9%；2021年末，达到130884亿元，按可比口径计算，比上年增长14.1%。"① 对这些新业态新模式进行监管，无论从法律制度层面还是从技术手段层面，都存在薄弱环节。面对复杂的监管对象，监管部门之间权责分配不能很好地对应，多部门职权交叠，基层监管执法人员更是能力不足。平台企业的监管主体不十分明确，而且在用工制度上，以前的法律法规对这些平台企业的用工制度规定存在不适用问题。

关于监管客体还有一个模糊问题，即对"重点领域"的规定。加强重点领域监管，何谓监管的"重点领域"，有待统一确定。国务院关于加强事中事后监管的相关文件提出"对直接涉及公共安全和人民群众生命健康等特殊重点领域"实行重点监管。但对这一要求在不同行业和领域如何落实，有待明确。对直接涉及公共安全的水、电、气等领域的监管，对直接涉及人民群众生命与财产安全的行业监管，是否都列入重点领域加强监管，有待统一规定。在一些专业性较强的监管领域（譬如特种设备监管、医疗器械监管等），监管主体和监管对象之间的知识、信息、专业不对称问题依然制约着监管水平的提升。

2. 监管主体及权责边界划分与权力配置问题

整个监管链条上，审批属于前端监管环节，经过行政审批制度改革，取消、下放审批权力之后，横向审批部门与监管部门之间，纵向的上级审批部门与下级监管部门之间，审批与监管的权力与职责分配问题有待解决。加强监管与简政放权之间，存在科学性专业性与政治性行政性之间的矛盾关系。"放权"与"严管"需要切实可行的规则和标准，否则自由裁量过大会产生新问题。有些部门为了避责，运用所谓"最严"顶格监管。例如，在《行政处罚法》的适用上，因为有"四个最严"的政治要求，监管执法部门宁可从严，也不从轻和减轻处罚。这就出现政治要求和法律要求之间的关系及政治性与专业性之间的关系如何处理的问题。

---

① 《中华人民共和国2019年国民经济和社会发展统计公报》《中华人民共和国2020年国民经济和社会发展统计公报》《中华人民共和国2021年国民经济和社会发展统计公报》。

横向政府部门之间监管权力职责分工缺乏法律强制性。关于横向部门之间的监管权责配置有文件规定，但缺乏强制性与法律权威。例如，《国务院办公厅关于加强旅游市场综合监管的通知》中，规定了不同部门（包括旅游、公安、市场监管、交通运输、文化、税务、商务部门等）的监管责任，而这些规定缺乏法律强制性以及配套责任追究机制。"在横向上，中国环境监管统管部门与行业主管部门之间存在职能交叉，同时又缺乏制度化、程序化、规范化、有约束力的沟通协调机制，使得环境监管实际工作中常出现互相推诿或扯皮现象，难以实现有效监管。"① 此外，各相关监管部门对监管方式的认识不同，导致监管漏洞或缺失。一些地方市场监管部门推行双告知制度，把市场主体登记信息及时推送给相关审批部门、行业主管部门，目的是对市场主体进行及时监管。但相关部门对这个双告知的方式认识不一致、重视程度不同，导致了市场主体登记之后的许可和监管衔接不上，出现监管断档。多个部门之间的监管信息共享也是问题，除了市场监管部门有内部平台，还有信用中国平台、"互联网＋监管"的信息系统，这些平台之间重复交叉，数据标准和技术标准不完全统一，甚至因为涉及部门利益和企业利益，不同平台之间有技术壁垒。在综合监管机构和专业监管部门之间，执法权和处罚权的划分有不清晰之处。有监管权不一定有处罚权，"综合监管机构根据三定方案，有权对监管范围内的违法违规企业进行调查，这就是一种监管，但调查后如何处理，根据《行政处罚法》及相关法律法规，只能由相关的行政监管部门进行行政处罚，情节严重的同时移交司法部门处理"。② 在这种背景下，综合监管部门所能做的就是日常监督管理，发现问题及时与相关部门沟通，建立联动机制，避免出现综合监管部门与行业监管部门作出处罚不一致的问题。

政府主体之外的行业协会等社会组织不能很好承担相应监管职责。按照全覆盖的监管格局和体系要求，行业协会是行业自律监管的重要主体，而行业协会监管的法律定位、法律依据不充分，而且行业协会的自身发展

---

① 陈健鹏、高世楫、李佐军：《"十三五"时期中国环境监管体制改革的形势、目标与若干建议》，《中国人口·资源与环境》2016 年第 11 期。

② 倪剑龙：《综合监管部门是否有行政执法权——对〈湖北省公共资源招标投标监督管理条例〉第三十八条的理解》，《中国招标》2015 年第 40 期。

也有问题。一个例子是，武汉市一家商会组织介绍，针对豆制品小作坊脏乱差问题，政府曾委托当地豆制品商会来调研整治市场环境。商会组织只能通过商会约定来对会员单位进行规范管理，但大部分豆制品企业、作坊，连豆制品商会会员都不是。"一个覆盖面非常有限的商会组织，要承担起全市整个豆制品市场的管理，从何谈起？"① 行业协会监管的法律依据不充分。2016 年修订的《社会团体登记管理条例》规定调整的对象为社会团体法人，但没有对社会团体的职能性权力加以规定。行业协会自身问题，包括乱收会费、利用一些资质鉴定等换取利益，也影响其监管行业内企业行为的权威性。例如 2017 年国家发改委公布了一批查处的行业协会利用行政职能擅自设立收费项目、强制收取服务费等违规行为。② 各级市场监管部门和民政部门也查处与规范了一批行业协会的乱收费问题，2021 年查处的一批行业协会违规收费情况，包括"依托行政权力违规收费、违规收取评比达标表彰费用、违规向会员企业收取会费、违反明码标价规定"等不同类型。③ 可见，行业协会要想发挥好监管功能，保护和激发市场主体的活力，需要加强自身建设，提升自身权威性。

3. 监管工具或手段运用的技术与制度问题

这是解决政府如何监管的问题。监管本质是一种风险管理，风险不可能绝对避免，而是通过监管将其危害或损害降到最低限度。由此，单一风险运用单一管理模式；多重风险叠加、更多主体关联，需要综合运用多种方式加强监管。监管手段和方式是实现有效监管的工具，地方政府的监管方式运用中技术问题与制度规范问题并存。

抽样监管与"双随机一公开"监管工具运用的问题。抽样的目的是通过所取个体对总体某些未知特性作出统计推断，是在所有个体不能全部一一覆盖的情况下，选择一部分进行操作。在市场监管中，面对规模庞大、形式多样、错综复杂的监管对象，监管主体也不可能在每一次或每一轮监

---

① 李劲峰等：《"放管结合"还需迈过几道坎？》，新华网，2015 年 7 月 30 日，http://www. xinhuanet. com/politics/2015 - 07/30/c_1116095768_2. htm。

② 《国家发展改革委曝光行业协会违规收费案件》，中国政府网，2017 年 8 月 25 日，http:// www. gov. cn/hudong/2017 - 08/25/content_5220409. htm。

③ 《市场监管总局 民政部曝光 10 起行业协会违规收费案例》，民政部网站，2021 年 4 月 30 日，http://www. mca. gov. cn/article/xw/mzyw/202104/20210400033527. shtml。

管中全部覆盖，需要抽样监管。关键是如何通过部分来判定全部的风险状况，分类精准施策。随机抽样是具有随机性和独立性的抽样，市场监管方式中的双随机监管就是一种随机抽样特征的监管。2015 年国务院办公厅提出随机抽查规范监管的要求、2016 年要求全面推行"双随机一公开"监管政策之后，不同省份对"双随机一公开"监管的政策实施存在较大差异，目标定位不一致，有些省份认为这应作为基本监管手段和方式，有些则认为其是监管理念创新，还有的没有明确定位。联席会议制度作为"双随机一公开"监管的联合监管机制，因其权威层次、涵盖部门、具体抽查机制等的不同，在实际协调、权责配置上易导致资源浪费、监管效果不明显问题。监管之后的责任追究机制比较笼统，"对于双随机监管的结果没有考核，自然就容易被其他任务挤了或者不被重视、流于形式。因为到基层人员不够、专业力量不足，处理投诉举报等其他类型的监管事项就已经吃力了，所以对双随机有时候就会应付，因为也没有对结果的考核"。① 在操作技术层面，随机抽查监管，有的企业不会被抽上，有的项目从施工到建成也没被抽上，从而使这些对象逃离了监管，会导致重大安全隐患，从技术问题变成了监管实质问题。

信用监管工具的问题。在信用监管的不同环节，企业的信用信息归集和整合需要进一步规范化和制度化；有些部门还未把企业信用信息作为实施监管的重要依据；监管结果的激励与惩戒制度对市场主体的监管效应未充分发挥出来。"联合惩戒平台不统一，如某些市级部门要求区级部门通过市发改委牵头的'公共信用信息服务平台'中的'守信联合激励失信联合惩戒系统'进行联合惩戒，某些部门则要求采用事中事后综合监管平台。"② 不同部门之间在信用管理、执法力度方面参差不齐，影响到多部门之间运用信用监管方式的联合协同监管实效。2019 年，国务院办公厅印发了《关于加快推进社会信用体系建设构建以信用为基础的新型监管机制的指导意见》，强调对失信市场主体实施联合惩戒制度。现实中惩戒不足与

---

① 陈奇星主编《创新地方政府市场监管机制与监管方式研究》，上海人民出版社，2020，第264 页。

② 陈奇星、汪仲启：《推进政府治理现代化视域下地方政府市场监管模式创新研究——以上海市为例》，《中国行政管理》2020 年第 5 期。

惩戒过度同时并存。观察信用惩戒的实际案例，多数是以某一部门的行政处罚为主，而多部门联合惩戒的较少，这在一定程度上降低了信用惩戒的威慑力。对出现类似失信行为的企业，有的只是受到了监管部门的约谈，有的则被取消了相关资格，造成不公平性的差异化惩戒。关于失信联合惩戒的"黑名单"措施存在后续监管问题。例如，北京市人力资源和社会保障局公布了 2020 年第一批 8 家用人单位的重大劳动保障违法行为，其中 3 家用人单位，因拖欠农民工工资，且经行政机关责令改正却拒不改正，已被列入拖欠农民工工资"黑名单"。① 失信企业被列入黑名单，相关网站也对这些企业恶意欠薪的行为进行公开，除此之外这些企业没有得到后续惩治。这是黑名单制度链条不完善之处。缺乏对失信企业的惩治，这些企业违法行为的成本很低，进一步导致企业更多的违法行为，形成恶性循环。

监管方式的制度约束和规范问题。除了监管方式与工具运用问题，进一步追究，还存在对监管方式的制度规范和约束层面的问题。例如，国家层面加强信用监管的文件规定中，大部分由国家发改委牵头，具体落实机制不完善。不同监管方式之间的关系、衔接性制度规范有待进一步建立。在信用分级分类结果与"双随机"抽查概率、频次之间的关系上，各地方执行中自由裁量权较大。运用大数据监管，表面上只是技术性维度的问题，但实际上涉及对各个不同监管平台的数据归集和统一运用的制度规范，在数据运用中发现问题的部门如何与相关部门协调、分工负责，目前尚不明确。政府部门如何运用"互联网＋监管"平台解决多头监管与监管空白的双重性问题，也需完善相应制度规范来解决。

4. 监管结果的反馈性与震慑力存在不足

监管主体一方，监管职责履行不到位或违法违规行使权力的行为，受到的相应责任追究不到位。市场监管法律法规涉及多个领域，呈现分散化分布状态，有些法律法规对监管主体的法律责任规定得比较模糊，多为一些原则性表述。例如，《行政处罚法》在法律责任部分规定的对实施行政处罚的行政机关进行责任追究的一些条款，比较原则性。《中华人民共和国环境保护法》（2014 年修订）在法律责任部分第六十八条规定，"地方

---

① 贺勇：《北京公布欠薪企业"黑名单"》，《人民日报》2020 年 3 月 26 日，第 7 版。

各级人民政府、县级以上人民政府环境保护主管部门和其他负有环境保护监督管理职责的部门有下列行为之一的，对直接负责的主管人员和其他直接责任人员给予记过、记大过或者降级处分；造成严重后果的，给予撤职或者开除处分，其主要负责人应当引咎辞职"。这些责任追究的形式之间有什么样的标准和界限，达到什么程度属于"造成严重后果"，没有明确的标准；"对环境违法行为进行包庇的"，包庇到什么程度会给监管主体记过、降级处分或开除的责任追究等，也都会在实践中遇到自由裁量权问题，不利于对监管者严格依法履行监管职责形成威慑力。对监管主体的责任追究机制和追究结果规定得比较笼统，容易引起各地方执法随意性，失去责任追究的本来意义。

监管对象一方，有些领域违法成本太低，政府对违法违规市场主体的惩治没有起到应有的监管震慑力。实体生产经营领域假冒伪劣等各种侵害社会公共利益和消费者权益的行为，以及网络和信息技术领域的个人隐私数据贩卖的违法成本太低，相关市场主体受到处罚、赔偿等制裁的成本远远低于其违法所得收益。在生产建设领域，对一些施工工程质量不合格的企业惩罚力度较轻，企业违法违规或失信的收益远大于违法成本，起不到惩治作用。尤其是一些网络或线上经营的市场主体行为，如网络传销、网络虚假广告、网络违法销售等违法行为，由于其隐蔽性高，违法成本就更低了。一项调查显示，"有55%的受访企业认为违法成本与违法所获得的经济利益相比过低是这类行为产生的重要原因。此外，法制不健全、监管不到位、企业对于短期利益的追求、管理层缺乏诚信意识以及公司治理结构的不完善等都为违法失信行为提供了动机与机会"。[1] 2020年《市场监管总局关于加强网络直播营销活动监管的指导意见》明确了对网络平台、网络直播营销等违法行为的查处规定，有利于解决这些市场主体的违法成本过低问题。

（二）完善和创新政府监管职能的主要路径

从行政审批制度改革转向加强政府监管职能履行，并不是取消审批就

---

[1] 姚进：《违法成本低 监管不到位》，新浪网，2019年1月25日，http://finance. sina. com. cn/roll/2019 - 01 - 25/doc-ihrfqzka0798538. shtml。

不要监管，而是要更加精准地监管。简政放权和减少审批，实现市场主体准入方面宽松和退出方面程序便捷，由此较为关键的就是进入和退出两端之间的中间地带，这是放管衔接和加强监管的重要阵地。政府的公正监管是为了维护公平竞争的市场秩序，在加强监管的价值追求上要平衡兼顾，进一步调整配置监管权力结构，增强监管主体协同性，通过多元渠道共同发挥各自功能作用。

1. 平衡监管的多元价值和理念创新

兼顾政府监管多重属性，平衡政府监管的多元价值。加强政府市场监管职能，有三层效益或价值。第一层次即最直接的是经济效益或经济领域价值追求，通过监管维护公平竞争的市场秩序，减少市场主体交易成本，激发市场活力，促进生产力发展。第二层次，加强监管还要追求社会效益，这是中央政府多次强调的公正监管，要管出公平，对所有市场主体和社会主体一视同仁，强调公平性的价值导向。第三层次是更深层次，强调监管的政治效益，追求的是国家安全的价值。加强政府监管要坚守安全底线，平衡经济效率与社会安全、国家安全。对市场主体违法"零容忍"，"守住发展安全底线。通过加强安全生产监管，加强食品、药品、重要设备装备、重大工程设施的安全监管……确保网络安全、产业安全、金融安全和经济安全"。[①] 转变侧重追求经济效率的价值导向，平衡多元价值追求，是由政府监管的多重属性决定的，政府监管职能不仅具有经济属性，又具有民生属性和政治属性，有坚守红线和底线的政治功能。"各级政府一定要严格依法行政，切实履行职责，该管的事一定要管好、管到位，该放的权一定要放足、放到位，坚决克服政府职能错位、越位、缺位现象。"[②] 实际上政府的市场监管并不是管得越少越好，而是服务于国家战略、确定监管重点。要树立大监管格局：监管范围和对象不只限于那些具有或经过前置审批的事项和领域，其他不需审批的事项，从公共安全和社会公共利益角度也需监管；监管主体不只限于政府主体履行监管职责，社会主体也有责任，企业是监管的第一责任人主体。

---

① 刘志成、臧跃茹：《构建现代市场监管体系：现实基础、改革方向与推进思路》，《宏观经济研究》2021 年第 8 期。

② 《习近平关于社会主义政治建设论述摘编》，中央文献出版社，2017，第 115 页。

平衡加强监管与优化营商环境之间的关系。优化营商环境除了深化行政审批制度改革和放松前端市场准入，更重要的是维护公平竞争市场秩序，通过公正、有效监管，管出公平和活力。2020年国务院开始施行《优化营商环境条例》，在加强监管部分要求规范和创新监管执法，健全公开透明监管规则和标准体系。2021年9月，国务院在部分城市开展营商环境创新试点，在加强简政、简化和优化审批流程基础上，强调实施惩罚性赔偿制度，这是提高违法成本的重要举措。"创新和完善监管。在食品、药品、疫苗、安全等关系人民群众生命健康领域，实行惩罚性赔偿制度。健全遏制乱收费、乱罚款、乱摊派的长效机制。"[1] 坚持监管规范和促进发展两手并重、两手都要硬。加强市场监管是在规范市场秩序、构建新发展格局、推动高质量发展的战略高度，营造公平竞争的市场环境，是在复杂多变和风险严峻局面下统筹发展与安全、活力与秩序、效率与公平的重要举措。

坚持预防性监管或风险预警监管的理念。减少企业负担、对企业无事不扰，并不等于不监管。深层次行政审批制度改革在前端取消审批之后，政府管理方式创新要转向监管为主，而且以风险监管为主，进行预警式或预防式监管。"监管机构都试图采取更加基于风险的方法。监管机构应该全面运用风险评估，将监管资源集中在最需要的领域。"[2] 坚持问题导向的科学原则，将风险发生后加以处置的传统监管理念转变为注重事前预防和风险控制的新监管理念。应搭建风险防控平台，完善风险监管机制，"有效的风险控制是监管的核心。要明确风险监管所需的资源和空间，控制监管的自由裁量权，加强风险监管的信息管理。形成风险预警、风险控制、解决问题、遵从管理、评价控制绩效的监管链条"。[3] 政府应由"救火式监管"转变为"预警式全过程监管"，加强分类施策，精准监管，对公共领域特别是安全领域，必须有日常监管、定期监管与常态化监管制度。监管主体排查各种安全隐患是一种预警式监管，对排查发现的风险提前干预，

① 《李克强主持召开国务院常务会议》，《人民日报》2021年9月9日，第1版。
② 〔英〕托尼·普罗瑟：《政府监管的新视野——英国监管机构十大样本考察》，马英娟、张浩译，译林出版社，2020，第289~290页。
③ Malcolm K. Sparrow, *The Regulatory Craft: Controlling Risks, Solving Problems, and Managing Compliance*, Washington DC: Brookings Institution Press, 2000, p.10.

突出监管的风险管理功能。与高效预警监管相连，增强监管的综合性与统筹性。"要统筹推进市场监管、质量监管、安全监管、金融监管，加快建立全方位、多层次、立体化监管体系，实现事前事中事后全链条全领域监管，堵塞监管漏洞。"① 至少要健全综合监管体制，在权威监管主体层面加强顶层设计，建议在国务院推进政府职能转变和"放管服"改革协调小组的机构设置中增设"加强监管专题组"，重点解决监管权责脱节、重点监管领域、跨部门综合监管问题；或设立综合监管委员会，为加强监管提供顶层组织保障。

2. 改革监管权力结构和责任追究制度

要调整改革审批部门与监管部门之间以及不同类型的监管主体之间的权力关系，监管主体维度的权责配置是关键。政府全面履行监管职能，把加强监管放在新发展阶段、实现稳定发展和高质量发展战略中统筹考虑，跳出审批与监管的"前后"与"轻重"之争，从"谁审批谁监管"转向"不审批也监管"。监管权力划分，"依法依规落实监管责任。各地各部门对其审批或指导实施的行政许可事项开展事中事后监管。已取消审批但仍需政府监管的事项，由主管部门负责"。② 有些地方已经规定明确综合监管执法部门和业务主管部门之间的权责划分，"结合权责清单编制工作，合理划分业务主管部门与综合行政执法部门的职责权限，以清单形式逐项划定双方职责边界，厘清源头监管、后续监管、末端执法的界限，明确监管责任"。③ 这些地方性经验可总结提升，合理分配国家、省市县之间的监管权责以及相应人力资源，给基层下放监管责任时同步配置处罚权以及相应的监管执法人员。

确保监管权责落实必须有配套问责制度。政府监管主体和相关监管机构职责履行不到位以及违法违规行使监管权力的行为，要严格追究相应责任，健全责任追究制度。落实监管主体责任，谁主管、谁负责，并且要负责监管到底。习近平总书记在主持召开中央全面深化改革委员会第二十三

---

① 《加快建设全国统一大市场提高政府监管效能 深入推进世界一流大学和一流学科建设》，《人民日报》2021年12月18日，第1版。

② 《李克强主持召开国务院常务会议》，《人民日报》2019年8月29日，第1版。

③ 《关于深化行政执法体制改革推进市县综合行政执法的指导意见》（琼府〔2017〕19号）。

次会议时强调，"按照'谁审批、谁监管，谁主管、谁监管'的原则，理清责任链条，提高履责效能，严肃问责追责。行业主管部门要严格落实行业监管职责，相关监管部门要切实履行各自职责范围内监管责任，地方政府要全面落实属地监管责任，企业要加强自我管理、自我约束"。① 建立健全监管责任制，监管不到位或监管失职渎职要追究责任，监管主体的主要负责人和直接进行监管的责任人要承担主要责任。加强风险预警性监管，把风险预警结果与监管机构和部门评价、监管对象的惩治结合起来。对市场主体加强监管，第一道责任关口是建立市场主体的首负责任制，不能完全依赖政府监管，企业不能认为只对政府负责，还要对社会、公众负责。加强落实企业主体责任和责任追究机制，一方面要完善加强监管的法律制度规范，另一方面是综合运用多种监管方式与技术，解决监管者与监管对象之间信息不对称问题。加强监管信息公开制度落实，推动市场主体综合年报和信息披露，在信用监管中实现风险预警，通过严厉惩戒提升监管震慑力。

3. 健全多元主体的综合监管工具体系

"工欲善其事，必先利其器。"监管方式对提升监管效能和实现监管的多元价值具有重要工具意义。在创新监管方式与综合运用角度，除了运用好"双随机、一公开"监管、完善信用监管体系之外，需要突出强调的是监管的制度和技术要兼容，多种监管方式兼容，多元监管主体兼容。

创新"制度+技术"的兼容监管。提高政府监管效能，在完善监管制度规则基础上，与大数据、互联网等新技术兼容，提升监管精准化水平，降低监管成本。一个层面是单个监管部门或主体运用科技手段，实现高效智能化监管。另一个层面是多个部门之间通过监管信息和大数据互联互通共享实现有效的联动协同监管。信用监管最关键的是市场主体和社会主体的信用信息的采集记录和归集、整合分析，以及其在多个监管部门之间共享和在对监管对象奖惩中的运用，这对信用信息平台建设、信用制度的完善提出了更高要求。像英国就注重运用企业信息披露在监管中的功能，"企业需要每年向公

---

① 《加快建设全国统一大市场提高政府监管效能 深入推进世界一流大学和一流学科建设》，《人民日报》2021年12月18日，第1版。

司注册署提交年度综合报告，包括财务、税收、环境和劳动者权益保护、社会责任等内容，如不及时披露或造假，将面临严厉处罚或清退出市场"。①

多种监管方式兼容与精准分类。监管对象日益复杂化发展对政府监管提出了现实挑战，使得单一监管方式和手段的效用在降低。要根据监管对象和领域不同特点采取不同监管方式，把不同监管方式的优点进行组合。政府要加大网络平台经济监管力度，准确把握平台经济各种交易模式和行为特点，综合运用多种监管方式，既要"管"好、防范重大风险，又要营造促进平台经济健康发展的制度环境。例如，《河北省"双随机、一公开"监管与企业信用风险分级分类相结合实施方案》，围绕建立健全企业信用风险分级分类管理制度和企业信用风险差异化随机抽查机制，明确时间表、路线图和任务书。借助国家"互联网＋监管"平台定期推送的企业信用风险分级数据，在全省全面推行企业信用风险差异化随机抽查模式，截至2020年8月底，全省抽查对象同比减少18.98％，切实为企业降压减负。基于市场主体信用风险的分类等级，对信用等级高的一类企业，减少抽取随机监管的比例，减少对这类市场主体的干扰，"风险监管已经成为重要的关注点，它可以被看作一种工具，通过降低对低风险企业的监管要求来'减轻负担'"。② 相反，风险等级高的市场主体要对其加大随机监管的力度，形成威慑力。这实际上也体现了分类施策监管原则，目的是精准施策。对重点领域，"特别是对疫苗、药品、特种设备、危险化学品等涉及人民生命安全、社会关注度高的领域，要实行全主体、全品种、全链条的严格监管"。③《上海市人民政府关于加强和规范事中事后监管的实施意见》在监管方式上提出要求，"完善差异化监管机制，精准实施分类监管。以分类监管信息为依据，科学评价和确定监管类别，对市场主体实施差异化监督管理"。这种分类的差异化监管本身是提高监管效能、综合运用和分配监管资源的重要体现。

① 王胜、刘从勇、钟天祥：《英国市场开放和监管对海南建设自贸试验区和中国特色自贸港的启示》，《今日海南》2019年第3期。
② 〔英〕托尼·普罗瑟：《政府监管的新视野——英国监管机构十大样本考察》，马英娟、张浩译，译林出版社，2020，第291页。
③ 李克强：《在全国深化"放管服"改革优化营商环境电视电话会议上的讲话》，《人民日报》2019年7月29日，第2版。

健全多元监管主体的兼容体系。其要义是增强监管合力。政府内部不同部门之间对不同领域事项的监管，包括环保、养老、医疗、交通运输、建设项目等领域，需要多个部门形成监管合力。像加强养老服务领域监管至少涉及市场监管部门、卫健委、人力资源和社会保障部门、税务部门等各自监管职责的履行，关键是确保监管用力方向和目标的一致性。就政府外部而言，政府与社会组织主体包括行业协会之间也要形成监管合力。行业协会的监管职责与政府监管要形成互补合作的关系，这当然是理想状态，但应是发展方向。需要给行业协会的监管权力以合法合理的依据；改变行业协会经费来源，还要结合政府购买服务、公共财政支持方式；加强对行业协会行为活动的监管，确保行业协会"打铁还需自身硬"。在"社会共治"理念下，政府要调动社会监管力量，尤其是媒体、社会公众等主体，增强监管协同作战力。政府部门要鼓励消费者增强积极参与监管、提供各种信息的能力，发挥其在综合协同监管中的功能。在环境污染治理、食品药品、安全生产等与群众切身利益密切相关领域，畅通多种投诉举报渠道，健全投诉举报制度，给予投诉举报者经济激励和权益保护。当然，在现阶段多元主体兼容的协同监管中，政府仍是重要主体，要发挥其具有的引导性功能。"单纯强调政府监管，将导致市场和社会机制无法发挥作用，政府将面临不可负担之重；而片面强调自我监管和社会自治，则可能导致市场和社会的无序，反过来进一步加剧政府的负担。"[①] 所以，发挥好政府的引导性功能，为行业协会等社会组织主体、媒体和公众履行监管责任提供制度供给和制度环境，是健全多元主体立体化的全方位监管体系并发挥其效能的重要保障。

4. 进一步提升政府监管的法治化水平

坚持依法治国基本方略，必须坚持依法行政和提升政府监管的法治化水平，运用法治思维和法治方式履行好法定监管职责和市场监管职能，全面实现法治化监管。

首先，依法监管理念要贯穿始终。不论是监管机构设立及其职责确定，还是监管机制构建和监管方式运用，都要依法开展。加强对政府监管

---

① 马英娟：《监管的概念：国际视野与中国话语》，《浙江学刊》2018 年第 4 期。

主体的依法监管培训，并且把依法监管与科学监管原则有机结合，强调法律与科学在监管领域的有机统一。政府需要向社会普及法律知识，如社会主体参与市场监管的知识，以及向消费者普及依法维权的知识，公民具有为政府监管增加力量的义务和权利。

其次，注重完善市场监管法律法规体系，为依法监管提供重要依据。对已有或正在实施的法律法规与监管实践不相符合的，加以修订、解释和理顺。"结合市场监管具体工作遇到的现实问题，逐步解决市场监管各专业领域的法律条文重合、交叉以及相互冲突等问题，理顺不同领域法律之间的关系。"① 对缺乏法律规范的重点监管领域、新兴领域、涉外领域等，要加快完善立法，为监管规则和标准提供依据，解决法律规范和国家标准缺失问题。政府之外的监管主体参与监管和履行监管责任的行为也需要相关立法，使这些主体在发挥监管功能时有充分法律依据。监管主体的多元化意味着监管的利益相关者更加多元，监管环节与链条加长，过程更加复杂，更需完善法律制度加以规范和约束。

最后，加强监管队伍法治化和对监管者责任追究法治化建设。监管的法治化从来就离不开具体执行监管职责的人或者监管队伍。"全面推进依法治国，建设一支德才兼备的高素质法治队伍至关重要。"② 提高监管队伍专业化和法治化水平，从监管人员的入口、业务培训、履行监管职责的考核等环节，增强监管队伍能力，提升市场监管专业化水平。这是驱动市场监管法治化的重要主体保障。加强对监管者的监管，对不履行监管职责或监管缺失导致问题和损失的，监管主体要受到惩治和责任追究，依法依规承担相应法律责任、政治责任、道德责任等。对"监管缺失"的追责不能止于"亡羊补牢"，必须以依法确定监管主体权责为前提，建立健全追责长效机制，防患于未然，确保监管主体依法、公正、及时履行监管职责。

坚持依法治国基本方略，更好地在法治轨道上推进行政审批制度改革，加强监管职能，实现政府职能转变目标。全面加强依法监管，提升

---

① 刘志成、臧跃茹：《构建现代市场监管体系：现实基础、改革方向与推进思路》，《宏观经济研究》2021 年第 8 期。

② 习近平：《加快建设社会主义法治国家》，《求是》2015 年第 1 期。

监管法治化水平，还要遵循市场经济规律，发挥市场在资源配置中的决定性作用，把有效市场与有为政府真正有机结合起来。大幅度提高违法主体的违法成本，同样要遵循市场经济规律，把行政处罚与市场工具有机结合运用。"有为"政府要充分认识到市场监管的阶段性、复杂多样性、各地不平衡性，有机统筹推动行政审批制度和完善监管改革的全局性进展。

第八章 行政审批制度改革之政府组织变革

行政审批制度改革的推进与政府组织和机构设置改革相伴随。政府职能转变和行政权力的改革，需要履行职能和行使权力的载体也改革，于是政府组织和机构改革成为地方推进行政审批制度改革的一项内容。在地方政府层面，与行政审批权力改革密切相关的政府组织调整，从开始设立行政服务中心，发展到后来设置行政审批局，经历着演变过程。整体分析，这些组织调整或机构设置在行政审批制度改革中发挥了重要作用。但同时也存在一些问题值得思考，比如，一些地方政府的行政审批局作为审批权力更为集中行使的载体，并没有充分发挥应有的功能，这值得反思和更深入的探讨。

第一节 行政服务中心的建立和发展

行政审批制度改革过程中的重要一步是设立行政服务中心，这是地方推进行政审批制度改革的一个阶段性标志。这一类负责集中审批的服务中心的设立，是程序上初步相对集中行政许可权的重要载体，或者叫行政许可权的物理集合，有审批权的政府部门在行政服务中心设置办事窗口，方便企业或公民办事只进一个门，让其获得"一站式"服务。

一 行政服务中心的主要发展阶段

20世纪90年代末，地方政府行政审批制度改革进入探索阶段，为减少审批环节、缩短审批流程、提高审批效率，有些地区把相关审批部门的办事窗口集中在一个大厅，设立一个集中审批办事中心——行政服务中心。审批部门派相关人员到这个办事中心即"前台"，与申请办理审批的企业或公民直接打交道，收取审批材料，然后到各部门各自"后台"去处理材料和作出决定包括盖章。行政服务中心的关键要素是"集中",把分散在不同部门的审批权力集中在一起行使。各地设立的这类中心的名称不同,除了较多称为行政服务中心或政务服务中心,还有便民服务中心、公共服务行政中心、政务服务大厅、政务办事大厅、行政审批服务中心、行政服务大厅等名称。2005 年《中共中央办公厅 国务院办公厅关于进一步推行政务公开的意见》中,称其为"综合或专项行政服务中心"。2010年,《国务院关于加强法治政府建设的意见》,要求规范和发展"各级各类行政服务中心"。2011 年,中共中央办公厅、国务院办公厅印发了《关于深化政务公开加强政务服务的意见》,在政务服务体系和平台建设方面,提到了政务(行政)服务中心。鉴于上述情况,下面笔者在分析中对这一机构统一用"行政服务中心"表述,对不同地方的具体名称按实际情况处理。行政服务中心的发展经历了一个逐步推进的过程。不同学者有不同的分期,有学者把我国行政服务中心从无到有的发展历程划分为"试点期(1995~1999 年),推广期(2000~2004 年)和复制期(2005~2009年)"。[①] 至于 1995 年之前的酝酿探索阶段以及 2009 年之后的发展情况都没有纳入分期。本书从更长发展历史、更宏观层面把行政服务中心的发展分为如下三大阶段。

(一) 在外资审批领域探索阶段(1987~1997 年)

行政服务中心并不是一开始就能集中性办理各部门的很多领域的审批事项,而是从外资领域相对集中审批初步酝酿探索的。1987 年,天津市成立了全国第一家外国投资服务中心,该中心具有集中多个部门审批职能的行政服务中心的特点和雏形。从 20 世纪 80 年代中期到 90 年代末,地方政府推进行政审批制度改革在组织机构维度的表现,主要集中在外商投资领域,因为一方面中央给地方下放了吸引外资的审批权,另一方面地方政府为更多更好地吸引外资,行使审批权追求规范化、减少环节、多部门联审、提高审批效率。重要做法是把与外资审批相关的政府部门相对集中起来,或者分别抽调相关部门的人员集中组成新的组织,共同办理投资审批

---

① 王胜君、丁云龙:《行政服务中心的缺陷、扩张及其演化——一个行政流程再造视角的经验研究》,《公共管理学报》2010 年第 4 期。

事项，提供一条龙服务。

20 世纪 80 年代，国务院出台鼓励外商投资的规定。1986 年 10 月《国务院关于鼓励外商投资的规定》公布，此后各有关部门陆续公布了 10 个实施细则，为企业实现外汇平衡、简化各种手续、保证水电原材料供应、降低各种费用、保障企业经营自主权等方面提供了法律保证。该规定主要针对 1984 年以来利用外资工作中存在的一些管理体制问题尤其是审批中多个部门推诿、环节多、效率低等问题，提出了解决办法："一是在外商投资企业比较集中的省市，建立由政府主管负责人主持各有关主管部门参加的联合办公制度，及时研究解决外商投资工作中的有关问题；二是在外商投资企业比较集中的省市，可以试办外商投资企业服务中心，为外国投资者提供咨询服务。"①

加快改革外商投资的审批管理制度。1986 年 6 月，为加强对外商投资企业工作的领导，国务院成立外国投资工作领导小组。之后各省区市外资工作领导小组相继成立，包括上海、广州、青岛、福州、烟台等市先后成立了外商投资工作领导小组，由市领导直接负责，加强了对外商投资的高层次统一组织、协调和监督工作。许多地区还建立了联合受理外国投资企业申请或联合办公制度，缩短了审批时间。青岛市由市政府直接授权，在一个部门集中审批项目；天津、大连、福州、连云港、宁波建立了由各有关部门参加的联合办公会议制度，协调解决外商投资企业在生产经营中存在的问题，提高了外商投资效率。从中央到地方政府开始建立并逐步健全管理外商投资的机构，为外商投资提供方便。

外商投资服务中心的设立是改革外资审批管理机构的标志性事件。20世纪 80 年代后期开始，全国各地陆续设立外商投资服务中心这类机构，集中审批、减少环节、一条龙服务。这些外商投资服务中心是外资管理领域的多个审批部门的集合，让外商企业只进一个门，实行一条龙服务和一支笔审批，具有了后来行政服务中心的雏形和性质特点。天津市成立的外资服务中心，是全国第一家。"1987 年 6 月 8 日，在当时的市长李瑞环、副市长李岚清的亲自倡导下，天津就成立了全国第一家专门为外资服务的机

---

① 《就关于鼓励外商投资规定答记者问》，《人民日报》1986 年 10 月 13 日，第 2 版。

构——天津市外国投资服务中心。"① 该服务中心把利用外资有关的、办理外国投资事宜的 8 个政府部门和 14 个服务单位联合起来办公，提供从项目咨询、审批、建设开工到开业经营的一揽子服务，明确规定了合同审批时间不得超过 21 天，提高了审批效率。1993 年，天津市政府颁布了《天津市提高外企审批工作效率的若干规定》，不断改善利用外资的条件和软环境。

继天津市之后，许多地方政府为更有效地合理利用外资，加速经济发展，相继设立这类投资服务机构。从上海、北京等大城市，到大连、福州、广东、南京、宁波、海南等沿海省份和城市，再到 20 世纪 90 年代延伸至内地省份，包括河北、山西、河南、广西等很多地方都成立了外商投资服务中心。1987 年，辽宁省大连市政府设立了外商投资服务中心，建立了联合办公制度，将分散在各个部门、经办外商投资事宜的职能处室集中起来，组成外商投资工作管理机构。1988 年，海南省投资服务中心成立，由海南对外经济贸易、工商行政管理、海关、银行、保险、环保、建设等部门的派出机构组成，实行"一条龙"联合办公。福建省福州市 1988 年通过改革，设立市外商投资服务中心，集中市经贸委、计委、建委和外汇管理局等 14 个部门，成为专门吸引外资的权威性服务综合体。广东省1988 年也成立了外商投资服务中心和外商投资企业协会，"协会"和"中心"作为沟通外商投资企业与政府的机构，为企业提供各种服务。同年，广州市外商投资管理服务中心成立，为扩大对外开放提供了更好条件。1990 年，珠海市外商投资管理服务中心成立，这是切实改善投资软环境的一项重点工程。通过集中与整合，精简审批环节和程序，减少相关审批部门推诿扯皮问题，提高了审批效率，为外资提供了优质服务，促进了地方经济的发展。这些外商投资服务中心的成立与运作成效为后来的行政服务中心设立奠定了基础。

进入 20 世纪 90 年代之后，外商投资服务中心从沿海地区向内地扩展，内地许多省区市陆续通过改革设立了外商投资服务中心。1992 年，河北省

---

① 龚雯：《用好外资有学问——在天津看利用外资（下）》，《人民日报》1999 年 1 月 11 日，第 2 版。

秦皇岛市成立了市外商投资管理服务中心，由市经委、计委、外贸委、开放办等 10 个部门集中合署办公，为外商投资提供一站式服务。同年，山西、安徽、广西等省（自治区）的一些地市也成立了外商投资服务中心或投资咨询服务中心，规范审批制度，减少审批环节，提供更好的投资环境。1998 年，沈阳市政府在简化审批程序基础上，集中工商、海关等 27个部门联合成立外商投资服务中心，建立起集中办事机制和外商投资企业满意的服务体系。南京市政府在招商引资中下放审批权限、简化办事程序，专门成立了外商投资咨询服务中心、外商投诉中心、三资企业协会，并提供综合配套服务。

综上，地方政府在外商投资领域通过行政审批制度改革逐渐转变职能，组织载体的重大变化是集合相关审批部门、设立外商投资服务中心，减少审批环节和流程，以高效审批为外商投资提供更好服务，取得了明显成效。外商投资服务中心的实践，为后来整体推动行政审批制度改革、在外商投资之外的领域采取相对集中审批的改革，提供了经验，为后续全国各地行政服务中心的设立发展奠定了实践基础。

（二）初创与快速增长阶段（1998～2010 年）

如果上述全国各地成立的外商投资服务中心是一种外在压力倒逼的改革，其驱动力来自吸引外资的压力，那么全面启动行政审批制度改革、各地方陆续成立的行政服务中心，则更多的是一种内在经济压力驱使的结果，是通过改善软环境和服务提升竞争力的重要举措。归根结底是经济基础决定上层建筑的重要体现。外商投资服务中心的运行已凸显了实践成效，对其他领域集中审批改革起到了示范效应。为推动行政审批制度改革，全国很多地方经历了从探索集中审批到较为普遍成立行政服务中心的过程。但这个阶段还未到触及相关审批部门核心利益的阶段。

第一波行政服务中心建设集中在市级政府层面，从东部沿海地区向内地逐步发展。较早是浙江省金华市率先成立的集中办事大厅，开全省之先河、走在全国前列，后发展成为行政服务中心。1998 年 9 月，浙江省金华市成立了市机关集中办事大厅。当时一个背景是全国正在推进政务公开改革，金华市为深化政务公开，1998 年设立了市民援助中心，随后设立了市机关集中办事大厅和 110 社会服务联动体系，这三项举措构成了金华市构造"两公开一监督"体系中的三大件。① 金华市办事大厅集中了与投资相关的43个行政事业单位和社会经济服务单位,成立了集中办事大厅管理领导小组,市长兼任组长;建立了一套完善的工作制度,重点是"公开办事、集中办公、联合审批、定点收费";办事大厅被授予了审批的决定权,变以往串联式审批为并联式审批,方便企业办事。金华市集中办事大厅实际具备了行政服务中心的职能和性质,为企业提供更好的投资环境和服务。2001年9月,以此为基础,金华市组建成立了金华市行政服务中心,作为市政府的派出机构,按照"服务投资、方便市民、统分结合、并联审批、全程代理、强化监督"的要求,不断提高审批效能。浙江省上虞市(现为绍兴市上虞区)成立的是"便民服务中心"。1999年9月,浙江省上虞市建立了首家综合性便民服务中心,上虞市委、市政府将21个市职能部门的审批、报批、核发证照等权力分离出来,集中到便民服务中心,推行政府审批办理新体制。上虞市对审批、审核、登记备案等事项进行清理,取消审批事项45%以上、精简审批环节30%以上、减少收费项目30%以上,逐步建立起规范高效的政府审批制度。②

继浙江一些地市改革后,其他一些地方也探索成立了行政服务中心。2000年5月,芜湖市在安徽省率先成立了行政服务中心,减少行政审批流程、转变政府职能,把具有审批、发照、收费等行政职能的部门,包括公安、工商、财政、国税、地税、交通、卫生、劳动、环保、土地、物价、农业、外经贸等23个行政部门集中起来,提供服务项目180多项,占全市审批项目总数的75%。③ 2000年10月,连云港市行政审批服务中心成立,其是江苏省最早成立的政务服务中心。2001年6月,鞍山市在辽宁省率先建立了市县两级公共行政服务中心,46个部门进驻中心,办理439项审批和服务项目。2001年10月,湖北省孝感市率先在全省设立市行政服务中心。2001年,四川省绵阳市在全省率先成立了行

---

① 陈少华、陈鹏、马和来:《为了百姓的利益——浙江省金华市市民援助中心采访记》,《人民日报》1998年12月2日,第12版。

② 单滨新、赵伟平:《上虞深化政府审批体制改革》,《浙江日报》2000年6月13日,第1版。

③ 李仁虎、卢尧:《把权力变成服务——芜湖市行政服务中心调查》,《瞭望新闻周刊》2001年第28期。

政服务中心，进驻的审批窗口有 31 个，有 278 项审批项目集中到中心办理。① 中心运行模式基本是一站式办公、并联式审批，能简化审批程序，提高工作效能。

第二波是在一些地方探索创新设立行政服务中心之后，其他地市纷纷效仿，更多地方设立了类似集中办理行政审批的中心，比较集中的时段是 2001～2004 年。例如，河南省焦作市行政服务中心成立于 2001 年 3 月，进驻了 52 个具有行政审批职能的部门，将 560 项行政审批项目纳入中心办理，实行"一门受理、一条龙服务"。江苏省徐州市 2001 年成立了行政审批服务中心，着重解决行政审批中的部门利益和相互推诿等问题。云南省昆明市也在 2001 年成立了便民服务中心，涉及行政审批、管理服务和政策咨询的 38 个政府职能部门、办事机构以及相关中介组织共 45 家单位，进驻便民服务中心，提供 486 项行政审批事项和 22 项咨询服务，行政审批制度改革大幅推进。2002 年 1 月，湖南省株洲市政务服务中心成立运行，到 2018 年发展为株洲市市民中心，共进驻 44 家单位，提供 771 项行政审批和公共服务事项，为市民和企业办事提供集成服务，实现"中心之外无审批"，真正让市民及企业办事"只进一扇门""最多跑一次""最好不要跑"。② 青海省西宁市政府于 2002 年成立行政审批服务中心，有 22 个具有行政审批职能的部门进驻，集中办理与企业、群众、投资商关系密切的 139 项审批事项。2004 年 9 月，北京市怀柔区成立综合行政服务中心，进驻中心的政府部门有 35 个，共承办事项 505 项，其中行政许可 291 项，服务事项 214 项。③

从省级层面观察，省级行政服务中心基本是 20 世纪 90 年代末到 21 世纪初进入初创阶段。较早是陕西省，1999 年率先成立政务大厅服务中心，这对其他地方起到一定带动和参考作用。安徽、四川、吉林的省级政务服务中心相继在 2001 年、2002 年成立。以安徽省为例。安徽省委、省政府

① 黄韬、田刚：《打破"审批经济"桎梏》，《中国纪检监察报》2002 年 1 月 15 日，第 3 版。
② 戴鹏、尹胜科：《株洲市市民中心正式启用》，湖南省人民政府网站，2018 年 12 月 19 日，http://www. hunan. gov. cn。
③ 王红茹：《"一站式"服务方便百姓 "两章制"管理左右为难 "行政服务中心"试点喜忧参半》，《中国经济周刊》2005 年第 Z2 期。

肯定全省各地探索审批制度改革的"一站式服务"行政办公方式，2001 年
9 月 3 日，省委常委会议决定成立省政务服务中心。① 安徽省政务服务中心
是省政府派出机构，31 个省政府部门的 233 项行政审批事项进入中心办
理，包括省发展计划委员会、省经济贸易委员会、教育厅、科学技术厅、
监察厅、民政厅、司法厅、财政厅、劳动和社会保障厅、国土资源厅、建
设厅、交通厅等，主要目的是规范审批行为、优化审批流程、改善发展环
境，实行服务内容、办事程序、申报材料、承诺期限、收费标准"五公
开"。行政审批制度改革深入推进，有些省在全省范围内推进服务中心建
设。以山西省为例，截至 2003 年 11 月，全省 11 个市（地）和 81 个县
（区）都建立了"政务大厅"，审批工作日减少 1/3 以上，收到了良好的经
济效益和社会效果。②

县级政府层次的行政服务中心几乎与地市级同步发展。例如，浙江省
乐清市（县级市）2002 年 6 月建立行政服务中心，把 20 个部门的 215 项
审批事项集中到中心实行"一站式"对外公开服务。到 2006 年，山东 16
个地市 119 个县（市、区）建立了行政审批服务中心。各级政府普遍设立
行政服务中心，促进了政府职能转变，为经济发展创造了良好环境。

注重行政服务中心运行规范性和增强实效性。2004 年，《行政许可法》
开始实施，为行政服务中心设立与运行提供了法律依据。"据统计，截至
2005 年 11 月 15 日，31 个省（区、市）共建立行政服务中心 4159 个，行
政投诉中心 5458 个。"③ 行政服务中心不仅通过相对集中审批部门促进流
程简化和效率提高，通过规范审批权力运行而减少和防止腐败行为，而且
成为推动政府政务公开的一个重要窗口和载体。到 2010 年，行政服务中心
已经覆盖省、市、县和乡镇四个层级。随着行政服务中心数量大规模增
长，服务中心的发展重点出现转向，从数量增长转向侧重质量提升，体现
在多种制度规范建设方面。各地行政服务中心的制度规范推动行政审批制

---

① 张武扬：《政务中心——规范行政审批行为的新举措》，《安徽日报》2002 年 1 月 7 日，第 B04 版。
② 吴爱明、孙垂江：《我国公共行政服务中心的困境与发展》，《中国行政管理》2004 年第 9 期。
③ 董宏君：《反腐倡廉执法监察力度不断加大》，《人民日报》2006 年 1 月 1 日，第 1 版。

度改革进一步深化。

（三）完善发展与顶层提升阶段（2011 年以后）

2011 年之后，各地行政服务中心不断完善发展。"据统计，到 2015 年，我国已建立各级各类综合性政务服务大厅 40451 家，其中省市级政务服务中心 377 家、区县级政务服务中心 2740 家、乡镇（街道）便民服务中心 37334 家，其服务功能从最初单纯的投资项目审批逐步扩展到便民服务、政务公开、热线电话、电子政务、公共资源交易、行政投诉等直接面向社会公众且内在联系紧密的政务服务领域，成为综合性政务服务平台，有效地推动了服务型政府建设。"[1] 国家从顶层设计角度提出新的规划与改革发展目标，为行政服务中心在"放管服"改革阶段的发展提供了方向性指导。

行政服务中心向政务服务中心发展，不断改革创新。2011 年，中共中央办公厅、国务院办公厅印发了《关于深化政务公开加强政务服务的意见》，对政务服务中心的机构、编制和功能以及规范发展提出了较为系统的制度性要求，其中一项是服务中心管理机构规格由本级政府决定，其运行经费和人员办公经费列入本级财政预算。此后，行政服务中心向着政务服务中心的职能发展。政务服务中心要真正实现突破性发展，"必须把政府当作一个整体，以客户需求为导向的审批流程和服务流程，需要对各个相关部门的审批流程进行重新归集、调整和整合，需要构建整体协同的一体的运作机制"。[2]

在国家政策和制度支持下，地方行政服务中心不断实现转型发展。一个典型案例是金华市行政服务中心的升级发展，2011 年，金华市明确和规范了行政服务中心机构与编制问题。根据《中共浙江省委办公厅、浙江省人民政府办公厅关于印发〈金华市人民政府机构改革方案〉的通知》精神以及 2011 年《中共中央办公厅、国务院办公厅印发〈关于深化政务公开

---

[1] 马连启、刘燕：《〈政务服务中心标准化工作指南〉〈政务服务中心运行规范〉两大系列六项国家标准和〈政务服务中心网上服务规范〉国家标准解读》，《大众标准化》2015 年第 12 期。

[2] 张定安：《以改革创新的精神推进政务服务中心又好又快发展》，《中国行政管理》2012 年第 12 期。

加强政务服务的意见〉的通知》《浙江省人民政府办公厅关于印发浙江省行政审批服务管理办法的通知》等文件规定，金华市政府制定了《金华市行政服务中心主要职责内设机构和人员编制规定》，市行政服务中心与市公共资源交易管理委员会办公室合署办公，为市政府派出机构。该中心的一项重要职责是，牵头整合行政审批服务资源，健全行政审批服务平台，负责组织协调、监督管理、指导规范市政府各部门的行政审批服务工作。2012年，金华市成立了市综合型行政服务中心建设领导小组，由常务副市长任组长，加强组织领导。2018年以来，金华市政府按照国务院和省政府要求，优化服务中心的职能，推进数字化、标准化、集成化"三化"新型政务大厅建设，强化政务服务线上线下融合，逐步向智慧化"政务综合体"转型。

在提升发展阶段，推进政务服务网络化和行政审批标准化建设。"放管服"改革深入推进，国家层面对政务服务中心的统筹性、全局性设计突出了"互联网＋政务服务"改革。2016年，国务院发布《推进"互联网＋政务服务"开展信息惠民试点实施方案》，还出台《关于加快推进"互联网＋政务服务"工作的指导意见》，要求打破部门间分散、独立运行的局面，推动政务服务平台整合，实现政务信息资源互认共享、多方利用；优化网上服务流程，降低企业和群众办事成本。适应"互联网＋政务服务"发展需要，进一步增强实体政务大厅服务能力，加快与网上服务平台融合发展，形成线上线下功能互补、相辅相成的政务服务新模式。按国务院政策指导，很多地方成立了政务服务中心，或者把原来的行政服务中心拓展为政务服务中心。"截至2017年4月，全国县级以上地方各级人民政府共设立政务大厅3058个，覆盖率94.3%。其中，省级政务大厅19个（含新疆生产建设兵团），地级市政务大厅323个，县级政务大厅2623个，直辖市区县政务大厅93个。"① 从理念价值层面，突出了从以政府为中心到以人民为中心的转变，政府的行政审批和服务要积极回应社会与公众诉求。

与"互联网＋政务服务"发展同步推进，政务服务中心的发展还体现

---

① 《全国综合性实体政务大厅普查报告》，中国政府网，2017年11月23日，http://www.gov.cn/xinwen/2017－11/23/content_5241582.htm。

在行政审批标准化改革上。2015 年，国家发布了政务服务中心建设、运行和提供服务系列标准，包括《政务服务中心标准化工作指南》《政务服务中心运行规范》《政务服务中心网上服务规范》等，成为政务服务中心发展完善的重要指导。2017 年 1 月，国务院办公厅发布了《关于印发"互联网 + 政务服务"技术体系建设指南的通知》，要求各地区、各部门提高网上政务服务水平。地方以此为方向不断规范服务中心机构设置和加强政务服务管理。例如，2018 年，陕西省印发《陕西省实体政务大厅管理暂行办法》《陕西政务服务网运行管理暂行办法》《陕西政务服务网电子文件管理暂行办法》，要求各级政务大厅、便民服务站，加强制度建设、规范运作，提高服务效能和水平。2018 年，安徽省经过国家标准化管理委员会的考核评估，成为全国首个政务服务标准化试点省。[①] 通过政府服务标准化工作的制度化，为行政审批标准化改革提供基础。

二 行政服务中心的设立对行政审批制度改革的作用

行政服务中心是政府相对集中办理审批的一种载体，政府把相关审批部门的审批项目集中到中心，同时派驻相应人员进驻中心并给予授权，其虽是政府部门派驻窗口的松散联合或物理集合，但也涉及了政府内部的权力调整。行政服务中心的发展，从关注政府自身转向注重管理对象，即强调为企业和公众服务。这与中央提出建设"服务型政府"[②] 的目标也有关联。

（一）行政服务中心的制度建设与运行

行政服务中心的设立和运行，作为行政审批制度改革的重要内容，取得的明显成效是：通过流程再造和整合审批资源，减少了审批环节、提高了相关审批部门之间的协调度，提升了审批效率，减少了企业和公众办事

---

① 桂运安：《以优异成绩通过国家评估 安徽成为全国首个政务服务标准化试点省》，安徽省人民政府网站，2018 年 1 月 9 日，https://www.ah.gov.cn/zwyw/jryw/7764891.html。

② 2004 年，国务院发布《全面推进依法行政实施纲要》，提出了转变政府职能，建设服务型政府的任务。党的十六届六中全会强调要"建设服务型政府，强化社会管理和公共服务职能"。党的十七大报告再次明确"加快行政管理体制改革，建设服务型政府"。在此之后全国服务型政府建设开始提速。

成本，创造了更好的投资环境，促进了经济发展。同时，促使政府工作人员转变理念和工作作风，减少腐败问题，改善政府形象。这些均得益于行政服务中心的制度建设和规范化管理。

1. 加强审批规范化管理的制度建设

各地行政服务中心建立健全一整套行之有效的监督、管理、运行机制。通过制度规范确定服务中心的性质、职能、管理权限和运行模式，规范审批条件、审批责任和权限，用严格的标准和制度降低行政审批的随意性。

建立审批规范化运作的制度。地方政府行政服务中心为实行一条龙服务，建立了岗位责任制、首问负责制、限时办结制、服务承诺制、统一收费制度、责任追究制等一系列完备的制度体系和严格的效能监察与监督制度体系。例如，为规范行政服务中心运作，2004 年 9 月，浙江省政府办公厅下发了《浙江省行政服务中心管理办法（试行）》，这是全国首家省政府层级发布的关于行政服务中心的管理办法。2005 年，江西省政府制定了《江西省行政服务中心管理暂行办法》，实行首问责任制、一次性告知制、首席代表制和一审一核制，简化了审批程序、规范了运行机制。2009 年，河北省政府出台《加强和规范行政服务中心建设的指导意见》，要求各级各部门全面推行岗位责任制、限时办结制、首问负责制、责任追究制等，对窗口充分授权，不搞"体外循环、两头办理"。

建立审批权力制约和责任追究制度。为解决某些审批部门之间相互推诿的问题，一些地方在行政服务中心实行超时默许制或缺席默认制等制度，约束审批权力。例如，合肥市行政服务中心推出"缺席默认制""超时默认制"等 8 条能提高政府部门行政服务效率的新措施。"缺席默认制"是指在联合办理中，对拒绝参与或不接受牵头单位协调的单位，牵头单位按既定程序启动，由此产生的一切后果由缺席单位承担。[1] 这些措施不仅解决了部门之间各自为政，相互推诿、扯皮的弊病，同时提高了市政府部门整体办事效率，方便了投资者和老百姓。为治理行政审批腐败问题，不少地方政府制定了行政审批责任追究办法。浙江省乐清市出台了《乐清市行政审批责任及其追究暂行办法》，对进驻行政服务中心的单位窗口进行监督，运用行政告诫、组

---

① 何聪：《合肥：行政审批实行"缺席默认制"》，《人民日报》2006 年 2 月 7 日，第 10 版。

织处理等措施，对工作人员不认真履行职责、办事效率低下等行为，予以通报批评或离岗培训，因其过错造成行政违法或失当的，依法承担责任。

建立审批流程的公开公示制度。推进审批服务信息公开，主动接受社会监督，也是多数地方行政服务中心实施的制度。比如，鞍山市行政服务中心实行"六公开"制度，即公开工作职责、办事依据、前置条件、办事程序、办事时限和收费标准。连云港市行政服务中心实行的也是"六公开"制度，即审批内容、办理程序、申报材料、审批依据、办结时限、收费标准等向社会公开，保证办事群众享有充分知情权。以公开制度规范审批行为，有助于改变审批人员本位主义和衙门作风，防止行政审批部门和工作人员自由裁量权过大而导致"暗箱操作"等问题发生。

2. 创新审批方式，简化审批程序

行政服务中心的审批方式创新主要体现为并联审批和联合审批，通过集中审批部门的审批权力，打破各部门之间权力分割、多头审批的格局，解决部门之间分散式串联式审批的低效率问题。尤其在一些涉及发改、规划、环保、国土等多个部门的建设项目方面，项目审批效率得到极大提高，降低了企业办事成本，改善了投资环境。例如，福建省漳州市行政服务中心，"针对建设项目审批环节多、程序繁、周期长的问题，打破原有审批常规，重组审批程序，以行政服务中心为协调平台，把整个建设项目受理过程分为工程立项、工程许可及图纸审核 3 个阶段，总体审批时间不到原来的 1/3"。[①] 不少地方政府为并联审批设立了联席会议制度，涉及重大项目审批的需要多个部门集体讨论。

实施限时办结制度对缩短审批流程的作用明显。相关审批部门按照要求，根据审批项目的特定性承诺在规定期限内办结，这对缩减审批时间是一个现实约束。全国各地行政服务中心在总结成绩或经验时，其中一般均有缩短审批时限的经验，甚至有的从原来几百天缩短到几十天或者几天甚至是数小时，可见审批时限压缩的成效明显。

3. 政府部门给行政服务中心充分授权

各地行政服务中心成立初期，进驻服务中心的相关审批部门窗口，曾

---

① 董宏君：《行政服务中心：办事只进一个"门"》，《人民日报》2005 年 11 月 8 日，第 9 版。

一度被诉病为"收发室"。因为这些单位窗口的人员只负责收取企业或公民提交的审批材料，没有实际审批决定权，收到审批材料要拿回各自部门审批，所以不同审批部门之间的各自为政问题没有解决。成立行政服务中心的初衷是把政府部门审批权力事项剥离出来集中到中心，集中统一办理审批事项，某些政府部门认为这触动了其利益，不愿意真正把权力交到服务中心，这是行政服务中心初期被称为"收发室"的一个重要原因。

针对这类现实问题，需要调整权力配置以及加强权力行使的监督。一些地方政府出台文件，要求相关审批部门向行政服务中心的单位窗口进行充分授权，审批部门的一把手签署"授权委托书"，给办事窗口审批决定权。这才实际减少了服务中心窗口与原来审批部门之间的办事环节。除了充分授权，地方政府还应对授权部门加强监督。

4. 以制度保障加强行政审批权力监督

行政服务中心进行集中审批，本身可以让政府部门之间相互监督。各地行政服务中心通过完善制度和设立相应机构，加强对行使审批权力的监督检查，避免腐败问题的发生，提高审批质量。服务中心公开办事，给社会和公众监督行政权力行使提供了条件，加强对行政审批的社会监督，也是一个新亮点。

建立效能中心或投诉中心。有些政府在设立行政服务中心的同时，由政府或纪委监察机关设立效能中心或效能监察中心或效能投诉中心，目的是通过多种监督途径解决政府权力行使过程中存在的问题。这类效能监察或投诉中心具有监督权、处理权，负责接受和处理各类投诉。全国多个地方建立了行政投诉中心，"我们把政务公开作为各级政府施政的一项基本制度，努力增强政府工作透明度。全国共建立行政服务中心 4159 个，行政投诉中心 5458 个"。① 例如，河南省安阳市成立了效能监察中心，对公众反映的政府效率低下、行政不作为、相互推诿扯皮等问题，做到"有诉必理，有理必果"。有些地方建立行政效能投诉中心，受理和查处包括行政审批有法不依、不公正审批等不作为和乱作为问题，以及其他政府部门行

---

① 《围绕大局 突出重点 深入推进政府廉政建设——温家宝在国务院第四次廉政工作会议上的讲话》，《国务院公报》2006 年第 11 号。

政人员违规违纪问题，全面开展效能监察工作。

建立电子监察平台加强动态监督。有些地方利用电子监察系统，对审批过程和各个环节实行全程跟踪管理，依法对行政审批事项和审批行为开展同步实时监控。深圳是较早实行行政审批电子监察试点的地方，2004年其逐步建立起行政审批电子监察系统，重大投资项目审批工作实施全程电子监控；2006年12月，深圳建立了深圳电子政务监察室，是国内设立的第一个对政务进行电子监察的政府管理机构；2007年2月，深圳市政府颁布《深圳市行政审批电子监察办法》，强化对该市行政审批工作的电子监督、监管和对行政机关行政效率的评估。地方政府都在强化审批的监督工作，完善责任追究机制，以此减少审批流程和环节中的失职行为。行政审批电子监察系统通过技术监督与制度监督的结合，不断扩大行政审批权力监督范围，加大了约束审批权力的力度，对减少审批腐败发挥了较大作用。

（二）行政服务中心发挥多重成效的基本判断

行政审批服务中心的实践发展体现出了其在行政审批制度改革中的功能，显示出了其在政治、行政、经济社会等不同维度的绩效或成效。

行政服务中心是党风廉政建设与反腐败的载体，这是政治成效。20世纪90年代末和21世纪前十年，行政审批制度改革的重要功能之一即从源头上遏制腐败。2001年，国务院部署行政审批制度改革工作时，强调改革行政审批制度是从源头上预防和解决腐败问题的重要举措。在这个阶段各地成立行政服务中心，这既是简化审批流程、提高审批效率的重要举措，也是加强政府作风建设、党风廉政建设和反腐败的重要举措。2005年中央纪律检查委员会的工作报告，指出了党风廉政建设和反腐败斗争的工作重点，其中有一项要求是通过行政服务中心来加强效能建设，"解决一些机关和部门效率低下、办事推诿、资源浪费等问题。发挥行政服务中心、行政投诉中心的作用，促进行政机关和国家公务员勤政廉政"。[①]

把行政服务中心的工作放在反腐倡廉上，推进公开审批，加强对行政审

---

① 吴官正：《严肃党的纪律 加大预防力度 深入开展党风廉政建设和反腐败斗争——在中国共产党中央纪律检查委员会第五次全体会议上的工作报告》，《人民日报》2005年2月16日，第2版。

批权运行的监控，完善行政审批责任追究制度和信息反馈机制，能最大限度地减少行政审批的随意性和"暗箱操作"，达到防治腐败的目的。"加强对行政审批权和行政执法权行使的监督。……推行行政审批电子监察系统。实行接办分离和程序公开，保证行政权力依法、公正、透明运行。"① 改革行政审批制度，通过监督政府权力，推动反腐败和廉政建设走上标本兼治的轨道。2010 年 12 月，国务院新闻办公室发布《中国的反腐败和廉政建设》，把《行政许可法》归类为与预防腐败密切相关的法律法规，认为其可以规范行政许可的设定和实施，保障和监督行政机关有效进行行政管理。可见，行政服务中心作为廉政建设和反腐败的载体能发挥出巨大的政治绩效。

行政服务中心是推动政务公开和依法行政的载体。行政服务中心承担了政务公开任务，推行政务公开是加强对行政权力监督、提高依法行政水平的重要举措。2000 年 12 月，中共中央办公厅、国务院办公厅发布《关于在全国乡镇政权机关全面推行政务公开制度的通知》，对乡（镇）政务公开作出部署，对县（市）级以上政务公开提出要求。2004 年 3 月，国务院印发《全面推进依法行政实施纲要》，把行政决策、行政管理和政府信息公开作为推进依法行政的重要内容。要提高行政机关透明度和办事效率，行政服务中心成为政务公开的比较集中性的载体之一，因为这里集合了多个审批部门的办事窗口。《中共中央办公厅、国务院办公厅关于进一步推行政务公开的意见》提出了 6 种重要的公开形式，包括"通过各类综合或专项行政服务中心，对行政许可、公共服务等事项予以公开"。行政服务中心在政务公开中发挥了重要作用，让行政审批权力在阳光下运行，"集中、透明、便民、高效"是行政服务中心的主题词。"作为政务公开的重要载体和有效形式，行政服务中心不仅通过触摸屏、须知、手册、电脑网络等方式，实现了政府信息的公开，而且通过集中办理、现场办结、透明运行、限时回复等方式，实现了行政审批、公共服务等事项的办事公开。"② 在各级行政服务中心或政务办事大厅设立文件查阅中心，真正做到公开服务便民。

---

① 《建立健全惩治和预防腐败体系 2008—2012 年工作规划》，《人民日报》2008 年 6 月 23 日，第 1 版。

② 董宏君：《行政服务中心：办事只进一个"门"》，《人民日报》2005 年 11 月 8 日，第 9 版。

行政审批制度改革是政府的一项"自我革命",行政服务中心在规范和约束行政审批权力行使层面,是推进依法行政的重要载体。2004年,国务院发布的《全面推进依法行政实施纲要》,成为各级政府依法行政的指导性文件。特别是《行政许可法》旨在约束政府权力,规范行政许可设定和实施,确立了行政审批制度改革的原则与方向。行政审批制度改革的重要原则之一是高效便民,要创新审批管理方式,行政服务中心成为重要载体。行政审批制度改革在取消和调整审批项目的同时,创新组织载体以约束审批权力行使,"各级政府创新行政许可实施机制,共建立了2.8万个综合性行政服务中心"。[①] 以这种组织机构形式和公开规范的方式监督行政审批权力依法行使,推进法治政府建设。

行政服务中心是深化推进行政审批制度改革的重要载体,这重点突出的是经济成效和社会成效。行政审批制度改革为了消除体制性障碍,把要素分配职能和资源配置职能转移给市场,给企业更多自主权。行政服务中心是这个改革过程的重要载体,重点是为经济建设服务,致力于创造更好的投资环境与发展环境,给企业提供更快更规范的审批服务,增强了市场主体经济活力,提高了市场机制配置资源的效率,这是行政服务中心的经济绩效。行政服务中心运作的社会效益,主要是为社会公众提供便捷服务,通过规范和监督行政审批权力行使,解决了群众和企业反映强烈的"门难进、脸难看、事难办"问题,提高了社会公众对政府的满意度。行政服务中心的规范运行增强了审批的公开性和透明度,使审批从神秘化逐渐走向透明化。

三 行政服务中心尚未根本解决的问题

行政服务中心这种集中政府审批部门办事窗口的物理集合组织设置,不能够完全解决行政权力的结构性问题,主要体现在如下方面。

行政服务中心不能解决审批部门之间的审批权责配置与结构问题。行政服务中心在初期阶段"很大程度上只是各部门联络或沟通的渠道,中心本身并无实质性审批权和审批人员管理权,使得这一创新本身具有一定的

---

① 秦佩华:《依法行政实现跨越式发展》,《人民日报》2010年8月27日,第2版。

脆弱性"。[①] 而且，地方政府意识到此问题之后采取一些措施给中心窗口充分授权，不过行政服务中心仍面临合法性考验，其在组织性质上多数是当地政府或政府部门下属的事业单位或派出机构。这类服务中心本身无法单独协调诸多政府审批部门之间的关系，因为这涉及政府部门权责划分与机构设置的深层次体制问题。"由于政府所掌控资源的有限性和稀缺性，这就带来了行政服务中心与其他政府部门之间在资源分配上的'竞争关系'。很多职能部门不愿意将原本属于本单位的职权（人权、事权和财权等）交给行政服务中心来行使，致使行政服务中心在管理权限方面存在着残缺。"[②] 这种状况一定程度上影响到行政服务中心的协调监督权力、人事管理权力。

根据《行政许可法》，行使行政许可权的主体是行政机关，而行政服务中心作为政府的派出机构，不具有法律上的独立性、不是法定政府部门。在推进行政审批制度改革时，作为审批方式改革或创新的结果，行政服务中心注重审批环节和流程改革，由原来一些部门各自分散办理转变为这些部门通过进驻窗口"集中办理""联合办理"，改变的是行政审批权力的行使方式，而不是行政审批权力所属关系或权力结构。即便原来的政府部门给进驻中心的窗口充分授权和委托，也只是一种行政授权，不是严格意义的法律授权；况且从更深层次上理解，这是政府部门内部的权力转移，没有发展到政府与外部主体之间的权力关系变革。

行政服务中心没有对"条块分割"的行政权力分配模式作出根本性改革。全国各地行政服务中心之所以能在短时间内集中设立，各地党委、政府的行政推动力是关键。多地行政服务中心是同级政府的派出机构，中心领导（主任）一般由政府分管领导或政府（副）秘书长等担任，一般分设两个层次，一个是中心管理层，负责中心组织运转、协调和监督、后勤保障服务等；另一个是窗口办理层，由相关政府审批部门在中心设立窗口，办理行政审批事项。不少地方行政服务中心进驻的单位窗口，受到原来政府部门和行政服务中心管理层的双重领导，无形中增加了管理层次，在一定范围内影响了行政效率。进驻行政服务中心的窗口单位集中，对原来政

---

① 袁曙宏、杨伟东：《论建立市场取向的行政许可制度》，《中国法学》2002 年第 5 期。

② 张建明：《行政服务中心法律问题研究》，《法治研究》2009 年第 2 期。

府部门所处的受同级政府与上级政府部门双重领导的状况，也即对"条块分割"的行政管理模式和审批权力配置，不会产生实质性改变。

行政服务中心的法律地位存在局限性。各地行政服务中心有的作为派出机构，有的作为政府办公厅或办公室管理的组织，机构性质与级别差异反映了行政服务中心定位缺乏明确法律规定。"各地的行政服务中心是在政府的一个文件或命令的基础上设立的……从行政组织学理论的角度分析，行政服务中心的设立缺少合法性基础，没有可支撑的法律依据。"① 这个法律地位直接关系到行政服务中心的管理权限。若严格寻求法律依据，只有《行政许可法》第二十六条规定："行政许可需要行政机关内设的多个机构办理的，该行政机关应当确定一个机构统一受理行政许可申请，统一送达行政许可决定。行政许可依法由地方人民政府两个以上部门分别实施的，本级人民政府可以确定一个部门受理行政许可申请并转告有关部门分别提出意见后统一办理，或者组织有关部门联合办理、集中办理。"这可认为是设立行政服务中心的依据。本质上行政服务中心不是真正意义上的法定政府部门，为此，要深化行政审批制度改革，需要依法实现政府职能与权力配置的根本性转变。

第二节 地方行政审批局的机构改革

政府权力与机构载体不可分离。为最大限度地集中行政许可权，一些地方政府进行创新改革探索，进一步通过机构载体改革来深化行政审批制度改革，机构设置表现为行政审批局。② 国务院下发了关于相对集中行政许可权试点改革方案，可以将多个部门的审批权力集中划归到一个部门行使。地方政府成立行政审批局是把原来政府审批部门的许可权力事项剥离出来，集中到这个专门机构实行审批，力图实现行政审批权力从物理集合

---

① 吴爱明、孙垂江：《我国公共行政服务中心的困境与发展》，《中国行政管理》2004 年第 9 期。

② 行政审批局的设立是地方政府深化推进行政审批制度改革的一项措施，不同地方政府成立该机构的名称有区别，大多数叫行政审批局，也有的叫行政审批服务局、行政审批服务管理局、审批服务管理局、行政审批和便民服务局等。鉴于其机构性质与职能基本相同，本章分析统一用行政审批局表述。

到"化学反应"的转变。设立地方行政审批局一度成为地方政府改革领域的热点，是推动行政审批制度改革的一个途径。

一　地方行政审批局机构改革的政策背景和进展

近些年，在行政审批制度改革实践层面，行政审批局成为许多地方政府工作中的高频词。2008 年成都市武侯区成立了行政审批局，被一些学者称为"开局之局"。[①] 在中央全面推进"放管服"改革的阶段，2014 年，天津市滨海新区成立了行政审批局，当时是由区政府政务服务办公室加挂区行政审批局牌子。滨海新区行政审批局的做法产生了一定示范效应。2015 年 3 月，中央编办、国务院法制办印发《相对集中行政许可权改革试点工作方案》的通知，为深化行政审批制度改革，提出了改革试点要求，探索相对集中行政许可权的内容、范围和实现形式，试点范围是天津市所有区县，河北、山西、江苏、浙江、广东、四川、贵州各选择 2~3 个市、县（市、区）或所属国家级开发区。中央这一试点方案为地方设立行政审批局的机构改革提供了顶层政策支持。2015 年江苏省南通市成立全国首家地级市行政审批局，并被列为政府工作部门，加挂市政务服务管理办公室牌子。在一些地方试点基础上，2016 年，中央编办、国务院法制办印发了《相对集中行政许可权试点工作方案》的通知，其中提出，同意辽宁、安徽、湖北、湖南、广西、宁夏等 6 省（区）选择部分市、县或开发区纳入相对集中行政许可权改革试点；同意先期开展试点的河北省、江苏省在巩固深化前期试点成果基础上，积极稳妥扩大试点范围。在这一政策方案指导下，全国更多地方政府开启了集中行政许可权、设立行政审批局的改革。2017 年河北省委要求在市县全面推开相对集中行政许可权、设立行政审批局改革。哈尔滨市新区进行行政审批机构改革，2017 年作为全省相对集中行政许可权改革试点，率先成立了行政审批局，将原分散在区直各部门的业务关联度大、发生频率高的行政许可事项统一划转、集中办理。"据统计，哈尔滨新区行政审批局目前已承接全区 487 项行政许可事项中

---

① 顾平安、易丽丽、张弦：《开局之局：中国第一个行政审批局的探索与实践》，国家行政学院出版社，2016。

的 466 项，划转率达 95.7％，承接了省、市、区三级事项，数量多、占比大、范围广。"① 新区行政审批局通过优化跨行业、跨领域审批环节，提高了审批效能和政务服务水平。

之后，许多地方行政审批局的设立呈快速发展趋势。不仅一些地市级政府、县级政府成立了行政审批局，甚至一些地方的乡镇政府层次也有了行政审批局。比如，几年前江苏省昆山市张浦镇设立行政审批局，与镇的便民服务中心一起办公，并加挂了采购与招投标中心牌子，设定目的是围绕"放管服"改革推进行政审批制度改革。2018 年 8 月，江西省瑞昌市码头镇行政审批局（便民服务中心）成立，九江市首个乡镇行政审批局正式挂牌运行。② 乡镇政府作为最基层政府机构，应该更多地为辖区群众提供实际服务，按照《行政许可法》和相关法律法规，审批和许可权力基本由县级以上政府主体行使。换句话说，这些行政审批局设置科学合理吗？各地设置行政审批局，初衷或目的从开始着力解决审批权力运行和提高审批效能实际问题，转向了盲目跟风甚至为所谓"创新"而设立，这是值得反思的现象。党的十九届四中全会决定的专门一节内容是"坚持和完善中国特色社会主义行政体制，构建职责明确、依法行政的政府治理体系"，并提出了"优化政府组织结构"③ 具体要求。这些基本原则和具体要求，也是思考行政审批局设置问题的指导思想。

二 地市级层次行政审批局的多维度特征

现阶段行政审批局更多是在地市级和县级政府层次设立。考虑到县级政府数量多且公开机构设置信息不全，本部分主要以地市级政府设立行政审批局情况进行实证分析。根据在政府官网检索到的行政审批局的公开信息④，

---

① 吴齐强、方圆、郝迎灿：《营业执照"秒批"以后》，《人民日报》2020 年 8 月 7 日，第 11 版。

② 张璐：《九江市首个乡镇行政审批局正式挂牌运行》，大江网，2018 年 8 月 9 日，http:// jj. jxnews. com. cn/system/2018/08/09/017059569. shtml。

③ 《中共中央关于坚持和完善中国特色社会主义制度 推进国家治理体系和治理能力现代化若干重大问题的决定》，《人民日报》2019 年 11 月 6 日，第 1 版。

④ 全国各地级市行政审批局的情况根据笔者于 2020 年 8 月和 9 月在政府官网上的检索结果整理，对于个别州和地级市机构的设置情况，笔者根据 2021 年 8 月的检索结果进行补充。

在地市级政府层面，全国有 136 个地市设立了行政审批局，其在部分省（区、市）分布情况如图 8 – 1 所示。

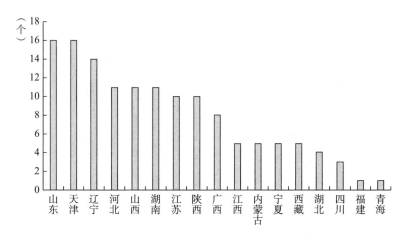

图 8 – 1　部分省份地方行政审批局机构设置分布情况
资料来源：作者自制。

这些设立审批机构的地市在全国不同省份都有分布，不过东部地区多一些，占 40%；中部和西部地区差不多都是 1/4 左右；东北地区则更少一些。

（一）行政审批局的隶属关系性质和编制分析

这些地市级政府设立的行政审批局，绝大多数属于当地政府工作部门序列，多数是正局级，与政府其他工作部门是同一级别序列。根据收集到的资料分析，60 个行政审批局中的 59 个属于政府工作部门，超过了 98%，只有 1 个作为政府派出机构设置。不过，同样作为政府工作部门机构，这些行政审批局之间的级别有差异：正处级有 29 个，正县级有 7 个，也即县处级的有 36 个，比例达 61%。有个别级别比较高，比如厦门市行政审批管理局是副厅级，济南市和西安市行政审批服务局，都是正局级。绝大多数行政审批局与其他政府部门平级，在统筹行政审批制度改革和协调相关部门职责，特别是新成立的审批部门与原来的剥离审批权的部门、监管部门之间的关系方面，存在权威和协调度不够的问题。

这些地方审批机构的性质，有些直接属于政府工作部门，以行使审批权力为主，内设机构较多划分为不同领域的审批科，像河北、山东、山西、江西等省的地方行政审批局的设置及内设机构基本属于这一类。有的是在相关机构设置中加挂行政审批局牌子，审批权力与职能履行不是该机构的重中之重，具体内设审批科室较少，而是侧重于对行政审批制度改革的总体协调或政策制定等方面。

在行政审批机构的编制方面，各地市级行政审批局情况存在较大差异。根据获取的资料，在 55 个地方行政审批局中，机构平均编制 40 人，最多的达到 126 人。超过 100 人的有 3 个；50~100 人的有 13 个；20~50 人的有 27 个；20 人以下的有 12 个。行政编制数量多数是在 20~50 人。编制在 20 人以下的行政审批机构多数在西部地区，包括商洛市、林芝市、阿坝州等地方。

地方行政审批局的设置带来的一个负面影响是领导职数的增加，因增加了政府工作部门设置，相应领导职数包括局级以及科级领导职数都有所增加。从这些行政审批机构编制看，领导职数比例较高，与机构改革的精简、效能、优化的目标不完全一致。

以 30 个地方行政审批局为例，领导职数占比平均值是 65%。其中占比最低的是 36%；占比在 60%~90% 的有 13 个地方行政审批局。从科级领导职数占比分析，占总行政编制数有的达到了 80%，科级领导职数占比 40% 以上的占到 2/3。可见，精简领导职数是行政审批机构改革需要解决的现实问题，存在进一步精简和提高效能的空间。

（二）行政审批局的内设机构设置与组织方式

这些行政审批局的内设机构数量不等，从 2 个到 29 个，差距相当大。内设机构在 20 个及以上的有 10 个地市；设立 15 个到 19 个内设机构的有 21 个地市；设立 10 个到 14 个内设机构的有 41 个；10 个内设机构以下的有 49 个。设置内设机构的数量与经济发达程度没有直接必然联系，内设机构数量接近的地市在全国四大地区都有分布。

地方行政审批局的内设机构基本都有一些审批科或审批处，有的地方划分过细，有的地方审批科室则比较综合。有些设立为审批一科、审批二科、审批三科、审批四科、审批五科等（如 L 市的内设审批科到了"审批九科"，即 9 个审批科）；多数是按照审批事项的领域直接命名审批处或审批科，包括市场准入、企业注册、城市管理、项目投资、踏勘审查、交通运输、生态环境、农林水利、医药卫生、社会事务、安全生产等领域。举个例子，HZ 市行政审批局内设机构有 27 个，包括 1 个审批改革推进科，3 个受理科，13 个不同领域的审批科。这说明内设机构优化整合有相当大空间。机构改革初衷是相对集中行使许可权，结果内设的受理科与审批科把原来不同审批部门之间的文件、流程传递内部化，有物理归并而缺乏化学整合，实质性审批流程重塑没有完成。这些内设机构之间的关系，类似把部门之间的协调与利益关系内部化了，内设机构之间协调性与审批流程实际效能有待进一步观察。

内设的审批科室占所有内设机构的比例不同，可看出行政审批局设置的职能重点与职能分布。在 99 个地方行政审批局机构设置中，审批科室占60% 以上的有 23 个地方行政审批局；审批科室占 50% 到 60% 的有 43 个；审批科室占 50% 以下的有 33 个（见图 8-2）。

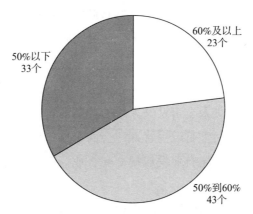

图 8-2　审批科室占行政审批局内设机构的比例分布
资料来源：作者自制。

（三）行政审批局的职责配置及其部门关系

设置地方行政审批局重要目的之一是集中行使行政许可权，本质是权责关系在部门之间的调整改革。设立行政审批局之后，相关审批部门的审批权力被剥离出来集中行使，由此行政审批局本身的职责以及与相关政府部门的权责关系成为一个现实问题。

这些地市级政府行政审批局的主要职责规定显示如下：负责贯彻执行上级有关行政审批制度改革、政务服务管理等方面的方针政策和法律法规，制定完善相关规章和管理办法；负责协调全市"放管服"改革工作，职能转变和行政审批制度改革工作和政务服务管理工作，"互联网＋"政务服务体系和平台工作，公共资源交易管理；负责办理市政府确定的集中行使的审批事项，以及审批规范化和标准化、流程优化；负责对入驻审批局的审批和服务事项进行监管检查以及对政务服务中心的监督管理考核；负责指导和协调下辖县市区的行政审批和政务服务管理工作等。有些行政审批局还承担电子监察以及受理处理投诉事项，优化营商环境、数据管理和数字政府建设方面的部分职责。

这些地方行政审批局和相关部门之间的权责划分主要有如下三种情况。（1）有些地方行政审批局规定了与多个部门之间的职责划分，主要涉及与发改部门、市场监管部门、公共资源交易部门，以及没有把审批权力的事项划转给审批局的政府部门等部门之间的职责分工。例如，十堰市、榆林市等地市属于此类。（2）有些地方行政审批局只专门规定了与原来审批部门的职责分工。例如，邢台市、晋城市等地方属于此类。（3）有些地方行政审批局规定了与行业主管部门之间的职责分工。例如，泰安市行政审批服务局在机构职能中要求，科学界定市行政审批服务局与市行业行政主管部门职责分工，涉及全市发展大局的控制性重大项目审批等事项，市行政审批服务局与市行业行政主管部门会商取得一致意见后实施。相关行政主管部门主要负责制定行业发展规划和行业标准，强化事前和事中事后监管。

地方行政审批局的职责以及与相关部门关系方面呈现的主要特点如下。

特点之一，行政审批局整体负责"放管服"改革协调任务。分析地方行政审批局承担的职责，不少是承担着本市政府职能转变和"放管服"改革协调小组的工作。有些承担着本市深化行政审批制度改革工作领导小组办公室工作以及"放管服"改革协调小组的工作。

特点之二，承担本级政府总体的行政审批制度改革任务。很多地方行政审批局设有总体的行政审批制度改革科（或政策法规科），其他的名称还有审批制度改革处、行政审批管理处、行政审批制度改革办公室、审批改革协调科、"放管服"改革协调科、综合运行科、综合审批服务科等。多数政务服务管理科负责本市政务服务大厅或行政服务中心实体机构的工作。

特点之三，协调与职能相近部门的关系，加强职责配置，采取加挂牌子的做法。有些地方行政审批局加挂履行其他职能的机构牌子，如加挂政务服务管理办公室、公共资源交易中心（管理办公室）、政务信息管理局牌子等。也可看出，行政审批局在机构设置与调整过程中，与相关部门的职能合并、职责配置的一些安排。有的地方政府是在其他机构设置中加挂行政审批局牌子。如辽宁省几个地市在营商环境建设局上加挂行政审批局牌子。还有地市在政务服务管理办公室上加挂行政审批局牌子。这种加挂牌子的状况反映了行政审批职能与其他相关部门职能在政府工作中的地位区分。

上述机构设立和加挂牌子的实际状况反映了行政审批局的独立性存在一定程度的问题。有些地方行政审批局是由政务服务管理办公室和相关政府部门的一些职能合并、整合而来，对外则保留着政务服务管理办公室牌子。还有的地方甚至是一个机构、三块牌子，如石家庄市行政审批局加挂石家庄市政务服务中心、石家庄市公共资源交易监督管理办公室的牌子；武汉市洪山区 2016 年成立了行政审批局，同时加挂了区政务服务管理办公室、区公共资源交易管理办公室牌子。这种加挂牌子、合署办公或合作运行，对行政审批局行使审批权力和承担审批责任的独立性有实际影响。行政审批局的职责及其与相关部门权力关系有些划分不太明确，会增加协调环节成本。有些地方的政府部门包括规划和环保等部门，只把一部分审批事项划归到行政审批局，还有一部分审批事项仍然留在规划和环保部门审批，这就使得行政审批局在集中行使行政许可权的改革目标上打了折扣。还有些地方行政审批局规定了与原来审批部门的权责关系，行政审批局负责划归事项的审批，原来的审批部门负责监管，把审批与监管权力割裂了，增加了不同部门之间的协调成本。实际上，这些部门之间的权责关系缺乏法律强制性硬约束，对实际的行政审批和监管职能履行不利。

三　其他类型行政审批机构设置基本状况

相对集中行政许可权的改革，作为行政审批制度改革的重要内容，主要体现在审批机构设置的变化上。在地方政府机构改革中，除了设立行政审批局外，还有一些其他类型的机构设置，同样承担着行政审批制度改革的职责。① 在这些地市级政府中，没有直接设立行政审批局，而是在相关机构设置中有一部分职能负责行政审批制度改革，或者有专门设置的内设机构负责行政审批制度改革，或者纳入"放管服"改革整体规划中（见图 8 - 3）。

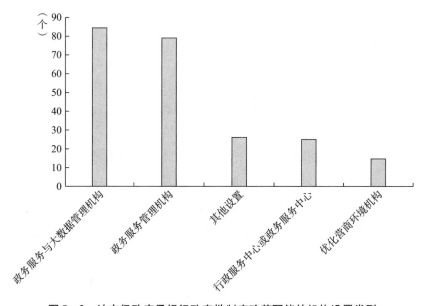

图 8 - 3 地市级政府承担行政审批制度改革职能的机构设置类型
资料来源：作者自制。

1. 第一类是设置政务服务管理机构

这一类有 79 个地市级政府。设立"政务服务管理局"的占多数，分布在云南、北京、四川、江西等省市。政务服务管理局的内设机构中，设置了负责行政审批制度改革的科室，分别有：审改体系科、审批制度改革科、审批改革协调科、行政审批服务科等，负责统筹全市的"放管服"改革与行政审批制度改革工作；承担着本市的行政审批制度改革领导小组办公室的工作；制定相关政策，与上级行政审批制度改革进行对接等。政务服务机构的名称，有些地方称为政务服务办公室、政务服务管理办公室、政务管理办公室等，主要集中在上海、江苏、浙江等的一些地市中。这些政务服务管理机构中设立了负责审批工作的内部科室。

---

① 全国地市级政府对负责行政审批职能的机构设置，除直接设立行政审批局外，还有设立其他类型机构的情况。本书以获取的资料为基础，分析 217 个地市级政府（含直辖市下辖区政府）设置相关机构的状况。

2. 第二类是设置政务服务与大数据管理机构

把大数据与政务服务职能进行整合，设置这一类机构的地市级政府有84个。广东21个地市都设置了政务服务数据管理局，负责统筹推进全市审批服务便民化相关工作，参与全市行政审批制度改革相关工作，协调和优化跨地域、跨部门、跨层级事项审批服务工作，推进行政审批标准化建设。河南、湖北也有较多地市设置了政务服务和大数据管理局，其中一项职能是负责统筹或协调全市行政审批制度改革工作，组织开展审批服务便民化相关工作，协调各地各部门创新审批服务方式，优化审批流程。吉林省9个地市级政府设立的是政务服务和数字化建设管理局，承担着行政审批制度改革的职能。安徽省14个地市设置的数据资源管理局，加挂政务服务管理局牌子，该机构其中一项职能是参与配合做好行政审批制度改革工作。还有浙江、四川等省的一些地市也设立了政务服务和数据资源管理局，或政务服务和大数据局。

3. 第三类是设置传统的行政服务中心或政务服务中心

这是行政审批制度改革在20世纪90年代开始设置的机构模式，相对集中办理审批事项，以物理集合为主，后来逐步完善提升。这些机构的性质多数是政府的事业单位或派出机构，负责审批事项，同时负责服务中心或政务大厅的管理。设置这类服务中心机构的有25个地市级政府，分布在浙江、福建、江西、贵州等省份。

4. 第四类是设置优化营商环境机构

这一类有15个地市级政府，其中以黑龙江省的地级市政府居多。这类机构职能侧重点不在行政审批制度改革，而主要在于优化营商环境，有一项职能是在推动政务服务管理和"放管服"改革中促进优化营商环境的工作。同时，把本市政务服务中心作为其下属单位或事业单位，管理服务中心的审批工作，促进营商环境优化。

此外，还有其他类型的机构设置，包括14个地市设立的是公共资源管理或公共资源交易中心。

总体而言，同样作为行政审批制度改革的组织机构载体，相较行政服务中心的组织形式，行政审批局的机构设立在部门职责配置和管理体制改革上更进一步。行政服务中心作为审批部门的窗口集合，审批权力改革的局限性较大。而行政审批局作为政府部门序列，有明确的机构性质、地位和职能，是职责权力和人员编制的重新组合性改革。在管理体制上，行政审批局的机构设置通过把分散在不同部门的审批权力整合，更深层次改革行政审批体制。也有实证研究表明，"采取行政审批局模式能够显著、持久地提升地区的市场投资水平，而对新建企业、专利研发、交易费用的效果并不明显"。[①] 因此，设置行政审批局的改革路径选择应该因地制宜，需要考虑经济社会条件扬长避短。从机构设置理论和权力关系与运行角度，地方行政审批局仍存在一些值得探讨的现实问题。

第三节　对行政审批局机构改革的理性反思

作为行政审批制度改革载体的组织机构，行政审批局的设立以及相关类似机构的设置，在全国地市级政府层次范围内具有了一定规模。行政审批局的运行成效是否如设想的那样显著，一些地方的行政审批局取得成效的做法是否能成为其他地方不考虑各种因素和条件而加以推广和移植的理由，对这些问题需要理性反思。本节主要从政府机构设置基本理论视角进行阐释和分析，行政审批局的机构设置有其局限性，其不是深化行政审批制度改革在机构改革方面的唯一选择。"放管服"改革和深化行政审批制度改革的深化拓展，需要抓住政府与市场主体以及与社会主体的权力结构关系来推进。

一　政府机构设置理论视角的阐释

在理论研究层面，对行政审批局的研究出了不少成果。已有研究有如下两大类。一类是描述性研究，如对一些地方行政审批局的运作情况和改革成绩的总结。有的基于天津市滨海新区、银川市行政审批局成立背景、基本做法和取得成效进行总结概括。[②] 有对江苏省一些地方做法的

---

① 胡税根、结宇龙：《行政审批局模式：何以有效，何以无效？——基于市场主体视角的政策效果实证》，《上海行政学院学报》2022 年第 1 期。

② 艾琳、王刚：《行政审批制度改革中的"亚历山大绳结"现象与破解研究——以天津、银川行政审批局改革为例》，《中国行政管理》2016 年第 2 期。

分析。[①] 还有对其他地方实践的分析，包括行政许可权的划转，整合相关行政审批职能和人员编制等具体做法。另一类是理论视角的分析，不过这类文章较少，涉及组织环境理论、整体政府理论，是比较宏观层面的分析。这些研究不断深化着我们对行政审批局的认识和理解，对后续研究提供了一些基础。此处主要是从政府组织机构设置的基本理论，对行政审批局这一机构改革进行理性审视，衡量行政审批局运行中的局限性，对其在行政审批制度改革中的功能进行客观判断。

（一）政府机构设置理论的基本要素

政府机构是国家行政机关，其设置有一定理论和原则遵循。20 世纪 80 年代国家层面提出了组织机构设置依据与机构改革指导原则。邓小平在 80 年代关于党和国家领导制度的改革、精简机构的重要论述，给机构改革实践提供了重要指导思想。特别是他提出精简机构是一场革命，"如果不搞这场革命，让党和国家的组织继续目前这样机构臃肿重叠、职责不清，许多人员不称职、不负责，工作缺乏精力、知识和效率的状况，这是不可能得到人民赞同的"。[②]

关于政府机构设置的理论研究对改革实践有指导意义。"政府机构设置与改革的直接依据包括政府职能的发展变化，国内外形势和实际需要，政府行政管理的方式，整个经济体制改革的方向和要求，有利于加强民主管理和提高工作效率。"[③] 这些理论分析对当前政府机构改革仍有其现实意义和借鉴意义。有研究提出了政府合理规模理论和政府机构平衡发展理论，前者揭示了机构改革的实质和关键，后者揭示了机构改革的动力和必然性。[④] 政府机构改革作为一项复杂性、系统性工程，需要解决一些基本问题。"政府机构改革的基本内容和范围，包括组织结构和运行方式的改革，就要以政府职能为基础；机构改革的基本原则，要坚持政企分开、精

---

① 江海洋、邱家林、于珺建：《行政审批局改革亟待破解的突出问题》，《唯实》2019 年第 4 期。
② 《邓小平文选》第 2 卷，人民出版社，1994，第 396 页。
③ 王志刚编《政府职能转变与机构改革》，光明日报出版社，1988。
④ 王玉明：《关于政府机构改革的基本理论问题》，《理论学习月刊》1998 年第 8 期。

简统一效能原则和依法行政原则；机构改革还要明确部门分工与划清职权。"① 此外，任何政府领域的改革，包括组织机构改革，都需要有科学性决策来指导改革实践。这是组织机构改革所需要达成决策与思想共识的基础，是改革举措的蓝图或前提。而且任何组织机构运行，都必须有一定人才基础，尤其对行政组织而言，需要专业和优秀人才配备。"获得行政机关最优秀人才；在组织中应有一致的责任及适当的权力。"② 同时，组织人员需要有合适的权力与责任配置，即符合权责一致原则。

党的十九届四中全会决定关于优化政府组织结构提出具体要求，"推进机构、职能、权限、程序、责任法定化，使政府机构设置更加科学、职能更加优化、权责更加协同"。③ 职能法定化与职能更加优化，权限与责任法定化，权责更加协同等原则要求，都是政府机构设置与改革的重要遵循，也是政府组织机构所应包含的关键要素。

综合上述关于政府机构设置的指导思想、相关理论、基本原则等内容，笔者认为政府机构设置的基本理论要素包括五个。一是，决策思想的共识。组织机构改革的动机、目的，包括试点选择等一致性决策。二是，以政府职能为基础。这是任何行政机构设立或改革调整的基础性依据。三是，依法设立与权责一致。政府组织机构设立或改革要有法律法规依据，具有合法性，并确保符合行政组织权责一致的基本要求。四是，效能、精简的基本原则。政府机构设立或改革要有利于提高效能，不仅是对外管理效能，还有自身行政效能，减少行政运行成本。坚持精简原则，包括机构总数量、人员编制等，要更加精简，而不是相反。五是，组织人才基础。这是组织顺利运转的细胞。此外，政府机构还需要有相对独立性。这些基本理论要素涵盖了政府机构设置的形式、事实、价值等维度，结合这些基本要素可以对行政审批局的机构设置给予理性思考。

（二）从机构设置理论角度对行政审批局进行理性思考

行政审批局设立的优势，不应简单进行价值判断，还需进行事实判

---

① 夏海：《政府的自我革命：中国政府机构改革研究》，中国法制出版社，2004。
② 〔美〕怀特：《行政学概论》，刘世传译，商务印书馆，1947，第 83 页。
③ 《中共中央关于坚持和完善中国特色社会主义制度 推进国家治理体系和治理能力现代化若干重大问题的决定》，《人民日报》2019 年 11 月 6 日，第 1 版。

断。客观分析实际运行中的问题，有助于今后对行政审批局的机构改革进行调整。

1. 机构设置决策的思想共识达成有疑问

赫伯特·西蒙的组织决策理论特别强调了价值判断与事实判断要素。设立行政审批局作为一种改革决策，必不可少价值判断和事实判断。这是达成决策思想共识的基础。从价值判断角度，设置行政审批局是为了相对集中行使许可权，提高审批效率，激发市场活力和社会创造力。但从事实判断角度，政府机构设置首先要考虑环境适应性，包括外部环境与内部环境，与当地经济社会发展环境、与政府内部其他机构设置环境等，是否具有匹配性。有些地方官员在这些判断上的不一致，影响到行政审批局的设立，关于设立审批局的目的究竟是什么，没有达成共识。

有些地方领导"为创新而创新"，寻求短期效果，争当"第一"，成为县级、地级市的第一个审批局，这种政绩推动思维使得行政审批局仓促设立，与相关机制衔接不配套，在运转中存在背离改革初衷的问题。究竟设立行政审批局能否作为相对集中行使许可权的统一模式或途径，其设立从长远看是否具有可持续性生命力、是否代表行政审批制度改革的发展方向，不论是在政府实务界还是学术理论界，尚缺乏广泛共识。

2. 行政审批局的设立与机构职能要素有偏离

政府机构设置一定要以职能为基础，机构是履行职能的载体。而行政审批局是以行政审批或许可权力为基础，以权力事项的合并来设立的，各地方设立行政审批局之后划转的权力事项、涉及的相关部门有很大差异。例如，江苏省南通市行政审批局把 15 个部门的 53 项审批事项划转过来；无锡市行政审批局划转了 13 个部门的 70 项审批事项；泰州市行政审批局划转了 14 个部门的 91 项审批事项。[①] 天津市滨海新区行政审批局将 109 枚印章合并成 1 个，从 18 个部门近 600 人审批减少到 1 个部门 102 人审批；将重复、交叉的审批事项进行清理合并，从 216 项减少到 147 项；投资项目、企业设立审批用时分别不超过原来的 1/2、1/3。银川市行政审批局实

[①] 江海洋、邱家林、于珺建：《行政审批局改革亟待破解的突出问题》，《唯实》2019 年第 4 期。

施的 153 大类 505 项具体审批业务办理时限由法定的合计 4080 个工作日减少到 880 个工作日，减幅达 79%。① 邯郸市行政审批局承接了 27 个市直部门划转的 317 项行政许可及关联事项；泰安市行政审批服务局共进驻 42 个部门 505 项政务服务事项，划转市级 188 项行政许可事项、34 项关联事项和 6 项收费事项；南昌市行政审批局将 33 个部门的 188 项审批事项进行集中；温州经济技术开发区行政审批局将 12 个部门职权范围内的 170 项行政许可权及与行政许可相关的事项集中；成都市新津县行政审批局将该县原归 22 个职能部门的 173 项行政许可全部划归过来；沈阳市行政审批局划转了 37 个部门 290 项审批事项。② 除了地方行政审批局整合的权力事项数量及涉及相关部门存在差异，划转审批事项的具体内容也存在差异。例如，同样是市场主体的登记审批，有区县的行政审批局把市场监管局的名称登记、内资企业、合伙企业、个人独资企业、个体工商户、农民合作社等的登记都划转过来了；有区县的行政审批局则只把市场监管局的名称登记、内资登记、有限合伙企业登记划转过来。

从上述做法可看出，行政审批局对权力事项的划转具有较大差异性和选择性。这是其与相关职能部门博弈的一个结果。行政学思想中的行政组织机构改革与协调中，"缩减行政部门数量是个新趋势，一方面是合并工作性质相近的行政单位，另一方面则是撤销多余的独立部门"，"设置协调机构专门从事综合协调工作"。③ 然而行政审批局的设置，并不是由工作性质相近机构合并而成，而是由权力性质相近的机构整合而成。行政审批局对投资项目的审批，涉及规划、土地、环境、商务等领域，这些领域机构的工作性质差异很大，这些权力的集中划归与以职能为基础的机构设置要素存在偏离。

3. 合法性与权责一致要素方面存在权力衔接新问题

地方政府把行政审批局列为政府职能部门，性质上属于国家行政机

---

① 《全国综合性实体政务大厅普查报告》，中国政府网，2017 年 11 月 23 日，http://www. gov. cn/xinwen/2017 – 11/23/content_5241582. htm。

② 这些地方行政审批局划归的审批权力事项和涉及的政府部门数量，依据当地政府网站的公开信息。

③ 〔美〕怀特：《行政学概论》，刘世传译，商务印书馆，1947，第 78 页。

关，那就必须依法设立并遵循统一的职权设置原则。实际上，设立行政审批局究竟需要把哪些权力集中整合，没有明确法律依据。行政审批局的直接法律来源仅有《行政许可法》第二十五条规定："经国务院批准，省、自治区、直辖市人民政府根据精简、统一、效能的原则，可以决定一个行政机关行使有关行政机关的行政许可权。"但实际运作时，并不只是简单地把某些行政权力换一个地方（从原来部门调整到行政审批局），而是还涉及人员、财政、技术等方面资源的支持，需要协调配套的体系。进行行政复议时也会遇到问题，有些地方设立了行政审批局，而上级却没有对应的部门，在行政复议时就要向同级政府申请，增加了环节和行政成本。

行政审批局的运行与权责一致的要素存有偏差。行政审批局集中了多项审批权力，关于其承担的责任内容以及如何承担的规定不太明确。行政审批局与原来的政府职能部门（被剥离审批权的部门）之间的权责划分出现不一致问题。例如，2018年潍坊市政府发布《关于深入推进相对集中行政许可权改革组建市行政审批服务局的实施意见》，该意见中涉及的行政许可事项、关联事项和收费事项划转至市行政审批服务局，行政管理部门不再受理。与行政审批服务事项相关的执法监督检查、行政征收、行政处罚、行政强制、行政裁决等其他行政权力仍由行政管理部门或综合行政执法部门实施。这些规定并不能很明确地划分行政审批局的审批权力与原来管理部门的监管权力相对应的责任。而且很多审批涉及不同层级的政府，在层级隶属关系上出现了一些分割现象，行使职权过程中增加了协调环节与协调成本。

更为关键的是行政许可权与行政处罚权的分离，审批权力与监管责任的分离，可能在某些领域带来新问题。那些被剥离了审批权力的部门，在监管方面消极应对，既然不负责审批了也就不负责监管了。审批与监管职责分开之后，"谁审批谁监管"从一个部门内部问题变成了部门之间的问题和监管中的推诿扯皮。权责不一致还体现为相关权力体系本身被割裂，一些与审批相关的备案事项没有划转到行政审批局，导致在项目审批和市场准入领域形不成完整的审批链条。"以投资建设项目审批为例，共包括5个阶段约48个事项，其中许可事项仅占到三分之一，而其他类事项占比达三分之二。如何处理这些与行政许可相关联的事项，将直接影响到行政审批局的后续运行。"① 有些部门以各种理由阻碍把相关审批事项划转到审批局，审批权力出现"新的割裂"会增加企业办事成本。有的地方建设工程审批事项集中到行政审批局，但相关的工程土地使用证、工程消防审批等事项没有划归审批局，企业申请审批仍要跑其他部门办理。此过程导致了行政资源浪费，无形中增加了行政成本。

4. 运行效果在精简和效能要素上体现不充分

政府机构要坚持精简原则。我国宪法第二十七条规定，"一切国家机关实行精简的原则……不断提高工作质量和工作效率，反对官僚主义"。其中精简和效率原则对政府组织机构的设立与改革具有指导和约束作用。党的十九届四中全会在优化政府组织结构部分，提出"严格机构编制管理，统筹利用行政管理资源，节约行政成本"。② 人员精简是机构精简的一个重要因素，而有些行政审批局的设立，却增加了机构和人员。行政审批局人员有一部分是按照"编随事走、人随编走"原则从相关部门转过来，也有的是新招聘人员。后者在一定程度上导致机构膨胀和帕金森定律。有的行政审批局作为正处级政府工作部门，除了有其他部门划转来的行政编制人员 70 名，还增加了 6 名行政编制人员。③ 又如，"临沭经济开发区的行政审批局，从开发区经发局、规划建设局等部门抽调 6 名审批人员，并通过公开招聘新增工作人员 5 名"。④ 这个过程无形中增加了编制人员，违背了精简原则。

政府机构设置改革要讲求效能。设立行政审批局是否真正提高了审批效能，有待进一步检验。地方政府在总结行政审批局提高审批效率方面的经验时，几乎无一例外地提到，缩减审批时间、减少环节之类的成绩。例如，某市审批局"压缩审批环节 310 个，压减比例为 32.8%；压减审批材

① 李建法等：《行政审批局模式的运行维度分析》，《河北工程大学学报》（社会科学版）
  2018 年第 3 期。
② 《中共中央关于坚持和完善中国特色社会主义制度 推进国家治理体系和治理能力现代化若
  干重大问题的决定》，《人民日报》2019 年 11 月 6 日，第 1 版。
③ 李伟娟：《行政审批局改革模式的实证研究——以辽阳市为例分析》，《党政干部学刊》
  2019 年第 1 期。
④ 临沭县委编办：《下准"一次办好"改革先手棋 激活开发区发展新动能——开发区组建
  行政审批局的临沭探索》，《机构与行政》2019 年第 1 期。

料 488 个，压减比例为 25.2%；压减审批时限到 4858 个工作日，与法定审批时限相比，压减比例为 70.9%"。[①] 这种压缩审批时间的"成绩"，在没有设立行政审批局之前就是中央多次要求的。有不少地方政府在没有成立行政审批局的阶段，也在压缩审批时限、简化流程上取得了类似效果。审批效能不应仅是政府对外宣传和很多学者总结的审批办结时间缩短；而且还应包括成本—收益比较之后的效益，把机构运行中比没有设置该机构而增加的运行成本、多消耗的资源成本等计算在内。成立行政审批局之后还有一个增加部门之间运作成本的方面是，解决行政审批局与同级原审批职能部门的沟通衔接问题所需要的成本；以及因行政审批局设置没有上下对口，解决审批局与上级业务对口部门的沟通衔接问题而增加的成本。因此，行政审批局提高效能的结果，要客观全面辩证地分析。

而且，近两年有些地方针对行政审批局运行中产生的新问题，又把一些行政许可权力事项从审批局中划回原来的部门。例如，2022 年建平县政府根据上级部门提出的整改方案，经县人民政府研究决定，将行政审批局行使的行政许可等事项划转至原行使部门；划转行政权力事项的具体范围是由行政审批局统一行使的 126 项行政权力事项划转至县发改局、自然资源局等 15 个部门（单位）；对所划转的行政权力事项，县行政审批局不再具有相关审批权限。[②] 这也反映了行政审批局的机构设置在运行中的效能有待观察。

行政审批局的内设机构也存在一些不符合精简效能的问题。从机构优化和精简效能的角度审视，有多个地方行政审批局或者政务服务管理局等，内设机构重复交叉。例如，陕西 X 市行政审批服务局，其下设两个内设机构——审批制度改革处、政务服务管理处，其职能在审批事项清理和权力清单设置、审批流程与环节上有交叉，需要进一步整合改革。山西 T 市行政审批局内设机构中，不同的审批科就有 19 个，其中规划、工程建设、市场准入、社会事务、资质认定、验收等环节都分别设立了 2 个科或 3

---

① 白长俊：《河北邯郸市行政审批局改革实践的思考》，《行政改革内参》2019 年第 11 期。
② 《解读〈建平县人民政府关于将县行政审批局权力事项划转至原行使部门的通知〉》，建平县政府网，2022 年 10 月 13 日，http://www.lnjp.gov.cn/html/JPXZF/202210/01677495108 24265.html。

个科。这说明该局与组织机构的化学性整合优化目标仍存在相当大差距，影响到实质性的审批权力集中与流程重塑，行政资源以内耗形式遭到浪费。

5. 行政审批局的专业人才资源有待整合

行政机构需要具备专业化人员或实现人才专业化。从韦伯提出行政组织专业化到怀特的组织思想，都提出判断组织优良的重要标准之一是必须有优秀的专业人才。实际上，行政审批局的专业人才配备未必能够达到要求。一些地方的行政审批局，人员的专业能力和素养与集中审批模式不匹配，审批权力事项集中到行政审批局，面对不同的审批事项时，相关工作人员往往无法很好地承担职责。

虽然有的行政审批局声称从相关部门整合了优秀人才，但更多审批局面临的情况是，工作人员在掌握法律法规、熟悉审批业务和执行改革措施等方面存在不足。一些划转到行政审批局的事项，因专业人员缺乏，满足不了审批的专业性需求。实际运行中有这种情况：相关行政许可涉及实质性审查的现场踏勘问题，新设立的行政审批局没有专业人员，只能和被剥离审批权的职能部门的专业人员联合踏勘，在一定程度上绕了个圈子，增大了协调成本。由此可见，在专业化人才这一关键要素上需要有进一步的改善措施，确保行政审批局有效运转。

二 从权力结构角度审视行政审批局的局限性

地方政府设立的行政审批局是推进行政审批制度改革在机构载体上的一个表现。从政府权力结构关系变革的角度审视，行政审批局有其局限之处。

第一，行政审批局着重解决的是审批权力行使途径的问题，目的是提高效能和经济竞争力。为集中行使行政许可权，不少地方政府以机构载体的改革重塑审批流程，提高审批效能。地方行政审批局开始有试点改革，不少地方试点选择了当地政府所管辖的新区或开发区，可初步判断，设立行政审批局、集中行使行政许可权，最初是为了对辖区内企业项目落地提供更便捷的条件与更好的营商环境。新区是区域经济发展的重要引擎，地方政府为发展经济和增强招商引资竞争力，在"软件"环境上更好地为企业服务，设立行政审批局进行集中审批，这种改革阻力较小，而且机构变化是明显可见的结果，更易作出政绩，也体现了当地的政策吸引力。天津市第一个审批局是滨海新区设立的，浙江省首个设立行政审批局的地区是大江东产业集聚区，湖北首个行政审批局建立在襄阳高新区，武汉市首个行政审批局建立在武汉经济技术开发区，还有南京市的江北新区、山东省的临沭经济开发区等，都是类似状况。

这些试点改革有相应文件要求。例如，2016 年，浙江省政府对几个区县实行相对集中行政许可权的试点方案进行了函复，即《浙江省人民政府办公厅关于温州经济技术开发区、嘉兴市南湖区、绍兴市柯桥区、天台县相对集中行政许可权试点方案的复函》，这四个试点区中第一个就是经济开发区。2017 年 8 月，云南省政府印发了《云南省人民政府关于进一步推进"放管服"改革 10 条措施的意见》，明确提出省直有关部门设立行政审批处，实现行政审批权向一个处室集中；在部分试点县和开发区、开发开放试验区、园区设立行政审批局，积极推行部分行政审批权向一个部门集中。可见，开发区和园区的机构设立要求都是明确突出的，但其往往为了"创造"政策优势提高经济竞争力，而忽视了缩减政府审批权力的目标初衷。

第二，就政府与外部主体关系而言，行政审批局在解决权力外移的关键问题上有局限性。简政放权和行政审批制度改革所要求的是权力下放，政府向市场和企业放权、向社会放权，取消和减少政府不必要的审批权力事项。而地方行政审批局的设立，把行政审批权力从一些政府部门"搬到"另一个新政府部门，是权力在政府部门之间的位移，不是政府与市场企业主体、社会组织主体、公民主体之间权力结构的变化。甚至在一定领域的审批过程中，行政审批局成为权力下放的二传手，无形中增加了行政成本。一些地方政府设立行政审批局的初衷，与其追求政绩的动机也有关，为赢得上级政府关注并在竞争锦标赛中占据优势，这一机构改革短期可见结果，但存在权力配置改革后遗症等。

行政审批局的运行追求审批效率和缩短时间。相反，企业和社会公众作为行政审批的申请者和办事者，更关注的是审批权力事项的减少、办理的实质化便利，而不是行政审批权力在政府不同部门内部的运作方式和流程。进一步深化简政放权改革，会削弱行政审批局存在的必要性和基础，因为行政审批局集中行使的权力事项也需要进一步精简或取消。

第三，就政府部门内部而言，行政审批局对权责一致的原则存在落实不到位问题。行政审批局自身的权力与责任，行政审批局与相关部门之间的权力与责任划分存在不明确之处，导致了审批权力与监管权力、处罚权力等不同行政权力之间的分割。行政审批局自身建设要构建规范化的权力运行机制，与其他相关部门之间的权责关系要进一步厘清，在此基础上，继续优化流程，建立无缝隙审批服务模式。要整合内外监督机制，构建对行政审批权力的立体化监督体系。内部行政监督，要强调部门之间的相互监督，特别是审批部门与监管部门之间；要加强外部的社会监督，包括落实公众监督、媒体监督等。

综上所述，从改革权力结构角度，行政审批局的优势不显著。设置行政审批局对改革审批管理体制和激发市场活力的作用，与行政服务中心相比可能并不具有显著优势。行政审批局作为专门机构履行审批职能、行使许可权力，那些被剥离审批权力的原有部门就能确保履行好审批后的监管职责吗？从实践观察，这一机构改革本身还无法解决好审批权力和监管权力在不同部门之间的明确划分问题，不利于确保政府从审批型政府转向监管型政府。行政审批局作为以权力整合为基础的横向组合而成的机构，表面上权力划分明确，而实际边界不够清晰导致了外界甚至组织成员对该组织的怀疑。很多地方仍在实行和逐步完善升级的行政服务中心模式，也在进一步集中行政审批权力事项和部门人员，给行政相对方（企业和社会公众）提供更便捷的服务。因此，各地方要因地制宜，结合当地经济发展状况、社会条件等进行科学、民主决策，不要为追求政绩而盲目跟风。机构设置的改革属于重大决策，需公开听取相关部门和社会公众意见与建议。

当前全面深化"放管服"改革战略不断推进，行政审批制度改革应跳出"以新设机构为解决问题途径"的传统思路，抓住行政审批制度改革的权力结构关系变革的本质，突破体制束缚，达到促进经济社会创新发展、提升企业与社会公众获得感的改革目标。按此目标，改革途径不只有设置行政审批局这一种方式。"政务服务中心＋互联网大数据技术支撑"也是一条比较有效的改革发展路径。"政务中心模式和行政审批局模式不是前者被后者取代的线性演进关系，而是我国行政审批制度改革发展方向的两个并行不悖的改革选项"①，而且要考虑某种改革路径和特征优势是否符合当地制度环境和解决现实问题的需求。浙江、上海、江苏等一些地方，通过不同路径也在进一步减少和集中审批、提高效益、减少政府运行成本、减少社会公众和企业办事的制度性成本，取得了明显成效。"地方政府在进行创新时，决定是否采用某种模式不仅要考虑到该模式特征和优势是否适合本地需要和制度环境，还应考虑该模式与本地的改革需求与目标、改革路径、政策空间等方面的一致性。"② 所以，真正推动简政放权、深化行政审批制度改革，不要只注重形式创新而忽视实质内容的改善，要着眼于以人民为中心、权力与权利关系的结构性改革。

---

① 丁辉、朱亚鹏：《模式竞争还是竞争模式？——地方行政审批改革创新的比较研究》，《公共行政评论》2017 年第 4 期。
② 沈毅、宿明：《行政审批局改革的现实困境与破解思路》，《行政管理改革》2017 年第 5 期。

第九章　行政审批制度改革与优化营商环境

　　为优化营商环境深入推进行政审批制度改革，着力点是政府与市场企业主体的权力关系改革。从重视和创造良好投资环境到优化营商环境，有一个历史发展过程。党的十一届三中全会提出改革开放战略，把全党工作重点转移到经济建设上来。20 世纪 80 年代，中央开始重视投资环境建设，尤其是吸引外资的硬环境和软环境，从一系列重大决策、制度和政府自身改革不同层面创造更好的吸引外资的条件。各地方政府通过不同途径和方式改善与创造良好投资环境。2001 年中国加入世界贸易组织，投资环境更受重视。

　　党的十八大以来，在全面深化改革的战略布局中，促进经济高质量发展，优化营商环境居于重要位置。2017 年习近平总书记主持召开中央财经领导小组第十六次会议时提出要求，"要改善投资和市场环境，加快对外开放步伐，降低市场运行成本，营造稳定公平透明、可预期的营商环境，加快建设开放型经济新体制，推动我国经济持续健康发展"。① 优化营商环境就是解放生产力、提高竞争力，是增强国际竞争力的重要基础。"这是面向全球打造竞争新优势的需要。当前全球经济贸易格局正在发生深刻变化，国际竞争日趋激烈，这很大程度上是营商环境的竞争。"② 中央对国家"十四五"规划的建议专门提出了"坚持和完善社会主义基本经济制度，充分发挥市场在资源配置中的决定性作用，更好发挥政府作用，推动有效市场和有为政府更好结合"。③ 加快转变政府职能聚焦到的一个核心关键词

---

① 《营造稳定公平透明的营商环境 加快建设开放型经济新体制》，《人民日报》2017 年 7 月 18 日，第 1 版。
② 李克强：《在全国深化"放管服"改革 转变政府职能电视电话会议上的讲话》，《人民日报》2018 年 7 月 13 日，第 2 版。
③ 《中共中央关于制定国民经济和社会发展第十四个五年规划和二〇三五年远景目标的建议》，《人民日报》2020 年 11 月 4 日，第 1 版。

是"有为政府"，其中一个侧重点是优化营商环境，更加优化的营商环境有利于我国在变局中开新局、在危机中育先机，为"十四五"发展目标乃至更长远目标打下坚实基础。

在理论研究层面，学界从投资环境历史角度聚焦行政审批制度改革来深入分析营商环境的比较少，存在拓展和深化研究的空间。本章重点总结从改善投资环境到优化营商环境的发展历程，在行政审批制度改革和政府权力结构改革角度关注和讨论营商环境优化的现实问题以及改进路径。

第一节　从改善投资环境到优化营商环境

无论是改善投资环境还是优化营商环境，从政府角度来看根本要求之一均是转变政府职能，为市场准入、公平竞争、市场退出等提供更好的服务，这与政府的审批监管政策、制度和法律法规有直接或间接关系。从改革开放以来政府重视改善投资环境，到逐步优化营商环境的实践，反映了政府对自身职能、对与企业关系变革的认识深化，以及对国内国际经济社会环境的现实应对。

一　从投资环境到营商环境的现实演进

我国营商环境演变经历了从投资环境到营商环境的升级发展过程。我国政府提出改善投资环境的要求和实践，经济上与从计划经济体制向社会主义市场经济体制的转型发展紧密关联；政治上与我们党提出的"一个中心、两个基本点"的基本路线密切相关，要坚持以经济建设为中心不动摇，必须继续解放和发展生产力，创造更优的营商环境。各级地方政府为了获得竞争优势，想方设法改善投资环境和优化营商环境。

（一）国家层面对投资环境的政策指引与实践进展

创造良好的投资环境和吸引外资，是我国对外开放政策的一项重要措施。20世纪80年代，国家政策的侧重点是改善外商投资环境，目的是发展对外贸易、吸引和利用外资进行经济建设，不断扩大对外经济技术合作。《中共中央关于制定国民经济和社会发展第七个五年计划的建议》中提到要尽可能多地利用一些外资加快我国经济建设，"要进一步完善涉外法律和法规，加强基础设施，提高工作效率，为国外投资者创造更好的投资环境"。国家通过了与吸引外资、给经济开放地区放权相关的法律法规。1979 年实施的《中华人民共和国中外合资经营企业法》（1990 年七届人大三次会议进行了修正），目的是进一步贯彻对外开放方针，继续改善投资环境，包括对合资经营企业的审批、税收优惠等内容。1986 年，第六届全国人大四次会议通过了《中华人民共和国外资企业法》，保障外商投资企业的经营自主权，使外商能够按照国际通行方式在我国投资和经营。1986 年，国务院批转《对外经济开放地区环境管理暂行规定》，同时实施《国务院关于鼓励外商投资的规定》，目的是改善投资环境，更好地吸收外商投资，发展国民经济。"自 1979 年以来，适应对外开放的新形势，我国按照税负从轻、税率从低、区别对待的原则，先后对不同类型和不同地区的外商投资企业，规定了各种不同的税收优惠待遇。"①

改善投资环境推动建立更加开放的外向型经济结构。"要继续积极有效地利用外资和先进技术，进一步改善投资环境，办好'三资'企业，努力根据产业政策吸引更多的外商直接投资。"②《中共中央关于制定国民经济和社会发展十年规划和"八五"计划的建议》提出积极有效地利用外资的任务，"进一步改善投资环境，按照产业政策正确引导外商投资，多办一些出口创汇型、技术先进型项目，注意把吸收外商投资与加快企业技术改造结合起来"。所以，不断改善投资环境是进一步扩大开放和加强对外经济合作的现实要求，同时深化外贸体制改革，拓宽利用外资领域，促进对外贸易发展。

20 世纪 90 年代开始中央逐步改善外资管理制度环境和管理办法。1993 年，党的十四届三中全会通过《中共中央关于建立社会主义市场经济体制若干问题的决定》，提出"改善投资环境和管理办法，扩大引进规模，拓宽投资领域，进一步开放国内市场。创造条件对外商投资企业实行国民待遇，依法完善对外商投资企业的管理"。保护外资企业合法权益，同时要求外资企业遵守中国法律规定依法经营。1996 年，对外贸易经济合作部

① 陈联波、庞仁廉：《实行税收优惠 改善外商投资环境》，《中国税务》1987 年第 7 期。
② 李鹏：《振奋精神，增强信心，努力做好 1990 年的经济工作——1989 年 12 月 11 日在全国计划会议结束时的讲话》，《国务院公报》1989 年第 27 号。

等七个部门联合发布了《关于对外商投资企业实行联合年检的通知》，加强对外商投资企业进行出资、生产经营、财务、外汇等方面的情况检查，督促企业依法经营，对改善投资环境起到了重要作用。在管理方面，为企业创造更加良好的经营环境，整顿和取消对企业的不合法、不合理收费，改善管理环境。

　　进入 21 世纪，国家从更多方面要求改善投资环境，推动其规范化发展。国务院多次提出积极改善投资环境的要求。2000 年国务院《政府工作报告》提出"改善投资环境，积极引进境外资金、技术和管理经验"。2002 年国务院《政府工作报告》又提出要求，"积极创造条件，吸引境外中小企业投资。继续改善投资环境，健全法制，依法办事，改进服务，提高效率"。2003 年国务院《政府工作报告》继续要求，"努力改善投资环境，规范招商引资活动"，并且总结了以往改善投资环境的成绩，包括交通基础设施等"硬环境"和政策审批服务等"软环境"的改善。2003 年，党的十六届三中全会通过《中共中央关于完善社会主义市场经济体制若干问题的决定》，要求"进一步改善投资环境，拓宽投资领域，吸引外资加快向有条件的地区和符合国家产业政策的领域扩展，力争再形成若干外资密集、内外结合、带动力强的经济增长带"。随着投资环境的改善，国家加大对市场秩序的治理力度，促进政府招商引资的规范化发展。针对市场秩序混乱导致投资环境恶化问题，2001 年国务院印发了《国务院关于整顿和规范市场经济秩序的决定》，对产品质量、工程质量低劣，制售假冒伪劣商品，偷税漏税、商业欺诈等问题，提出了整顿和规范的措施与要求。对政府在招商引资中的行为加以规范管理，规范招商引资行为，纠正一些地方违法违规变相给予优惠政策和层层下达分解指标的做法。可见，这一时期改善投资环境已经从较多注重政府对企业提供优惠条件和服务，增加了对政府自身在招商引资中的行为规范与约束。

　　（二）地方政府层面改善投资环境的实践

　　投资环境其实是保证投资活动正常进行必不可少的条件，包括物质层面、基础设施方面的硬环境，也包括组织层面、政策制度和管理方面的软环境。"投资环境指围绕着投资这一主体的各种自然因素、经济因素、社会因素，它们之间相互依赖、相互完善、相互制约所形成的矛盾统一体。"① 投资主体或企业首先会考虑自然环境、地理条件，这些因素不占主导地位时，当地政府提供的基础设施、政策优惠等一些经济政策条件就成为重要考量因素。

改革开放初期阶段，地方政府较多注重硬件方面的环境改善以及税收优惠的软件环境，留给企业更多利润，增强对企业的吸引力。例如，20 世纪 80 年代，福建省为改善投资环境吸引外资，针对能源、交通、通信等方面的薄弱状况，着重改善基础设施，建立了福州、厦门程控电话系统，厦门国际机场，厦门东渡港码头和福州、厦门轮船公司，开辟了与香港的水路和空运航线，使交通运输条件大为改善。② 当时上海也为创造更好的投资环境，把为生产服务和为开放服务的基础设施改善作为重点任务，改善市内道路交通、增加电力供应、改善市内电话和国际国内通信、进一步加强对外交通建设。经济特区的举措也有类似特点，"经济特区为改善投资环境所作的努力主要集中于税收优惠和七通一平（七通指通航、通车、通水、通电、通电讯、通地下水道、煤气管道或通空航等，一平指平整土地）"。③ 20 世纪 90 年代开始，全国很多地方经济技术开发区都为更好地招商引资，采取措施改善投资环境。

基础设施与土地条件是这个历史阶段创造良好投资环境的重点，这些条件是一个地方的经济基础和经济综合实力的体现，构成了影响投资的重要因素。在不断完善和提升硬件条件基础上，地方政府关注政策、法律和管理制度的软环境建设，政府的行政审批制度改革和提供的审批便利也成为重要条件。要想增强吸引外国直接投资的竞争力，必然改革政府对外国投资的审批管理制度、简化审批手续，优化外商投资环境。1996 年，《上海市外商投资企业审批条例》实施，该条例是上海市进一步完善外商投资环境的一项重要举措。"无形的"投资环境，包括政府机构的能动性、廉洁行政、工作效率和提供服务等。政府的廉洁、公开行政，对企业投资很重要，解决好政府一些人员的吃拿卡要、办事拖拉扯皮、乱收乱罚等问题，是建设投资软环境的关键，因此改革政府对企业的管理制度、加强政府自身建设至关重要。

---

① 阎正：《试析投资环境的总体特征》，《贵州社会科学》1987 年第 1 期。

② 外惠：《福建省集中力量改善投资环境》，《中国金融》1984 年第 9 期。

③ 周沂林：《投资环境及其评价》，《世界经济》1986 年第 5 期。

在已有研究层面寻求地方政府改善投资环境的实践轨迹，对我们也有一些启示。在中国知网数据库中检索关于投资环境（篇名）的文章，时间限定在 1978～2020 年，结果显示有 3000 多篇。检索结果显示最早一篇出现在 1982 年，该文章是关于我国经济特区投资环境问题的分析，提出了投资环境中的自然环境和社会环境条件。[1] 且 20 世纪 80 年代，关于投资环境的文章多数是沿海开放地区和东部省份改善投资环境的问题；还有很多介绍其他国家改善投资环境的做法和经验，包括意大利、英国、匈牙利、马来西亚、加拿大、新西兰、新加坡、荷兰、巴西等。此后到 2013 年，对投资环境的研究呈现上升趋势；2014 年开始出现下降，观察国家改革实践，这时我国已进入强调优化营商环境的时期。按同样条件检索关于"营商环境"的文章，与"投资环境"的结果有明显差异，二者对比显示，"营商环境"研究较多的阶段，正好是"投资环境"文章很少的阶段（见图 9－1）。2014 年之后，关于对投资环境的研究越来越少，而关于营商环境的研究猛增。鉴于理论研究与实践的联系，由这两类研究的分布趋势初步推断，在不同历史时期，我国政府在经济发展环境政策上经历了从注重投资环境到注重营商环境的实践演进。

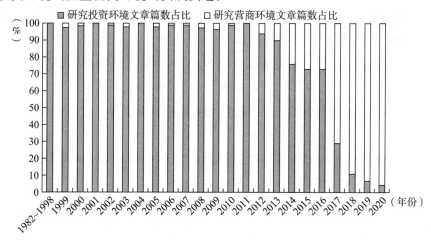

图 9－1　1982～2020 年研究投资环境和营商环境的文章的年度分布比例
资料来源：作者根据中国知网检索数据自制。

---

[1]　陈乔之：《试析新加坡的投资气候——兼论改善我国经济特区投资环境的问题》，《东南亚研究资料》1982 年第 3 期。

（三）投资环境升级发展为营商环境的政策要求与实践

作为改善投资环境在新历史时期的升级版，营商环境本身是投资环境具有动态性和变动性特性的一个体现，投资环境在不同历史条件下具有不同表现形式和不同侧重点。特别是 2008 年之后国际经济形势发生巨大变化，投资环境的要素内涵、形式、价值等也发生了变化。优化营商环境主要指软环境，涉及企业平等准入、公平竞争、依法退出机制等，侧重要求政府在行政审批和服务方面的体制机制改革。

一是投资的物质环境特别是基础设施的要素价值在下降。因为基础设施达到一定层次后，包括基础性交通、通信设施、厂房设备等在企业投资考量时的权重会下降，尤其在互联网和大数据迅猛发展时代，各地基础设施发展程度差距缩小，不再是影响投资的首要因素。在经历粗放式和高速增长阶段之后，土地要素对企业投资的吸引力也在缩小。

二是关于投资的政策和法律制度，包括政府的行政审批制度改革和相关政务服务的要素价值在不断提升。这对政府自身建设、办事效率、治理水平与能力提出更高标准与挑战。不过在法律制度要素的维度上，从投资环境到营商环境之间并没有一个截然分开的时间界限。各级政府在投资环境内容上注重从投资环境的法制化，发展到推动营商环境法治化。我国第一部关于改善投资环境的地方性法规是 2004 年 3 月江西省第十届人大常委会第八次会议批准的《南昌市优化投资环境条例》，该条例有多个条款是关于解决地方政府及其部门的保护主义、办事推诿、效率低下、接受摊派宴请、行政收费等问题的规定。这表明政府已注重自身建设，并把政府行为的改革作为优化营商环境的要件。

三是软环境的要素价值不断上升，成为市场主体投资所考虑的更为重要的因素。原来投资环境，主要体现在土地、税收优惠等看得见的硬环境上。现在营商环境主要体现在优化服务、简化各种程序和降低无形成本的软环境上。这是营商环境改革的一个转折，政府要发挥市场在资源配置中的决定性作用，给企业更多自主权、增强其创新创造活力，对所有企业一视同仁、平等对待。优化营商环境的重要前端环节是市场主体的公平准入问题，大幅提高市场主体办事的便利度和可预期性。优化营商环境对经济发展和提升本地竞争力极其重要。良好的营商环境是一个地区综合竞争力的重要体现，是吸引企业留下来的重要软实力。举个例子，"凤岐茶社"从外省将主要业务移师浙江乌镇仅 3 年多，就孵化、改造了近 60 家智慧农业企业，总资产超过 100 亿元。凤岐茶社作为优质互联网企业落户浙江乌镇，与其政府作为、实施行政审批制度改革和为企业提供便利服务有直接关系。[1] 评价一个地方营商环境好不好，不是政府自我感觉良好，而要看企业和群众的真实评价，不要等企业用脚投票还无动于衷。"凤岐茶社现象"说明，政府的制度供给和行政审批便捷化、政府自身建设和为企业服务的意识，已是营商环境"软环境"的重要构成因素。

党的十八大以来，党中央一直高度重视营商环境建设和优化。2017年，习近平总书记主持中央财经领导小组工作会议时强调，营造稳定公平透明、可预期的营商环境，加快建设开放型经济新体制，推动我国经济持续健康发展。国际经济形势发生巨大变化，优化营商环境就是提升国际竞争力，"建设开放型经济新体制，一个重要目的就是通过开放促进我们自身加快制度建设、法规建设，改善营商环境和创新环境，降低市场运行成本，提高运行效率，提升国际竞争力"。[2] 2018 年第一次国务院常务会议的首个议题就是部署进一步优化营商环境，对持续深入推进行政审批制度改革提出了更高更多的现实要求。"放管服"改革致力于营造法治化、国际化、便利化的营商环境。[3] "放"的领域里行政审批制度改革仍是优化营商环境的首位举措。针对市场主体反映的各种限制多、门槛高等束缚性问题，各级政府对各层级审批和具有审批性质的管理措施进行系统梳理，分类推进行政审批制度改革。要加强评估，引入企业和群众的评判标准以及第三方评价机制，对严重损害营商环境和企业群众利益的，要公开曝光、严肃问责。

优化营商环境受到国际形势影响和外力驱动。中国进入新发展阶段，面临着国际形势新挑战和百年未有之大变局，要提升对外开放水平、提高

① 周志鹏、徐佩：《栽好梧桐引"凤"来——凤岐茶社在乌镇落户与成长启示录》，浙江在线，2019 年 4 月 25 日，http://cs.zjol.com.cn/zjbd/jx16506/201904/t20190425_9983910.shtml。
② 《习近平主持召开中央财经领导小组第十六次会议强调 营造稳定公平透明的营商环境 加快建设开放型经济新体制》，《人民日报》2017 年 7 月 18 日，第 1 版。
③ 李克强：《在全国深化"放管服"改革 转变政府职能 电视电话会议上的讲话》，《人民日报》2018 年 7 月 13 日，第 2 版。

中国的国际竞争力，创造更好的营商环境。世界银行营商环境评价指标体系中的一级指标①，多数与行政审批相关，而且对中国地方政府或第三方机构的营商环境评估指标产生了很大影响。世界银行发布的全球营商环境报告显示，中国营商环境在全球经济体中排名逐年上升，2014 年在世界排名第 90 位，2015 年前进到第 84 位，2016 年上升到第 78 位，2019 年跃升为第 31 位。当然，我们应对世界银行的排名辩证看待，全面客观判断。世界银行的营商环境评价指标，对中国优化营商环境实践产生了重要影响。我国营商环境评价体系在保留国际通行的评价指标基础上，融入中国改革要求和特色，确保能够衡量企业全生命周期、反映城市投资吸引力、体现城市高质量发展水平。2020 年国家发改委发布了《中国营商环境报告2020》，该报告是营商环境评价领域的首部国家级报告，其总结了 2019 年优化营商环境各项工作取得的积极成效，如市场准入门槛不断放宽，外资准入负面清单和自由贸易试验区外资准入负面清单条目分别减至 40 条和37 条；市场准入负面清单事项数量由 151 项减至 131 项；取消证明事项超过 1.3 万项。②

　　有些地方政府也以世界银行评估指标体系为参考，评估和改善当地营商环境。天津市在 2018 年 9 月全力推进承诺制、标准化、智能化、便利化"一制三化"审批制度改革，参考世界银行评价体系的一级指标，提出 15 个方面 50 项改革措施，进一步优化营商环境。"江苏省借鉴世界银行标准，立足省情实际，在去年对 20 个县（市、区）开展试评价的基础上，将营商环境评价扩展到全省 13 个设区市 96 个县（市、区），重点目标是'3550'：企业 3 个工作日内注册开业、5 个工作日内获得不动产权证、50 个工作日内取得建设项目施工许可证。"③ 上海为进一步优化营商环境，提

---

① 2009 年世界银行评估营商环境的指标包括：开办企业、办理施工许可、劳动力雇佣、产权登记、获得信贷、保护投资者、办理纳税、跨境贸易、执行合同、注销企业。后续有微调。2020 年世界银行的全球营商环境评估的 12 个指标：开办企业、获得施工许可、获得电力、产权登记、办理信贷、保护少数投资者、办理纳税、跨境贸易、雇佣劳动力（劳动力市场监管）、与政府签合同、合同执行、办理破产。

② 季晓莉：《〈中国营商环境报告 2020〉：最佳实践、改革方案和路线图》，《中国经济导报》2020 年 10 月 30 日，第 5 版。

③ 郭舒然、尹晓宇：《江苏这样深化"放管服"改革》，《人民日报》2017 年 9 月 22 日，第15 版。

出了 85 项改革举措和建议,其中地方事权改革举措 46 项,涉及开办企业、施工许可的分类监管、跨境贸易、降低边境费用等改革,提升政府全生命周期服务企业的能力。成都市政府参照世界银行营商环境评估标准体系,出台《深化营商环境综合改革 打造国际化营商环境先进城市的行动方案》及配套计划,针对市场准入、政务效率、监管执法、产权保护等重点领域,聚焦 4 个"最"(审批最少、流程最优、效率最高、服务最好),不断创造优越的国际化营商环境。

地方政府还通过机构改革推进实现优化营商环境的目标。比如,辽宁省政府在 2017 年设立"营商环境建设监督局",从省级层面推动和协调省直有关部门,督促各市改善和优化经济发展软环境,接受投诉、暗访调查、公开曝光、问责处理,成为该局的"四大利器"。[①] 2019 年,青海省发展改革委正式设立营商环境建设监督局,通过机构改革调整职能配置和提供组织载体保障,加快构建规划实施、立法保障、政策框架、制度支撑、示范推广、评价监督"六大体系",以此全方位、多维度优化全省营商环境。[②] 有的地方在县级层面设立负责优化营商环境的机构,像黑龙江省甘南县通过机构调整设立了营商环境建设监督局,主要负责贯彻执行国家和省市关于营商环境建设监督方面的法律法规、规章和方针政策,提出优化全县营商环境建设制度机制的建议,依法开展营商环境建设监督工作。

二　营商环境优化发展的理论逻辑

按照世界银行标准,营商环境是指企业在注册登记、开办、运营、纳税、跨境贸易、合同执行及办理破产等方面遵循政策法规所需要的成本和时间。创造更好的营商环境要求政府为企业准入和公平经营竞争提供更多便利和质量更优的服务,而且改善营商环境要求行政审批制度改革进一步向法治化方向推进。有数据分析表明,"一国营商环境排名提升 1%,可以使该国服务业占 GDP 比重提升 0.236 个百分点。营商环境的细分制度指标

---

① 何勇:《抓营商环境,这个局挺管用》,《人民日报》2017 年 11 月 27 日,第 11 版。
② 《加强优化营商环境统筹协调职责加快构建青海省优化营商环境"六大体系"》,青海省发改委网站,2019 年 3 月 11 日,http://fgw.qinghai.gov.cn/xwzx/fgxx/201903/t20190311_70596.html。

中，财产登记、获得信贷、投资者保护、缴纳税款、合同执行这几项指标对服务业占 GDP 比重的提高有显著的正向作用"。① 国务院颁布的《优化营商环境条例》对营商环境的定义是指，"企业等市场主体在市场经济活动中所涉及的体制机制性因素和条件"。因此，国家应持续推进"放管服"改革，最大限度地减少政府对市场资源的直接配置和对市场活动的直接干预，着力提升政务服务能力和水平，切实降低制度性交易成本，更大激发市场活力和社会创造力，增强发展动力。在国家治理现代化战略高度，优化营商环境不仅要为市场主体服务，还应保护公共利益和满足社会公众合法需求，并与党的十九大提出的社会主要矛盾有机结合，改革权力结构关系。

营商环境是投资环境的升级版，特别是对软环境的强调，与政府的行政审批制度改革不可分割。它具有一定的公共产品属性，标准更高、内容更多、涉及面更广，包含了自上而下的顶层设计和自下而上的探索创新。从投资环境发展到营商环境，其中的逻辑理路强调的是政府与市场、政府与企业的关系，以及政府的制度供给与经济发展的关系，还有着国际严峻竞争的外力驱动性因素。

（一）优化营商环境反映了政府与市场关系的理论演进

不管政府改善投资环境，还是进一步优化营商环境，理论层面的根本问题在于不断调整和改革政府与市场、政府与企业的关系。

在政府注重投资环境的历史阶段，重点是在投资领域改革政府与企业的关系。国家出台了鼓励投资的多项政策，包括《国务院关于鼓励外商投资的规定》《对外经济开放地区环境管理暂行规定》《外商投资开发经营成片土地暂行管理办法》等。1993 年，党的十四届三中全会通过了《中共中央关于建立社会主义市场经济体制若干问题的决定》，提出"建立社会主义市场经济体制，就是要使市场在国家宏观调控下对资源配置起基础性作用"，要求转变政府管理经济的职能，深化投资体制改革，竞争性项目投资由企业自主决策、自担风险，用项目登记备案制代替现行的行政审批

---

① 江静：《制度、营商环境与服务业发展——来自世界银行〈全球营商环境报告〉的证据》，《学海》2017 年第 1 期。

制，进一步开放国内市场。2003 年，党的十六届三中全会通过了《中共中央关于完善社会主义市场经济体制若干问题的决定》，提出完善社会主义市场经济体制的目标和任务，"更大程度地发挥市场在资源配置中的基础性作用"，"转变政府经济管理职能。深化行政审批制度改革，切实把政府经济管理职能转到主要为市场主体服务和创造良好发展环境上来"。国务院为通过行政审批制度改革改善投资环境提出了具体要求，"国家只审批关系经济安全、影响环境资源、涉及整体布局的重大项目和政府投资项目及限制类项目，其他项目由审批制改为备案制，由投资主体自行决策，依法办理用地、资源、环保、安全等许可手续"。① 由此强调了发挥市场配置资源的基础性作用的程度要进一步加大，给企业投资决策权和自主权，进一步调整和改革政府与企业的权力关系。

地方政府层次上改善投资环境，突出的不是取消审批权力事项和直接向企业放权，而是着力简化审批环节、优化审批流程的程序性改革，包括成立外商投资服务中心和后续行政服务中心的集中审批以缩短企业办事时间，提高审批效率，为企业提供土地、基础设施、税收优惠等各种优惠条件。地方政府特别注重招商引资，给引入的企业提供更多"政策洼地"，各地开展锦标赛式竞争。

在政府注重优化营商环境的发展阶段，着力于全方位重塑政府与市场、政府与企业的关系。党的十八大以来，政府与市场关系理论的战略性发展是，要求发挥市场在资源配置中的决定性作用，更好发挥政府作用。与此相对应，营商环境上升到国家治理战略高度，成为全面持续推进"放管服"改革的重要目标之一，党的十八届三中全会提出了"建设法治化营商环境"，要求进一步简政放权，深化行政审批制度改革，在企业投资项目审批上，要求确立企业投资主体地位，"除关系国家安全和生态安全、涉及全国重大生产力布局、战略性资源开发和重大公共利益等项目外，一律由企业依法依规自主决策，政府不再审批"。② 政府放宽市场准入门槛、

---

① 《中共中央关于完善社会主义市场经济体制若干问题的决定》，《国务院公报》2003 年第34 号。
② 《中共中央关于全面深化改革若干重大问题的决定》，《人民日报》2013 年 11 月 16 日，第 1 版。

优化政务服务，提供各种制度性保障，促进市场准入公平、市场主体竞争公平、依法退出公平，对所有企业一视同仁，减少企业的制度性成本，更多地向市场和企业放权。政府优化营商环境的目的是更好地促进经济发展和社会开放，提升本地的竞争力。有研究表明，良好的营商软环境对城市经济发展有显著促进作用；即便控制气候、地理、经济政策、历史经济条件、自然资源丰裕程度等潜在的影响发展的因素，营商软环境对经济发展的影响仍然显著而且稳健。[①] 在优化营商环境阶段，突出的是政府对企业的制度和政策供给，以及促进政府的制度性创新，而不以基础设施类的实物供给为主。

广东省参考营商环境世界标准，在建设法治环境、政务环境、市场环境、社会环境等方面推出了许多创新做法。2012 年，广东省出台了《建设法治化国际化营商环境五年行动计划》，要基本形成法治化、国际化营商环境的制度框架，建设公平正义法治环境，透明高效政务环境，竞争有序市场环境，和谐稳定社会环境，互利共赢开放环境。[②] 除了东部发达地区注重创新营商环境，其他地区包括东北地区也为了获得竞争优势而探索优化营商环境新举措。2016 年，辽宁省率先出台了省级地方性法规《辽宁省优化营商环境条例》，重点突出了维护公平竞争的市场秩序和优化市场环境、高效便利的政务环境和公正法治环境以及诚信开放人文环境。黑龙江、吉林、浙江、天津、安徽等省市相继在 2017～2019 年出台了省级优化营商环境条例。这些地方性法规的实施，为国务院制定实施国家行政法规提供了实践经验和基础，是优化营商环境自下而上推进路径的体现。国家和地方层面优化营商环境的理论与实践，集中体现了国家顶层设计与自下而上的创新相结合的发展路径。

（二）优化营商环境体现政府的回应性改革

从改善投资环境到优化营商环境，这一变化是政府面对经济发展的国内外竞争所进行的回应性调整与改革，体现了不同阶段的政策适应性。

地方政府强调招商引资和为企业提供更好的投资环境，主要是为了回

---

① 董志强、魏下海、汤灿晴：《制度软环境与经济发展——基于 30 个大城市营商环境的经验研究》，《管理世界》2012 年第 4 期。

② 岳宗、林亚茗、周海涛：《广东部署实施八个行动计划 加快转型升级建设》，中国经济网，2012 年 10 月 30 日，http://district. ce. cn/newarea/roll/201210/30/t20121030_23799981. shtml。

应实现经济增长的国内竞争压力。各地方政府以 GDP 为核心开展行动，为了把更多更好的企业引入本行政辖区内，提供行政审批绿色通道，向企业提供优惠土地资源、税收政策等，提高本地经济增长率和 GDP 总量。"自1990 年代中期以来我国各级地方政府为了增加本辖区对 FDI 的吸引力展开了激烈的经济竞争，这在很大程度上影响了 FDI 在我国的区位选择。"① 地方政府为了实现高经济增长，在地方竞争中取胜，积极加入"晋升锦标赛"或"政治锦标赛"，其"最大收益之一是在地方政府之间引入了竞争机制，这种竞争随着各种生产要素的流动性日益增大而加剧。地方政府间的激烈的行政竞争推动了地区间的经济竞争，彻底改变了政府部门对重要生产要素（如资本）的态度，政府部门的垄断租金大幅度被削减"。② 各地政府为刺激经济增长，把招商引资作为考核政府部门和干部的重要指标，通过增加公共支出措施吸引更多外部资金、技术、人力资本等要素流入，以增强本地经济的竞争优势，谋取更大发展利益。"在围绕增长的竞争格局下，地方政府作为'政治企业家'，不断寻求地区 GDP 最大化。随着国家与社会关系变化以及中央政府政策的调整，地方政府的竞争格局逐渐发生变化，'增长'竞争为地方政府获取经济收益的空间正日益缩小。"③

地方政府在投资环境上的竞争面临着竞争优势空间不断被压缩的问题，需要向优化营商环境方面努力。2022 年中央印发《中共中央 国务院关于加快建设全国统一大市场的意见》，要求以优质的制度供给和制度创新吸引更多优质企业投资。与建设统一的国内大市场目标相一致，对地方政府在招商引资竞争中产生的负外部性包括同质性建设、资源浪费、向其他地区输出污染等问题，国家以顶层宏观制度设计引导地方政府之间在优化营商环境领域开展良性竞争。

国际压力驱动机制。从投资环境竞争转向注重优化营商环境的阶段，背后是中国经济面临的国际形势和国际竞争压力增大，政府的回应性改革

① 赵祥：《地方政府竞争与 FDI 区位分布——基于我国省级面板数据的实证研究》，《经济学家》2009 年第 8 期。
② 周黎安：《中国地方官员的晋升锦标赛模式研究》，《经济研究》2007 年第 7 期。
③ 何艳玲、李妮：《为创新而竞争：一种新的地方政府竞争机制》，《武汉大学学报》（哲学社会科学版）2017 年第 1 期。

要有新突破。2008 年之后国际经济环境发生变化，不稳定因素增加，多种风险挑战并存。中国经济面临全球经济放缓和下行压力以及更尖锐的国际竞争压力，这要求我们从高速增长阶段转入高质量发展阶段，要求经济结构调整和产业转型升级，于是对政府创造更优的经济发展环境提出了重大挑战。"我国经济已由高速增长阶段转向高质量发展阶段，正处在转变发展方式、优化经济结构、转换增长动力的攻关期，建设现代化经济体系是跨越关口的迫切要求和我国发展的战略目标。"① 高质量发展需要市场主体公平准入和公平竞争、依法有序经营，而不是依靠地方政府保护主义，所以政府为企业提供的各种政策和制度供给，具有公共产品属性，成为优化营商环境的直接表现。

国内战略驱动机制。党的十八大以来，优化营商环境的战略部署来自中央顶层设计和驱动力，目的是着力解决经济发展质量和效益问题，贯彻落实新发展理念，实现更高质量、更有效率、更加公平、更可持续的发展，促使优化营商环境在新阶段高位推进。中央政府提供组织载体和保障，以更权威的组织机构推动营商环境优化。2018 年，国务院决定将国务院推进职能转变协调小组的名称改为国务院推进政府职能转变和"放管服"改革协调小组，目的是深入推进简政放权、放管结合、优化服务改革，加快政府职能深刻转变。这个协调小组的 5 个专题组之一是优化营商环境组，负责牵头优化营商环境，提高综合竞争力，打造竞争新优势。这个顶层设计一方面提供了优化营商环境的组织保障；另一方面通过立法推动各地营商环境优化，进而建构全国统一开放的大市场体系。据不完全统计，2016～2019 年，仅国务院办公厅下发的与营商环境相关的政策文件就达 50 余项，涉及登记注册、不动产登记、行政审批、减证便民、纳税便利化、市场监管、事中事后监管、信用建设、市场改革等多个方面，这为"十三五"期间营商环境各个领域的改革提供了有效指引。② 2020 年 7 月，国务院办公厅印发《关于进一步优化营商环境更好服务市场主体的实施意

---

① 习近平：《决胜全面建成小康社会 夺取新时代中国特色社会主义伟大胜利——在中国共产党第十九次全国代表大会上的报告》，《人民日报》2017 年 10 月 28 日，第 1 版。
② 毕磊：《"公平、高效、开放"中国营商环境持续优化》，人民网，2020 年 10 月 7 日，http://finance. people. com. cn/n1/2020/1007/c1004 - 31883862. html。

见》，从五个方面明确了对企业的审批制度管理改革，包括投资项目前期审批流程、简化企业生产经营和办税审批、外贸外资企业的审批和申报程序优化、降低就业创业门槛和优化资质条件。

（三）优化营商环境的实质推进是实现法治化

国家注重以法治方式优化营商环境。政府必须依法行政，政府在经济领域的治理权力特别是行政审批和监管权力行使也不例外，通过依法行政确保政府管理经济行为的连续性、稳定性、一致性，这是决定市场主体长期性投资行为的条件。2020 年，国务院制定的《优化营商环境条例》开始实施，成为国家层面优化营商环境的直接法治基础，重点解决体制机制方面的"软环境"问题，超越了基础设施要素的"硬环境"，标志着中国市场化、法治化、国际化营商环境建设进入新阶段。该条例总则提出优化营商环境的目的是，不断解放和发展社会生产力，加快建设现代化经济体系，推动高质量发展。关键要求之一是，优化营商环境应当以市场主体需求为导向，创新体制机制、强化协同联动、完善法治保障，为各类市场主体投资兴业营造稳定、公平、透明、可预期的发展环境。

政府吸引外商投资的环境有质的改善，突出表现为营商环境的法治化。《中华人民共和国外商投资法》（2019 年 3 月 15 日第十三届全国人民代表大会第二次会议通过）于 2020 年开始实施，这是我国外商投资领域新的基础性法律。它不仅为进一步扩大开放、吸引外商投资提供了法治条件，而且强调对内外资企业平等保护，为构建开放型经济新体制奠定了法律基础，在建立外商投资服务体系和外资领域的"放管服"改革上迈出实质性步伐。要依法平等保护各类市场主体产权和合法权益，而产权制度是社会主义市场经济的基石，保护产权就是保护生产力，这是重要的营商环境。全面实施《中华人民共和国外商投资法》，"清理与其不符的法规文件408 部，连续 4 年修订外商投资准入负面清单，清单条目压缩幅度逾 64.5%，一批重大外资项目相继落地"。① 为全面实施这一法律，国务院通过《中华人民共和国外商投资法实施条例》，2020 年开始施行，通过投资促进、投资保护、投资管理、法律责任等重要举措，保证持续优化营商环境取得实效。

----

① 陆娅楠、罗珊珊：《营商环境优 引资磁力强》，《人民日报》2020 年 9 月 28 日，第 6 版。

实行负面清单制度，政府"法无授权不可为"。2015年，国务院公布了《国务院关于实行市场准入负面清单制度的意见》，明确了市场准入负面清单制度的定位，"市场准入负面清单制度，是指国务院以清单方式明确列出在中华人民共和国境内禁止和限制投资经营的行业、领域、业务等，各级政府依法采取相应管理措施的一系列制度安排"。市场准入负面清单以外的行业、领域、业务等，各类市场主体皆可依法平等进入，它成为赋予市场主体更多主动权、明确政府权力职责边界，发挥市场在资源配置中的决定性作用的制度性基础，是营商环境中的法治环境创新。2016年，国家发展改革委、商务部会同有关部门汇总、审查形成的《市场准入负面清单草案（试点版）》以通知形式印发，并在天津、上海、福建、广东四个省、市试行。该草案列明了在中华人民共和国境内禁止和限制投资经营的行业、领域、业务等市场准入负面清单事项共328项，包括禁止准入类96项，限制准入类232项。2018年，经中共中央、国务院批准，国家发展改革委、商务部正式发布了全国统一的市场准入负面清单——《市场准入负面清单（2018年版）》，我国开始全面实施市场准入负面清单制度，清单中禁止和许可类事项比试点版缩减了约54%。市场准入负面清单不断得到修订完善，政府下放权力越来越多，给市场主体的自主权和自由度越来越高，市场准入负面清单制度的统一性、严肃性和权威性不断增强（见表9-1）。

表9-1　历年市场准入负面清单及其事项数量（2016~2022年）

年份	市场准入负面清单版本	列入事项
2016	《市场准入负面清单草案（试点版）》	328个
2018	《市场准入负面清单（2018年版）》	151个
2019	《市场准入负面清单（2019年版）》	131个
2020	《市场准入负面清单（2020年版）》	123个
2022	《市场准入负面清单（2021年版）》	117个

资料来源：作者根据国家相关文件整理。

为持续破除市场准入各种隐性壁垒，创造法治化营商环境，国家实施了外资准入以及自贸区领域的负面清单措施。2017~2020年，中国连续四年修订全国和自贸试验区负面清单，外资准入特别管理措施分别由93项、122项减至 33 项、30 项，在金融、汽车等领域推出了一批重大开放举措。国家发展改革委、商务部于 2021 年 12 月发布第 47 号令和第 48 号令，分别发布了《外商投资准入特别管理措施（负面清单）（2021 年版）》和《自由贸易试验区外商投资准入特别管理措施（负面清单）（2021 年版）》，自 2022 年 1 月 1 日起施行。① 2021 年版全国和自贸试验区外资准入负面清单进一步缩减至 31 条和 27 条，压减比例分别为 6.1% 和 10%。至此，中国外资准入负面清单连续五年缩减，通过"非禁即入"形成公开透明、可预期的制度"软环境"。实行负面清单是法治框架下对政府与市场企业主体权力边界的改革，有效限制和减少了政府在市场准入方面的审批决定权，是实现营商环境法治化的一大进展。

推动营商环境的制度化法治化发展，要更好发挥政府作用及制度规范的引导功能，降低市场主体和社会主体的制度成本与政策的不确定性，完善后续监管链条中的奖惩制度。加强规范化、法治化市场监管也是市场主体和社会主体的重要诉求，实质上是对破坏或违反营商环境法治化的行为进行惩罚与责任追究。这对鼓励市场主体公平竞争投资、经营行为的营商环境的优化完善，是一体两面。

第二节　优化营商环境的跨越式发展与主要问题

推动优化营商环境上升到国家战略高度，是一个系统性工程，涉及一系列环节。尤其是进入新发展阶段、贯彻落实新发展理念、构建新发展格局，更需要为经济高质量发展创造更优的市场环境。地方各级政府不断深入推进营商环境优化，重要举措之一是继续深化行政审批制度改革。本节主要从与市场主体准入环节关系密切的行政审批制度改革层面，总结优化营商环境的重要经验，分析其中不利于优化营商环境的主要问题。

一　优化营商环境的跨越式发展与重要经验

在国家战略统筹和政策指导下，各级政府不断推出优化营商环境的重

---

① 《国家发展改革委 商务部发布 2021 年版外资准入负面清单》，中国政府网，2021 年 12 月 28 日，http://www.gov.cn/xinwen/2021 – 12/28/content_5664875.htm。

大举措，推动营商环境升级跨越式发展，积累了一些重要经验。

（一）国家层面实现优化营商环境在三个维度的转变发展

为全面深化推进"放管服"改革进程，中央政府逐步实施多层面的重要政策解决营商环境中的现存问题。在行政审批制度改革层面，优化营商环境有如下维度的转折性进展。

一是优化营商环境从打造"内外资企业公平竞争"的宏观环境要求，到逐步落实"投资贸易和国内国际贸易便利化"具体措施。2014 年国务院《政府工作报告》任务分解提出，打造内外资企业一视同仁、公平竞争的营商环境，为全面构建开放型经济新体制，推动资源要素的有序流动和高效配置，打造符合国际投资贸易规则、内外资企业公平竞争的营商环境，加快培育国际竞争新优势。从 2015 年开始，国务院对自贸区优化营商环境提出多种探索性改革举措，建设法治化营商环境。

从"推进国内贸易流通现代化"到"促进跨境贸易便利化"，从国内重点领域转向同时注重国内国际贸易领域，从内陆地区到口岸，各级政府不断推进营商环境的优化。中央政府优化营商环境的实践，重点把贸易领域作为突破口。2015 年，《国务院关于推进国内贸易流通现代化建设法治化营商环境的意见》指出，为促进国内贸易流通的国民经济大产业现代化发展和流通发展向内涵式、可持续发展转变，要求政府坚持市场化改革方向，进一步简政放权，打破地区封锁和行业垄断，促进商流、物流、资金流、信息流自由高效流动，提高流通效率，降低流通成本。后续逐渐从国内贸易到关注创造跨境和国际贸易的更好发展环境，2018 年，国务院印发了《优化口岸营商环境促进跨境贸易便利化工作方案》，通过简政放权和减少进出口审批事项与创新监管，提高口岸物流服务效能，以完善各项管理制度来不断促进口岸营商环境更加公开透明。这一改革目的是促进跨境贸易便利化以及外贸稳定健康发展。

二是优化营商环境从"聚焦企业关切"到"全面促进企业发展"，纳入全面深化"放管服"改革整体框架。2015 年《国务院关于实行市场准入负面清单制度的意见》发布，实行市场准入负面清单制度是发挥市场在资源配置中的决定性作用的重要基础，明确政府发挥作用的职责边界，在试点范围和领域内大幅收缩政府审批范围，赋予市场主体更多自主权。针对企业关切的突出问题包括企业投资、生产经营中的各种不合理门槛，审批繁杂，以及面临的行政垄断，证照分离中的问题及税费缴纳等成本问题。2018 年，国务院办公厅发布《关于聚焦企业关切进一步推动优化营商环境政策落实的通知》，有针对性地结合企业关切，提出了推进社会资本市场准入的改革，压减许可事项和简化行政审批，减轻企业税费负担、深化商事制度改革，创造更加公平的市场环境。

2020 年 7 月，国务院办公厅印发《关于进一步优化营商环境更好服务市场主体的实施意见》，进一步提升市场主体投资建设的便利度，简化企业生产经营领域的审批条件与门槛，优化外资企业的经营环境，全面提升政府涉企服务的水平与效能，促进完善优化营商环境长效机制。同年，国务院办公厅印发了《关于深化商事制度改革进一步为企业松绑减负激发企业活力的通知》，着重解决企业开办和准入不准营等问题，加快打造更好的营商环境，重点仍然是要深入推进行政审批制度改革。

三是优化营商环境在国家顶层权威驱动逻辑下，从一些地方试点与典型经验上升到法律层次和高度，实现从"经验"到"法治"的转变。中央层面，在 2015 年国务院办公厅成立"国务院推进职能转变协调小组"的基础上，2018 年进一步调整完善，成立了国务院推进政府职能转变和"放管服"改革协调小组，下设的专题组包括精简行政审批组和优化营商环境组等 5 个。① 以更权威的组织保障高位推动优化营商环境改革，从典型试点向全国扩展并上升到法律层次。2018 年国务院办公厅发布了《关于部分地方优化营商环境典型做法的通报》，分六类总结了一些地方优化营商环境的重要举措，通过典型做法加强优化营商环境经验的复制和推广。从典型经验上升到法律，具有标志性意义的是国务院出台并实施的《优化营商环境条例》，目的是完善优化营商环境的长效机制，健全和稳定各种制度，更加全面推进营商环境法治化。该条例为更加全面、更加规范实现营商环境法治化奠定了法律基础，提供了行动依据，同时也为不遵守规则、阻碍优化营商环境的行为，规定了追责措施，全面打造市场化、法治化、国际

---

① 《国务院办公厅关于成立国务院推进政府职能转变和"放管服"改革协调小组的通知》，中国政府网，2018 年 7 月 25 日，http://www.gov.cn/zhengce/content/2018 - 07/25/content_5309035.htm。

化营商环境。

（二）不同领域通过行政审批制度改革优化营商环境的主要经验

中国营商环境发展的重要体现之一是在世界银行评估排名中不断提升，2019 年中国营商环境在全球 190 个经济体中排名第 31 位，较 2018 年第 46 位实现大幅提升。[①] 地方不同层级政府通过行政审批制度改革在优化营商环境方面积累了不少经验。

1. 简政放权实施权力清单制度缩减和规范行政审批权力事项

取消、下放或调整行政审批事项，用权力清单来确权、限权和管权。对市场竞争机制能够有效调节、行业组织或中介机构能够有效实现行业自律的事项，取消行政审批，实行行业自律管理，允许企业直接开展相关经营活动。目前，全国省级政府都实行了权力清单制度，梳理行政审批在内的各类权力事项，建立了清单的动态调整机制，增强清单事项的科学性规范性，依据权力规范促进政府职能转变。商事制度改革和证照分离改革是又一重大行政审批制度改革措施。特别是商事制度改革包括改革注册登记制度、减少前置审批事项，在全国逐步推进多证合一改革，缩短企业进入市场时间；通过证照分离改革解决"准入不准营"问题；在企业注销登记上推出了简易程序。这些审批层面的改革不同程度地降低了企业的制度性交易成本，激发了市场活力和创造力。2020 年国务院办公厅印发《关于全面推行证明事项和涉企经营许可事项告知承诺制的指导意见》，该意见要求继续推进减证便民利企改革以及告知承诺制度的实施，从制度层面进一步解决企业和群众办证多、办事难等问题，深化行政审批制度改革，创新政府的管理与服务，推动优化营商环境。

2. 以项目审批制度改革推动营商环境不断优化

投资项目审批是行政审批制度改革领域的重要内容，是涉及面广、影响较大的审批事项。在这一审批领域，很多地方针对审批过程中的难点与交叉制约点，推进并联审批、相关部门联合审批，以及多规合一、多评合一、多图联审的创新探索，把投资项目从立项到竣工备案涉及发改、环

[①] 《世行报告显示中国营商环境排名大幅提升至第 31 位》，中国政府网，2019 年 10 月 24 日，http://www.gov.cn/xinwen/2019 – 10/24/content_5444429.htm。

保、土地、规划、住建等多个部门的环节并联整合。为更有效利用外资，通过修订完善外商投资相关法律，优化外商投资项目审批的程序与环节，打造稳定公平透明可预期的营商环境。建设项目审批制度改革从试点到全面推进，2018 年国务院办公厅印发《关于开展工程建设项目审批制度改革试点的通知》，对工程建设项目审批制度进行全流程、全覆盖改革，建设项目的审批精简环节包括依法取消不合法、不合理的审批事项和条件，下放一些审批权限，整合归并规划、国土、消防、人防等一些部门的审批事项，调整优化审批时序和流程（环评、能评不再作为建设项目审核的前置条件，地震安全性评价在工程设计前完成即可），把事中事后监管能解决问题的审批事项改为告知承诺制。项目审批制到承诺制审批改革取得了进展，以承诺作为审批前置形式，以信用作为审批前置的核心条件，大幅节约了投资者的生产成本与时间成本。

商事制度和证照分离改革是又一重大行政审批制度改革措施。为促进经济高质量发展和打造改革开放新局面，2015 年国务院批转了上海市开展证照分离改革试点总体方案，先行对一些重大行政审批制度进行改革，包括改为备案制和告知承诺制，提高办理行政许可事项的透明度和可预期性，为全国进一步推进行政管理体制改革积累可复制推广的经验。为进一步破解"办照容易办证难""准入不准营"等突出问题，国务院 2017 年出台《关于在更大范围推进"证照分离"改革试点工作的意见》，释放企业创新创业活力。经过更广范围的试点，2018 年国务院在全国推开了"证照分离"改革。要构建"互联网＋"环境下政府新型管理方式、营造公开透明平等竞争的营商环境，地方改革要注重解决证照数量过多、放权不协同问题。

在中央政府的改革部署、法规制度和政策指导之下，不少地区通过试点或创新探索，由点到面推动营商环境体系建设。比如西宁市政府就培育中小企业、简化企业投资程序、各种施工许可证等方面，针对最急需解决的问题，出台了《西宁市进一步优化营商环境的若干措施》《西宁市方便企业获得水电气暖行动方案》《西宁市简化企业开办和注销程序行动方案》《西宁市简化施工许可证办理程序行动方案》等 8 个优化营商环境专项行动方案，初步形成了优化营商环境的"1＋8"配套政策体系。[①]

3. 全面重塑流程和精简程序提升行政审批效能

各地都在通过改革不断优化审批流程，减少审批环节，缩短审批时间，降低企业与公众办事成本。很多地方通过多个环节合并与一窗受理简化办事程序。比如，日照市从 2018 年以来，创新推行"513 模式"，即企业设立登记、刻制公章、申领发票、开户许可、社保登记"五个环节"，均可通过"一窗受理"实现三日办结。[②] 简化企业生产经营的审批流程，降低市场准入门槛。国务院第七次大督查发现的典型经验做法之一是，浙江省优化企业投资项目审批流程大幅压缩审批时间，这一经验已在全国更大范围内推广实施。投资审批和建设项目审批流程得到最大限度重塑，办理阶段、办理条件、申请材料、办理时限和结果等都得到重新明确与简化。深圳市 2018 年结合项目生成机制来重塑优化审批流程，"就审批时间较长的政府投资建设项目而言，改革前 267 天，改革后 90 天，审批时间压缩了 177 天，压缩率 66.29%"。[③] 同时，备案类工程建设项目、核准类工程建设项目通过压缩时限，开展联合审批，构建了项目审批服务新体系。

各地采取不同方式和措施打通企业设立环节，简化企业的生产经营审批，在更大程度上压缩企业开办时间，加速了市场主体发展。特别是压缩审批时限被视为优化营商环境的重要指标之一。北京、成都等很多地方开办企业的环节大幅度精简，办理时间压缩至 1 天甚至几个小时，以优化流程提供更好的审批服务。2019 年武汉市区两级 2500 余项审批服务事项中，57% 的事项实现了"马上办"，85.7% 的事项实现了"网上办"，83% 的事项实现了"一次办"，"三办"改革经验也在其他地方推广。[④] 地方各级政

① 铎业：《西宁市出台优化营商环境措施》，人民网，2018 年 8 月 24 日，http://qh. people. com. cn/n2/2018/0824/c182775 - 31971491. html。

② 金辉：《日照：创新推行"513 模式"全力压缩企业开办时间》，日照网，2019 年 1 月 17 日，http://rznews. rzw. com. cn/rizhao/2019/0117/476212. shtml？mobile。

③ 张卫清：《营商环境改革的重大举措——解读"深圳 90"建设项目审批制度改革》，《深圳特区报》2018 年 7 月 16 日，第 4 版。

④ 许甫林：《对标国际国内一流营商环境 武汉打造全国审批服务最优和营商环境最好城市》，《中国经贸导刊》2019 年第 15 期。

府和相关政府部门根据办理条件、是否需要到现场、提交材料等要素分类梳理各类审批和服务事项，在事前审批环节优化营商环境。例如，陕西省咸阳市采取优化行政许可、延长许可期限、开展技术服务、减免服务费用等举措，多措并举为市场主体减负让利，取得明显成效，这些典型做法被国务院第七次大督查列为典型经验给予通报表扬。

4. "互联网＋审批"的多种在线服务形式减少企业办事成本

互联网和大数据技术迅猛发展，为政府治理改革提供了技术基础。2016 年国务院发布的《关于加快推进"互联网＋政务服务"工作的指导意见》更是推动了地方政府运用互联网推进"放管服"改革的实践进展。在行政审批领域，政府从利用互联网公开审批事项与办事流程即行政审批信息公开，到一些政府部门审批业务在线办理即从线下到线上，再到全国统一的政务服务平台即政府及部门间的共享协同办理审批，互联网与大数据技术在行政审批制度改革中的重要性凸显，企业和社会公众获得感增强。尤其是新冠疫情期间，有更多地方政府陆续推出了多种"网上办""掌上办""视频办""预约办""集成办"等线上办理途径和方式，开设更多网络便民服务专区，"一站式"解决群众个性化办事需求。同时很多审批事项办理从线下转到线上，流程进一步简化与便捷化。这些办理方式和途径凸显了运用大数据技术推动审批制度改革跨越式发展的技术优势，以其便利化和高效化不断助推营商环境更加优化。

二　行政审批制度改革中影响营商环境的主要问题

国家层面和地方层次多措并举，从顶层设计和权威高位推动，到各地方推进落实和创新探索，优化营商环境朝着市场化、法治化、国际化目标发展，取得积极成效。但依然存在一些短板，找准行政审批制度改革中制约营商环境的症结，也是下一步深化改革的前提。

从国际比较中，中国优化营商环境取得的进展值得肯定。但对世界银行的营商环境评估排名要辩证看待，其评估所依据的样本城市并不能完全代表全国其他地方优化营商环境的进展。"营商环境评价仅以各国一到两个最大商业城市的数据为基础。现有的绩效评估极少对多层治理体系中法制绩效评估所提出的挑战进行回应。只有明确哪些机构对结果负责，以效果为中心的评估才能成为衡量具体法制绩效的有效方法。"① 2019 年世界银行对中国的营商环境进行评估,其评估依据是北京、上海两市于 2018 年 5 月 2 日至 2019 年 5 月 1 日推出的优化营商环境改革措施。这两个地方取得的显著进展并不能否认全国还有不少地方政府在推进行政审批制度改革优化营商环境的过程中存在的不同层面的问题。

"2018 中国信用小康指数"之"中国营商环境满意度大调查"结果显示,32.4% 的受访者对所在地区营商环境给出了"中等"评价,24.6% 的受访者选择了"较差",21.3% 的受访者选择了"很差"。② 可见,公众对当地营商环境的满意度较低。具体在对企业调查时,"当前营商环境存在的十大难题"排在首位的是,"成本问题,税费、人力、运输、用地、融资等成本相对较高",62.6% 的受访者选择了此选项。后面较为突出的问题还有,"便利问题,政府服务效率、态度、能力有待提高,手续仍有简化空间,办事指南不够清晰"(52.7%);"透明问题,行政审批过程、政府决策信息、产业政策透明度不够"(44.2%);"公平问题,对各类企业不能一视同仁、待遇平等;司法执法公平有待提高"(42.2%)。③

不少地方政府在通过简政放权和行政审批制度改革优化营商环境过程中存在一些没有"简"和没有"放"的问题。本质上讲,"营商环境是发展的体制性、制度性安排,其优劣直接影响市场主体的兴衰、生产要素的聚散、发展动力的强弱。通过深化'放管服'改革来优化营商环境,从根本上说就是解放和发展生产力"。④ 进一步重塑政府与市场、企业的关系,要解决的是政府对市场、对社会过多微观干预,行政权力过多参与资源配置、市场准入门槛较高,以及市场环境的不公平竞争问题。对标国务院和多个省《优化营商环境条例》规定的优化创造更好的市场环境、政务环境、法治环境,目前在行政审批制度改革层面仍存在多个领域阻碍营商环境优化的现实问题。

---

① 凯文·E. 戴维斯:《数据与分权——多层治理体系中的法制绩效评估》,王美舒译,《北大法律评论》2019 年第 2 期。

② 刘彦华:《中国营商环境满意度大调查》,《小康》2018 年第 22 期。

③ 刘彦华:《中国营商环境满意度大调查》,《小康》2018 年第 22 期。

④ 李克强:《在全国深化"放管服"改革优化营商环境电视电话会议上的讲话》,《人民日报》2019 年 7 月 29 日,第 2 版。

（一）地方政府不同部门之间权力划分交叉重叠阻碍"简政"

同一级政府的不同部门之间权力划分不清或权力清单界定不清，是影响行政审批效能和营商环境的因素之一。例如，有些地方的发展改革部门和经信委之间的权力划分与行使有着界定不清问题，在一些投资项目的核准、审批权力上，有待进一步明确界定，否则将影响到营商环境优化。人力资源和社会保障部门、民政部门之间也有一些行政权力没有明确划分，这会增加当事人的办事成本。一个区级政府的例子是，在权力清单中列出的行政奖励这一类事项上，"对社会组织先进集体和先进个人的奖励"这一事项注明的是由民政局、人力资源和社会保障局两个部门行使，然而在该人社局的4项行政奖励事项中，则没有这一项奖励。权力清单中的权力事项与现实情况不一致，易增加当事人的办事成本。

在上下级政府权力关系上，有些地方把一些投资项目审批权力规定为市、区两级行使，实际权力操作结果却是，区级政府没有发展投资项目的主动权，影响到当地经济发展活力。有的地方财政局权力清单中的"行政检查"事项，写的都是"区级初审、市级终审"，具体在上下级权限划分上标明的是"分条件办理"。这种原则性规定是一种模糊处理方式，"分条件办理"究竟是按照什么条件，权限划分依据不太明确，实际影响到下级政府主动权和积极性。还有一个较为普遍性的问题是，一些地方政府部门在下放审批权力过程中"分拆下放、打包保留"，受理权和初审权下放，关键环节、终审权保留，导致申请人"两头跑"。这在一定领域造成了"上级审批、下级监管"的审批权责分离局面。例如，有地方反映，关于小额贷款和融资担保的审批权在市级政府，而监管职责却在县级政府，县级政府对后续出现的问题没有直接的处理权。政府内部的上下级审批权力划分与行使中的不明确、不畅通，对外结果则表现为企业办事难，中小企业融资难等营商环境问题。又如，有地方的省级、市级和县级的住建部门在一些审批权力事项划分上依据不明确，对企业办事环境产生负面影响。

从地方政府权力清单中还发现一些权力事项类型划分问题。权力清单梳理和清理工作是由各地方各部门自己负责，然后由一级政府的常务会议决定。这产生的一个结果是，一些政府部门把具有审批性质的权力事项划归到"其他行政权力"这一类，表面上行政许可权力事项减少了，行政审批制度改革在权力下放或精简方面有成效了，实际上那些审批、备案、审核等权力事项并没有取消，只是在权力清单中换了个地方存在。一些地方政府存在审批权力运行影响营商环境的问题，"各个部门之间审批系统无法共享和衔接，影响审批的效率；对已取消的审批事项存在落实不到位的问题；还有一些审批事项程序繁琐、办理时间冗长，束缚了企业发展"。①尤其是涉及部门较多的建设项目审批，不同部门之间在审批权力上或者并联审批时，协同不够、衔接不到位，影响到企业投资项目准入和落地。

（二）不同权力事项的放权不平衡影响市场环境

简政放权改革主要强调的是行政审批权力的取消或下放。但行政处罚这一类重要权力事项，虽属于监管类型的权力，却没有得到协同性改革。有些地方下放给县级政府行政处罚权，但下级行政主体无法承接，影响到审批与监管有机衔接与融合的改革进程。例如，某县环保局的权力清单中，行政处罚权有300多项，大部分标示的是与市级环保局共同行使权力，县环保局能直接行使的行政处罚权只有不到20项，在"属地管理"原则下县一级政府对监管发现的问题没有直接的处罚权。因此，权力下放的不平衡性导致了县级政府的权力与责任不一致问题。这些权力在实际运行中，对营商环境产生的负面影响使维护公平竞争的市场秩序目标不容易实现。

行政审批制度改革与优化营商环境关联最密切的是市场准入改革，要降低准入门槛，实现市场准入公平，使各类不同的市场主体受到同等待遇。但不同的地方行政审批制度改革的权力下放进展不平衡，可能会使企业市场准入遭遇不公平。"办理同样的事，达到同样的条件，有的部门认为可以办，有的部门认为不能办，甚至同一个部门的不同人员处理结果不一样；同样的事项，一个县需要5项申请材料，另外一个县可能需要7项甚至更多。由于当事人没有明确的预期，只好托人找关系。"② 同样的企业

---

① 陈静：《优化区域营商环境的法治途径》，河南省渑池县人民法院网站，2020年11月17日，http：//mcxfy. hncourt. gov. cn/public/detail. php？id＝2867。

② 谢晓斌：《推动政务服务标准化 打造更加规范高效的一流营商环境》，咸宁市政务服务和大数据管理局网站，2020年11月11日，http：//zwsjj. xianning. gov. cn/ztzl/6dahd/202011/t20201111_2215017. shtml。

注册登记和办理各种证照，在有的地方到乡镇政府就能办理，有的地方要到县级政府办理，而且涉及部门不同，所需条件有差异，这些差异让企业公平准入"不公平"、不能得到公平对待。由此，不同地方的政府在同类审批权力下放中要与构建全国统一大市场的目标要求一致，不应出现某企业在同样条件下，在一个地方不被批准进入，而在另一个地方却符合准入条件的不公平现象。地方各级政府及其有关部门对企业等市场主体作出的承诺或相关政策优惠，不得因为行政审批权力取消、下放或权力在不同政府部门之间的调整而改变承诺或毁约，给企业造成不必要损失。

（三）行政审批程序与环节冲突和缺乏标准化问题影响政务环境

营商环境的一个重要组成部分是政务服务环境，它是产业发展的重要一环。在国务院和省级政府的优化营商环境条例中，都有专门一章是对政务环境或政务服务的规定。这些规定大部分条款或重点内容都与政府的行政审批相关，特别是办理审批服务的程序、环节、材料、时限等一系列要素的标准化；"互联网＋政务服务"的健全和完善，一体化政务服务平台建设，推进线下和线上审批融合，以及跨地区、跨部门、跨层级数据共享和业务协同；重点领域的审批、投资项目审批改革和规范化等。

政务服务环境建设关键是为企业办事带来便捷度，提升审批服务质量，不断提升便民利企程度。由于各地发展不平衡，不少地方政府在实际行政审批过程中仍存在程序与环节问题。在行政审批和办事领域，据一项调查，市场主体办成一件事情，全国平均需要跑 2.3 次，最佳省份平均需要跑 1.7 次，最差省份则平均需要跑 3.6 次。这表明，从市场主体的反馈看，全国各地"最多跑一次"改革"还在路上"。[①] 在县级政府层次，一些地方受相关条件限制，部门之间审批衔接不畅、数据共享不到位。省级政府基本接入了国家统一的政务服务平台，不少省级以下地方政府，审批程序与环节的统一性存在障碍。"各部门在业务梳理中逐渐开发形成相对独立的网络平台，互不连通，各不兼容。导致政务服务平台在整合行政审批服务流程的过程中，无法将部门原先自建系统的优点完全融合进去、形

---

① 徐现祥、林建浩、李小瑛编著《中国营商环境报告（2019）》，社会科学文献出版社，2019，第 19 页。

成一套统一的网上审批服务系统。"[①] 有的地方仍存在互联互通、业务协同难题,线上线下平台发展不同步,信息化应用程度较低,政务服务系统分散建设导致资源浪费。这些问题表明,当前行政审批服务流程与推进行政审批和政务服务标准化的目标有较大差距。

政府的行政审批是市场主体投资的第一道关,决定着投资项目是否公平准入、及时落地,政府部门要扮演好优化政务环境的主角。有些同一级政府的规划部门、住建部门、自然资源部门、发展改革部门、专门政务服务部门之间在审批程序精简、办理时限和相互衔接方面存在不利于优化营商环境的行为。不同地方政府的同类审批部门、同一政府内部的不同审批部门在审批流程精简改革方面参差不齐,在审批依据、需要提交的资料、受理方式、审查条件、办理时限等方面有诸多差别,弹性空间较大,实现行政审批标准化改革目标难度较大。可以说政务服务环境有较大改善空间。

联合国数据显示,"我国电子政务发展指数为0.7948,排名从2018年的第65位提升至第45位,取得历史新高,达到全球电子政务发展非常高的水平"。[②] 但不同地方之间在网上政务大厅具体运行中显示出不平衡的问题。据一项测评,2018年省级政府和重点城市网上政务服务能力为"中"和"低"的地区基本为中西部地区。"我国各地区网上政务服务发展水平差距较为明显。总体来看,东部沿海地区指数得分较高,从东部到西部指数逐渐降低,呈现'东强西弱、南强北弱'的总体格局。"[③] 这种区域发展的不平衡问题需要通过政策和制度供给进一步解决。不同城市纳入网上平台的办事事项数量、名称、办事流程和信息公开方面有差异,经济较不发达的城市,网上政务服务大厅的平台服务体系有待健全。

判断政府优化政务服务环境的成效如何有三个层次。第一个层次,要看单个政府部门的政务环境;第二个层次,要看政府部门之间的环境协

---

① 《在优化营商环境方面面临几方面困难问题和建议》,搜狐网,2019年6月6日,https://www.sohu.com/a/318968964_120158634。

② 《第47次〈中国互联网络发展状况统计报告〉》(2021年2月)。

③ 何毅亭主编《中国电子政务发展报告(2018~2019)》,社会科学文献出版社,2019,第67页。

调、互动和适应情况；第三个层次更进一步，是要看政府部门群体与市场企业主体和社会组织主体、公众主体之间的和谐环境。恰恰在第二个、第三个层次上，目前政务服务环境存在不同程度的问题，在第二个层次的部门协同、互动和适应中，只要存在短板部门，就会影响整体政务服务环境状况。尤其是第三个层次，政府要确保企业与社会组织、公众能够从政务服务环境中获益，得到同等的便利服务，这是优化营商环境的目标。

（四）监管不同步或"放管不衔接"影响监管执法环境

监管执法是优化营商环境的一个重要内容。与行政审批制度改革密切相关的监管权力行使不到位影响优化监管执法环境。中央政府多次强调要放管结合、放管并重，提高监管效能。但一些部门对后续监管认识不足，认为不审批就不监管，轻监管弊病未除；监管体制运行不顺、事中事后监管力度需进一步加强。传统监管的方式与手段，有些已经不适应新经济业态的需要，阻碍市场公平竞争环境的创造与发展。

行政审批制度改革在取消或下放审批权力之后，如何处理审批权力与监管权力之间的关系是一大难题。实际上一个部门审批的事项，监管却涉及多个部门，是"1 对 N"的关系。像危险化学品生产企业安全生产许可由安监部门审批，但在监管时安监部门只能监管一部分，运输归交通部门管，废弃物归环保部门管，非审批部门的监管权力与责任划分也是难题。而且"属地监管"原则又使得审批权力与监管权力关系更加复杂。例如，一个市把一些企业包括外商投资企业的审批改成了备案制，县级政府也能够行使审批权了，只要到市政府进行备案即可。然而这项审批权力下放之后，外资企业数量增多，关于这些企业的监管责任谁来承担的问题成为现实问题，目前掌握审批权力和监管权力的部门相互推诿的问题没有得到彻底解决。

下放或取消审批权力事项，是把政府职能从事前审批转向事中事后监管，强调了政府的市场监管职能，宽进与严管是车之两轮，缺一不可，取消了审批并不等于放松了监管。市场经济的自发性始终存在，市场失灵不可绝对避免，这是政府履行市场监管职能与转向"轻审批、重监管"的现实基础。事实上，整个审批监管链条、放管之间缺乏有效衔接，导致了一些领域存在监管盲区或监管重复。在相对集中行政审批权之后，那些被剥离审批权力的部门，与集中行使审批权力的部门之间的职责存在不清晰问题，被剥离审批权的部门在监管意愿、监管能力等方面出现了问题。这些问题是规范市场秩序、维护公平竞争等优化营商环境的不利因素。因此，审批权力不但要放得下，给市场企业主体和社会组织主体更多自主权和自由度，同时还要接得住和管得好。如有关部门负责人对某案例评价说，"下放用地审批权，不意味着放松监管。对于省级人民政府及其自然资源主管部门来讲，责任无疑加大了"。① 这是放管衔接在权力与责任关系本质上的体现。通过政府取消审批事项、降低准入门槛，新成立的各类市场主体数量不断增多，只有监管力量和资源配套衔接，才利于整体的全链条营商环境优化。

第三节　升级行政审批制度改革驱动优化营商环境

2020 年中共中央、国务院印发了《关于新时代加快完善社会主义市场经济体制的意见》，提出继续深化行政审批制度改革，加快打造市场化、法治化、国际化营商环境，重要任务包括进一步精简行政许可事项，全面开展和深化工程建设项目审批制度改革和投资审批制度改革。行政审批制度改革是优化营商环境的重要抓手，下一步的改革方向是从偏重审批数量的改革向权力结构优化改革转变。同时要更加注重制度完善和创新，党的二十大报告要求，"完善产权保护、市场准入、公平竞争、社会信用等市场经济基础制度，优化营商环境"。② 当前阶段优化营商环境已经从着重优化硬环境向优化软环境转变，从着重为企业提供经济优惠到侧重提供优质服务转变，从对一些企业和领域优惠的选择性供给到对所有企业行业一视同仁的制度性供给转变。为实现高质量发展的战略目标，政府优化营商环境的着力点，应放在持续提升投资建设便利度，简化企业生产经营审批条件，降低就业创业门槛，优化外贸外资企业经营环境，提升涉企服务质量和效率上。

---

① 朱隽：《增效不增量 放权不放水》，《人民日报》2020 年 3 月 31 日，第 2 版。

② 习近平：《高举中国特色社会主义伟大旗帜 为全面建设社会主义现代化国家而团结奋斗——在中国共产党第二十次全国代表大会上的报告》，人民出版社，2022，第 29 页。

一　与行政审批相关的权力关系结构调整与改革

地方政府权力清单中除了行政许可权力，还有行政确认、行政检查、行政处罚等与行政审批关系密切的权力事项。优化营商环境需要一个协调配套运转的权力体系，要求这些权力事项之间的结构调整同步推进。按照国务院权力清单制度要求和动态调整原则，进一步清理多层次的重复审批事项和交叉重叠事项。除了行政许可权力，行政检查权力、行政奖励权力等也有清理与缩减的较大空间。特别是各级政府权力清单中的"其他行政权力"一类，需要按照权力事项的性质、进一步依法清理，有些明显属于审批性质的权力事项、属于检查和监管性质的权力事项，也被一些地方政府部门列入"其他行政权力"大筐中，不利于实现限权、控权的目的。

清理地方层面的行政权力事项，主要是省（区、市）向其下属政府放权的问题，形成统一的权力清单。解决审批权的集中性要求同各职能系统的分散性权责之间的矛盾和冲突。完善权力清单制度，法律法规中强调"由县级及以上政府行使职权的"，必须在清单中明确，到底由省级政府还是县级政府行使。例如，行政确认这项权力中的"收养登记"，在权力清单中明确规定：市级政府负责涉外、涉华侨、涉港澳台的收养登记；县级政府负责涉内地的收养登记。尤其是行政许可和行政处罚等类型的权力，更需要明确界定，因为这涉及部门之间审批权力与监管权力关系问题，需要把目前已经相对集中的审批与多个部门监管之间的权力关系调整改革到位。

推进权力结构改革，坚持依法驱动。以前地方行政审批制度改革的逻辑是以来自上级的行政主导力量为主，而且以政府部门（行政机关）自行梳理和清理权力事项为主，很多地方政府不会主动对自身革命和削减自身权力。要改变这种状况，就要推进行政审批制度改革全部进入法治化轨道，增加地方改革的新的驱动力。进一步界定清楚行政处罚权力和行政检查权力之间的关系，行政检查是一种监管范畴的权力与职责，属于"放管结合"中"管"的权力，如果对检查出来的问题不进行追责或惩罚，这种权力的合法性合理性就存疑。依法梳理和调整行政检查权力，一部分可以取消，另一部分可以转入行政处罚权力当中。多种审批事项精简合并，涉外事项的行政审批标准、程序、规则也有进一步依法规范的空间。

二 实现有为政府，依法深化推进营商环境的优化

营商环境的优化本质意义上是政府与企业关系的法治化，政府行政审批、加强监管、优化服务要依法推进，这是依法治国的根本要求。"法治是最好的营商环境"，"要用法治来规范政府和市场的边界，尊重市场经济规律，通过市场化手段，在法治框架内调整各类市场主体的利益关系"。[①]按照法治化要求，营商环境应公开透明，政府的审批权力、监管权责行使，程序与结果都要公开透明。法治化要求政府对所有企业一视同仁，提供公平的市场竞争秩序，规范有序的制度供给，充分发挥市场在资源配置中的决定性作用，鼓励企业或个人在法律规定范围内通过正当有序的竞争而获利。法治化还要求政府创造的营商环境是可预期或稳定性的制度环境，稳定性是法律制度和法治的重要特征之一，政府与企业的权力关系法治化是优化营商环境必不可少的一环。

市场经济是法治经济，但市场经济的自发性和市场失灵问题依然存在，必须协同政府作用的发挥。党的十九届五中全会和"十四五"规划建议中，强调了"充分发挥市场在资源配置中的决定性作用，更好发挥政府作用，推动有效市场和有为政府更好结合"。[②]放在"放管服"改革首位的简政放权改革，不仅是政府系统内部的上级向下级下放行政审批权力和增强地方自主权，而且更重要的是政府向市场企业主体、社会组织主体下放一定权力事项。政府要依法调整与改革为企业服务的政策，优化服务不仅体现在网上服务和办事便捷化的"流程式服务"上，而且更加体现在线下为企业生存和创新发展提供的"实体性服务"上。为提升企业的创新能力与竞争力服务，是"有为政府"优化营商环境的举措之一。

依据相关条例驱动行政审批制度改革进一步法治化。国务院《优化营商环境条例》是推动"放管服"改革法治化的重要依据。该条例明确优化营商环境要重点解决的是体制机制等方面的"软环境"问题，而不是基础

---

① 《完善法治建设规划提高立法工作质量效率 为推进改革发展稳定工作营造良好法治环境》，《人民日报》2019 年 2 月 26 日，第 1 版。

② 《中共中央关于制定国民经济和社会发展第十四个五年规划和二〇三五年远景目标的建议》，《人民日报》2020 年 11 月 4 日，第 1 版。

设施等方面的"硬环境"问题。该条例共 72 条，超过 1/3 的条款是关于行政审批或者是规定通过行政审批制度改革来优化营商环境的要求。它也是对各级政府及部门、各类市场主体、各类中介服务机构等相关主体在特定领域的权力、法律责任和行为的制度规范，包括市场主体保护和市场环境优化、政务服务、监管执法等关系"放管服"改革的重要领域与关键环节的制度设计与基本要求，这些制度得到落实才能保障营商环境的优化。

管理和制度创新成为营商环境法治化的重点。"营商环境的内涵已经发生了质的变化，过去讲，'要致富，先修路'，而现在，'法治核心竞争力'已为许多地方改革者所共识。"① 行政审批制度改革不只体现在大数据运用的技术层面上，更重要的是制度层面的改革创新。2019 年，十三届全国人大二次会议通过了《外商投资法》，该法一大亮点是更加强调对内外资企业的平等保护，"外商投资准入负面清单以外的领域，按照内外资一致的原则实施管理""政府采购依法对外商投资企业在中国境内生产的产品、提供的服务平等对待"。党的二十大报告指出，依法保护外商投资权益，营造市场化、法治化、国际化一流营商环境。通过制度供给依法平等保护各类市场主体产权和合法权益，确保各类市场主体的平等准入及公平竞争。政府在市场准入、竞争、退出各个环节和链条上制定好规则，并且严格执行，成为制度规则和市场主体与行为的监管者，把更多发展的自主权下放给企业，促使营商环境优化发展。

三　完善依法监管，持续保障创造更优市场环境

营商环境的持续优化除了需要良好的市场准入环境，还包括市场竞争环境与优胜劣汰的市场退出环境。对不正当竞争和市场秩序的监管十分重要，需要政府加强反垄断和反不正当竞争的执法司法，不断打造开放有序的营商环境。要坚持放管结合、放管并重一体推进，政府部门特别是基层政府部门要把主要精力用在加强监管上，对取消下放的审批事项要及时跟进监管，推动从"严进宽管"向"宽进严管"转变。国务院《优化营商环境条例》强调了政府有关部门必须依法对市场主体进行监管，对监管方

---

① 骆梅英：《优化营商环境的改革实践与行政法理》，《行政法学研究》2020 年第 5 期。

式、监管过程和监管结果做了规定，为创新监管提供了依据。"市场并非永远正确，实际上其充满激变和操纵。由于追逐利润，自由市场也会提供一些错误的选择。在这一过程中，若市场缺乏限制，那么每个超额获利的机会都会被充分利用。"① 实现公平公正的监管，避免"劣币驱逐良币"的市场逆淘汰乱象，是营商环境持续优化的重要目标。

市场监管在应对疫情危机中的经验，值得总结。为提升市场监管效能，要注重防范风险、筑牢市场安全底线，加大监管执法力度，提高市场主体的违法成本。在疫情防控期间，各级政府加大监管执法力度、维护市场秩序，尤其是针对日常食品乱涨价的行为，以及对口罩等医疗防护物资乱涨价与售卖假冒伪劣产品的行为，加大了惩罚力度，这些经验值得进一步总结和借鉴。政府应提升常态化的创新监管治理能力，不要陷入被诟病的"运动式治理"的窠臼。另外，在市场监管方面还存在法律不统一问题，如《食品安全法》与《野生动物保护法》《农产品质量安全法》之间在某些问题的处理上存在冲突，也浪费了立法和执法资源。因此要从源头上解决法律之间的衔接与互补、统一问题。

市场监管要形成多元主体和多元方式监管的合力。政府内部要加快监管平台建设和强化监管的技术支撑。政府要鼓励市场企业主体实现自我监管，促进行业协会参与监管，以及畅通社会公众监督和举报与投诉渠道，形成多元主体监管格局与合力。监管方式要更加注重多元方式的综合利用，形成立体化、动态化监管模式，这不仅利于降低监管成本，而且能够提升综合监管能力和监管绩效。关于社会主体参与协同监管，一些法律法规有相关规定，但可操作性不强，需要统一界定不同主体的权责、功能和角色。多元主体的协同一定要寻求目标上的共同价值，达成共识和最大公约数，这是形成综合监管合力的重要前提。

四　驱动营商环境优化要注重平衡过程和目标导向

不同地方行政审批制度改革的不同措施和行为，反映了各地改革过程中

---

① 《朱民对话诺奖得主：市场充满激变和操纵，而归根结底是人性的力量》，新浪财经百度百家号，2020 年 11 月 25 日，https://baijiahao.baidu.com/s? id = 1684318586677069190& wfr = spider&for = pc。

存在的差距和不平衡，原因当然是多方面的。各级地方政府要汲取改革不到位和偏离化的教训，从关键要素上驱动行政审批制度改革的拓展与深层次推进，着眼于法律、制度、技术多维度全面提升现代化政府治理能力。

行政审批制度改革中的重要领域均包含着注重过程的要求，如简化行政审批环节、实现流程再造、缩短审批时间，以及在监管中注重过程监管和监管的动态性等。同时，这些改革要注重绩效和目标导向，真正获得为企业、社会组织和公众优化服务的效益和创造出更好的发展环境。在"放管服"改革的统一性与法治化推进基础上，各地政府要更好地把握"放管服"三者之间互动逻辑关系，注重平衡过程与结果绩效，提升服务质量。不仅在简政放权和放管结合过程中以现代技术助力优化审批服务和政务服务，而且提供群众所需要的多层次多样化公共服务，使社会公众与企业更有获得感，这是以人民为中心推进改革的落脚点。

着力放管并重与平衡适度的关系。放宽市场准入有利于激发活力、公平竞争，加强监管也是为了保障公平竞争。营商环境具有的公共属性要求政府在其中承担应有责任。"从广义视角界定，营商环境是一个地区整体的政治要素、经济要素、社会要素和文化要素等各种要素交汇而成的制度环境，具有强烈的公共属性。"[1] 优化营商环境既要简政放权，又要通过完善监管建立公平竞争的市场秩序。通过行政审批制度改革优化营商环境，以权力下放和取消事前审批的改革给企业更大自主权，如果取消的审批事项没有相应的监管衔接或者放任自流，可能会造成某些领域秩序混乱，所以要把监管追求的安全有序与取消审批追求的自由便利有机统一起来。取消和下放审批权力不只是追求经济效益，还要考虑社会效益和对风险的防范，权衡"非经济效益"的价值。要着力解决监管执法不规范、不透明和不到位等问题，做到依法科学的综合监管，实现取消审批与加强监管二者之间的适度平衡，实现审批资源与监管资源的配置相平衡。

---

① 郭燕芬、柏维春：《营商环境建设中的政府责任：历史逻辑、理论逻辑与实践逻辑》，《重庆社会科学》2019 年第 2 期。

第十章 行政审批制度改革的未来路径和思考

前几章从政府治理权力结构视角在不同维度分析了行政审批制度改革取得的显著进展，发现改革过程中依然存在一些问题和需要制度完善与创新之处。因此应结合国家经济社会发展战略目标和面临的错综复杂经济社会形势与行政环境，把握升级拓展中国行政审批制度改革的方向，思考和借鉴国外关于政府审批和监管改革的经验与理念，抓住推动深层次改革的着力点。

第一节 行政审批制度改革的发展方向与要求

在实现高质量发展战略目标指引下，行政审批制度改革从注重行政体系内的改革，突破到行政体系外的改革，这是促进权力结构改革的重要路径。行政体系外的改革是取消审批权力、降低准入门槛，给市场企业主体、社会组织主体、公民主体等政府之外的多元主体更多自主权和自由度，同时进一步制约政府的行政权力，全面提高政府治理效能。

一 深化拓展行政审批制度改革的现实迫切性

行政审批制度改革过程中的一些问题，有的属于改革不到位而没有解决，有的属于改革中产生的新问题，这些都需要拓展升级改革以逐步接近预期目标。

1. 行政审批权力改革的不平衡不充分问题

行政审批制度改革的核心问题即政府与外部主体的权力关系问题，改革中较突出的问题是取消和下放行政审批权力的不平衡、不充分问题。不平衡问题主要表现为，行政审批制度改革中取消和下放的审批权力大多数是经济领域的权力，换句话说主要是向市场企业主体的放权；而对社会领域和社会组织主体的审批权力取消和下放的力度还不够大。不充分问题突出表现为，一方面按照高质量发展要求和健全完善社会主义市场经济体制要求来审视，在市场准入领域还存在行政审批制度改革不充分的情况，有些审批权力只下放到下级政府，属于政府体系内的权力配置调整；另一方面与取消和下放审批权力的不平衡相联系，在社会领域与公民个人领域还存在一些权力下放不充分的情况。

2. 行政审批与相关行政权力关系的问题

这是政府内部不同管理环节的权力关系配置与衔接问题，包括行政审批权限划分，以及审批权与监管权等相关行政权力之间的划分。"行政权限是指法律规范所规定的行政主体行使职权所不能逾越的范围或者界限。换言之，行政权限就是行政职权的限度。"[①] 行政权限可以分为纵横两大类。"纵向行政权限是指有隶属关系的上下级行政主体之间权力行使范围的划分。横向权限是指无隶属关系的行政主体之间权力行使范围的划分。"[②] 这类划分经常遇到不同地方政府之间的属地管理问题和不同部门之间的权力交叉重叠问题。行政审批权力划分的突出问题是，纵向上下级政府之间审批权力如何划定。有些法律法规条文对一些审批或许可权力，规定由县级以上人民政府或政府部门行使，但到底归哪个层级负责，尚缺乏明确规定。以《中华人民共和国土地管理法》为例，建设单位使用国有土地的一些情况，要经县级以上人民政府依法批准，但没有具体明确是哪一级政府。有的是根据土地规模，而不是依据事务性质进行审批权力划分，其中在土地征收方面，对于永久基本农田以外的耕地是按照 35 公顷和 70 公顷的标准来确定国务院和省级政府之间的审批权限。类似情况在其他法律法规中也存在。横向政府及其部门之间的权限划分的类似问题，既影响审批环节与流程，也影响与后续监管权力的关系。

不同部门的审批权力有一定的模糊地带。一些法律法规，对涉及多个

---

① 罗豪才、湛中乐主编《行政法学》，北京大学出版社，2016，第 59 页。
② 罗豪才、湛中乐主编《行政法学》，北京大学出版社，2016，第 59 页。

部门的审批事项，通常用"有关部门""相关部门""相关法律法规规定的部门"等表述，比较模糊，不利于明确审批责任主体和监管主体，导致执行中出现权责推诿问题。另外，不同审批责任主体和监管主体的权力配置也有问题，如上下级的审批权力和监管职责交叉重叠，审批与监管之间的有效联动不足等。不同部门之间的监管权责配置交叉，不能为审批权力下放提供保障，会拖慢或掣肘行政审批制度改革的进程。出现以上问题的一个重要原因是权力与利益的结合没有得到真正控制，在能够带来利益的权力事项上，相关部门选择了"恋权"而"避责"。

应该明确，行政审批的实质也是一种监管，是前端环节的事前监管，或者称为"准入监管"；与事中事后监管构成了全链条的监管体系。因此，即使取消了审批事项，也需要相关部门监管，只不过应转变行使权力和履行职能的方式。

3. 行政审批程序性标准化改革过程中的问题

权力运行的程序是实质权力实现的外在形式表现，合法、合理、科学、规范的程序才能保障行政权力依法行使。行政审批程序改革在权力行使依据、步骤、申请材料、办理时限等方面取得了显著成效。在实现行政审批的环节精简和流程优化重塑的目标要求方面，不同地方政府之间存在差距。如同样的审批项目，不同地方政府在审批环节或时限、审批涉及部门、审批材料内容及提交方式、办理方式上存在诸多差距。各地方、各级政府权力清单事项的编码、规则和标准不统一。不同地方对审批事项的具体内容以及审批事项的子项及其下级子项，设立有些混乱复杂。

互联网和大数据技术在行政审批中的应用问题，主要体现为相互关联的审批部门之间的协同高效目标尚未完全达到。行政审批流程优化与重塑，到底应如何进行评估，做到什么程度是达标，什么程度是优秀，需要不断改革探索。这里可能引出一个新问题，即有些政府部门利用对行政审批制度改革的试点设定权进行寻租，获得利益。因为上级政府有权力对下级政府的行政审批制度改革进行评估，确定哪些地方及其政府部门做得好，哪些可作为试点，于是可能产生权力寻租问题。这在一定程度上也是行政审批缺乏标准化规范化程序的问题。

4. 行政审批制度改革的法治化问题

从法理上看，我国一切权力属于人民。从行政权力的直接来源、立法权力与行政权力关系视角，行政权力是由宪法和立法机关授予的并要接受立法主体监督，而行政审批权力作为一种重要行政权力，应严格受到立法机关监督。所以需要通过深层次权力关系改革解决一些领域、一些地方行政审批权力缺乏授权主体监督与制衡的问题。

行政审批制度改革在某些方面还没有完全走上法治化轨道。行政审批权力下放缺乏充分法治化，一些地方政府追求"纸面"下放、"数字"下放的所谓行政审批权力事项减少的表层目标。有些权力委托基层政府行使，这种审批权力下放不会实质性改变上下级政府的权力关系。根据法律层面对行政许可的要求，县级以上政府是行使权力的主体。因此，在便民利企的简政放权改革中，委托乡镇政府行使审批权力的法律法规支持不够充分，有些地方产生了上下级政府行政审批权力与责任的不匹配、不一致问题。行政审批制度改革的联动性制度不完善与其法治化不足有关。多头审批和交叉监管的原因之一是法律法规的不统一与复杂性，对同一活动现象有多部法律在规范。如工程建设项目，除了行政法规、地方性法规和部门规章、地方政府规章等规范性文件外，相关法律还有《土地管理法》《城乡规划法》《建筑法》《招标投标法》《人民防空法》《消防法》《环境保护法》等。不少审批涉及多个部门和多项法律法规，行政审批的联动性关键是要解决不同法律法规的衔接问题，依法完成联合审批、联合踏勘、联合验收等复杂审批事项。统筹推进行政审批制度改革升级拓展需要权责配置、评估体系标准、责任追究制度的法治化。

权力清单梳理与确定的法治化不足，还存在需要科学化精准化的领域。权力清单分类中除了行政许可、行政处罚、行政确认等权力类型，还有一类是"其他行政权力"，其中隐藏了诸多问题。有些地方把本来具有审批性质的、行政确认及检查性质的事项，都归在"其他行政权力"一类。在初步实行权力清单的阶段，"其他行政权力"成了不少地方政府和部门形式上减少行政审批数量的"工具筐"。"海西州州级 36 部门经过梳理后，'其他行政权力'尚存 389 项，其他地区和部门也在不同程度上存在，少则几十项，多则上百项。造成部分许可成为脱离监管的'隐性审批'。"① 还有的地方把实际性质属于行政审批的事项转变为公共服务事项，究其原因是权力清单确权和制定缺乏充分的法治化，一些地方政府部门没有完全依据法律法规梳理和制定权力清单。不同部门的审批权依据的法律法规有冲突时，应按照法律位阶进行取舍或通过修法进一步确权。

二 深化行政审批制度改革的未来发展和要求

如果行政审批制度改革在党的十八大以前，着重解决的是比较容易显示成效的一般层面审批权力事项瘦身问题，侧重于行政审批制度自身的改革；那么党的十八大之后则着重解决不同领域难度较大的问题，侧重于拓展性和制度化改革，扩展到配套制度包括监管体制与制度、优化营商环境制度的改革，以及政府与社会关系改革和从更广视野对政府与市场关系的反思性改革。我国进入新发展阶段，政府治理面临着新问题和新的行政生态环境，行政审批制度改革进入关键期，应调整改革重点，把提升政府治理能力和实现国家治理现代化作为基点，深度改革政府与社会组织主体、公民主体的权力结构关系。国家要想实现高质量发展、建设高水平市场经济体系、完善发展社会主义市场经济体制、创造法治化营商环境提高国际竞争力，应激发社会发展活力和创造力，给公民更多发展自主权，这对行政审批制度改革的未来发展与重点调整提出了现实必然要求。

第一，"十四五"时期推动高质量发展，必须立足新发展阶段、贯彻新发展理念、构建新发展格局，这是国家战略导向。"十四五"规划第六篇是全面深化改革，构建高水平社会主义市场经济体制。一个主要目标是，"社会主义市场经济体制更加完善，高标准市场体系基本建成，市场主体更加充满活力，产权制度改革和要素市场化配置改革取得重大进展，公平竞争制度更加健全，更高水平开放型经济新体制基本形成"。② 另一个主要目标是，政府作用更好发挥，行政效率和公信力显著提升。政府作用

---

① 青海省行政学院"简政放权、放管结合、优化服务"第三方评估项目组：《青海省"放管服"第三方评估研究》，国家行政学院出版社，2016，第 92 页。

② 《中华人民共和国国民经济和社会发展第十四个五年规划和 2035 年远景目标纲要》，人民出版社，2021，第 9 页。

要想更好发挥，行政审批制度改革必须突出制度创新，提高资源配置效率、调动全社会积极性，持续增强发展动力和活力。

第二，面对多重复杂风险与不确定性国际环境，应建设全国统一大市场。在复杂的国际环境中，增强中国综合实力与国际竞争力，尤其在经济领域里建设全国统一的大市场，关键仍是明确政府与企业的权力关系。通过深化拓展行政审批制度改革，更加充分发挥市场在资源配置中的决定性作用，推动有效市场和有为政府相结合，从而完善发展社会主义市场经济体制。各级各地方政府要对各类市场主体一视同仁、平等对待，实行全国统一的负面清单准入制度，强化竞争政策基础地位，持续清理和废除妨碍全国统一大市场建设和公平竞争的规定与做法。

第三，统筹调整作为"事前监管"的审批与事中事后监管的职能及其比重。市场监管有狭义和广义之分，广义上的市场监管包括三个环节，即作为事前监管的审批、事中监管和事后惩治；狭义上的市场监管仅指事中事后监管（见图10-1）。未来应强调加强统筹市场监管，因为有效监管是前端简政放权的重要保障和根本后盾，要结构性改变作为事前监管的审批事项过多、事中过程监管不足、事后处罚监管不力的问题。只要存在市场经济的自发性、市场失灵、各种信息不对称、各种垄断问题，存在需要维护的社会公共利益，就需要监管，只不过监管主体、监管环节内容和侧重点、监管方式、监管制度和机制等呈现差异或变动性。

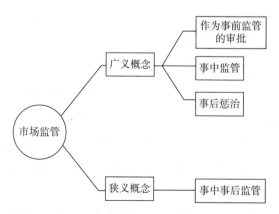

图 10 - 1　市场监管的狭义和广义概念及内含要素

资料来源：作者自制。

一方面，加强和完善市场监管为高质量发展保驾护航。党的十九大报告提出，"我国经济已由高速增长阶段转向高质量发展阶段，正处在转变发展方式、优化经济结构、转换增长动力的攻关期，建设现代化经济体系是跨越关口的迫切要求和我国发展的战略目标"。① 实现高质量发展战略目标，政府必须提升经济治理能力，加快转变政府职能，从宏观调控转向宏观经济治理。创新和完善宏观调控，进一步减少不必要的微观经济管理和直接干预，激发市场主体活力，不少领域的行政审批制度以及配套的市场监管需要有突破性改革。高质量发展是确保安全、稳定的发展，实现安全发展尤其是国家的经济安全、政治安全、生产安全，在总体国家安全观指导下，各级政府要高度重视市场体系安全和市场运行中的风险挑战，按照更高标准整体提升政府的现代化监管能力。

另一方面，现代化市场监管为建设高标准市场体系提供重要抓手。"十四五"规划突出强调，"健全市场体系基础制度，坚持平等准入、公正监管、开放有序、诚信守法，形成高效规范、公平竞争的国内统一市场"。② 加强数据、知识、环境等领域产权制度建设，促进公平竞争，必须全面提升政府的市场监管能力。2021 年，中共中央办公厅、国务院办公厅印发了《建设高标准市场体系行动方案》，在取消前端审批、全面实施市场准入负面清单制度的同时，完善现代化市场监管体制机制，促进市场主体进入市场之后的公平竞争，维护公平竞争秩序。实现现代化监管，要跳出政府单一主体监管的局限性，推动多元主体发挥各自功能，建设多种监管方式综合有效运用的监管体系，确保监管机构和主体实现依法监管、公正监管、廉洁监管。

审视政府职能链条和整体环节，行政审批是对前端环节的监管，与后续环节的事中事后监管是有机统一整体，实质上不可分割。进入新发展阶段，要实现发展战略目标，需继续推进政府的行政审批制度改革，从将主要精力用于政府与市场企业主体权力关系的改革，到同等重视政府与社会

---

① 习近平：《决胜全面建成小康社会 夺取新时代中国特色社会主义伟大胜利——在中国共产党第十九次全国代表大会上的报告》，《人民日报》2017 年 10 月 28 日，第 1 版。

② 《中华人民共和国国民经济和社会发展第十四个五年规划和 2035 年远景目标纲要》，人民出版社，2021，第 59 页。

组织主体权力关系的改革；且在有机统一的政府职能链条上，拓展到加强和完善市场监管的改革，实现改革的整体统筹性和联动性。

第二节　深化拓展行政审批制度改革的重要着力点

当前和未来发展形势下，深化拓展行政审批制度改革，不只是在已有权力框架下进行"简政"、简化权力行使流程，而且要通过进一步"放权"促进权力结构的调整与改变，同时对放开准入的主体行为加强约束和监管，确保其合法公平运行，以适应经济社会发展的现实需求。按照国家发展战略要求，我们应着眼于宏观层次政府整体的权力结构和权力秩序，而不局限于政府体系内部的权力关系调整。

一　深化拓展改革必须坚持党的领导

纵观改革开放以来中国行政审批制度改革发展历程，一个重要逻辑是坚持党的领导的政治逻辑。由党的领导进行战略部署，特别是党中央的重要战略决策和部署为行政审批制度改革指明了方向和提供了理论基础，这是逐渐推进行政审批制度改革并取得显著成效的政治保障和基本经验。

在新发展阶段和未来发展中要升级行政审批制度改革的层次和拓展不同领域的制度创新，必须继续坚持党总揽全局、协调各方的领导核心作用，贯彻党在改革中把方向、谋大局、定政策的要求，把党的领导落实在改革整个过程的各个环节中。

坚持党的领导突出表现在对行政审批制度改革的顶层设计和总体谋划上。今后要围绕党的中心任务，深化拓展行政审批制度改革。党的二十大报告指出，"中国共产党的中心任务就是团结带领全国各族人民全面建成社会主义现代化强国、实现第二个百年奋斗目标，以中国式现代化全面推进中华民族伟大复兴"。[①] 推进中国式现代化，对政府职能和行政审批制度改革提出了新要求。一方面，通过立法把几十年推进行政审批制度改革的

---

① 习近平：《高举中国特色社会主义伟大旗帜 为全面建设社会主义现代化国家而团结奋斗——在中国共产党第二十次全国代表大会上的报告》，人民出版社，2022，第21页。

基本经验上升到法律法规层次，把改革成果固定下来，进一步制度化法律化。以重要实践经验完善与行政审批制度改革相关的立法、修改相应法律法规、继续清理和废止不适应经济社会现实的法律法规，在此过程中实现政府体制改革和法治保障相辅相成。另一方面，通过机构设置和组织保障，实现改革方向指导和总体统筹。未来改革中，应整合与完善组织领导机构，增强其统筹协调改革的能力。升级拓展行政审批制度改革，"加强监管"成了侧重点，也是简政放权和优化营商环境的重要保障。为此笔者建议对国务院推进政府职能转变和"放管服"改革协调小组进行整合，增设"加强市场监管专题组"，重点解决监管权责脱节，及重点监管领域、跨部门综合监管问题；或设立综合监管委员会，为加强监管提供顶层组织保障。为加强对行政审批制度改革的监督，建议以中央编办为基础，与全国人大常委会协调，设立综合性的行政审批制度改革监督机构，加强对政府行政审批制度改革以及权力运行、执行法律法规、落实相关改革制度的监督。从顶层设计上保障行政审批制度改革高位推动，需要坚持党总揽全局的领导核心作用，同时坚持运用党的创新理论指导新发展阶段行政审批制度改革的过程。

二　深化拓展改革要坚持服务与法治的价值引领

以服务型政府和法治政府引领未来时期升级拓展行政审批制度改革的目标。

全心全意为人民服务是中国共产党的根本宗旨。为人民服务是人民政府的特征。理论上，政府具有服务性是政府履行职能的内在属性之一。"政府的服务性是一项基于政府基本利益和公众基本权利的复合性属性，是政府和公众就政府的政治统治和公众基本权益所达成的互益共识。"[1] 较早提出和研究服务型政府的成果，定义服务型政府"是在公民本位、社会本位理念指导下，在整个社会民主秩序的框架下，通过法定程序，按照公民意志组建起来的以为公民服务为宗旨并承担着服务责任的政府"。[2] 此后

---

[1] 杨凤春：《论中国政府的服务性》，《北京行政学院学报》2015年第1期。
[2] 刘熙瑞：《服务型政府——经济全球化背景下中国政府改革的目标选择》，《中国行政管理》2002年第7期。

服务型政府经历了从理论探讨到成为中央政府决策、再到促进理论研究的过程。2005年，服务型政府进入中央政府决策视野，出现在国务院《政府工作报告》中，后被写入党的文件。党的十七大报告明确把"建设服务型政府"作为行政管理体制改革的重要目标。对服务型政府的研究也在不断深入，形成了理论与实践之间的良好互动。党的十九大报告中在深化机构改革和行政体制改革部分，重申了"建设人民满意的服务型政府"。①

升级行政审批制度改革要坚持服务的价值引领。全面推进"放管服"改革的一项重要内容是优化服务，完善"互联网＋政务服务"，包括运用互联网等技术手段提高行政审批效能。深化行政审批制度改革的宗旨是政府要为市场企业主体、为社会组织主体和公民主体提供更好的服务，这也是建设服务型政府的价值取向。坚持便民利企的公共利益理念，以减权、限权、控权防止"以服务之名，行审批之实"，从根本上压缩行政审批权力寻租空间，提升和优化政府服务。

法治是社会主义核心价值观之一。依法治国是党领导人民治理国家的基本方略。习近平法治思想的一个核心是，坚持依法治国、依法执政、依法行政共同推进，法治国家、法治政府、法治社会一体建设。"能不能做到依法治国，关键在于党能不能坚持依法执政，各级政府能不能依法行政。"② 政府的依法行政成为依法治国关键部分。"法治政府建设是重点任务和主体工程，对法治国家、法治社会建设具有示范带动作用，要率先突破。……要用法治给行政权力定规矩、划界限，规范行政决策程序，健全政府守信践诺机制，提高依法行政水平。"③ 可见行政权力的依法设定与行使所具有的重要地位。

拓展行政审批制度改革要坚持法治的价值引领。行政审批属于政府行政权力之一，坚持依法行政必须坚持依法审批，推动行政审批制度改革走上法治化轨道。坚持行政审批及其改革的合法性原则，做到有法可依、有

①　习近平：《决胜全面建成小康社会 夺取新时代中国特色社会主义伟大胜利——在中国共产党第十九次全国代表大会上的报告》，《人民日报》2017年10月28日，第1版。
②　习近平：《加快建设社会主义法治国家》，《求是》2015年第1期。
③　习近平：《坚定不移走中国特色社会主义法治道路 为全面建设社会主义现代化国家提供有力法治保障》，《求是》2021年第5期。

法必依。相关联的另一个基本原则是权责一致原则。2001 年《国务院批转关于行政审批制度改革工作实施意见的通知》提出了审批的五项基本原则，对责任原则的要求是：按照"谁审批、谁负责"原则，在赋予行政机关行政审批权时，要规定其相应的责任。行政机关进行行政审批应当依法对审批对象进行有效监督，并承担相应责任，实质上体现了政府部门行使审批权力的权责一致基本原则。取消和下放审批权力之后，上下级的审批与监管权责，同一级政府不同部门的审批与监管权责，都要相应依法明确配置，同时对违反法定权力与责任的行为加以追究与惩治，提供权责一致的后续保障。

坚持行政审批制度改革的法治价值，必须对违反行政审批相关规定导致严重后果的行为和主体，进行严厉问责。《行政许可法》中规定了行政机关及其工作人员违反法律规定的情形与应当承担的责任，包括上级机关或监察机关责令改正，以及行政处分和追究刑事责任的内容。严格依法落实对行政审批权力的监督，把原则性的法律条文通过制度细化和具体化，确保责任追究到位。目前问责环节的问题是，市场企业主体出现违法违规行为之后，只追究监管部门的责任，而对审批部门的责任追究不到位。在审批程序和审批时限存在诸多自由裁量权的情况下，难以完全避免审批寻租与腐败行为，审批走过场和为违法违规行为"开绿灯"等，隐藏了风险与安全隐患。审批项目规模越大、涉及面越广、所在行业和产业越具有战略性，违法违规审批的风险和经济社会损害与代价就越大，所以必须加强对审批权力行使的监督、加大对违法违规行政审批主体的责任追究力度，明确承担责任的形式。从广义政策范畴看，行政审批的过程也是政府做决策的过程。2019 年国务院公布了《重大行政决策程序暂行条例》，按照该条例的精神，重大项目的行政审批，也应严格遵循法定权限和程序，确保决策内容符合法律法规规定，确保所有重大行政决策严格履行合法性审核和集体讨论决定程序。2019 年修订的《中国共产党问责条例》第十六条规定，"实行终身问责，对失职失责性质恶劣、后果严重的，不论其责任人是否调离转岗、提拔或者退休等，都应当严肃问责"。重大投资项目的审批和决策出现严重后果和造成重大损失的，要贯彻中央要求的"终身问责制"。

要想确保依法审批，坚持法治价值，还要超越行政权力本身的权力结构，按照宪法确定的行政权和立法权的关系，加强立法机关对行政审批权力的监督。行政审批制度改革在行政权和司法权的关系上，还有进一步完善的空间，以解决对行政行为的司法审查薄弱问题。完善对具体行政行为的司法审查包括对行政许可行为的司法审查，有利于对行政审批和许可行为的监督。

三　深化拓展改革着力突出有效监管和统筹实施放管并重

任何一个现代国家政府都具有监管职能，只是监管内容和方式等一系列机制与制度有差异。从行政审批本质和监管链条分析，审批是一种事前监管或准入监管，即使取消了这种事前监管性质的审批，也不是放任自流，后续环节的有效监管依然重要。加强放管衔接、实现放管并重、完善有效的市场监管，是更深入和更全面推进行政审批制度改革不可缺少的保障，有效监管是前端审批改革的必然延伸和现代市场经济发展的内在必然要求，放管是并行的，"放"不是放责也不是放任，"管"是政府必须履行的职责。

1. 深化行政审批制度改革的关键之一是完善行政审批评估制度

对政府管制和审批的评估，早在 20 世纪 90 年代发达国家改革中就有要求和实践，"无论什么样的审批和管制方法都要进行有效性评估。把合理性标准运用到所有程序中，以成本—收益分析、科学标准、风险评估技术以及有效执行为基础，这对理性管制非常关键"。[①] 未来更广领域的行政审批制度改革，一个关键是健全衡量行政审批与许可事项的评估制度，目的是确定现存的行政许可或审批是否有存在的现实必要，这也是改革政府与外部主体权力关系的关键。《行政许可法》（2019 年修正）第二十条第一款规定，"行政许可的设定机关应当定期对其设定的行政许可进行评价；对已设定的行政许可，认为通过本法第十三条所列方式能够解决的，应当对设定该行政许可的规定及时予以修改或者废止"。设定机关对行政许可事项的评价属于"立法后评估"类型，可根据经济社会发展情况决定这些许可事项的去留，并同步修改或废止涉及的法律法规或规定。该法第二十条第二款规定，"行政许可的实施机关可以对已设定的行政许可的实施情

---

① OECD, *The OECD Report on Regulatory Reform*：*Synthesis*，Paris，1997，p. 22.

况及存在的必要性适时进行评价，并将意见报告该行政许可的设定机关"。
实施机关的评价应属于执法评估的类型，是在法律法规执行过程中对发现
的问题进行纠偏。第三款规定，"公民、法人或者其他组织可以向行政许
可的设定机关和实施机关就行政许可的设定和实施提出意见和建议"。这
是对行政许可事项设定与实施的社会监督或第三方评估。

　　但实践中对行政审批或许可事项的评估制度还不完善，只在政府职能
部门清理或梳理行政权力清单时，有一定范围内的评估，属于政府行政机
关的行政评估，就行政许可设定而言，缺乏立法机关评估。同时，公众或
社会组织关于行政审批的意见建议未正式纳入行政审批评估当中，这一类
外部主体力量的评估缺位。升级行政审批制度改革必须健全对现有行政审
批的全面评估制度，包括评估主体到位，评估程序、评估标准、评估结果
公开，为深层次改革政府与外部主体权力关系提供制度保障。以全面评估
为基础，推进精准化、分类化行政审批制度改革，以及不同领域审批制度
改革的有效衔接与统筹。

　　特别需要强调的是设定行政审批的合法性与必要性，两者之间相互影
响。一项行政审批事项到底该不该设立，它的必要性和正当性首先要依法、
合法；不同法律法规对一些审批的规定和要求存在冲突或互为前提，这也是
行政审批评估要解决的问题。像国务院《矿产资源开采登记管理办法》关于
矿产资源开采的审批规定，与《中华人民共和国矿产资源法》的相关规定有
不一致之处。设定行政审批的必要性与正当性的理由是变动的、有阶段性
的、随着经济社会发展面临的行政环境不同而异，需要完善的评估制度，根
据社会经济发展要求取消的审批事项，相应的法律法规要修改或废止，这体
现了必要性、正当性与合法性的互动影响。进一步要及时、动态调整行政审
批事项，有科学合理的成本—收益分析，如有学者提出的符合比例性原则即
"审批所实现的效益是否显著高于审批管制的成本或代价"。[①] 据此，年检作
为行政审批的一种是否有存在的必要，需要全面评估与衡量。像车辆年检
就是有争议的审批事项，有些书面审查形式的年检只增加了被检查对象的
成本，对市场企业主体行为监管的效果有待检验，为此关于年检类审批事

---

① 王克稳等：《行政审批制度改革中的法律问题》，法律出版社，2018，第139页。

项有较大清理空间。

2. 拓展行政审批制度改革的重点之二是加强和完善市场监管

前已述及，行政审批实质是事前环节的监管。相应地要加强和完善后续市场监管，对"入场"的市场主体，通过规则约束其行为合法合理，强调企业主体责任、社会监督责任和政府监管责任有机结合。因为取消前端监管，市场主体权力增大，就要承担与此相对应的责任，企业要成为市场监管的第一个责任主体。反之，政府在准入环节的权力减少，与这个环节对应的责任也减少，政府不应为市场主体的违法违规行为买单，而是要加强企业主体责任，让其为自己的违法违规行为买单，确保准入后的公平竞争市场秩序。负面清单制度实施以及企业承诺和信息公示，为社会监督责任的行使提供了一定前提条件。总之，取消审批之后广义的完善市场监管应朝着企业、政府、社会多元主体共治方向发展。

完善市场监管的责任追究与惩治制度。对准入后的违法违规市场主体要严格追究法律责任；同时追究相关监管部门（中介机构在内）的连带责任，如项目设计部门、监理单位、行业主管部门的法律责任。"健全对监管机构履行职责的监督机制。强化对监管机构依法履行监管职责情况的监督检查，促进监管权力规范透明运行。"[1] 这是确保依法监管、公正与透明监管的重要保障或者是对监管权力失职与滥用的一道重要防线。政府全面落实《市场监督管理行政执法责任制规定》，加大追责力度，切实做到惩治到位。以法治化、常态化监管促进前端权力下放、简政放权，是后续深化拓展行政审批制度改革的重要保障。提高市场企业主体违法成本也成为惩治和责任追究制度的重点。我国政府已在实施惩罚性赔偿制度，加大监管惩治力度。"惩罚性赔偿是在补偿性赔偿的基础上再追加一个额外的赔偿。惩罚性赔偿的目的不在于补偿受害人而在于威慑违法行为人以使他以及其他违法者今后不再从事类似的行为。"[2] 低违法成本对市场主体难以形成震慑力，监管的严厉程度与权威性受到影响。因此，提高市场主体的违法成本是严格责任追究与惩治的一项重要手段。

---

① 《建设高标准市场体系行动方案》，《人民日报》2021年2月1日，第10版。

② 邢会强：《美国惩罚性赔偿制度对完善我国市场监管法的借鉴》，《法学》2013年第10期。

创新监管制度，提升监管的精准性和有效性。政府的市场监管具有公共性，能保护社会公众利益，维护市场秩序和公平竞争，维护社会安全和稳定。为全面提升监管效能，2022 年国务院印发实施《"十四五"市场监管现代化规划》，开篇就提出"创新和完善市场监管，推进市场监管现代化，是建立统一开放竞争有序的现代市场体系的客观需要，是完善社会主义市场经济体制的内在要求"。在理顺市场监管体制基础上创新完善监管制度。由国务院层面权威机构统筹，完善监管协调联动机制，明确不同监管部门之间、上下级政府之间的监管权责、监管依据、监管对象，确保监管全链条无断点。加强和完善监管并不是要强化政府的行政权力和强制力，而是要创新体制机制，运用新的理念、手段方式、多主体来监管。监管方式和制度要重点突出以信用为基础进行精准化分类监管。在一些发达国家，以信用为基础的监管体系比较完善。信用监管是以市场主体信用为基础，涉及信用立法、信用管理、企业信息收集与公示、信用承诺、信用分级、失信惩戒等一系列制度举措的监管方式。信用等级和风险状况是综合运用其他监管方式和技术手段、提升监管精准化的基础。"行政机关对信用状况不佳的监管对象，在实施行政许可等工作中，列为重点审查对象；在财政资金资助等政策扶持中，作相应限制；在公共资源交易中，给予信用减分、降低信用等次；在日常监管中，列为重点监管对象，增加监管频次，加强现场检查。"① 借鉴国外的信用监管模式，完善和加强信用监管促进市场主体的守法守信，把政府监管、企业市场行为与消费者合法权益保护有机结合起来。

健全和完善对新经济形态和类型的监管，是未来的一个监管重点和要突破的监管难点。尤其是平台经济和数字经济的发展，使得监管对象更加复杂多变，需要推动线上线下监管有效衔接，完善数字经济公平竞争监管制度。2022 年，国家发展改革委、国家市场监管总局等 9 部门联合印发《关于推动平台经济规范健康持续发展的若干意见》，明确坚持发展和规范并重，健全完善规则制度，明确监管重点，提升监管能力和水平。借鉴发达国家在不同细分行业领域实行差别化监管、加强数据信息保护等方面的

---

① 薛峰：《国外市场综合监管的发展及其启示——以美国食品药品市场监管为例》，《上海行政学院学报》2018 年第 5 期。

做法，给我国的新经济监管提供有益启示。在平衡保护市场竞争活力和社会公众权益前提下，根据细分行业风险等级，动态跟踪调整监管策略。因为大数据技术发展时代，监管对象变化迅速甚至从内容到形式都变化多端，有时候法律修改跟不上，就需要根据法治原则和法理精神，实行动态性灵活性监管。

四　以权力结构变革驱动深化拓展行政审批制度改革

深化拓展行政审批制度改革并不是完全取消审批，还有权力关系结构的调整改革。

（一）政府内部进一步明确审批权力与监管权力配置

中央和地方政府之间，地方的上下级政府之间的审批权与监管权力的配置，是一个老问题，也是一个新问题。说它是老问题，即是说关于纵向行政权力配置，有宪法和法律法规设定的基本原则。我国宪法和《中华人民共和国地方各级人民代表大会和地方各级人民政府组织法》规定着中央与地方行政权力配置的基本格局。宪法规定表明，国务院享有对中央与地方行政权力配置的决定权。涉及行政审批权力的法律，包括《行政许可法》和一些领域的单行法也有相关规定。按照宪法和这些法律由国务院统一决定某些行政审批权力事项下放到哪个政府层级。说它是新问题，即是说纵向权力配置和划分需要根据经济社会现实和发展战略目标任务进行动态调整，在不同的权力类型和领域，这个划分和配置需要具体落地，有明确界限，否则相互推诿、重叠交叉、争权避责等行为就难以避免。上下级之间的审批权力结构，在中央与地方事权划分的前提下，需进一步调整改革。国务院部委的审批权力限于国家安全、宏观经济调控、生态环境保护和涉及公共利益的重要性和基础性公共资源配置的审批；其他领域的审批则给地方政府比较大的审批决策权。审批权力划分要改变以往注重"数量型"的标准，增加按照审批事项性质来划分权力的标准权重。比如在投资项目审批领域，不要侧重按照投资规模大小划分，要按照投资项目的性质、产业和行业地位、涉及范围等因素和标准确定。

地方各级人民政府要对本级人民代表大会及其常务委员会负责并报告工作，那么行政权力包括行政审批权力在内，也要接受立法机关的监督。

例如，相关省级优化营商环境条例中已规定对行政审批权力的监督，关键是具体执行和落实，确保这种监督权的监督实效，是上下级政府之间审批权力配置具有相对稳定性的重要保障。从国外实践观察，"监管机构应该按照要求向立法监督委员会报告工作，包括主要监管措施和决策，立法机关要定期监督和审查监管的法律法规是否得到了执行和实施"。[1] 加强行政审批制度改革和监督的法治保障，要进一步发挥立法机关的监督和审查功能，约束行政权力依法行使。

（二）政府与社会组织主体之间的权力关系改革要培育与监管并重

政府与外部主体的权力关系主要是政府与社会组织主体的权力关系调整，改革对社会组织的审批管理体制，在放开四类社会组织直接登记的基础上，深化拓展改革。行业协会兼具经济性和社会性，是比较特殊的一类社会团体，后面单独分析。

加大向社会组织放权力度。由推进行政审批制度改革历程可见，改革的侧重点在经济领域改革政府与企业之间的关系，取消的审批事项绝大多数是经济领域事项，给市场及其主体更大自主权和经济活动自由度。而在社会领域，政府和社会组织之间的权力关系变革仍有较大空间。培育发展社会组织，给社会组织转移更多政府职能事项，尤其是涉及公共服务、社会管理的事项，完善和规范向社会组织购买服务的法律法规和相关制度，不断扩大社会组织活动范围。

加大对社会组织审批改革力度，继续放权赋予社会组织参与社会管理和公共服务供给活动的权利。对登记成立之后社会组织管理的一种方式是年检，它具有审批核准性质，有进一步精简和放权空间。政府在一些领域以年检形式进行审批和监督是不必要的、程序繁琐，一些年检的实际监管效果并不明显。有些年检项目和程序设置随意性较大、没严格依法行政。以年度报告为主的年检事项，需要社会组织把初审意见提交给民政部门，民政部门如果基本上只对年度报告进行一种静态的传统"文字审查"，那么对加强社会组织监管和促进其规范发展的作用就没有体现出来，监管的

---

① OECD, *The Governance of Regulators*, *OECD Best Practice Principles for Regulatory Policy*, OECD Publishing, 2014, p. 80.

实质意义就存疑。深化推动简政放权和社会组织的审批制度改革，可取消一些已不适应现代化动态治理要求的年检类事项，包括取消民政部门对社会组织（包括社会团体、民办非企业单位、基金会）年度报告类的年度检查事项，是"简政"的一个重要内容，也促使民政部门和相关部门创新改革监管方式。对确需保留的年检事项，必须有法律法规依据，而不是按照各部门的红头文件来确定本部门年检权力；真正把行使行政检查权力与监管责任统一起来。

政府部门横向维度理顺对社会组织的审批与监管权力关系。虽然一些类型的社会组织实行了直接登记的审批制度，但对其的后续监管，登记部门与监管部门之间的权责要进一步明确。横向行政权力的配置改革需清晰确定后续监管权力与行使主体。针对一些取消前置审批的改革领域已出现监管责任主体与审批权力主体脱节问题，地方政府应理顺不同部门之间的审批权与监管权划分，明确审批权力主体与监管权力主体，否则权力行使与责任承担无法统一。横向审批权力配置，原来是登记部门与主管部门共同行使审批权；而且两个部门同时行使对成立后社会组织的管理权力或监督权力，监督和管理是两个部门分担的，对两个部门而言是一种风险分担机制，而且出了问题有相互推诿余地。社会组织登记改革之后，审批权力归为一个部门，相应的监管权力由谁负责？解决这个问题，政府需要充分明确对社会组织的监管权力与行使主体，以制度完善保障"谁审批、谁监管""谁主管、谁监管"原则落地，否则放开社会组织登记和集中审批权力之后，后续监管无法配套跟进，导致社会组织发展出现一些问题。

针对社会组织违法违规行为增多，在利益驱使之下非法社会组织活动具有更加隐蔽性的特点，在前端下放审批权之后，政府更要为加强后续监管提供强有力保障。"2018年，民政部和公安部联合部署，在全国范围内开展打击整治非法社会组织专项行动，为期9个月，民政部依法处置了非法社会组织超过1.4万个。2019年后，各级民政部门将专项行动转化为常态治理，持续开展打击整治工作。"[1] 2021年，民政部公布了地方政府依

① 《民政部今年首批涉嫌非法社会组织名单公布 专访民政部：如何辨别李逵还是李鬼?》，民政部网站，2021年2月20日，http://www.mca.gov.cn/article/xw/mtbd/202102/2021020 0032106.shtml。

法取缔的部分非法社会组织名单，共 10 批，取缔非法社会组织总数 563 个。"核查涉嫌非法社会组织线索 5668 条，处置非法社会组织 3463 家，关停 230 家非法社会组织网站及新媒体账号，曝光 141 批次 1196 家涉嫌非法社会组织名单。"① 后续应加大社会组织监管力度，提升社会组织发展质量，民政部门和其他相关部门协调配合，发挥多部门协同监管合力。2021 年，民政部等 22 部门联合印发《关于铲除非法社会组织滋生土壤净化社会组织生态空间的通知》，要求企事业单位和社会组织不得与非法社会组织有关联，进一步提高非法社会组织的违法成本。

（三）政府与市场权力关系改革要拓展向行业协会赋权

行政审批制度改革在为市场企业主体赋权方面成效显著，这也是中国特色社会主义市场经济体制建立和发展的重要成就。今后行政审批制度改革的升级版，在于政府与行业协会权力关系的突破性改革，这是由行业协会具有的二重性决定的。行业协会按规定属于我国三大类社会组织中的社会团体，它同时又是其成员即企业主体的"代言人""利益整合体"，所以它是具有社会性和市场性双重性质的一类特殊社会团体。要升级行政审批制度改革，把一部分审批权力事项向行业协会转移，促使政府职能转变。更重要的是，要针对监管对象的行业界限模糊、交叉融合发展的复杂性，改革政府一元主体主导的市场监管方式，发挥行业协会在市场监管方面的应有作用，对有限的监管资源进行整合与再分配，实现政府与其他社会主体多元协同监管的目标。

推进政府与行业协会的权力关系改革，要着重解决法律法规依据、授权委托、转移职能等重要问题。目前实践中政府向行业协会转移职能和放权改革在程度和广度上存在不同程度的差距，因为相关政策文件对政府向行业协会转移职能的规定不完善，不易操作和衡量。还有一个重要原因是国家和地方层面对行业协会的法律法规与规章尚未能够提供充分权威性依据。下面具体分析这些症结，从而为在深化改革中向行业协会放权、有针对性地解决问题提供基础。

国家层面没有对行业协会的专门法律法规，国家部委有关规定权威性

---

① 《印记 2021》，《中国社会报》2021 年 12 月 28 日，第 4 版。

不足。《社会团体登记条例》把行业协会视作社会团体的一类；至于行业协会的功能包括在政府审批和监管中的职责等没有专门法律和行政法规明确。国务院出台的关于行业协会的规定主要有《国务院办公厅关于加快推进行业协会商会改革和发展的若干意见》《国务院办公厅关于成立行业协会商会与行政机关脱钩联合工作组的通知》《国务院办公厅关于进一步规范行业协会商会收费的通知》，这些规定明确了行业协会的发展原则和指导方向，原则性要求发挥好行业协会的作用，划分政府和行业协会职能边界。国家部委层面出台的部门规范性文件多数是对行业协会的规范和监管、增强行业自律方面的要求，例如《关于进一步规范行业协会商会收费管理的意见》《行业协会商会综合监管办法（试行）》《关于进一步做好行业信用评价工作的意见》，而向行业协会授权和转移职能的规定有限。例如，国家有关部门委托给行业协会一些认证性质的审批职能，《中华人民共和国信息产业部关于授权上海、天津、深圳三市软件行业协会为当地软件企业认定机构的通知》（2000 年 11 月 27 日），授权三市软件行业协会为协会所在行政区域软件企业认定机构。《信息产业部关于授权重庆市等七个软件行业协会为当地软件企业认定机构的通知》，认为重庆市软件行业协会、海南省软件行业协会、广西软件行业协会、湖南省软件行业协会、湖北省软件行业协会、江苏省软件行业协会、青岛市软件行业协会已基本具备关于软件企业认定机构的条件，决定授权上述七个软件行业协会为其所在行政区域内软件企业认定机构，授权有效期为一年。可见，国家部委有关向行业协会转移职能和权力的规定权威性与覆盖面不足。

地方政府层面关于行业协会的地方性法规和规章并未解决行业协会性质定位以及向行业协会放权的问题。截至 2022 年 4 月，有 6 个省市出台了当地人民代表大会常务委员会制定的行业协会条例或行业协会发展规定，属于地方性法规，包括上海、广东、江苏、云南四个省（市）和无锡、深圳两个市。制定行业协会管理办法即地方政府规章的有 8 个省级政府和 5 个地市级政府。在这些地方的政策法律文件中，关于政府与行业协会的权力关系存在如下需要深化改革的问题。

一是要解决行业协会的性质定位影响政府与之权力关系改革的问题。关于行业协会性质，有些地方把行业协会定位于"非营利性社会团体"

（上海、云南等省市）；有些定位于"非营利性社团法人"或"非营利性社会团体法人"（江苏、湖南等省）；有些定位于"社会团体"（杭州、郑州等），或者"行业性社会团体"。这些不同的性质定位会影响到政府向行业协会放权及其二者的权力关系改革。由此也说明，国家层面立法对行业协会进行统一规定和顶层设计，对改革政府与行业协会权力关系至关重要。

二是要解决行业协会承担政府转移事项的规定原则化、笼统性问题。多数地方规定，加快政府转变职能，把行业协会能够承接的、适宜做的事情，或者技术性、事务性职能转移或委托给行业协会。这种原则性规定不利于政府向行业协会放权。例如，《无锡市促进行业协会发展条例》（2014年修正）规定，"各级人民政府应当推进职能转变，将适宜由行业协会承接的行业管理与协调、社会事务服务与管理、技术和市场服务等职能或者事项转移或者委托给具备条件的行业协会"。《天津市行业协会管理办法》（2018年修正）第四条规定"市和区县人民政府及其工作部门应当扶持和促进行业协会的发展，加快政府职能转变，将行业协会能够自律管理的事项逐步转移由行业协会承担，支持和保障行业协会独立开展活动"。有的地方政府规定了县级以上人民政府及其有关部门应当把有关职责移交给行业协会，如果相关政府部门向行业协会转移这些职责，却没有规定追责措施，向行业协会放权的效果将大打折扣。只有极少数地方对政府转移职能的规定做了具体化处理，例如《杭州市行业协会管理办法》（2015年修订）第十条规定："市、区县（市）人民政府及有关行政管理部门应当转变职能，逐步将行业准入资质审查、技能资格考核、技术职称评审、行业评估论证等职能依法授权或者委托行业协会承担。"这些事项是具有行政审批性质的事项，可以看出杭州市政府向行业协会下放审批权的改革，该办法中另有一点可借鉴的是，对行业协会的职能进行了分类规定（行业代表职能、行业自律职能、行业服务职能、行业协调职能），还规定了行业协会接受授权或委托的职能，包括"开展公信证明、产地证明、行业准入资质审查、技能资质考核、技术职称评审、产品质量认证"。这种分类比较明确、简洁，对行业协会承接职能也有一定可操作性。杭州市关于行业协会的立法可在全国更广范围内推广。

三是要解决行业协会承担审批或监管职责依据不充分的问题。已有的一些地方政府关于行业协会条例和办法中，比较笼统地规定了政府向行业协会委托的事项，在整个监管链条上，包括事前审批的监管和事后监管环节，到底哪些领域、哪些范围、哪些事项行业协会有权力介入，需提供充分的权威性依据。在行政审批领域，有些地方条例规定了政府向行业协会委托或者转移技能资质、评估、认证、鉴定类事项，有的委托是以购买服务的方式，有的则是鼓励或支持行业协会参与相关资质审查和认证事项，可见，政府对行业协会在审批事项的授权不充分。分析一些地方行业协会条例的规定条款，对行业协会承担行业准入的资格资质认证鉴定等审批类事项，政府有关部门可以委托也可以不委托，或者行业协会具备一定条件才能参与政府购买服务，政府没有真正向行业协会授权或放权。在升级行政审批制度改革中，一方面，通过取消或下放审批权，给公民更多的从业选择自由度；另一方面，属于行业准入、行业协会专业标准范围内的资格资质类审批事项，下放给行业协会自治管理，可以更好地发挥行业协会在这类资格门槛方面的专业性、信息性优势，解决政府与这些行业准入者之间的信息不对称问题。以《行政许可法》相关条款为依据，应加大政府对行业协会这类审批事项的放权力度，顺应新形势转变政府职能，提升政府治理能力。

加强立法确立行业协会在市场监管中的合法地位。针对上述分析的国家层面和地方政府层面对行业协会发挥作用和功能的法律依据不充分问题，以及实践中面临的诸多限制，今后要加强立法或完善相关法律法规，赋予行业协会进行市场监管的职责。目前国家相关部委已经有相关规定，支持行业协会发挥在市场监管中的作用。我国商务部信用工作办公室、国资委行业协会联系办公室下发的《关于进一步做好行业信用评价工作的意见》，要求确立行业组织实施信用管理的主体地位，完善信用评价工作体系。行业协会商会要大力推进行业信用网络建设，加快建立参评企业诚信档案和行业信用信息数据库，制作发布企业信用"红黑榜"，推动行业信用评价结果在上下游行业组织间互认共享以及在市场拓展、投融资等领域的实际应用。当前行业协会参与市场监管较多局限于信用监管领域的信用信息管理和信用评价等。从法律效力上该意见只是部门文件，行业协会获得市场监管职责的法律权威性不足，后续改革要注重从法律法规层面解决行业协会的监管职权问题，处理好企业、行业协会、政府三者之间的权力责任关系。

　　未来改革应着重于增强行业协会独立性，通过政府与行业协会协作完善创新市场监管。突破性推进政会分开改革，增强行业协会独立性是提升其市场监管能力的条件。行业协会在行政性质和组织性质上具有双重身份，既是其成员企业的代理人又是政府的代理人，行业协会的经济私利性与政府追求社会公共利益的价值目标之间也有冲突。今后应加大政会分开改革力度，促使行业协会发挥监管功能的独立性和中立性。理想目标是政府与行业协会有机协作，完善创新市场监管，提高监管效能。政府取消和放开准入门槛，市场主体数量规模、形态、性质类型等巨大变化的日益复杂性，加剧了市场监管的风险和挑战，单靠政府主体无法有效应对，现实要求政府与行业协会协同监管。行业协会既是市场的参与者，又是企业的组织者，不能脱离于市场监管的主体网络之外，要发挥其在政府和具体企业之间的桥梁与中介功能。例如，近年来，东莞市探索政社协同多方共治的市场监管新模式，市场监管局印发《东莞市发挥商协会共治作用促进科学市场监管工作方案》，深层次推动商协会参与市场监管共建共治，取得了较好的成效。其中，东莞市特种设备行业协会向社会发布了《东莞市电梯维保行业自律公约》和《东莞市电梯维护保养成本》，主动向社会公布电梯行业维保成本，是广东省首个由协会发布的行业成本指引。东莞市电子商务行业协会成立网站网店风险排查法律专家组，对近万家电商企业的网站及阿里巴巴平台网店实施风险排查，指导问题企业网站整改，对拒不整改的违法失信企业移交监管部门依法处理，初步构建起"协会排查预警—企业自查自纠—行政部门查处违法行为"的协会共治工作机制。[1] 其他地方也有类似做法，这些地方政府在与行业协会进行协同监管方面的实践经验，可以为完善创新市场监管提供借鉴。

　　最后需要注意的是，行业协会被授予监管权力时，政府要考虑规避权力风险。因行业协会的二重性，其毕竟还代表着一个特定行业的利益以及其会员企业主体的利益，有可能受到大企业控制，导致偏离甚至损害社会公共利益的行为发生。这些风险需要政府通过对行业协会的监管与约束进行规避，

---

① 《市市场监管局着力提升商协会共治能力成效初显》，东莞市市场监督管理局网站，2020年1月15日，http://dgamr.dg.gov.cn/zwdt/zwxx/content/post_2785569.html。

更好地发挥行业协会在一定范围内的市场准入和市场监管的职责功能。国家相关部门已在完善对行业协会的综合监管。首先是推动行业协会诚信自律，这是行业协会发挥好市场监管职能的自身内部条件。民政部等部门发布了《关于推进行业协会商会诚信自律建设工作的意见》，要求加强行业协会信用建设。国家发展改革委等10个部门联合印发的《行业协会商会综合监管办法（试行）》要求完善专业化、协同化、社会化监督管理机制，构建起信息共享、协同配合、分级负责、依法监管的行业协会商会综合监管体系。为规范行业协会的收费管理，国家发展改革委等发布的《关于进一步规范行业协会商会收费管理的意见》，要求加强对行业协会商会收费的指导监督，从严从实查处行业协会商会违规收费行为，引导行业协会商会在其宗旨和业务范围内规范开展经营服务性活动。

（四）政府与公民的权力关系调整侧重于参与权和选择权

深化拓展行政审批制度改革，政府向公民赋权方面未来一段时间至少有两个重点。

1. 公民在行政审批事项与权力行使过程中的参与权和监督权的落实

按照行政审批权力事项设定与评价以及行政许可的实施程序，落实法律中规定的公民权利。《行政许可法》第二十条规定："公民、法人或者其他组织可以向行政许可的设定机关和实施机关就行政许可的设定和实施提出意见和建议。"就公民一方主体而言，对政府机关实施行政审批过程中的问题以及设定行政审批事项的不合理问题，公民的意见表达权利还未很好落实，或者说公民的意见和建议未完全得到相关政府部门的重视与回应。这是公众对行政审批的社会监督权利问题。《行政许可法》第四章第四节专门规定了"听证"制度，包括需要听证的行政许可事项范围、听证参加人、听证的组织、听证程序等。对行政审批的听证制度规定充分体现了公民参与行政的现代政府治理理念，但从法律条文规定到落地实践，中间有很大空间，有很长·段路要走，这正是今后推动行政审批制度改革要着力的一个方向。改革政府与公民的关系，给公民更多参与行政审批的权利，实质是对政府行使审批权力的监督。

2. 进一步通过职业资格资质改革扩大公民就业或从业准入的自由权

就公民的职业自由分析，要根据经济社会发展不断给公民更多选择权利，降低公民个人的市场准入门槛。就保就业、稳就业、促经济发展的目标而言，需要更多市场准入自由的保障，依法取消不必要的职业资格认定和不必要的职业资格考试。今后职业资格的行政审批或许可、确认改革，要取消非必要的、与现代经济社会发展不相适应的职业准入审批，同时建立健全以信用约束为核心的监管机制，类似对企业的信用监管，对公民个人主体也要更完善的信用监管。通过对公民从业准入之后的信用监管保障前端准入的宽松与选择自由。

3. 放宽准入必须以加强获得职业资格的后续监管为前提

宽进与严管并行，简政放权与加强监管并重，行政审批制度改革与有效监管统筹，在职业资格许可改革与监管中也要坚持同步推进。即使是放宽了就业择业准入门槛，减少了职业资格审批之后，也同样要与加强事中事后监管有机统一结合起来，才能有效维护市场公平竞争秩序。比如有些人违法滥用职业资格证书谋取利益，让企业拥有虚假的高标准资质，扰乱相关市场秩序，导致重大安全隐患的问题。"违法违规出借资质给不具备资格的人实施项目管理，不仅违背执业规范和诚信原则，扰乱相关行业的市场秩序，还给建筑工程项目监管和质量安全带来隐患，甚至可能危害人民生命财产安全。"① 由此，要提高滥用职业资格行为的违法违规成本，必须延伸监管链条，维护行业秩序和安全。政府和行业协会组织等主体对获取职业资格的公民使用资格证书的行为同样需要监管，这是取消和放开公民就业准入的前提和保障。

五 拓展和统筹行政审批制度改革要把握的几个关系

在方法论思维层面，今后拓展和统筹推进行政审批制度改革还有一些关系需要处理好。

第一，处理好可行性与前瞻性的关系。

这是从政治和全局考虑审批职能的要求。行政审批是政府的一项行政权力，也是政府履行职能的一种方式。按政府职能范畴，审批职能并不是越少越好，而应根据经济社会发展做适当调整。市场经济不完全是自我调节的，

---

① 余贤红：《向违规挂证行为亮剑》，《瞭望新闻周刊》2022 年第 37 期。

政府必须适度干预以消除其带来的一些负面影响。有些职能如维持稳定职能及对分配公平的价值追求，单靠市场本身解决不了；在经济危机时政府干预对重建市场和经济复兴有着不可或缺的作用。行政许可在任何国家都有，许可制度是必要的，但都有一个限度。行政审批制度改革，在这个限度上，更深层次含义是行政审批权力与其他权力的关系，是行政主体与行政相对方在权力配置上的关系问题。比如开汽车，没有驾驶证就能开的话，结果与风险不可控。如果某人或某个法人作出的行为，有可能影响别人的权利和自由，甚至影响整个社会公共利益，就必须加以控制。不是说不需要任何许可和审批，而是要取消和改革那些阻碍经济社会发展的审批。这就是解决行政审批的可行性问题。

同时还必须有前瞻性。升级拓展行政审批制度改革不等于无限制减少行政审批权力事项。不要让企业和社会公众走入误区，认为行政审批应不断减少甚至全部取消。按总体国家安全观的指导思想，对涉及国家安全和社会稳定等方面的审批事项，要充分考虑其复杂性、风险性、敏感性、重要性，从政治和全局高度对行政审批的总体布局作出前瞻性判断和调整。关于土地管理尤其是耕地使用管理的审批权力，不得随意无限制下放审批权的层级和越权审批，这不仅关系到国家 18 亿亩耕地红线，而且关系到粮食安全的国家战略问题。政府的行政审批不是越少越好，一些市场型政策工具因为市场的自发性和逐利性，并不具有维持运转的可持续性。正如有学者所说，"虽然消费者通过市场选择能起到规制市场的作用，但这是以消费者掌握充分的商品信息为前提的。为此，我们必须建立商品标签监督机制，以确保所有必要信息的准确性、可获得性以及易理解性"。① 一些政府审批权力与职能必不可少，但履行方式需要改革。

第二，处理好合法性与合理性的关系。

合法性推进行政审批制度改革需关注两个方面的问题。一方面，强调权力法定、依法限制权力范围和边界，健全权力清单制度以及延伸和扩展

---

① 〔美〕菲利普·J. 库珀等：《二十一世纪的公共行政：挑战与改革》，王巧玲、李文钊等译，中国人民大学出版社，2006，第390页。

的责任清单、负面清单，让市场企业主体对制度环境形成稳定预期。另一方面，强调依法坚持权责统一的原则。"权力下放意味着民主参与性的增强，它要求把项目执行的责任以及相应的决策权力同时下放给地方，或者至少是尽可能地下放给那些直接受政策影响的群体。"① 下放审批权力不仅是把权力事项下放给地方，还要有配套的责任、财力方面的下放。行政审批部门不只是享有审批权力，同时应承担相应审批责任，尤其是其违法违规审批造成的后果要被追究责任。监管部门也不能把市场监管仅当成一种责任，因为政府的市场监管职能本身包含监管这种权力在内，政府具备了一定权力，才行使相应的职能。因此，不同环节的监管职责履行，必须遵循权责一致基本原则。有些地方对行政审批权力的责任进一步规范化。例如，杭州市发布了《杭州市行政审批责任及其追究办法》，就政府各部门及直属单位及其工作人员在行使行政审批权力过程中承担的责任、责任追究做了详细规定，有利于遏制越权审批、违法违规审批、审批失误和超时等行为的发生。完善行政审批权力的责任追究和制衡机制，能有效避免行政审批寻租和滥用审批权力问题。

升级拓展行政审批制度改革要坚持合理性原则，实事求是处理好合法性与合理性的关系。行政审批制度改革的合理性，涉及审批事项权力关系的调整，应征求多方面主体意见和建议，为审批项目审核与论证提供重要支撑，依法确保审批项目清理与审核的科学性与合理性。在现实中，有些行政审批和监管事项如果不符合经济社会发展需求了，就应该有所调整，同时对相应法律法规进行修正完善或废止，这就是坚持与经济社会发展需求相适应的合理性原则的体现。它包含着法治和改革之间的辩证关系，"改革和法治相辅相成、相伴而生。……做到重大改革于法有据，改革和法治同步推进，增强改革的穿透力"。② 辩证地分析，"改革要于法有据，但也不能因为现行法律规定就不敢越雷池一步，那是无法推进改革的"。③ 推动行政审批制度改革和完善市场监管的本质要求就是处理好政府职能转变与法治的关系，"政府职

① 〔美〕菲利普·J. 库珀等：《二十一世纪的公共行政：挑战与改革》，王巧玲、李文钊等译，中国人民大学出版社，2006，第391页。
② 《习近平关于社会主义政治建设论述摘编》，中央文献出版社，2017，第102页。
③ 《习近平谈治国理政》第2卷，外文出版社，2017，第124页。

能转变到哪一步，法治建设就要跟进到哪一步。要发挥法治对转变政府职能的引导和规范作用"。① 处理好深化改革与依法改革的关系，是行政审批制度改革的破与立的辩证关系，同时处理好贯彻《行政许可法》及相关法律法规与执行改革政策之间的关系。

第三，理顺整体统筹推进和突出重点的关系。

重点突破和整体推进的关系是哲学层面上两点论和重点论的关系，抓住主要矛盾和矛盾的主要方面。"要坚持整体推进，统筹谋划深化改革各个方面、各个层次、各个要素，注重推动各项改革相互促进、良性互动、协同配合，注重改革措施整体效果……注重抓重要领域和关键环节。"② 坚持整体统筹规划拓展行政审批制度改革和放管衔接并重改革的各个方面、各个层次，然后注重抓重要领域和关键环节。政府在行政审批和市场监管领域的改革涉及职能、组织机构、人事、财政等多个领域，要整体谋划、抓住重点和突破口，以此牵引和推动政府整体性改革。

加强国家层面权威性、整体性的顶层设计，整合各级的"放管服"改革协调领导小组，进行顶层权威谋划。在关键环节上从注重行政审批事项的数量减少转向重点改革政府与外部主体之间的权力关系；把行政审批按照其事前监管的本质统筹纳入整体监管的全链条、全过程，统一进行权责配置；在放管并重领域特别突出完善监管体制和构建新监管格局，把有效监管与构建高标准市场体系、建设全国统一大市场目标关联起来。坚持科学精神与规范运作、正确导向和良性互动，处理好行政审批制度改革与其他各项改革的关系，蕴含了提高改革整体综合效能的要求。

第四，实现技术与制度的双轮驱动和协同。

行政审批制度改革伴随着互联网尤其是大数据等现代信息技术迅猛发展，在程序性改革与流程再造、部门协同联合审批等方面迈上了创新快车道，很好地展现了技术驱动的力量。"互联网＋技术赋能"的行政审批制度改革，推动着政府不同审批部门之间的信息共享以及行政审批标准化，驱动各级政府为企业和社会公众提供更便捷的服务，这些技术性改革减少

---

① 《习近平关于社会主义政治建设论述摘编》，中央文献出版社，2017，第113页。
② 《习近平总书记系列重要讲话读本（2016年版）》，人民出版社，2016，第79页。

了企业办事制度性成本。行政审批制度改革拓展了事中事后监管环节，运用大数据技术有利于实现全方位监管以及审批与监管相互衔接，特别是能解决传统"人力监管"问题，向技术监管转变。

但是，技术本身又有其局限性。制度也是现代政府治理的重要变量，技术需要与制度创新双轮驱动，才能推动改革平衡协同前进。技术驱动的行政审批制度改革更强调审批效率，然而除了追求经济效益，还有社会效益、环境生态效益等，这些不是短期内能达到的目标，要实现多重效益的统筹综合的高质量发展，不能急功近利，需要权衡"技术求快"的目的与社会风险之间的关系。而且技术发挥作用必须有正确的价值导向。技术作为治理手段有其成本投入，充分权衡多维度的成本和收益成为必要。行政审批制度改革过程中，不同层级政府、不同部门的不同系统都有各自数据系统，有些存在重复建设的问题，这种资源浪费当然是一种成本。利用大数据技术对行政审批权进行约束和监督也需要成本，尤其是对行政审批全程的电子监察，需要耗费巨大成本。笔者在调研两个西部省份（四川、甘肃）的地市和区级政府时，有关部门负责人提出这种成本财政承担不起，所以这种技术手段的监督方式在欠发达、财力条件有限的地方存在可持续性问题。运用大数据技术推进改革还须有相应人才配备，这可谓人力资源成本，不少地方反映因编制不够而雇用的人员的技术能力和专业性欠缺，这对推进行政审批制度改革也是一种不利因素。解决行政审批制度改革中的技术性成本需要制度创新发挥作用。

大数据技术给信息管理带来的巨大挑战和在行政审批制度改革中的局限性，要求通过制度创新加以解决。大数据及其技术发展使得信息呈几何级增长，某些领域表面上的信息过载并没有从本质上减少信息稀缺和信息不对称问题；换言之，信息规模之大在某些领域里并不能弥补信息占有的结构性缺失，这涉及大数据信息的有效性与共享问题，需要相应领域的制度改革与创新解决大数据信息的结构性问题。大数据技术虽然显示了其在行政审批程序性改革中的特定优势，但对政府权力结构改革有其局限性，尤其是政府与外部主体的权力关系改革更需要突破性的制度创新来实现。"行政审批制度改革的主要目标是，建立与社会主义市场经济体制相适应的行政审批制度。行政审批制度改革的效果如何，不仅要看减少了多少审批项目，更重要的是看是否通过改革实现了制度创新。"①

党的十九届四中全会提出，"坚持和完善中国特色社会主义行政体制，构建职责明确、依法行政的政府治理体系"。② 明确政府职责及其体系的优化，不仅涉及政府系统内部的权力配置关系，还包括政府与外部各类主体的权力与权利关系，需要制度创新以改革政府治理结构。同时要"以推进国家机构职能优化协同高效为着力点"，优化政府职责体系，实现组织结构和权责协同、运转高效的目标，而大数据技术本身不可能自动实现部门之间的协同。各相关部门之间在职能转变、权力关系改革、管理方式变革创新上，要转变治理理念，尽量达成基本共识，这是发挥技术优势的思想基础。大数据技术主导的数字政府建设要跳出"技术统治论"或"技术主导论"的思维框架，从"赋能政府治理能力"转变到"变革政府治理体系"。政府改革政策所要求的价值判断或价值目标排序，不能完全依赖数字技术决策，而是需要制度化的政府领导集体决策来综合统筹权衡。制度影响着技术作用发挥的方向与程度，"由于受到政治、社会、文化等因素的约束，技术往往被用于实现不同的目标，拒绝或使用一项技术以及技术如何被使用，往往不是技术的原因，而是制度的选择"。③

总之，升级拓展行政审批制度改革，大数据运用和技术驱动有其局限性，需要实现技术与制度创新的双轮驱动与协同。运用信息技术手段推进行政审批制度的程序性改革与流程重塑提高效率的目标实现后，进入高级阶段要从"政府视角"转向"政府与外部主体的交互视角"，通过制度创新进一步改革政府与多元主体的权力结构。在依法改革政府权力结构、明确划分权责边界的前提下，也即必须确定好"做正确的事"这一前提，才能运用先进技术手段驱动"正确地做事"、提高效率。这也是威尔逊强调的关于政府职能的两个根本性问题，即"政府能够正确且成功地做什么，

① 国务院行政审批制度改革工作领导小组办公室编《改革行政审批制度 推进政府职能转变》，中国方正出版社，2003，第7页。
② 《中共中央关于坚持和完善中国特色社会主义制度 推进国家治理体系和治理能力现代化若干重大问题的决定》，《人民日报》2019年11月6日，第1版。
③ 张丙宣：《技术与体制的协同增效：数字时代政府改革的路径》，《中共杭州市委党校学报》2019年第1期。

以及怎样高效率地以最少的财力做好这些正确的事情"①。这一经典思想现在也有其现实意义。

第三节 国外行政审批和监管改革的经验启示②

行政审批制度并不是中国特有的制度，严格法律意义上的行政许可在任何国家都有，只不过名称和内容有差异。从世界范围观察，发达国家的审批和管制改革也涉及了政府与企业等多种主体之间的权力博弈。20世纪七八十年代，受新自由主义思想影响，西方发达国家开始了放松管制改革，取消了大量不合理的阻碍市场企业主体经济活动的规章制度，基本经历了取消和减少管制以及权力下放的改革和发展实践。不论是解除管制、放松管制，还是取消管制、减少管制的表述，关键都是放宽市场准入门槛，废除阻碍市场自由竞争的管控措施，但不是政府管控越少越好，而要追求监管的效益和质量。OECD（经济合作与发展组织）1997年发布了监管改革报告，提出政府监管质量目标，按照1995年OECD《提高政府监管质量的建议》，管制改革要坚持"善管"（good regulation）的基本原则，良好的管制或监管应该是：（1）必须服务于清晰确定的政策目标，并有效实现这些目标；（2）具备合法基础；（3）产生的收益要能够证明监管成本的正当性，并考虑社会效果的分布；（4）把成本和市场失灵或市场扭曲最小化；（5）通过市场激励和目标导向的方法促进创新；（6）对政府和市场主体而言，监管应清晰、简洁、实际可行；（7）与其他的监管规则和政策相一致；（8）尽可能与国内和国际竞争、贸易和投资便利化原则相符合。③因此，并不是不要政府管制，而是需要适度监管、有质量的监管，要求政

---

① Woodrow Wilson, "The Study of Administration", *Political Science Quarterly*, No. 2, 1887, p. 197.

② 其他国家实行管制或监管，在政府职能本质上与中国实行的审批和监管具有基本共性。鉴于学术界对 regulation 及相关术语的翻译多为管制或规制，而政府管理实务部门通常称为监管，本部分内容根据不同情况有些地方用管制，有些地方用监管的表述。这些表述差异不影响国外一些关于管制和监管改革的实践做法对中国行政审批制度改革的启示与借鉴。

③ OECD, "*The OECD Report on Regulatory Reform*: *Synthesis*," Paris, 1997, p. 27.

府运用有效、可靠机制进行协同性监管，不同层级政府还要加强自身改革。2008 年经济危机爆发，引发了西方国家对政府监管或管制的新反思，要加强行业监管，设定更严格标准。主要发达国家在管制（监管）领域有各自的改革措施，这些改革措施的共性特点及其蕴含的理念对中国升级拓展行政审批制度改革具有一定启示意义。

一　三个国家的政府审批和管制改革主要做法

考虑到不同国家政治体制、经济制度等制度环境，本书选择了管制和监管改革比较典型的西方发达国家美国，以及亚洲的日本和印度，分析这几个国家在审批和管制改革方面的做法与经验，以期对中国深化行政审批制度改革提供借鉴或思考。

（一）美国的管制与监管改革

美国政府对经济领域的干预和管制从 19 世纪 70 年代开始，主要目的是为维持公平竞争的市场秩序。第一个重要的联邦监管法规是 1887 年制定的《州际商业法案》（Interstate Commerce Act），依此设立的州际商业委员会是第一个联邦管制委员会。技术发展产生了更多公用事业，联邦和州政府增加了对电力、电信、供水系统、天然气等行业的管制。[①] 美国管制范围的变动与政治改革的推进是同步的，比如在进步主义时期、20 世纪 30 年代的罗斯福新政时期、60 年代的自由主义政治时期等，美国政府的行政管制范围都有所扩展。1900～1980 年，美国通过了 131 个监管法规，关于监管的法律、规则、政府文件等几乎达到了历史新高，甚至阻碍了管制者的执行能力，监管机构数量从 6 个增加到 56 个。这种监管机构和监管法规的大规模增长，反映了政府监管行动在范围和影响上的扩张，结果束缚了企业竞争优势，阻碍了经济发展，政府成本也不断增加，导致了巨额预算和财政支出。根据卡特总统经济咨询委员会（President Carter's Council of Economic Advisors）的观点，美国经济生产率大幅下降，是由政府监管引起的。默里·韦登鲍姆（Murray Weidenbaum）推断，单单监管的行政成本

---

① Kenneth Button & Dennis Swann, *The Age of Regulatory Reform*, Oxford: Clarendon Press, 1989, p. 28.

323

每年就超过了 1000 亿美元。^① 过度的政府管制显现出的弊端，使公众态度也发生了改变，对政府管制的合法性提出质疑。由此，美国不断推进取消和减少管制的改革。

20 世纪 70 年代管制改革的初步举措。美国在管制膨胀和成本巨大增长压力下开始了管制改革。1973～1980 年，在福特和卡特总统时期美国实行了一些阻止经济管制过快增长的措施，面对通货膨胀和经济停滞压力，为减少过度管制对市场竞争和生产率的负面影响，废除和调整对经济发展有阻力作用的管制法规制度，调整政府管制重心，使企业活力得到正常释放，促进经济发展，美国政府通过了一些取消或减少管制的法规与命令。1978 年总统关于《改善政府管制》的行政命令下发，要求管制政策尽可能简洁明确，不要给企业、个人、公共或私人组织、州或地方政府施加不必要的负担；明确管制目的，监管机构负责人和政府官员要实施有效监管，考虑可替代的管制方案，遵从管制成本最小化原则。^② 1979 年，美国联邦政府发布了关于削减政府文件的总统行政命令（Executive Order 12174），基于必要性和成本最小原则清理政府文件，减轻政府文书或红头文件对公众的负担，建立废除政府文书的程序。特别是关于政府监管的重要规章制度的制定要遵循程序要求。

20 世纪 80 年代和 90 年代大规模推进多领域的管制改革。里根总统执政后，管制改革更加广泛深入，要把政府角色转回到"新政前"（pre-New Deal），政府更少的干预才能解决阻碍经济发展的问题，而且里根政府取消管制包括一系列重要目标，如更低的税收、联邦政府对州和地方政府事务的更少干预也即联邦政府的权力下放、更少的内部程序、更少的官僚、用更少的成本推动政府运转。里根政府通过的第 12291 号行政命令^③，是大幅度进行管制改革的标志之一。该行政命令要求美国联邦政府减少管制及其负担，增强监管机构责任性，加强对管制程序的监督，把相关法规制度之间的重叠或冲突最小化，确保理性管制；要求联邦行政机构对所

① M. R. Goodman & M. T. Wrtghtson, *Managing Regulatory Reform: The Reagan Strategy and Its Impact*, New York: Praeger Publishers, 1987, p. 28.

② "Presidential Documents: Improving Government Regulations," Executive Order 12044, 1978.

③ "Presidential Documents: Federal Regulation," Executive Order 12291 of February 17, 1981.

有重大管制政策加强审查和分析，基于管制的充分信息进行成本—收益评估，如果采取的管制对社会没有潜在收益，就不要实施，以保证对社会的净收益最大化。

在取消或减少管制内容的同时，对管制程序的改革也在推进。1985年美国总统行政命令（Executive Order 12498）提出对实施的监管要制订计划，确定优先性监管方案，增强监管部门责任性，加强总统对监管过程的监督，每个执行部门要把年度计划按照第12291号行政命令要求，提交给管理与预算办公室，目的仍是减轻管制负担。该行政命令实际上也是对管制机构的"监管"，对管制机构的规则制定和管制行为进行实质性审查和程序性审查，确保管制有效性。里根政府提出了改革管制的5个要求。（1）重新审查现存的规章制度，尽可能撤销或修正。（2）减少新监管法规的制定。（3）对已有的管制措施进行调整。（4）任命政治忠诚人员分担政府改革管制的任务。（5）管制机构的预算以及州政府和地方政府的管制程序要有明显削减。[①] 对中央和地方之间的管制权力划分，里根政府要求把联邦政府管制权力下放给州和地方政府，增强州和地方政府自主权，促进经济增长。后续几届总统通过行政命令继续在行政体系展开减少管制与程序改革。例如，基于管制目的和当时管制改革仍存在的问题，为确保管制政策成为经济增长的最好引擎，推动管制改革提高经济发展绩效，同时确保管制体系能够提升人们健康、安全、福利水平，1993年第12866号总统行政命令进一步改革实施管制的法律制度以及管制程序，增强管制合法性、规划性和协调性，从根本上减少管制对社会施加的不可接受或不合理成本。[②]

取消管制的改革在不同行业和不同经济社会领域存在差异性。美国政府取消和减少管制的改革，绝不是出现在所有行业和社会所有领域。取消管制在某些领域带来了经济效率和收益，而在某些领域却产生了一些损失。在那些更密切关系社会公共利益的领域，包括食品药品安全、职业安

---

① M. R. Goodman & M. T. Wrtghtson, *Managing Regulatory Reform*：*The Reagan Strategy and Its Impact*，New York：Praeger Publishers，1987，p. 38.

② "Presidential Documents：Regulatory Planning and Review," Executive Order 12866 of September 30，1993.

全与健康、环境保护等领域，美国政府要求加强监管，不过要对监管方式进行市场化改革，更倾向于运用绩效导向和市场激励导向的手段。进一步分析，取消和减少管制的改革并不是一劳永逸或没有缺陷的，实施或取消管制是比较复杂的政策过程，需要考量或权衡经济效率和社会效益以及与其他目标之间的关系。

政府监管政策随经济发展而不断调整与适应。2008 年金融危机爆发后，美国政府积极推动监管政策改革，建立了事后监管影响评估制度，以期减少监管成本。奥巴马政府自 2009 年推行了一系列重要监管改革，实行监管评估制度化。特朗普政府执政后颁布了第 13771 号总统行政命令《减少监管和控制监管成本》，核心仍是取消不必要的监管，减少监管成本，要求监管部门必须对监管的支出和成本负责任，确保监管成本通过预算程序得到控制，年度监管成本要提交给白宫的管理与预算办公室。① 这显示出美国联邦政府日益重视监管成本收益与理性实施，并进一步简化审批与监管程序，要求行政部门和监管机构支持美国制造业发展，加快审查和批准关于制造业的申请，减轻影响国内制造业发展的监管负担。尤其近几年受疫情影响，美国政府通过减少监管以及对小企业的扶持政策支持经济复苏发展。例如，美国政府第 13924 号总统行政命令《减轻监管支持经济复苏》，针对疫情对经济的冲击和企业生存问题，要求政府部门在确保公众健康与安全、国家安全、符合预算要求前提下，依法对阻碍经济复苏的监管措施进行撤销、修改、废除等，支持企业发展，提振企业特别是小企业重新生产经营的信心，创造就业机会、促进经济增长。② 为使监管与经济社会发展需求相一致，由联邦政府权威机构对政府重要监管措施进行审查，确保在疫情流行和经济下行压力挑战之下依法监管，通过理性监管提升经济效率和发展的包容性，促进社会公共利益的实现。

（二）日本和印度的审批与监管改革

选择分析日本和印度的改革，一是考虑到日本与我国同属于东亚国

---

① "Presidential Documents: Reducing Regulation and Controlling Regulatory Costs," Executive Order 13771, 2017.

② "Presidential Documents: Regulatory Relief to Support Economic Recovery," Executive Order 13924, 2020.

家，都经历了政府主导经济的历程；二是考虑到印度与中国有类似人口规模，都是新兴发展中国家。

1. 日本行政审批制度改革

二战后日本一直遵循政府主导经济的发展模式，实现了经济腾飞。随着全球经济一体化推进和国内泡沫经济破裂，过多管制导致了资源配置低效和对经济发展的制约，由此日本改革政府管制和审批成为必然。

大幅度减少审批事项和精简审批程序。面对政府行政审批权的范围越来越大，对企业主体经济活动和公民个人行为的管制不断增多而导致资源浪费和阻碍经济发展活力的现实问题，日本政府从 20 世纪 60 年代到 80 年代，进行了以精简行政审批为主要措施的改革。据日本相关统计，60 年代各中央省厅掌管的行政审批事项超过 1 万项。这些过多的政府审批增加了企业成本和经济负担，也阻碍了经济活力和政府税收增长。1961 年经首相提议，日本设立了属于内阁的临时行政调查会，该调查会于 1964 年 9 月发布《关于行政改革的意见书》，其中一项为《关于改革行政审批制度的意见》，指出行政审批中缺乏时效性和必要性的项目很多，现行政府规制范围过广而且手续繁杂，建议实施废除、合并等改革，将其从中央政府下放到地方政府，放松审批条件和简化程序。① 这成为大力改革行政审批的重要措施。

减少经济领域的管制和放宽准入。从 20 世纪 80 年代到 21 世纪初，日本通过改革，减少或取消产业管制，释放经济发展活力和社会活力。80 年代，在英美等国家管制改革影响下，日本加大了改革力度。"1986 年 4 月，中曾根内阁发表《协调国际经济结构调整研究会报告书》，即著名的《前川报告》，首次将放松规制作为政策主题，提出'原则取消、例外规制'的基本方针。《前川报告》通常被认为是日本政府开始进行规制改革的重要标志。"② 取消或减轻管制主要集中在经济领域的通信、航空、铁路交通、电力、燃气、零售业等行业，也有一部分涉及环境保护、劳动就业、教育等领域。起初是在企业的市场准入、价格管制、产品进口限制等领域进

① 参见李宏舟《日本规制改革问题研究：理论、内容与绩效》，中国社会科学出版社，2016，第 50～51 页。

② 徐梅：《日本的规制改革》，中国经济出版社，2003，第 94 页。

行改革，以更好地实现竞争机制。后续改革逐渐扩大范围。日本政府减少行政审批事项，减少政府在运输、电信、金融等关系国民经济行业的干预。通过行政审批配置权改革，日本政府在经济中的地位和作用逐渐转变。

以权威机构作为推动改革的组织保障。日本行政审批权改革采用的是循序渐进的方式，通过试点和组建临时组织为正式权力下放和政府机构、职能改革做铺垫。在机构和组织保障上，日本成立了行政改革委员会推动管制改革。20 世纪 90 年代，日本行政审批制度改革不断深化，这一时期"桥本"行政改革使得政府从行政审批制度改革发展为全面的行政体制改革。日本政府从 1994 年开始设立推进改革的第三方独立机构——"行政改革委员会"。1995 年，由行政改革委员会下设的规制改革分委会制定了第一部规制改革行动方案——《推进规制改革计划》，提出了运输、通信、金融证券、流通等领域的改革措施，把取消和减少这些领域的管制作为推动经济发展的重要手段。在那个阶段，经济合作与发展组织指出日本行政审批程序的一个问题是，"行政程序中缺乏透明度，仍然是日本行政管制体系中的一个重要缺陷"。[①] 对管制程序进行改革非常重要，可以确保效率、透明度、责任性以及可预见性。1993 年，日本政府制定《行政程序法》，规定了中央政府部门和机构实施许可、准许和批准、审批的规范性程序；同时还设定了行政部门进行行政指导的一般性原则，行政指导也不能超越权限。这对于简化审批标准和程序起到重要作用，而且还有利于压缩审批时间。另一项重要的程序性改革是公众评论程序（Public Comment Procedures），以法律加以规定，自 1999 年 4 月开始生效，要求中央政府部门公开将要实施的管制，给公众提供评论的机会，以确定这些管制措施最后是否实施。[②] 后续改革中公众咨询的数量大大增加。同时，在国内外压力下，日本政府于 1999 年公布《信息公开法》，赋予人们对政府行政审批的知情权和监督权，让公众有多种渠道获得关于管制的信息。

进入 21 世纪，日本从取消或减少管制转向了监管改革，本质上是由改革事前的审批，转向了后续监管改革，不断制定新的监管规则激发市场活

---

① OECD, "*The OECD Review of Regulatory Reform in Japan*," April 1999.

② OECD, "*Reviews of Regulatory Reform: Japan Progress in Implementing Regulatory Reform*," OECD 2004, p. 48.

力，促进市场良性有序竞争。在实施 1998 年开始的推进管制改革三年计划基础上，日本内阁的综合监管改革会议通过了 2001～2004 年的监管改革行动计划。此后，2004 年 3 月，日本内阁制定了监管改革的下一个三年行动计划（2004～2007 年），建立一个部长级委员会，作为负责监管改革的总部枢纽机构，提出了一系列具体措施。2007 年，正式实施规制影响分析制度。2007 年 8 月，日本内阁会议通过了总务省提出的《规制政策事前评价指南》，该指南是指导规制影响分析的纲领性文件，其规定了撰写规制影响分析报告书的三个主要内容，包括规制目的、内容和必要性；规制的成本收益分析；学者的观点、备选方案的成本收益分析等。[1] 这种影响评价分析充分了解和尊重实施监管的利益相关者的意见，听取专家和公众意见建议，确保实施监管的科学性并得到社会支持。推动监管改革的高层机构设置也在不断调整完善，1999 年日本设立了独立的监管改革咨询委员会；2001 年该机构调整为监管改革委员会，是推动监管改革的最重要机构，其由 15 名私人部门和行业专家组成，分为 13 个工作组。2004 年，日本政府进一步更新机构设置，成立监管改革促进委员会，新的委员会成员都由首相任命[2]，可见推动监管改革机构的权威性之高。而中央政府层面的监督改革的机构之一是，设在内阁的负责监管改革的国务大臣（Minister of State for Regulatory Reform）来监督政府部门对监管改革三年计划的实施情况，并直接对内阁负责，这增强了监管改革的横向协调驱动力，也保证了监管改革的公正性和有效性。

日本的审批管制和监管改革是一个逐步推进的过程，同时，也是推动中央政府向地方政府分权和权力下放的过程。日本在不同历史阶段面对不同的现实问题调整管制重点，在一些领域取消和减少管制，而在另外一些领域则加强监管，促进公平竞争和增加社会利益。"日本在取消铁路、电信、航空等行业管制的同时，在反垄断、消费者保护、污染、与药品相关的危害健康的领域，以及住房和土地价格上，出现了监管更加严格

---

[1]　李宏舟:《日本规制改革问题研究：理论、内容与绩效》，中国社会科学出版社，2016，第 77～79 页。

[2]　OECD, "*Reviews of Regulatory Reform: Japan Progress in Implementing Regulatory Reform*," OECD 2004, p. 44.

的趋势"。① 在不同国家里，取消管制、减少管制都不是一概而论的，不同行业、不同领域、不同政府部门的监管政策有区别。

2. 印度行政审批制度改革

印度也存在不同领域的行政许可和监管事项。例如，印度政府1951年颁布了《行业监管和发展法案》，制定了一系列有关的产业许可政策来管理市场企业主体。政府审批和管制增多影响了经济发展活力，印度历次经济改革中都包括取消或减少审批和管制的内容，以激发生产活力。印度从20世纪90年代初期开始进行经济改革，使经济朝着私有化、自由化、市场化和全球化方向发展。

推进市场化，改革政府与市场的关系。1991年，为应对日益恶化的经济困境，摆脱严重的国际收支不平衡危机，印度政府大力推行重要经济改革。这一时期的一个重要特征是实施了一系列自由化和市场化经济政策，"把半封闭半管制的经济变为开放的自由市场经济，与世界经济接轨"。② 印度政府还通过行政改革包括政府自身改革为经济领域的改革提供重要保障。1991～1995年，印度主要针对经济危机，从市场与政府关系的宏观层面着手转变政府经济职能，减少财政支出与缩小政府规模，以及向地方分权。1996～2004年，印度主要通过提高政府服务质量和推行责任机制，大力发展电子政务，增强行政透明度和责任性，提高政府绩效和诚信度。2005年以来，印度以成立第二届行政改革委员会为标志，实施《信息权利法》，进一步提升政府公共服务水平、增强治理效能。③ 印度政府减少经济管控的重要措施有，逐步放开价格管控，制定富有弹性的价格体系，进一步扩大企业定价自主权。中央政府对产业政策的许多管制被废除，"过去只允许公共部门经营的行业有18个，包括钢铁、矿业、石油、开采、空运服务和发电配电行业，已经急剧减少到了3个行业：军用飞机和军舰、原子能发电和铁路运输行业。过去需要由中央政府发放的行业执照，除少数有害和涉及环境的敏感行业外，几乎都已经被废除了。在垄断和限制贸易

---

① Kenneth Button & Dennis Swann, *The Age of Regulatory Reform*, Oxford: Clarendon Press, 1989, p. 124.

② 孙士海等主编《印度》，社会科学文献出版社，2010，第220～221页。

③ 参见孙彩红《印度行政改革的主要举措及启示》，《政治学研究》2011年第6期。

活动法案的要求下，大型企业的投资需要办理单独的许可手续，这种要求也被取消了"。① 这些产业政策和行业管制的取消或减少，大幅度刺激了经济增长，对缓解财政危机和发展生产力发挥了明显成效。

实施投资领域的审批改革。2004 年，辛格政府在施政纲领中提出了经济改革基本原则和重要措施，包括促进私营经济发展，加大吸引外国直接投资力度，继续放松对私营经济的限制，允许私营部门参与基础设施建设，降低投资门槛。政府继续放宽对外国投资的限制，"提高政府办事效率，加快外商投资申请审批速度。凡投资电力、电信、道路、机场、石油、采矿等基础设施的外商直接投资申请，保证 7 天内审批完毕"。② 减少对产业发展的限制以及取消或减少工业的许可证制度，也是印度重要的审批制度改革。通过这些改革，政府不断减少对工业和企业的微观、直接干预，促进经济发展。

修改完善法律和推进程序性改革。2014 年莫迪政府实施了一系列经济改革措施。在减少审批和管制方面涉及修改征地法案、放宽土地审批要求；重点修改与劳动雇佣有关的法案，提高企业经营的便利程度；简化税收管理，通过改革实施统一的商品服务税。③ 就政府自身运作而言，莫迪政府通过有利于简化审批的改革，着力解决企业面临的创办、办理证照、获得电力供应、退出机制等方面的难题。这些改革措施使得印度在世界银行营商环境评估中的排名有显著提升。2010 年在世界银行的营商环境评估中，印度总分排名到了第 133 位，到 2019 年总排名上升到第 77 位。④ 印度政府还放宽了外商投资比例的限制，进一步提高经济开放度。

总之，印度审批和管制改革目的也是发展经济、增强国际竞争力。通过减少审批和管制的改革增强经济自由度和开放度，通过审批和企业准入与退出等领域的改革，改善营商环境。

二　国外行政审批和监管改革对中国的启示

从国际视角审视，不仅西方发达国家的政府与经济、市场的关系经历

① 〔印〕蒙特克·S. 阿卢瓦利亚：《渐进主义的功效如何？——1991 年以来印度经济改革的回顾》，刘英译，《经济社会体制比较》2005 年第 1 期。
② 文富德：《印度曼·辛格政府坚持谨慎经济改革》，《南亚研究》2007 年第 1 期。
③ 陈金英：《莫迪执政以来印度的政治经济改革》，《国际观察》2016 年第 2 期。
④ The World Bank，"Doing Business 2010，Doing Business 2019，" www. worldbank. org.

着重大变革，即政府减少经济干预或取消管制，进行监管改革；而且一些发展中国家在这段历史时期也经历着经济领域的开放与放权改革，让市场机制发挥更大作用。而改革成效比较明显的一些国家的重要措施和实践，对中国的行政审批制度改革升级与拓展具有启示意义，有经验也有教训，要辩证看待。

（一）需要澄清一些认识误区或理念层面的问题

1. 管制改革并不是完全取消管制而是动态调整，且不同领域改革举措有差异

政府对经济的管制或对市场企业主体的监管通常涉及以下几方面。一是反垄断的政策，为维持公平竞争市场秩序而采取的管制措施，包括价格管制。二是市场准入管制，或者说通过审核批准相关主体进入市场，这是经济性管制。① 对这一类型的管制改革，即是学术界在 20 世纪 90 年代到 2010 年这段时期讨论的"放松管制"的主要内容。这类取消或放宽市场准入的管制改革对中国行政审批制度改革有直接的启示意义。还有一种类型是，对涉及社会公共利益的那些产生负外部性行为的监管，包括消费者保护、职业健康与安全、环境保护领域的监管。这一类监管在西方国家中并没有取消或明显减少，反而在某些层面得到了加强。西方国家这一类型的监管对中国行政审批制度改革并不具有直接借鉴意义，而是对审批改革后续的加强和完善市场监管具有参考价值。

管制改革不是要完全取消管制，而是动态调整。当市场竞争性不存在或不充分，市场自身力量或单独依靠法律力量都不足以解决某些负外部性问题时，就需要政府实施监管。不过监管方式和手段，会从以往注重命令和控制性的监管转向市场激励和目标导向的监管。在那些市场机制的确更有效率的经济领域，或者说当管制阻碍了经济发展和抑制了市场主体活力时，要推进取消管制的改革。

不论是取消管制还是实施监管，都涉及政府与利益多元主体进行博弈的过程。推行取消管制的改革，有些群体支持，比如处于被管制的企业或

---

① Kenneth Button & Dennis Swann, *The Age of Regulatory Reform*, Oxford: Clarendon Press, 1989, p. 3.

公司、潜在的市场准进者、负责监管改革的部门和特定机构；但是也有反对力量，包括相关利益集团和消费者，监管机构及其人员等。因此政府监管改革不是一成不变的，那些被监管对象总会扭曲法律或政策来获得自身利益，监管主体要不断回应来自国际国内的挑战，调整和改革监管政策。

2. 政府管制改革有配套的责任追究或问责机制，并不是放任自由或高枕无忧

美国实施对市场和企业的管制有严格的法律和程序框架。那些受管制的主体有听证的权利，实施管制的主体要对自己的行为负责。那些认为利益受到损害的市场企业主体可通过法院申请救济，启动司法审查程序。日本也引入了司法审查和司法救济机制，政府的审批权力和管制行为要接受司法审查，企业和公民对行政审批结果不服的可以提起行政复议或行政诉讼，并获得一定行政赔偿，这对减少无效审批和管制起到了约束作用。

一些发达国家推进管制改革，都设立了特定机构负责监督。如美国总统行政办公厅设立的信息与监管事务办公室，能直接参与并监督管制改革；日本的行政改革委员会也有监督审批改革的权力。20 世纪 80 年代美国总统向国会汇报管制改革情况，接受国会监督。通过管制改革限定政府的权力边界，能增强政府的合法性，减少胡乱行使自由裁量权的行为，减少对企业的不正当干预。中国深化行政审批制度改革，不仅在审批权力设定和权力清单清理方面需立法机关监督，在改革进程中也要立法机关即各级人民代表大会监督，以确保行政审批和监管改革在法治轨道上运行。

3. 政府的监管有其存在的客观性，并不能完全取消监管

要保证市场准入的公平性，解决准入之后的安全性和负外部性、过度竞争等问题，都要政府适度监管的存在。调整经济结构，解决无效率、缺乏竞争导致的产能过剩问题，也需要适时、适度的审批与监管。

西方国家对管制领域进行的改革用英文表示为"deregulation"。按照 OECD 的界定，deregulation（取消或废除管制）只是管制改革的一个组成部分，它是指全部或部分取消一个领域的管制，目的是提高经济绩效。使用"deregulation"一词有两方面意思，一是减少或取消管制内容和程度的变化，二是监管方式发生的各种可能变化。因此对西方国家管制领域的改革，比较确切地应称其为"监管改革"，而不是取消管制。取消管制并

不是完全废除了监管，而是监管程度、监管方式发生变化。监管改革目的是提升监管质量和绩效、成本—收益比，改革管制的法律依据以及相关政府程序，重构监管体系和制度。中国也不例外，不要认为深化推进行政审批制度改革就是取消审批，使审批越少越好甚至没有审批；而且还有地方政府认为，不审批也就不监管了。要走出这些不符合实际的认识误区，形成对审批和监管本质及其在国家经济社会发展中作用与功能的客观认识。

此外，从美国整个监管发展历程看，管制和监管并没有完全被取消，而是根据市场竞争程度、经济发展水平和社会需求等进行法规制度、方式手段和监管范围的调整。"从美国市场经济与政府管制互动关系的演变中可得出这样一个结论，美国的市场经济是一种典型的受管制的市场经济，而所谓放松管制、取消管制，仅是政府提高管制质量、改进管制效率的必由之路。"[①] 有些情况是在部分环节取消管制，比如对某个行业中存在垄断的环节加以监管，而对那些能够依据市场规则自由公平竞争的环节则取消监管。另一些情况是，一种形式的监管取消了，如果没有产生公平竞争的市场环境或者存在经济、社会风险时，需要用其他形式的监管方式替代。而且，我们从日本的相关改革中也能认识到，其也并不是完全取消管制，而是要进行不断调整。英语的"deregulation"日语称为"规制缓和"，"规制改革不但包括放松规制，而且包含为了在原垄断行业培育新企业和为促进竞争而制定新的规制……对应英语中的'regulation reform'，日语称为'规制改革'"。[②] 1999 年日本政府文件中将放松规制改为规制改革，这其实与监管改革的含义是对应的。成功的管制改革是要提升政府维护公共利益的能力，而不是完全取消监管，改革的是政府监管权力以及行使权力的手段或方式，使其能够运用市场激励、目标导向的监管工具或手段，实现社会目标。

（二）对中国行政审批和监管改革的借鉴意义

一些国家的管制或监管改革虽有其不同的社会制度、政府任务、机构

---

① 宇燕、席涛：《监管型市场与政府管制：美国政府管制制度演变分析》，《世界经济》2003年第 5 期。

② 李宏舟：《日本规制改革问题研究：理论、内容与绩效》，中国社会科学出版社，2016，第 49 页。

设置等，但在面对经济发展问题背景、采取的改革举措层面具有共性特点，对中国深化拓展行政审批制度改革有参考意义。

1. 坚持审批改革目标，采取适合国情、尊重历史的改革举措

经济危机、财政危机、管制的高成本，以及过多管制对自由市场经济的削弱和阻碍经济发展，是绝大多数国家进行管制改革的动力。前述分析的美国、日本、印度都具有类似情况，英国、加拿大等国家也类似。例如美国 20 世纪 70 年代的通货膨胀以及能源领域的管制问题损害了利润、投资、经济增长，对管制改革产生了重要现实推动力。而且，管制改革也有着全球化的推动力，全球化背景下国家之间相互影响。一个国家取消或减少了某些领域和行业的管制，其他国家为增强本国竞争力，也会采取类似改革措施。美国的管制改革对其他国家的审批与监管政策改革和行动产生了较大影响。

不同的国家在明确的改革目标下，采取的审批和管制改革措施或策略有差异。美国取消管制和减少政府微观干预的改革力度较大，政府在有些领域甚至退出了干预，在涉及社会公共利益领域的管制改革也采取了更倾向于市场导向的方式，体现了对自由市场经济理念的遵循。而日本和英国则追求一种平衡，在取消管制和强制性干预之间进行权衡，日本为应对激烈国际竞争而取消了一些领域和行业的管制，开放日本市场。可见，不同国家面对本国经济社会的历史和新挑战时，对管制体系不断调整或改革，当某些领域在取消管制之后出现新问题或社会风险时，就需要再次实行许可审批和监管。中国持续推进和升级行政审批制度改革也需要与本国经济制度、社会制度和整体历史环境相适应，在坚持明确目标的前提下，在不同阶段适时调整改革策略和路径。最好的监管"模式"是采用符合每一种行业需要的特定模式，而且要符合中国经济、社会和制度环境。

2. 从整体监管链条的角度，动态调整和转变审批与监管改革的重点

政府的管制本质也是监管，是政府监管职能的一部分，是政府监管发展的不同阶段或不同版本。由此，从政府监管整体链条的视角看，审批和监管改革重点需要动态调整。

20 世纪 80 ~ 90 年代美国管制改革侧重点在于市场准入或退出、价格管制的领域，对此联邦政府有一系列立法和总统行政命令（见表 10 - 1），以减

轻小企业负担，增加管制收益。到 2000 年之后，政府更重视管制的程序改革，强调监管的成本—收益分析，试图使管制对小企业、农场主、就业门槛和一般经济的影响最小化。例如，对不超过 100 个雇员的小企业产生影响的监管措施，立法机构要进行监管灵活性分析（Regulatory Flexibility Analysis），能够运用对小企业的负面影响最小化的监管方法，真正减轻企业负担。

表 10 - 1　美国联邦政府监管改革的相关法律与规定

名称	颁布时间	主要内容
《监管灵活性法案》（Regulatory Flexibility Act）	1980 年	减轻对小企业的监管负担
《文书削减法》（Paperwork Reduction Act）	1980 年	减少红头文件和繁文缛节
第 12291 号行政命令（Executive Order 12291）	1981 年	要求总统审查和对监管的成本—收益进行分析
第 12475 号行政命令（Executive Order 12475）	1985 年	要求监管部门制订监管计划
《无基金授权改革法案》（Unfunded Mandates Reform Act）	1995 年	要求监管部门提供关于监管对州和地方政府的影响分析报告
《国会审查法案》（Congressional Review Act）	1995 年	简化国会否决一项监管的程序
《信息质量法》（Information Quality Act）	2000 年	允许对政府发布的信息提出质疑（包括支持监管的信息）
《监管同行审查》（Regulatory Peer Review）	2003 年	要求有同行的信息审查来支持要实行的监管

资料来源：Stuart Shapiro and Debra Borie-Holtz, *The Politics of Regulatory Reform*, New York：Routledge, 2013, p. 19。

2008 年金融危机之后，西方国家重新反思自由主义市场的弊端，以及政府对市场经济的干预作用，同时取消管制的改革在一些领域也产生了问题，引起各种质疑，所以有些学者呼吁要重新管制或再管制。从取消管制到再管制，依然是政府在不同历史时期面对不同经济社会危机和矛盾的策略选择。这对中国不同历史时期动态调整行政审批制度改革和监管改革重点具有启示意义。当行政审批过多过滥已严重影响经济生产力和社会效益时，需要把焦点放在取消泛滥的不必要的审批事项上；当更多放开市场准入之后，改革侧重点就要转向更好地维护公平竞争秩序，而且对那些风险日益增大的领域或行业还需要更多的有效监管。

3. 提供法治保障，依法推进行政审批制度改革

不论是取消或减少管制的改革还是实施加强监管的措施，都有完善的

法律依据和保障体系。美国除了有一般性的《行政程序法》外，还为管制改革制定了一系列法律法规，例如2015年的《提升小企业监管灵活性法案》《减少监管负担法案》《监管责任法案》，以及2017年的《监管诚信法案》等，这些法律法规都是监督和促使监管机构依法行使权力，确保合法合理监管、减少企业和社会公众负担、提高监管绩效的重要保障。这些法律法规增强了监管机构实施监管的透明度和责任性，有利于监管支出获得尽可能大的收益。日本也有《行政程序法》，政府根据权力法定原则，及时清理不正当、不合法的行政审批事项，取消不符合市场经济规律的审批，简化审批程序。日本负责管制改革的机构依据特定法律设定并获得法律授权，能确保管制改革受到相关法律法规约束。印度依据《信息权利法》要求政府行为包括涉及审批事项例如土地和资产配置、税收评估及标准、提供服务程序等都要依法公开，让公民和企业知晓。

中国升级拓展行政审批制度改革和监管改革，也需要加强法治保障，走上法治化轨道。一方面，在完善《行政许可法》的基础上，进行新的专门立法，把几十年行政审批制度改革的成功经验上升到法律法规层次，把改革成果制度化法律化。另一方面，要与深层次推进政府权力结构性改革相适应，尤其要修改完善关于社会组织的法律法规，因为目前关于三类社会组织的法规侧重于程序性规定，而且法律位阶不够高，需要加强立法和提高法律效力层级，为改革政府与社会组织主体的权力结构提供充分法律依据。再一方面是关于加强政府自身改革的立法，借鉴美国经验和理念，对政府推进行政审批制度改革和监管改革的程序、透明度、责任追究等要求进行法律性规定，确保改革在法治轨道上运行。

依法推进改革的前提要求是监管的法律法规制度必须是"良法"，能够为整体制度框架提供确定性、稳定性、可预见性，而且这些法律法规要得到强有力执行。"监管诚信要求监管政策及实施具备公平性、客观性、公正性、一致性和专业性，而不能有利益冲突或受利益集团左右，不能附加不正当目的或条件，否则会降低政府机构的可信度。"[①] 政府监管职能履

---

① OECD, *The Governance of Regulators*: *OECD Best Practice Principles for Regulatory Policy*, OECD Publishing, 2014, p. 45.

行和政策实施必须在法治和责任性基础上讲诚信，这也是政府信用的重要内容之一，是增强社会对政府监管体制的信心之重要基础，能让市场企业主体感受到确定性，从而提升经济发展信心。

4. 审批和监管改革要与市场发育程度和社会公共利益有机结合

明确行政审批和监管改革与其他政策目标之间的重要关联，增加改革政策之间的协同性。纵观世界不同国家的管制改革历史，不论是实施管制，取消或减少管制，还是加强监管，一个根本性的出发点是处理好政府与市场的关系，而且不脱离社会公共利益。由此这里一个重要启示是，中国的行政审批制度改革和监管改革必须与市场发育程度和市场经济体系发展状况结合起来，政府的审批和监管及其改革的立足点是维护市场公平竞争的各种秩序、避免市场行为的负外部性，在市场经济发展的不同阶段，调整改革策略和重点。在推动市场企业主体发展时，更需要减少和取消不必要的准入管制，提高市场自由度。在市场力量扩张出现无序问题时，需要政府适度而有质量的监管，维持公平竞争市场秩序。

政府管制改革另一个不能脱离的要素或目标是维护和增进社会公共利益和社会福利，政府在市场领域取消或减少、增加管制都与维护社会公共利益有不同程度的关联。例如，美国、英国、日本都在涉及公共利益的社会领域有相应监管，对涉及国计民生的重大事项以及公民生命健康和安全、环境保护等领域有相应准入审批和管制，防止其损害社会公共利益和国家安全。所以要明确，并不是所有的审批和监管都是负面的，这在任何国家都不例外。据美国一项调查研究，"超过 9/10 的企业负责人认为，对企业某些形式的监管是有必要的。96% 的企业领导者表示，如果政府监管是'公平的、可控的、合理的'，他们能接受监管"。[①] 在中国也类似，政府的一些特定行政审批和监管有其现实必要性，但前提是审批与监管要确保公平、合法、合理。深化拓展行政审批制度改革，不只是更多关注经济效益，还要有社会公共效益、政治效益，目标要进行分类：第一类是经济目标导向的审批制度改革，要继续开放市场、扩

---

① Stuart Shapiro and Debra Borie-Holtz, *The Politics of Regulatory Reform*, New York：Routledge, 2013, p. 91.

大竞争，政府适度退出；第二类是政治—行政目标导向的改革，使政府人员更有效率和责任心，提高监管流程运转速度，减少程序拖延，使用现代化技术，减少机构总体支出；第三类是社会公众目标导向的改革，包括增加消费者权益。

政府必须同时关注审批和监管的成本与有效性，进行成本—收益比较和评估。这种评估实践在美国较为典型，其有一整套制度、机构和运作体系确保政府实行的行政许可和监管在成本—收益上的合理性、可行性。在管制改革中，美国联邦政府要求管理与预算办公室在审核监管的规章制度时，把成本—收益分析作为一项原则和程序。监管机构要说明为什么要实施监管、运用什么方法监管、预期的成本和收益，监管的规章制度实施后的成本和收益、监管的效果等，说明实行监管的合理性，也促使监管机构更加注重行政效益。只有监管对社会的潜在收益大于对社会产生的成本时，监管才能实施，监管机构应该把对社会收益最大化作为优先选择，考虑受监管的特定行业状态、国家经济状态以及社会公共利益诉求状态，及时实施监管行动。中国行政审批制度改革和监管改革，不仅要减少市场企业主体和社会公众的制度性成本，而且还要减少政府在审批和监管中的运行成本和财政负担，避免社会资源和政府资源浪费。

5. 增强审批制度与监管改革的社会参与和监督

公开透明，是对行政审批权进行监督的基本要求之一。"对管制改革要公开宣传，公开对话和沟通，特别是与主要利益相关者之间的对话，是管制改革过程中的一个不可或缺的因素。"[①] 美国、日本在管制改革中，都有相关规定保障改革程序公开透明，运用不同方式吸纳社会公众参与，并且形成了制度化规范，值得借鉴。美国在政府管制中的公众参与程序是由1946年《行政程序法》规定的。管制机构要依法公开将要实施的管制措施，给公众提供一定时间和机会进行评价，管制机构对公众评价要给予回应，对不符合社会公共利益的审批或管制措施要进行相应改革。美国州政府层次制定监管法规制度时，召开公众听证会是重要的公民参与方式。美国20世纪60~70年代加强社会领域的监管，是政府在社会层面对公众诉

---

① OECD, "The OECD Report on Regulatory Reform：Synthesis," Paris, 1997, p. 25.

求的回应，当时面对一些社会问题，公众要求政府对企业和行业从放任自由转向严厉监管，同时美国各种媒体和公共舆论对促进政府加强监管也起了关键作用，这一时期"广播电视、报纸、杂志包括学术及商业期刊对社会问题和危机进行了持续报道和广泛宣传，并进行了新闻分析，它们将这些问题与政府的监管失灵或失误联系起来，以激发政府调查和后续加强监管"。① 另外，日本的行政审批和监管改革也重视公众参与。日本政府为公民提供了公共评论程序②，使公众能够参与政府的决策，并对政府审批政策进行评估。

中国深化行政审批制度改革和完善监管过程，应在公开透明的程序中增强公众参与和社会监督。与行政审批和监管的透明度和责任性相联系，行政审批制度改革和监管改革要对利益相关者进行意见咨询，突出公民参与的重要性，确保在客观、公正和一致性基础上制定改革政策，免受各种利益集团影响。依据《行政许可法》《政府信息公开条例》和相关领域的法律法规，以及国家在行政审批制度改革和监管改革领域的政策文件，完善公民参与和监督改革的制度。同时，要明确公民参与政策改革过程的范围和方式，尤其是在一些重要领域和事项（如政府取消审批的事项、现存审批事项中哪些需要再清理和取消、审批改革之后的评估，以及涉及生命健康安全领域的重点监管、风险性较大领域的监管等）中，均需要利益相关者如社会组织和公民代表的参与，而且应是制度化规范化参与，把改革与回应社会公众诉求、发挥社会力量衔接起来。关于公民参与的具体形式，《行政许可法》规定的听证参与方式需要进一步落实。听证方式也是西方国家在管制改革中推行公共咨询和公众参与的重要制度与程序。加强社会监督需要政府畅通渠道，包括社会公众提出关于行政审批制度改革和监管改革的意见和建议、提出申诉和救济的途径与方式，对政府的行政审批权力和监管权力的合法行使形成社会约束力量。这是进一步改革政府与社会组织主体和公民主体权力关系的必要条件。

---

① M. R. Goodman & M. T. Wrtghtson, *Managing Regulatory Reform*: *The Reagan Strategy and Its Impact*, New York: Praeger Publishers, 1987, p. 21.

② See Jean Heilman Grier, "New Tools for Public Participation in the Japanese Regulatory System," Japan Information Access Project, April 2004, pp. 2 - 3.

第四节　结论和需要进一步探讨的问题

从历史中审视中国和国外的审批监管实践与政府管制改革，可以说审批、管制或监管是与政府组织的职能相伴生的永恒现象。从本质上说，不论表述为政府管制，还是表述为行政审批和监管，它们都是一把"双刃剑"，有了好的制度设计才能推动经济发展，提高社会收益。以美国为例，其在20世纪70年代和80年代的改革，目的是发展自由主义市场经济，要求政府管得更少。从更宽阔的历史视野观察，美国上述时期取消管制的改革，与其从20世纪30年代到后续几十年不断膨胀的管制，本质上并不是完全矛盾的，也不是两个绝对割裂的历史时期。其中美国有一种一贯的思维，即政府管制的膨胀以及取消和减少管制，都是不同历史时期针对面临的各种危机（经济、社会、文化、政治等）为经济复苏和社会发展而服务的。有些管制在一个历史时期、在一个国家能发挥出对经济发展的积极功能、提高生产率和增进社会效益；而放在另一个历史时期或不同国家则会成为经济增长和实现公共福利的障碍。有些管制不能取消，就需要改革，例如不可能取消政府对健康和安全的监管，就需要通过监管方式改革达到提高监管质量和效益的目的，可以使用新的科学技术，聚焦结果而不是过程或技术本身，允许被监管主体更加灵活地达到所要求的标准。同时，需要预防审批和监管改革带来的风险、改革不协同导致的失败，或者改革偏离了公平目标或降低了效益，甚至导致不正当的或反向激励，否则就违背了审批和监管改革目的。

政府的审批和监管政策，在政府与企业、政府与社会组织、政府与公民的权力关系角度，并不都是万全之策，一个领域需要取消审批和管制，而另一个领域则需要加强监管。"即使在取消或减少管制的时代也存在增加监管的一股浪潮。如基于对个人权利的保护，一些社会领域的合法监管扩展了而不是减少了。"[1] 所以，我们仍然要坚持监管的目的和

---

[1]　Knud Andresen and Stefan Muller, *Contesting Deregulation：Debates，Practices and Developments in the West Since the 1970s*, New York：Berghahn, 2017, p. 8.

基本原则，促进竞争、增强市场导向、增加灵活性和正向激励，根据不同阶段的经济社会发展需求不断改革和调整政府的审批与监管权力，包括内容与方式、程序和制度等不同维度，更充分发挥好政府在经济社会发展进步中的功能。

纵观中国行政审批制度改革的历史进程，其不断去除阻碍经济社会发展的不利因素，通过改革确保审批和监管能提升经济增长效益和社会公共利益，在这个过程中取得了多个领域、多个层面的显著进展。但同时，通过对比其他国家政府管制改革和监管实践历程，中国行政审批制度和监管改革也存在不足，需要借鉴人类社会优秀文明成果，吸取其他国家的有益经验，推动中国行政审批制度改革不断升级拓展。行政审批制度改革在技术层面强调的是程序性要求，而对制度层面的创新则存在不平衡不充分问题。行政审批和监管改革需要制度创新设计，以及文化变革和政府理念变革。所以，监管改革不是一劳永逸的，要及时动态调整、应对不断出现的新挑战，要对监管改革进行评价，未来要加强风险管控和监管。审批和监管改革不仅需要清理和审查现存的制度规则，而且要确保新制定的监管制度规则的适应性、一致性和相容性。

我国政府简化行政审批程序的改革在继续推进，但有些改革举措并没有实现全覆盖，因改革所需条件不同，多项改革措施在各个地方的推进程度也不同。这里强调的是，我们既要继续推进"存量改革"，把既有的正在实施的改革措施落实到位；又要有"增量改革"，重视制度创新和改革领域的延伸拓展。进一步加强法治化改革，限制行政部门权力、阻止政府在审批和监管中的行政垄断，用明确具体的制度规则制约自由裁量权，对政府不作为和违法行为进行问责。要建立国内统一大市场，需要进一步改革政府对经济、企业领域的审批与监管制度，减少对行业、对市场的直接干预，增强发展的包容性。

取消行政审批的改革只是行政审批制度改革的一部分，更重要的是取消审批和加强监管并重。西方国家也是在一些领域取消管制，而在需要的领域则加强管制；取消了不适用的管制措施，代之以新的监管措施或方法。中国行政审批制度改革的升级拓展，要继续坚持把取消前端审批、改革审批程序与后续创新完善监管的改革有机统筹起来，并行推进。政府必须转变监管理念，从"就监管论监管"转向"以监管促高质量发展"；从被动型监管转向主动型监管，主动选择有效、适当的监管工具。从事前审批制度改革，到加强与完善监管并重，政府监管是市场秩序公平有效运行的重要保障。行政审批制度改革还涉及社会秩序的重构，以及政府与社会主体权力关系改革。政府要进一步向社会组织主体放权，这是政府治理权力结构改革的发展趋势。给社会组织和公民能够处理和解决社会事务留足空间，并配套完善的制度，增强社会主体的自主性和治理能力，是政府治理现代化和社会治理创新的现实要求，也是建设现代化社会所需的条件。构建国内国际双循环的新发展格局，需要平衡整个监管链条。为此要把监管注意力放在关键领域和重要问题上，而且要控制和约束监管过程中的自由裁量权，要求监管主体对监管后果负责。

总之，本书对以往关于行政审批制度改革的研究，在理论视角和研究内容上都有不同程度的拓展，也弥补了已有研究领域中存在的一些不足之处。但本书依然不完美，存在需要更深一步探讨的问题，任何研究都无止境，需要不断拓展和前进。在宏观层面，中国进入新发展阶段，在面临百年未有之大变局的历史坐标上，要继续推进实现中国式现代化，是否应该对几十年来的中国行政审批制度改革路径进行重新思考和再定位，避免过度路径依赖；是否需要对"行政审批制度改革"本身进行改革和完善，包括对改革的多重逻辑、改革的内容、改革的制度规范、改革的方式方法等进行"改革"；是否需要对涉及行政审批与监管权力领域的立法权力、司法权力和行政权力的关系进行改革。这些问题都需要我们通过更深层次理论去探讨。在微观层面，在中国行政审批制度改革的不同具体领域里，实践变化或发展表现形态形式多样，面临的问题也有诸多差异，值得我们从多角度去挖掘。不管从理论还是实践层面，这些都需要后续的延伸研究，促使该领域的研究图景更加完善更加丰富更加立体，为中国行政审批制度改革和监管改革的创新实践提供借鉴。

参考文献

（一）重要文献

《毛泽东选集》第3卷，人民出版社，1991。

《毛泽东文集》第7卷，人民出版社，1999。

《邓小平年谱（1975～1997）》，中央文献出版社，2004。

《邓小平文选》第2卷，人民出版社，1994。

《邓小平文选》第3卷，人民出版社，1993。

《江泽民文选》第1卷，人民出版社，2006。

《江泽民文选》第2卷，人民出版社，1997。

胡锦涛：《坚定不移沿着中国特色社会主义道路前进 为全面建成小康社会而奋斗——在中国共产党第十八次全国代表大会上的报告》，人民出版社，2012。

《胡锦涛文选》第2卷，人民出版社，2016。

《习近平谈治国理政》，外文出版社，2014。

《习近平谈治国理政》第2卷，外文出版社，2017。

《习近平谈治国理政》第3卷，外文出版社，2020。

《习近平总书记系列重要讲话读本》，人民出版社，2016。

《习近平关于社会主义政治建设论述摘编》，中央文献出版社，2017。

习近平：《论坚持全面依法治国》，中央文献出版社，2020。

习近平：《决胜全面建成小康社会 夺取新时代中国特色社会主义伟大胜利——在中国共产党第十九次全国代表大会上的报告》，人民出版社，2017。

习近平：《高举中国特色社会主义伟大旗帜 为全面建设社会主义现代化国家而团结奋斗——在中国共产党第二十次全国代表大会上的报告》，人民出版社，2022。

《中共中央关于党的百年奋斗重大成就和历史经验的决议》，人民出版社，2021。

《中华人民共和国国民经济和社会发展第十四个五年规划和2035年远景目标纲要》，人民出版社，2021。

《中共中央关于坚持和完善中国特色社会主义制度 推进国家治理体系和治理能力现代化若干重大问题的决定》，《人民日报》2019年11月6日。

《中国共产党第十一届中央委员会第三次全体会议公报》，《人民日报》1978年12月24日。

《建立健全惩治和预防腐败体系2008—2012年工作规划》，《人民日报》2008年6月23日。

《中共中央关于全面深化改革若干重大问题的决定》，《人民日报》2013年11月16日。

《中共中央关于全面推进依法治国若干重大问题的决定》，《人民日报》2014年10月29日。

习近平：《加快建设社会主义法治国家》，《求是》2015年第1期。

习近平：《把握新发展阶段，贯彻新发展理念，构建新发展格局》，《求是》2021年第9期。

习近平：《坚定不移走中国特色社会主义法治道路 为全面建设社会主义现代化国家提供有力法治保障》，《求是》2021年第5期。

李克强：《在全国深化简政放权放管结合优化服务改革电视电话会议上的讲话》，《人民日报》2017年6月30日。

李克强：《在全国深化"放管服"改革转变政府职能电视电话会议上的讲话》，《人民日报》2018年7月13日。

李克强：《在全国深化放管服改革着力培育和激发市场主体活力电视电话会议上的讲话》，《人民日报》2021年6月8日。

《谷牧回忆录》，中央文献出版社，2009。

《朱镕基上海讲话实录》，人民出版社、上海人民出版社，2013。

《中华人民共和国简史》，人民出版社、当代中国出版社，2021。

国务院《政府工作报告》，2013—2022年。

2019—2022年《中华人民共和国国民经济和社会发展统计公报》。

（二）中文著作、报刊文章和学位论文

艾琳、王刚:《行政审批制度改革探究》，人民出版社，2015。

陈奇星主编《创新地方政府市场监管机制与监管方式研究》，上海人民出版社，2020。

丁茂战主编《我国政府行政审批治理制度改革研究》，中国经济出版社，2006。

国务院行政审批制度改革工作领导小组办公室编《改革行政审批制度 推进政府职能转变》，中国方正出版社，2003。

国务院行政审批制度改革工作领导小组办公室编《深化审批制度改革 推进服务政府建设》，中国方正出版社，2008。

何毅亭主编《中国电子政务发展报告（2018~2019)》，社会科学文献出版社，2019。

江平:《法治必胜》，法律出版社，2016。

康晓光:《权力的转移——转型时期中国权力格局的变迁》，浙江人民出版社，1999。

李宏舟:《日本规制改革问题研究：理论、内容与绩效》，中国社会科学出版社，2016。

李景鹏:《权力政治学》，黑龙江教育出版社，1995。

梁漱溟:《中国文化要义》，上海人民出版社，2011。

廖宏斌等:《新中国行政审批制度变迁》，西南财经大学出版社，2019。

廖扬丽:《政府的自我革命：中国行政审批制度改革研究》，法律出版社，2006。

罗豪才、湛中乐主编《行政法学》，北京大学出版社，2016。

孙士海等主编《印度》，社会科学文献出版社，2010。

王克稳等:《行政审批制度改革中的法律问题》，法律出版社，2018。

王伟光:《当代中国社会结构变迁与社会治理》，经济管理出版社，2016。

王志刚编《政府职能转变与机构改革》，光明日报出版社，1988。

魏礼群主编《中国行政体制改革报告（2014~2015)》，社会科学文献出版社，2015。

夏海:《政府的自我革命：中国政府机构改革研究》，中国法制出版社，2004。

徐梅：《日本的规制改革》，中国经济出版社，2003。

徐现祥、林建浩、李小瑛编著《中国营商环境报告（2019）》，社会科学文献出版社，2019。

张国庆主编《公共行政学》，北京大学出版社，2007。

张正钊、韩大元主编《比较行政法》，中国人民大学出版社，1998。

郑永年：《技术赋权：中国的互联网、国家与社会》，邱道隆译，东方出版社，2014。

中共浙江省委党校、浙江行政学院编著《"最多跑一次"改革》，浙江人民出版社，2018。

沈童睿：《强化监管，整治刷出来的好评》，《人民日报》2021年10月25日。

朱隽：《增效不增量 放权不放水》，《人民日报》2020年3月31日。

朱小丹：《转变政府职能 下放管理权限》，《人民日报》2011年11月16日。

黄豁、田刚：《打破"审批经济"桎梏》，《中国纪检监察报》2002年1月15日。

《印记2021》，《中国社会报》2021年12月28日。

单滨新、赵伟平：《上虞深化政府审批体制改革》，《浙江日报》2000年6月13日。

陈锐荣：《审批优化，台州办事全面提速》，《台州日报》2011年12月21日。

洪雨成：《我市推进行政审批层级一体化改革》，《台州日报》2016年3月9日。

《解读"深圳90"建设项目审批制度改革》，《深圳特区报》2018年7月16日。

徐彬：《国内首份市长权力清单》，《南方周末》2005年8月25日。

国家发展改革委政策研究室：《世界经济增长仍呈放缓态势 结构性因素制约依然较强》，《求是》2020年第2期。

艾琳、王刚：《行政审批制度改革中的"亚历山大绳结"现象与破解研究——以天津、银川行政审批局改革为例》，《中国行政管理》2016年第2期。

陈金英：《莫迪执政以来印度的政治经济改革》，《国际观察》2016 年第 2 期。

程惠霞、康佳：《我国行政审批制度演进轨迹：2001～2014 年》，《改革》2015 年第 6 期。

陈奇星、汪仲启：《推进政府治理现代化视域下地方政府市场监管模式创新研究——以上海市为例》，《中国行政管理》2020 年第 5 期。

陈健鹏、高世楫、李佐军：《"十三五"时期中国环境监管体制改革的形势、目标与若干建议》，《中国人口·资源与环境》2016 年第 11 期。

陈联波、庞仁廉：《实行税收优惠 改善外商投资环境》，《中国税务》1987 年第 7 期。

戴维斯：《数据与分权——多层治理体系中的法制绩效评估》，王美舒译，《北大法律评论》2019 年第 2 期。

董青岭：《大数据安全态势感知与冲突预测》，《中国社会科学》2018 年第 6 期。

董瑛：《权力结构优势与治理效能转化规律研究》，《学术前沿》2018 年第 6 期。

丁辉、朱亚鹏：《模式竞争还是竞争模式？——地方行政审批改革创新的比较研究》，《公共行政评论》2017 年第 4 期。

郭燕芬、柏维春：《营商环境建设中的政府责任：历史逻辑、理论逻辑与实践逻辑》，《重庆社会科学》2019 年第 2 期。

关保英：《行政审批的行政法制约》，《法学研究》2002 年第 6 期。

广州市民间组织管理局：《广州市社会组织登记管理体制是如何改革的》，《中国社会组织》2013 年第 11 期。

何显明、张鸣：《重塑政府改革的逻辑：以"最多跑一次"改革为中心的讨论》，《治理研究》2018 年第 1 期。

何艳玲、李妮：《为创新而竞争：一种新的地方政府竞争机制》，《武汉大学学报》2017 年第 1 期。

何瑞文、沈荣华：《权力结构、制度类型与经济兴衰》，《中共福建省委党校学报》2014 年第 12 期。

胡税根、结宇龙：《行政审批局模式：何以有效，何以无效？——基于市场主体视角的政策效果实证》，《上海行政学院学报》2022 年第 1 期。

黄晓春、嵇欣：《技术治理的极限及其超越》，《社会科学》2016 年第 11 期。

黄少卿、王漪、赵锂：《行政审批改革、法治和企业创新绩效》，《学术月刊》2020 年第 6 期。

江海洋、邱家林、于珺建：《行政审批局改革亟待破解的突出问题》，《唯实》2019 年第 4 期。

江静：《制度、营商环境与服务业发展——来自世界银行〈全球营商环境报告〉的证据》，《学海》2017 年第 1 期。

李培林：《改革开放近 40 年来我国阶级阶层结构的变动、问题和对策》，《中共中央党校学报》2017 年第 6 期。

李景鹏：《走向现代化中的国家与社会》，《学习与探索》1999 年第 3 期。

刘东亮：《技术性正当程序：人工智能时代程序法和算法的双重变奏》，《比较法研究》2020 年第 5 期。

卢超：《事中事后监管改革：理论、实践及反思》，《中外法学》2020 年第 3 期。

骆梅英：《优化营商环境的改革实践与行政法理》，《行政法学研究》2020 年第 5 期。

刘永谋：《技术治理的逻辑》，《中国人民大学学报》2016 年第 6 期。

刘晓洋：《制度约束、技术优化与行政审批制度改革》，《中国行政管理》2016 年第 6 期。

刘鹏：《从分类控制走向嵌入型监管：地方政府社会组织管理政策创新》，《中国人民大学学报》2011 年第 5 期。

刘桂芝、崔子傲：《地方政府权责清单中的交叉职责及其边界勘定》，《理论探讨》2019 年第 5 期。

刘志成、臧跃茹：《构建现代市场监管体系：现实基础、改革方向与推进思路》，《宏观经济研究》2021 年第 8 期。

刘彦华：《中国营商环境满意度大调查》，《小康》2018 年第 8 期。

李伟娟：《行政审批局改革模式的实证研究——以辽阳市为例分析》，《党政干部学刊》2019 年第 1 期。

刘熙瑞：《服务型政府——经济全球化背景下中国政府改革的目标选择》，《中国行政管理》2002 年第 7 期。

马英娟：《监管的概念：国际视野与中国话语》，《浙江学刊》2018 年第 4 期。

蒙特克·S. 阿卢瓦利亚：《渐进主义的功效如何？——1991 年以来印度经济改革的回顾》，刘英译，《经济社会体制比较》2005 年第 1 期。

倪楠：《"互联网＋"背景下行政审批制度改革的优化路径》，《探索》2019 年第 5 期。

孙彩红：《地方行政审批制度改革的困境与推进路径》，《政治学研究》2017 年第 6 期。

宋世明、刘小康、尹艳红等：《推进简政放权改革——银川设置行政审批服务局的变革、冲击与挑战》，《行政管理改革》2016 年第 11 期。

孙彩红：《改革开放以来行政审批制度改革历史与发展逻辑》，《行政论坛》2022 年第 2 期。

孙彩红：《从社会组织审批权分析权力配置和简政放权》，《湖北社会科学》2018 年第 3 期。

孙彩红：《地方行政审批制度改革路径特征的实证分析》，《广东行政学院学报》2020 年第 4 期。

孙彩红：《权力清单制定与实施的逻辑分析与发展路径》，《中国行政管理》2020 年第 4 期。

孙彩红：《优化营商环境与行政审批制度改革研究》，《北方论丛》2021 年第 3 期。

孙彩红：《印度行政改革的主要举措及启示》，《政治学研究》2011 年第 6 期。

孙发锋：《我国社会组织登记管理制度改革——基于地方创新的视角》，《行政论坛》2013 年第 1 期。

宋国涛：《试论省级行政权力结构的优化——以湖北省省级行政权力清理结果为样本》，《行政与法》2014 年第 9 期。

沈毅、宿玥：《行政审批局改革的现实困境与破解思路》，《行政管理改革》2017 年第 5 期。

《社会团体登记暂行办法施行细则》，《江西政报》1951 年第 5 期。

《社会团体登记暂行办法》，《山东政报》1950 年第 10 期。

唐亚林、朱春：《2001 年以来中央政府行政审批制度改革的基本经验与优化路径》，《理论探讨》2014 年第 5 期。

王克稳、张贺棋：《论行政审批权力清单的法律标准》，《行政法学研究》2015 年第 6 期。

汪锦军：《纵向政府权力结构与社会治理：中国"政府与社会"关系的一个分析路径》，《浙江社会科学》2014 年第 9 期。

王胜君、丁云龙：《行政服务中心的缺陷、扩张及其演化》，《公共管理学报》2010 年第 4 期。

王玉明：《关于政府机构改革的基本理论问题》，《理论学习月刊》1998 年第 8 期。

文富德：《印度曼·辛格政府坚持谨慎经济改革》，《南亚研究》2007 年第 1 期。

吴爱明、孙垂江：《我国公共行政服务中心的困境与发展》，《中国行政管理》2004 年第 9 期。

夏杰长、刘诚：《行政审批改革、交易费用与中国经济增长》，《管理世界》2017 年第 4 期。

邢会强：《美国惩罚性赔偿制度对完善我国市场监管法的借鉴》，《法学》2013 年第 10 期。

徐继敏：《论省级政府配置地方行政权的权力》，《四川大学学报》（哲学社会科学版）2013 年第 4 期。

应松年：《行政审批制度改革：反思与创新》，《学术前沿》2012 年第 5 期。

喻国明、马慧：《互联网时代的新权力范式："关系赋权"——"连接一切"场景下的社会关系的重组与权力格局的变迁》，《国际新闻界》2016 年第 10 期。

宇燕、席涛：《监管型市场与政府管制：美国政府管制制度演变分析》，《世界经济》2003 年第 5 期。

郁建兴、朱心怡：《"互联网＋"时代政府的市场监管职能及其履行》，《中国行政管理》2017 年第 6 期。

杨凤春：《论中国政府的服务性》，《北京行政学院学报》2015 年第 1 期。

阎正：《试析投资环境的总体特征》，《贵州社会科学》1987 年第 1 期。

张丙宣：《技术与体制的协同增效：数字时代政府改革的路径》，《中共杭
　　州市委党校学报》2019 年第 1 期。

张敏、林志刚：《打造小而有效的政府——日本规制改革的回顾与评析》，
　　《现代日本经济》2019 年第 1 期。

赵勇：《规范化与精细化：大城市政府权力清单升级和优化的重要方向》，
　　《上海行政学院学报》2018 年第 1 期。

朱新力：《困境与出路：行政审批制度改革的法治进阶》，《中共浙江省委
　　党校学报》2016 年第 3 期。

朱国伟：《风险与机遇：信息社会中政府权力结构的变迁与趋势》，《内蒙
　　古大学学报》（哲学社会科学版）2021 年第 3 期。

周庆智：《控制权力：一个功利主义视角——县政"权力清单"辨析》，
　　《哈尔滨工业大学学报》（社会科学版）2014 年第 3 期。

周黎安：《中国地方官员的晋升锦标赛模式研究》，《经济研究》2007 年第
　　7 期。

周沂林：《投资环境及其评价》，《世界经济》1986 年第 5 期。

左文君、叶正国：《论我国权力清单的规范及法律定位》，《广东行政学院
　　学报》2019 年第 4 期。

张定安：《以改革创新的精神推进政务服务中心又好又快发展》，《中国行
　　政管理》2012 年第 12 期。

张国庆、曹堂哲：《权力结构与权力制衡：新时期中国政府优化公共权力
　　结构的政策理路》，《湖南社会科学》2007 年第 6 期。

张建明：《行政服务中心法律问题研究》，《法治研究》2009 年第 2 期。

杨剑：《信息技术空间：权力、网络经济特征与财富分配》，上海社会科学
　　院博士学位论文，2008。

张文芳：《个人数据保护中的权力结构及其权利实现》，山东大学硕士学位
　　论文，2020。

张文君：《现代化进程中的中国国家权力结构变迁分析》，山西大学硕士学
　　位论文，2012。

（三）电子网络文献

《关于国务院机构改革和职能转变方案的说明》，中国政府网，2013 年 3 月
10 日，http：//www. gov. cn/2013lh/content_2350848. htm。

张宿堂等：《全国行政审批制度改革取得重要进展和明显的成效》，中国政
府网，2007 年 6 月 20 日，http：//www. gov. cn/jrzg/2007 – 06/20/con-
tent_654347. htm。

《国家发展改革委曝光行业协会违规收费案件》，中国政府网，2017 年 8 月
25 日，http：//www. gov. cn/hudong/2017 – 08/25/content_5220409. htm。

《全国综合性实体政务大厅普查报告》，中国政府网，2017 年 11 月 23 日，
http：//www. gov. cn/xinwen/2017 – 11/23/content_5241582. htm。

《国务院办公厅关于部分地方优化营商环境典型做法的通报》，中国政府
网，2018 年 8 月 3 日，http：//www. gov. cn/zhengce/content/2018 – 08/
03/content_5311523. htm。

《天津港 "8·12" 瑞海公司特别重大火灾爆炸事故调查组负责人答记者问》，
中国政府网，2016 年 2 月 5 日，http：//www. gov. cn/xinwen/2016 – 02/
05/content_5039796. htm。

《世行报告显示中国营商环境排名大幅提升至第 31 位》，中国政府网，
2019 年 10 月 24 日，http：//www. gov. cn/xinwen/2019 – 10/24/content_
5444429. htm。

《以行政审批标准化引领 "最多跑一次" 改革》，中国共产党新闻网，2017
年 11 月 14 日，http：//dangjian. people. com. cn/n1/2017/1114/c413386 –
29645903. html。

徐风：《〈政务服务中心运行规范〉系列标准发布 2016 年 5 月 1 日起正式实
施》，中国网，2015 年 10 月 14 日，http：//finance. china. com. cn/con-
sume/20151014/3381285. shtml。

岳宗、林亚茗、周海涛：《广东部署实施八个行动计划 加快转型升级建
设》，中国经济网，2012 年 10 月 30 日，http：//district. ce. cn/newarea/
roll/201210/30/t20121030_23799981. shtml。

毕磊：《"公平、高效、开放" 中国营商环境持续优化》，人民网，2020 年 10
月 7 日，http：//finance. people. com. cn/n1/2020/1007/c1004 – 31883862.

html。

《第四次全国经济普查公报（第四号）》，国家统计局网站，2019 年 11 月
20 日，http：//www. stats. gov. cn/tjsj/zxfb/201911/t20191119 _1710337.
html。

《市场监管总局 民政部曝光 10 起行业协会违规收费案例》，民政部网站，
2021 年 4 月 30 日，http：//www. mca. gov. cn/article/xw/mzyw/202104/
20210400033527. shtml。

《国务院安委会约谈湖北省政府：十堰"6·13"事故影响恶劣》，新京报
网站，2021 年 7 月 28 日，https：//www. bjnews. com. cn/detail/16274338
4514373. html。

姚进：《违法成本低 监管不到位》，新浪网，2019 年 1 月 25 日，http：//fi-
nance. sina. com. cn/roll/2019 – 01 – 25/doc-ihrfqzka0798538. shtml。

周志鹏、徐佩：《栽好梧桐引"凤"来——凤岐茶社在乌镇落户与成长启
示录》，浙江在线，2019 年 4 月 25 日，http：//cs. zjol. com. cn/zjbd/
jx16506/201904/t20190425_9983910. shtml。

《天台县行政服务中心大事记》，天台县人民政府网站，2011 年 11 月 15
日，http：//www. zjtt. gov. cn/art/2011/11/15/art _1229295991 _1403029.
html。

《行政服务中心成立 10 周年文集资料》，天台县人民政府网站，2011 年 11
月 15 日，http：//www. zjtt. gov. cn/art/2011/11/15/art_1229295991_1403
028. html。

（四）译著和英文文献

〔美〕查尔斯·沃尔夫：《市场或政府——权衡两种不完善的选择/兰德公
司的一项研究》，谢旭译，中国发展出版社，1994。

〔美〕弗兰克·J. 古德诺：《政治与行政》，王元、杨百朋译，华夏出版
社，1987。

〔美〕菲利普·J. 库珀等：《二十一世纪的公共行政：挑战与改革》，王巧
玲、李文钊等译，中国人民大学出版社，2006。

〔美〕怀特：《行政学概论》，刘世传译，商务印书馆，1947。

〔英〕托尼·普罗瑟：《政府监管的新视野——英国监管机构十大样本考

察》，马英娟、张浩译，译林出版社，2020。

Bruce L. Benson，"Regulation as a Barrier to Market Provision and to Innovation：The Case of Toll Roads and Steam Carriages in England，" *The Journal of Private Enterprise*，No. 1，2015.

Claude Menard and Michel Ghertman，*Regulation，Deregulation，Reregulation：Institutional Perspectives*，Cheltenham and Massachusetts：Edward Elgar，2009.

Jean Heilman Grier，"New Tools for Public Participation in the Japanese Regulatory System，" *Japan Information Access Project*，April 2004.

John Martin，"Changing Accountability Relations：Politics，Consumers and the Market，Public Management Service，" OECD，1997.

Jeffrey L. Harrison，Thomas D. Morgan，*Regulation and Deregulation：Cases and Materials*，MN：Thomson/West，2004.

Kenneth Button & Dennis Swann，*The Age of Regulatory Reform*，Oxford：Clarendon Press，1989.

Knud Andresen and Stefan Muller，*Contesting Deregulation：Debates，Practices and Developments in The West Since the 1970s*，New York：Berghahn，2017.

M. R. Goodman & M. T. Wrtghtson，*Managing Regulatory Reform：The Reagan Strategy and Its Impact*，New York：Praeger Publishers，1987.

Malcolm K. Sparrow，*The Regulatory Craft：Controlling Risks，Solving Problems，and Managing Compliance*，Washington DC：Brookings Institution Press，2000.

Naheed Zia Khan，"Market，Regulation and Sustainability"，*Policy Perspectives*，No. 2，2017.

OECD，"The Governance of Regulators：OECD Best Practice Principles for Regulatory Policy，" OECD Publishing. 2014.

OECD，"The OECD Report on Regulatory Reform：Synthesis，" Paris，1997.

OECD，"Reviews of Regulatory Reform：Japan Progress in Implementing Regulatory Reform，" 2004.

OECD，"The OECD Review of Regulatory Reform in Japan，" April 1999.

OECD, Economic Surveys: China 2022, OECD Publishing, 2022.

"Presidential Documents: Federal Regulation," Executive Order 12291 of February 17, 1981.

"Presidential Documents: Improving Government Regulations," Executive Order 12044, 1978.

"Presidential Documents: Reducing Regulation and Controlling Regulatory Costs," Executive Order 13771, 2017.

"Presidential Documents: Regulatory Planning and Review," Executive Order 12866 of September 30, 1993.

"Presidential Documents: Regulatory Relief To Support Economic Recovery," Executive Order 13924, 2020.

Paul W. MacAvoy and Richard Schmalensee, *The Causes and Effects of Deregulation*, Cheltenham and Massachusetts: Edward Elgar Publishing Limited, 2014.

Ronelle Burger, "Reconsidering the Case for Enhancing Accountability Via Regulation", *International Journal of Voluntary and Nonprofit Organizations*, No. 1, 2012.

Stuart Shapiro and Debra Borie-Holtz, *The Politics of Regulatory Reform*, New York: Routledge, 2013.

Woodrow Wilson, "The Study of Administration," *Political Science Quarterly*, No. 2, 1887.

World Bank Group, *Doing Business* 2019: *Training for Reform*, Washington, DC, 2019.

图书在版编目（CIP）数据

行政审批制度改革发展与创新路径研究／孙彩红著
. -- 北京：社会科学文献出版社，2023.10
ISBN 978 - 7 - 5228 - 2335 - 5

Ⅰ.①行… Ⅱ.①孙… Ⅲ.①行政管理－审批制度－
改革－研究－中国 Ⅳ.①D631

中国国家版本馆 CIP 数据核字（2023）第 153144 号

行政审批制度改革发展与创新路径研究

著　　者／孙彩红

出 版 人／冀祥德
责任编辑／周　琼
文稿编辑／陈　冲
责任印制／王京美

出　　版／社会科学文献出版社·政法传媒分社（010）59367126
　　　　　地址：北京市北三环中路甲 29 号院华龙大厦　邮编：100029
　　　　　网址：www. ssap. com. cn
发　　行／社会科学文献出版社（010）59367028
印　　装／三河市龙林印务有限公司

规　　格／开 本：787mm×1092mm　1/16
　　　　　印 张：22.75　字 数：362 千字
版　　次／2023 年 10 月第 1 版　2023 年 10 月第 1 次印刷
书　　号／ISBN 978 - 7 - 5228 - 2335 - 5
定　　价／128.00 元

读者服务电话：4008918866